本 书 获 得

教育部人文社会科学研究规划项目资助

（"东亚产品内分工背景下香港向世界城市转型研究"，09YJAGAT002）

国家社会科学基金项目资助

（"产品内分工深化视角下中国经济发展方式转变路径研究"，09JL010）

HONG KONG

香港之路
ROAD OF HONG KONG

产品内分工视角下的世界城市发展

WORLD CITY DEVELOPMENT ON THE ANGLE
OF INTRA-PRODUCTION SPECIALIZATION

马莉莉◎著

人民出版社

责任编辑:张兆刚

图书在版编目(CIP)数据

香港之路——产品内分工视角下的世界城市发展/马莉莉 著.
-北京:人民出版社,2011.8
ISBN 978 - 7 - 01 - 010135 - 4

Ⅰ.①香… Ⅱ.①马… Ⅲ.①城市-发展-研究-香港 Ⅳ.①F299.276.58

中国版本图书馆 CIP 数据核字(2011)第 158498 号

香港之路

XIANGGANG ZHILU

——产品内分工视角下的世界城市发展

马莉莉 著

人民出版社 出版发行
(100706 北京朝阳门内大街 166 号)

涿州市星河印刷有限公司印刷 新华书店经销

2011 年 8 月第 1 版 2011 年 8 月北京第 1 次印刷
开本:710 毫米×1000 毫米 1/16 印张:27.75
字数:420 千字

ISBN 978 - 7 - 01 - 010135 - 4 定价:56.00 元

邮购地址 100706 北京朝阳门内大街 166 号
人民东方图书销售中心 电话 (010)65250042 65289539

序

一

香港虽是个弹丸之地,但在独特的历史轨迹与地理条件影响下,却发展成了世界性的金融和商业中心。在这里,东、西方文化相互辉映,制度文明与商业文明高度融合,自由经济充满无穷的活力。香港,在内地改革开放三十多年以来,一直在为国内的城市所学习、所模仿。

然而,针对香港城市经济发展问题的研究,却在走下坡路。这种现象值得深思。我是在1989年第一次到香港,在香港中文大学商学院院长闵建蜀讲座教授的指导下,进行研究生论文调研和写作,研究课题是中资企业在香港的投资和发展。这是我首次接触到香港问题。当时有不少机构专注于香港经济研究,给我的调研提供了不少便利。毕竟,在回归祖国的进程中,香港经济的稳定繁荣是十分重要的课题。1992年我被正式派驻香港招商局集团工作,随后的几年是香港问题研究的高峰期,国内有不少大学、科研机构投入资源,我记得广州还有一份办得不错的《港澳经济》杂志。但是,九七回归之后,国内关于香港问题研究热度大减,研究人才流失。而香港的学术机构多关注所谓的纯粹的学术问题,对香港的经济发展问题缺乏兴趣;特区政府的公务员团队,从历史上看处于"积极不干预"的政策之下,也缺乏研究长远策略问题的机制。今天,关于香港经济社会发展的研究,面临十分尴尬的局面。内地的港澳事务管理部门似乎更愿意采取课题调研的方式,但缺乏系统的、理论性的研究作为支持,更缺乏公共性的讨论平台。

香港,作为一个都市型的经济体,具有十分重要的研究价值。从国际上看,香港同纽约、伦敦、新加坡、东京这类世界性的城市一样,对中国主要中心城市的经济社会发展具有重要的启迪作用;从国内看,城市化进程让不少地方出现大规模的建设"国际大都市"运动,城市发展成为"政绩工程"的核心,如何把握城市发展规律以促进国民经济良性发展成为中国迫切需要解决的现实课题。

城市是区域经济发展的核心空间载体。为何有些城市能够实现经济发展与社会进步,而有些城市却走向没落、被人遗忘?香港地域面积狭小,却较好地协调了地域空间、经济运行、社会民生等诸多问题,从城市发展的角度研究香港,是具有一定价值和意义的。

二

2008年,马莉莉博士加入招商局集团博士后工作团队,由时任招商局集团董事长的秦晓博士、社科院世界经济与政治研究所李向阳研究员和我共同辅导,研究香港经济社会转型问题。招商局集团作为驻港的中央企业,长期以来对香港的经济社会发展问题十分关注,设立博士后工作站就是要为相关的学术研究提供一个平台。我们选择马莉莉博士从事这一问题的研究,除了她具有很好的学术训练之外,还因为她的博士论文是有关俄罗斯经济转型的研究。马莉莉博士入站以后,除了积极参与深港合作的前海计划项目、中联办的经济研究课题之外,她还跑遍了香港的大街小巷,进行了大量的实地调研,并且拜访了很多专业人士。她的勤勉好学,给我留下深刻的印象。

马莉莉博士从世界性城市发展的这一脉络入手,展开她对香港经济社会转型的研究,这是一个新颖独到的研究视角。两年的时间虽然不长,但我非常欣喜地看到,经过两年的勤奋、刻苦、热情和付出,马莉莉博士相当出色地完成了一份关于香港世界城市的梳理与解读。在研究中,马莉莉博士利用前沿的新经济地理学方法论和工具,在"集聚—分工"理论原核基础上构建"国际分工—世界城市"分析框架,据此剖析世界城市的实质与特征、梳理世界城市历史演变的逻辑脉络;并将此应用于对香港世界城市的解析。她指出,20世纪八九十年代以来,香港世界城市的发展是在东亚产品内分工体系成长演进的过程中实现的,随着东亚产品内分工的深化,香港助推内地日益深刻地融入区域分工体系,并通过吸聚流通性服务和生产性服务奠定两大产业的主导地位,在两大主导产业驱动城市经济运转过程中,香港在产业格局、空间分布、人口就业、福利分配等方面呈现出相应的特征。将对香港世界城市的现实分析构筑在严谨的逻辑推演基础之上,是马莉莉博士研究的最具价值和意义的亮点所在。

更重要的是,香港从来都是在自由开放的市场环境下生存与发展的,香港作为一个世界性的城市,不是中央集权规划的结果,也不是地方政绩工程的产物。香港的魅力恰恰就在于此。香港在世界经济和分工网络中的重要地位,是众所公认的,它当然面临国内核心城市的挑战,但香港的自由市场所带来的经济活力,正是那些模仿者所缺乏的。从这种意义上看,香港城市的过去和现在仍然具有启迪的价值。

三

马莉莉博士的两年研究计划业已结束,她将博士后论文整理出版,是很有意义的事情。我知道,有关部门继续邀请马莉莉博士展开关于香港世界城市的研究,这既是对她以往研究思路与方式的肯定,也认同她的研究具有重要的参考价值。我为她高兴,值此研究成果付梓之时,衷心希望马莉莉博士在今后的工作和学习中取得更为丰硕的成果。

是以为序。

丁安华
招商证券董事兼首席经济学家
2010 年 12 月 20 日于香港

目　录

第一篇　理论基础

第二篇　国际分工演进与香港世界城市

表格目录

图目录

引　言

　　偏于华南一隅、竟与"纽伦"齐名,被历史洪流裹挟而进的城市经济体——香港,任由世界市场涤洗,却凝聚国际分工棋局纵横捭阖的关系精华。透过香港,可以管窥国际分工棋局力量对比,可以折射内地改革开放三十多年成败得失,香港也因此刻下不可磨灭的痕迹。梳理香港城市经济发展演进的内在逻辑,对各种现象和问题作出系统解释,这就是本书的主旨所在。

一、问题的提出

　　作为地域空间狭小的城市经济体,香港数次受外部环境影响急剧转型。面对制造业外移、产业空心化、就业社会结构变迁、人口老龄化等现实考验,"转型"成为香港社会经济发展核心问题,香港转向何方更耐人寻味。作为内地改革开放的窗口、华南对接世界的门户,香港对内地和华南重省到底意味着什么? 回归以来,香港作为"一国两制"的首要践行者,经济发展几经波折,其逻辑演进的内在机制是什么? 香港的稳定与发展深刻牵系国家的经济安全与战略利益,梳理国际分工格局变迁背景下香港城市发展的内在逻辑,揭示香港经济与社会演进的实质性变化,对于回答香港经济问题来说不可回避且至关重要。

　　回归前夕,香港经济及其转型问题备受关注;回归以后,学术研究热度大减,出于政策选择需要,转型问题长久困扰社会各界。

　　纵观多年来的研究文献,关于香港经济及其转型的探讨涉及诸多方面,观点莫衷一是:

（一）关于香港经济转型的内涵与发展历程

关于香港经济转型的内涵，社会各界比较认同的是香港经济结构、确切地说是产业结构的转型（冯国经，1999；张厚义，1999；陈可煜，2000；陈广汉，2000；封小云，2007）；还有学者从某种产业出发描述香港转型的内容，如王缉宪从航运业角度界定香港经济转型是从现代亚洲航运中心转向后现代亚洲物流管理中心；郭国灿（1999）则认为，香港经济转型不仅涉及产业结构的重组，也涉及产业的空间布局；周八骏（1993）指出，香港的经济过渡与政治过渡相互伴随。

根据产业结构的根本性变动，学术界普遍认为香港经历了三次重大经济转型，除第一次转型是20世纪50年代至70年代从转口贸易经济转向工业化经济基本没有分歧外，对第二和第三次经济转型时间和内涵的认识有所差异。郭国灿（2007）、陈可煜（2000）、冯邦彦（2002）等人认为，第二次转型是从20世纪70年代开始的从工业化向服务业主导型经济的转型；第三次转型则是20世纪90年代以来从服务业主导型向高增值服务业或高增值工业的转型。赵长茂（1997）和周民源（2000）认为，第二次转型是从20世纪70年代开始的经济多元化过程，第三次是20世纪90年代开始的向高新技术产业的转型。乌兰木伦（1997）指出，香港在20世纪70—80年代经历了经济多元化转型阶段，80年代以后进入经济服务化转型过程。无疑，当前的经济转型是大家关注与研究的焦点。

（二）关于香港经济转型的原因

不少学者是针对香港经济面临的危机或衰落形势提出此命题的（陈可煜，2001）；冯国经（1999）提出，基于香港竞争力的衰落，有必要通过经济转型扭转局势；李春景（2006）等人认为，香港特区政府和社会各界是面对本地制造业过于萎缩、服务业知识密集程度较低的状况，而开始积极思考香港产业结构高级化问题的。

（三）关于香港经济转型的研究方法

为了回答香港经济转型的方向与路径，大部分学者（李永杰，2001；李廷振，2001）倾向于从知识经济时代、后工业化特征等角度出发来探讨香港转型问题，如李春景（2006）等人从知识密集型服务业的概念、特征与分类出发，指出知识密集型服务业发展是知识经济全球化和创新系统环境下产业结构高级化的必经阶段,并在此基础上通过对香港经济面临的结构性问题的剖析,探讨香港产业结构高级化的新路径。国世平(1999)从分析香港经济在世界经济中的地位,以及转型所面临的政治经济环境和内部条件等来判断产业结构转型的方向。关浣非(2000)主要从经济结构与经济增长的内在联系角度考察结构转变的方向问题。冯邦彦(2002)则从对比香港经济与新加坡经济的异同来探究香港经济转型方向。于宝东(2005)从研究香港经济周期规律角度入手,认为香港未来的核心产业应该是发展高科技产业。彭淑芬等(2006)学者从中国经济发展趋势与前景角度分析香港的机遇与作用,认为香港应成为国际金融中心。钟坚(2007)从分析香港经济恢复和增长的原因入手,探究知识经济时代香港产业结构的潜在矛盾,指出香港经济转型的方向。谢国樑(2007)等人从分析纽约、伦敦等全球城市的发展路径与经验着手,考察香港的可能走向及政策选择。有学者(王晓红,2008)从香港经济竞争力角度考量,认为香港转向了以高端生产性服务业为主的国际化大都市。

(四)关于香港经济转型的方向

关于香港转型方向的讨论是社会各界争论的焦点。香港学术界、工商界和政界的争论是:第一种主张全面发展服务业,使香港成为亚太区专一的金融和贸易服务中心,可称其为单轨论;另一种认为香港不能过度偏重服务业,应同时发展高科技、具有竞争力的制造业,以保持一个双轨发展的经济架构,可称其为双轨论。单轨理论认为,香港目前是以服务业为主的结构,根据"比较优势"应当舍弃制造业,制造业主要由周边地区发展。双轨论的主要依据是新加坡、韩国、中国台湾三小龙制造业与服务业并驾齐驱的成果及竞争挑战,单轨式发展将使香港经济结构脆弱。两种观点分歧的焦点在于如何看待香港的制造业。

内地学术界的观点也有所差异。谢国梁(2006)认为,香港生产要素的比较优势是发展金融服务业,而非制造业;推动香港产业朝多元化发展并不意味着一定要推动工业的发展,而是提升第二产业的比重。张燕生(2006)认为,香港应大力推动高增值新型产业的发展,纵向提升而不是横向扩展既有产业结构,并在下述方面取得突破性发展:提升现有服务优势的竞争力;形成新兴产业优势;联合内地开展国际合作,将两地共同的比较劣势要素转换为两地新竞争优势。根据香港近十多年来的经济转型实践以及全球金融危机对香港与新加坡的冲击比较研究,戴道华(2009)指出,香港回归以来特区政府强调高科技产业的发展,但实践证明,政府产业政策的成果收效甚微,服务业发展、特别是金融服务业发展是大势所趋;并且此轮金融危机给新加坡造成巨大冲击,暴露出走高端制造业发展道路的外向型经济体的内在矛盾,由此表明,新加坡模式也不是必然选择。李永杰(2001)认为,在知识经济时代,香港要创造新的竞争力,其经济体系必须顺应世界经济发展的潮流,以创新科技为导向,发展成为知识型经济体系,实现第三次转型升级;创新科技的发展不能缺少工业;香港工业存在自20世纪80年代以来不断北移珠江三角洲等地而引致不断萎缩,以及长期以来整体科技基础薄弱和水平低下等严重问题,已不适应香港经济长远发展的客观需要;因此,必须重建工业,明确路向,采取各种积极的发展策略,推动工业新一轮的发展。

(五)推动经济转型的目标对象与依赖主体

张厚义(1999)指出,推动香港经济转型的目标对象包括:(1)渐进地调整房地产价格,重振房地产业;(2)完善金融体系,确保金融中心地位;(3)加强在内地投资,促进离岸贸易和转口贸易;(4)积极提高吸引力,开拓旅游业;(5)促进制造业升级,强化支持服务型经济发展的工业基础。陈广汉(2007)认为,香港一方面应继续发展金融、贸易、物流和商贸服务等高增值现代服务业;另一方面应有选择地发展现代科技创新产业,培育新的经济增长点。冯家彬(2009)等人认为,特区政府刚提出的六大行业发展计划对整个行业发展的思维欠缺配套部署,基于竞争的战略思考,除了广为认可的金融、物流、旅游、房地产等行业外,宜着力拓展环保绿色行业。

关于依赖主体,诸多学者认为香港华资企业已日益占据重要地位,但不少大型企业专注于房地产,它们向高增值、知识密集型方向发展将有力带动香港经济转型。国世平(1999)认为,随着中资企业在香港所占比重的上升,其在推动香港经济转型过程中将肩负重任。

(六)经济转型过程中的就业与社会问题

关于产业结构调整过程中的就业等问题,黄安余(2006)认为,香港就业市场的特征是:(1)就业运行与经济景气有关;(2)结构性失业矛盾并不突出;(3)最大限度的市场调节与最小限度的政府干预并存;促进就业需要实施调节劳动力供需的就业政策,以及颁布保证劳动力市场运行的政策法规。戴道华(2006)则认为,香港存在结构性失业问题,在高成本环境下,就业问题可能需要由人口政策和教育政策去根本解决,而非产业政策。吴幼珉(2009)认为,大量的外来劳动人口的进入造成香港十多年来的贫富差距扩大和结构性失业等问题:由于香港劳动力的价格较内地为高,而香港人口又远小于内地人口,这种劳动力的流入可以被看作是无穷无尽的。而由于有较充裕的劳动常备军,失业率会较原来的高,会出现一些结构性的失业和开工不足等情况,收入差距就会随之增大,加剧了贫富的差异。

(七)经济转型面临的主要困难

一是香港受到当地缺少足够的高素质人才、管理经验及配套功能的限制;二是直接面对世界级大跨国公司的竞争和压制;三是受到当地市场窄小的约束,而扩大跨境服务又受到市场准入等方面的限制;四是香港在创新科技及资讯科技领域尤其是制造业的发展上有比较劣势(陈广汉,2006)。

(八)关于转型过程中的政府作用

关于政府在经济转型中的角色和作用,社会各界的分歧比较明显。不少官员与学者认为,香港取得成功的重要原因在于自由开放的经济与政策环境,即积极不干预政策功不可没,这也是香港未来继续保持竞争优势的核心所在(陈方安生,1999)。而另外不少学者则提出了异议。曾澍基认为,政府介入经济不外是促进经济增长、效率与公平,香港在这几方面实在大有改进余地。王于渐认为,"积极不干预"政策令社会经济得以发展,但一个社会富裕以后,情况也越来越复杂,利益集团盛行,要求政府干预以保障利益的呼声也越来越高,而政府继续推行积极不干预政策也越来越困难。在这种情况下,香港逐渐摒弃积极不干预政策是必然趋势。[①] 林拾根(2004)认为,香港产业结构的转型升级关键是发展技术密集型产业,建立和发展高科技产业需要"风险资本",政府应当在推动和促进产业结构和升级方面扮演积极角色,所以,香港长期实行的"积极不干预"政策需要修正。封小云(2006)则从政府政策角度回顾了1997年香港特区政府成立以来有关科技及工业政策的制定和主要内容,并且检讨了香港经济转型主要政策的实际

---

① 　国世平:《香港经济的转型及未来繁荣》,人民出版社1999年版,第234页。

经济效应和效果,认为从 7 年的实施过程来看,政策的整体效果并不显著,并没有对香港经济转型发挥应有的政策效应。在香港经济处于转型和极度困难的条件下,新的产业组织的萌芽十分迟缓;香港政府对香港的经济结构走向的思考摇摆不定,在具体执行过程中,由于香港工业与创新科技政策的定义与支持方向不甚明确,使得香港经济转型仍然任重而道远。

(九)关于经济转型的政策选择

为了推动经济转型,社会各界提出了诸多政策方案,主要包括:(1)完善基础设施(张厚义,1999);(2)发展教育,加强人力资源开发和培训(《信报》社评,1999),加速引进人才(中银香港);(3)加强与内地的合作,取得中央大力支持(吴静,2007);(4)实施产业政策,加大高科技产业投入,促进高增值行业发展;(5)调整与完善财税体制(陈可焜,2001);(6)继续巩固与完善联系汇率制,密切关注国际经济形势,探索货币制度改革路径(陈晞,2009)。张燕生(2007)则从制度层面、区域层面、基础设施层面、行业层面、企业层面等五个角度提出了系统的政策方案,具有较高的参考指导价值。

(十)关于香港经济转型的前景

张燕生(2007)认为,香港未来必将是一个面向世界、服务中国的国际金融中心,其未来发展仍颇具潜力。著名城市经济专家沙森(2001)认为,香港从一开始就是一个不同世界的关键相交点,通常是公司来往于中国与世界其他地方,以及所有海外华人社团之间联系的一个强大的交换节点。如果所有投资者对中国的兴趣消失了,或者如果上海复制了香港那种资源组合的功能,那么香港将丧失这一历史的角色。但在不远的将来,这种情况都是不可能的。今天,香港仍然是现金服务最复杂的集聚地之一,尽管其市场份额在减少,但与伦敦、纽约、法兰克福及巴黎相差并不大。

(十一)香港—世界城市研究

国外对香港—世界城市的研究主要基于实证研究,即从一定世界城市理论出发,设计度量指标体系,结合香港具体指标情况,界定香港在世界城市体系中的地位和层次。如弗里德曼(1995)和史密斯(2001)将香港纳入第三层次世界城市;司瑞福(1989)和伦敦规划咨询委员会(1991)将其纳入第二层次;比佛斯克(1999)将其纳入第一层次。

从香港的经济结构和转型方向出发,不少学者根据世界城市的基本理论及内涵界定香港的路径选择,比如贸发局(1998)指出香港作为世界城市,应当是一个服务供应中心,可为其设在国内及世界各地的制造业网络提供服务。郭国灿(2007)指出,香港要尽快迈入世界都会行列,还必须有一些发展思路上的突破,核心的问题是从独赢策略走向共赢策略。所谓独赢策略就是独立地发展自己,而将周边城市或内地主要城市简单地视为竞争对手进行资源封闭和独享;而共赢策略则是充分认识到竞争不是零和游戏,而是互补共赢,单打独斗不可能使香港尽快迈入世界都会行列,而必须通过合作、互补和资源整合共同打造都会区。

朱剑如、王缉宪(1997)主要从城市的领域性和空间性探讨香港作为世界城市在交通发展方面的政治地理内涵。李思民(1997)研究了香港向世界城市转型过程中出现的转口港地位、双城现象等问题。

综上所述,香港社会经济发展的复杂性使研究者的视角各有差别、学术观点百家争鸣;香港缺乏连贯性、急剧转型的历史实践也使相关研究大多出于政策选择动因,缺乏系统理论支撑和解析。

因此,本书力图在统一的理论框架下,对导致香港经济变迁的环境与背景、香港经济运行的动力来源和机制、香港社会空间结构的变迁,以及香港经济的未来发展选择进行历史与逻辑一贯的研究和解析。

二、视角与特点

空间经济学为基于产业集聚的国际分工网络中世界城市研究提供了系统的理论支持和方法论体系,香港长期实行自由港政策,深刻融入国际分工体系,这使利用空间经济学理论从国际分工视角考察香港世界城市发展演变的研究路径成为现实可行的选择。

(一)集聚—分工基础上世界城市理论视角的选择

从开埠时起,香港实行自由港政策;回归后,特区政府继续巩固并完善开放的自由市场经济,依托内地广阔的经济腹地,香港发挥中转港优势,主要将内地市场与世界市场日益广泛深入地联结,香港也因此成为国际分工网络中的重要节点,外部环境与形势的变化对其经济发展及演变产生巨大影响。所谓世界城市,即凝结国际经济联系的枢纽或节点,香港通过凝结内地、周边及世界市场间的经济联系而成为逻辑与现实层面的世界城市。从世界城市角度研究香港经济及其转型具有现实性。

纵观世界城市研究进展，从早期 Hall(1966)等人对世界城市现象的界定，到 Cohen(1981)等人从跨国公司角度考察世界城市形成的根源，到 Friedmann(1986)基于新国际分工理论界定世界城市为世界经济的"指挥控制中心"，到 Sassen(1991,1994)通过对纽约、伦敦、东京等城市的实证研究，指出全球城市是金融等生产性服务集聚的"服务于控制的服务中心"，再到 Castells(1996)提出世界城市是资金、技术、信息、人员等要素的"流动空间"，西方学者对世界城市的研究不断深入。总体来说，世界城市研究主要从成熟世界城市展开考察分析，涉及世界城市的主要特征及其形成原因、与外部关系、作用等；由于缺乏对世界城市本身的实质性剖析，相关研究未揭示世界城市兴衰成败的根源与内在机制。

在垄断竞争分析工具基础上，空间经济学吸收区域经济学、城市经济学等成果，从收益递增角度对产业集聚及其空间分布进行逻辑解析：收益递增、运输成本和要素可流动性使产业集聚发展到特定程度，并呈现相应空间分布状态，由此也决定分工的空间格局。集聚经济学和空间经济学构建了国际分工格局演进的微观机制与基础，也为研究产业空间分布状态下产业集聚点——空间形式上体现为经济中心，即世界城市——的兴衰演变提供理论基础和方法论支持。

在集聚—分工理论框架下，考察国际分工格局的演进及其发展阶段，剖析空间集聚点——世界城市的发展逻辑及其基本属性；在国际分工格局中，衡量判断世界城市的地位与作用，这构成香港世界城市研究的理论视角与框架。

(二)研究路径与方法

在科技进步、跨国公司推动以及 20 世纪末期东亚形势变迁背景下，东亚产品内分工体系渐趋成型，香港通过发挥自由港优势深入参与其中，并发挥特定作用；香港自身因相应的产业集聚构成世界城市的运行与发展，并呈现特定社会就业特征和空间分布特征；东亚产品内分工体系的潜在矛盾以及全球气候变暖等外部环境约束，使产品内分工将走向深化发展，基于现有基础与发展需要，香港可进行相应政策选择以实现世界城市发展。20 世纪末期以来香港世界城市发展演变的逻辑脉络,构成本研究的理论与实证分析主体。

从整体研究路径和方法来看,包括四个环节(如图0—1):

第一,选择研究视角。从文献分析整理出发,进行文献综述,确定研究视角。

第二,构建理论框架。在集聚—分工理论内核基础上,分析国际分工发展演变机制、世界城市发展演变机制,指出世界城市类别属性等的判断标准,由此构建国际分工—世界城市理论分析框架,为香港世界城市研究提供理论基础和方法论支撑。在理论准备和框架构建过程中,对集聚经济学和空间经济学等研究进行综述,依据其提供的理论工具与方法,构建相对系统的"集聚—分工到国际分工—世界城市"的逻辑分析框架。

第三,香港世界城市实证分析。此环节的分析包括四个部分:(1)通过历史资料分析,在国际分工—世界城市理论框架下,梳理香港经济发展历程,为后续研究提供历史与逻辑起点。(2)在国际分工—世界城市理论分析框架基础上,考察东亚产品内分工体系与香港世界城市之间的内在联系。香港以市场导向为原则,使其深刻融入迅猛发展的东亚产品内分工体系;凭借自由港条件与优势,香港主要发挥国际商品流通平台和国际资金融通平台作用,在内地市场发育程度有限背景下,助推内地深刻融入东亚产品内分工体系;在此过程中,香港通过区域及世界范围的流通性服务集聚和生产性服务集聚成为世界城市。(3)在流通性服务集聚和生产性服务集聚过程中,流通性服务业和生产性服务业成为香港两大主导产业,两大产业运行驱动香港社会经济运转并发展。(4)在流通性服务业和生产性服务业集聚,以及驱动社会经济运行过程中,从就业、职业和收入角度呈现社会两极分化特征,从空间分布角度呈现单中心层式结构。社会结构与空间结构的成就与问题,成为香港未来发展政策选择的基础与背景。

香港世界城市实证分析涉及大量实证资料与数据支撑。对于东亚产品内分工格局的系统梳理,主要基于联合国 COMTRADE BEC 数据库的统计数据;对于香港的平台角色、经济运行结构、社会结构和空间结构的实证分

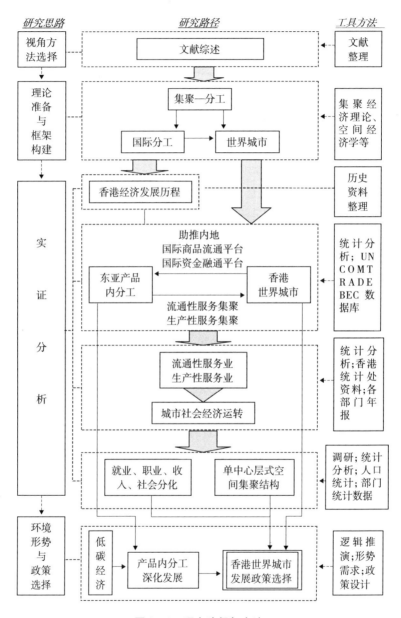

图0—1　研究路径与方法

析,主要基于实地调研以及香港政府统计处和各部门提供的统计数据。

　　第四,环境形势变迁背景下的政策选择。东亚产品内分工体系的潜在矛盾使其日益陷入发展困境,全球气候变暖使低碳经济成为以内地为代表的东亚国家以及世界各国的必然选择,在既有技术与国际分工基础上,发展低碳经济的实质在于低碳技术基础上的产品内分工深化发展。面对新的发展形势与机遇,结合既有社会及空间矛盾基础上的现实需要,香港世界城市发展可进行相应政策选择。

(三)主要创新点

本研究的主要创新点在于:

第一,从国际分工—世界城市理论框架出发对香港经济发展及演变展开系统的理论与实证分析。香港经济发展及其转型研究大多停留在特征归纳、历史梳理、行业分析等领域和层面,从逻辑一贯基础上展开对香港社会经济运行及其外部联系的系统研究并不多见。本研究从理论构建到实证检验延续统一分析框架,理论为实证分析提供方法和支撑,香港实证经验为理论提供佐证,香港社会经济发展的内在逻辑也相应清晰和完整。

第二,在集聚—分工理论原核基础上构建国际分工—世界城市分析框架。西方世界城市研究主要集中于世界城市点的具体分析,理论基础相对薄弱;空间经济学提供了产业集聚、空间分布以及国际分工格局分析的理论基础和方法论体系,但将之应用于世界城市理论研究的系统分析为数并不多,世界城市理论研究很大程度上还游离于集聚经济理论之外。随着东亚产品内分工的发展、全球产业链的形成,中外学者在产业链、价值链、国际分工新格局等角度(宁越敏,1991;周振华,2007),对世界城市展开理论与实证探讨,构建基于分工的世界城市理论框架还有较多领域需要拓展推进。本研究在集聚—分工理论原核基础上,对国际分工演进、世界城市兴衰以及两者内在联系进行逻辑推演,是拓展世界城市理论的一种尝试。

第三,本研究的展开建构于大量统计数据分析基础之上,如联合国贸易数据库(UN COMTRADE BEC)、香港行业统计数据库、金融统计资料、人口统计资料、楼宇物业统计资料、珠三角城市统计资料等,在对统计资料进行系统全面分析基础上,得出相应实证检验结果和观点,研究得到实证的有力支撑。

三、结构安排和基本内容

本研究从结构安排上共分为引言、理论基础、香港实证检验和政策选择四大部分。

（一）引言部分：概述香港经济及转型研究现状，解释研究视角与理论工具的选择，介绍研究路径、思路与方法以及主要创新点，勾勒本研究逻辑体系与结构安排，阐释研究意义等。

（二）理论基础部分涉及四部分内容：

第一，考察构建理论框架的切入点。主要包括：(1)梳理世界城市发展变迁的历史过程，为理论研究提供实证素材；(2)整理评析世界城市研究文献，考察其理论价值及可拓展空间；(3)梳理分析分工—集聚理论及其有关城市发展方面的研究，探寻理论工具与方法论。

第二，构建集聚—分工理论原核，并对国际分工及其历史变迁进行逻辑解析。包括：(1)解析劳动分工、生产分工、产业分工、集聚与空间分工的概念；(2)探究集聚基础——收益递增效应——的来源，包括金融外部性和技术外部性；(3)考察劳动/生产分工向产业分工的演化，产业分工与空间(产业)分工的相互演化，空间(产业)分工向劳动/生产分工的演化，剖析分工格局的演进机制；(4)考察分工的历史演化过程，对国际分工格局的历史变迁以及国际分工格局变迁中经济中心的兴衰进行逻辑解析。

第三，构建基于国际分工的世界城市理论。主要涉及：(1)跨区域集聚的基本原理及集聚—分工促使世界城市形成发展的内在逻辑；(2)集聚—分工导致世界城市呈现相应特征，包括产业属性与功能，就业、收入、社会分化特征和空间布局特征等；(3)集聚—分工基础上世界城市等级地位的区分与评判等；(4)对国际分工历史演进中世界城市的兴衰变迁进行历史与逻辑相统一的解析。

第四，归纳世界城市基本属性。包括：(1)指出世界城市的内涵和实质；(2)对世界城市进行类别划分；(3)指出世界城市测度的方法论体系；(4)指出世界城市形成发展的影响因素。

（三）香港实证检验部分由三章内容构成：

1. 香港经济发展历程：回归前香港经济发展历经开埠前自然经济发展时期、19 世纪 40 年代到 20 世纪 40 年代年代末转口港发展时期、20 世纪 50 年代到 70 年代末工业化发展时期和 20 世纪 80 年代到 90 年代后期服务化发展时期四个阶段，每个阶段主导产业与经济运行机制具有相应差别；从其实质来看，因深处国际分工体系，以不同方式和程度、在不同范围凝聚国际经济联系，具有世界城市属性，并随国际分工历史变迁而呈现世界城市属性的阶段性演进。

2. 东亚产品内分工兴起与香港的角色，主要涉及三部分内容：

第一，东亚产品内分工发展状况。包括：（1）界定产品内分工的概念和测度方法；（2）分析促使东亚产品内分工形成的影响因素；（3）解析东亚产品内分工发展状况；（4）指出东亚产品内分工的基本属性。

第二，分析香港回归后实行的主要经济政策，包括坚持自由经济和稳健理财原则；优化自由市场环境；完善以金融为核心的自由市场制度；强调市场原则下支援引导产业发展；改善民生以保障社会稳定；加强区域拓展等。

第三，分析东亚产品内分工中香港的角色。包括：（1）指出香港角色形成的原因；（2）香港角色的内容，包括贸易平台、跨国机构集聚平台、外资中转平台和国际筹资平台。

3. 香港世界城市的属性与特征，包括四部分内容：

第一，分析香港产业集聚特征及世界城市运行机制。包括：（1）界定服务业统计分类与方法，为统计分析及实证研究提供工具；（2）分析以贸易为代表的流通性服务业仍然占据香港经济主导地位；（3）分析以金融为代表的生产性服务业跻身香港经济增长主力；（4）在两大主导产业驱动以及政府推动消费性服务业发展过程中，以个人及社会服务为主的消费性服务快速发展；（5）总体来说，分别以贸易、金融为代表的流通性服务业和生产性服务业共同驱动世界城市运转发展。

第二，香港世界城市的人口、就业和收入特征。包括：（1）分析香港世界城市发展的人口集聚特征；（2）分析两大主导行业在驱动社会经济运转过程中，行业发展所呈现的就业贡献与职业分化特征；（3）分析行业的阶层分化；（4）分析职业的阶层分化；（5）分析收入分化特征；（6）综述香港世界城市两极分化形势及相关政策含义。

第三,香港世界城市的空间特征。包括:(1)香港城市物理空间结构的演进;(2)分析两大主导产业驱动运行过程中,产业呈现单中心空间集聚特征;(3)分析工作人口呈现层式聚居特征;(4)指出香港世界城市空间结构的基本特征及其政策含义。

第四,总结香港世界城市的基本属性及其政策含义。

(四)政策选择部分涉及三部分内容:

第一,考察产品内分工深化发展的趋势。包括:(1)分析东亚产品内分工存在的潜在矛盾和发展困境;(2)指出以内地为代表的东亚国家及世界各国正面对发展低碳经济的外部硬约束;(3)剖析低碳约束下产品内分工深化发展的基本方式;(4)分析内地推动产品内分工深化发展的措施及当前进展。

第二,分析珠三角区域经济演进过程及其对香港的经济腹地作用。包括:(1)梳理珠三角区域化发展历程及当前分布;(2)考察珠三角区域分化的原因及特征;(3)分析珠三角协同增长形势与发展前景;(4)梳理珠三角各级政府推动区域整合的进展;(5)分析珠三角区域经济在演进过程中对香港经济腹地作用的产生机制及腹地联系内容。

第三,在分析产品内分工深化发展对香港的政策含义前提下,指出香港世界城市发展的政策选择。

四、主要观点与结论

本研究的主要观点包括:

第一,集聚与分工的内在联系。(1)集聚由向心力(促使经济活动空间集中的力量)和离心力(与向心力背道而驰的力量)相互作用而成,厂商集中带来的收益递增是促使集聚产生的根源。收益递增效应源自金融外部性和技术外部性,前者包括要素流动、垂直关联和资本创造三种集聚机制,后者主要是基于技术交流和知识扩散的集聚机制。因各种收益递增效应形成向心力,并在突变点开始集聚,形成中心—外围式空间分工;集聚过程中,由于竞争加剧等拥挤因素产生的离心力同时发挥作用,最终积累到一定程度,在支撑点处集聚瓦解,新的集聚和空间分工开始形成。(2)劳动/生产分工向产业分工的演变取决于规模经济和交易成本;产业分工向空间分工的演变取决于运输成本、收益递增和产品生产的可流动性;空间分工向产业(空间)分工的逆转取决于拥挤程度和潜在集聚中心的吸引;空间(产业)分工向劳动/生产分工的演变取决于学习积累效应、创新和规模经济。(3)分工需要在集聚过程中演化,集聚则推动分工演化;随着收益递增效应的增强、运输成本的下降、产品生产可流动性程度的提高、拥挤程度的变化、创新的推进,分工不断细化。

第二,国际分工格局的演进:在集聚—分工相互作用过程中,生产分工日益细化,从产业间分工演进到同类但有差异产品间的产业内分工,继而到生产过程内部的产品内分工。产业间分工、产业内分工、产品内分工从本质上说是随着经济发展和生产复杂程度的提高,分工不断细化的阶段性表现,是集聚—分工互动变化过程中分工历史演化的不同阶段。在收益递增、运输成本、产品生产可流动性、拥挤效应等因素的作用下,空间集聚继而分工在国际范围展开,形成国际产业间分工、国际产业内分工和国际产品内分工。科技产业革命的爆发与周期性发展,是促使国际分工格局演进的主导力量。在世界多元化经济联系中,除占据主导地位的国际分工形式之外,其他分工形式也将不同范围、不同程度地实现发展。

第三,集聚—分工基础上经济中心兴衰的内在逻辑:(1)经济中心崛起与维系取决于当地是否能持续成为新劳动分工、新生产分工、新产业分工的集聚中心;(2)当生产/产业分工在当地集聚的基础瓦解时,经济中心衰落成为必然;(3)劳动/生产分工创新中心、特别是新生产分工集聚中心因起初收益递增效应微弱,趋向于当地发展,并因先行积累而具有率先成为集聚中心的优势,原有经济中心如不能通过既有规模经济优势吸引新兴产业集聚,有可能在新兴集聚中心发展过程中被取代;(4)后发地区经济中心只有实现新劳动/生产/产业分工基础上的集聚才有可能崛起,在追随、学习、积累过程中利用规模经济促进技术创新、劳动分工创新、继而生产分工创新,是后发地区经济中心崛起的必由之路;(5)后发地区市场容量与规模和先进国家、地区相距甚远,过度开放将使积累起来的新兴分工因受先进国家和地区规模经济的吸引而向先进国家和地区集聚,反而抑制当地经济集聚和发展。

　　第四,世界城市的形成与发展。世界城市随着集聚由国内范围扩张到国际范围,从国内集聚中心逐步发展到国际集聚中心,收益递增效应、运输成本和产品生产可流动性是影响集聚中心发展的主要因素;世界城市仅仅是国际分工中一个集聚中心,它与其他类型的集聚中心相伴而生、相互关联,形成世界城市体系;作为承载国际经济联系的集聚中心,世界城市因规模经济效应增大和拥挤程度提高的互动而呈现出由单中心向多中心的发展历程;所依赖的分工基础是否存续、特别是能否以新兴分工为基础决定了世界城市及其多中心区域的兴衰与再发展。

　　第五,世界城市的基本属性。(1)产业国际集聚与分工过程中,生产性服务的独立化,国内国际市场纵深扩张背景下流通性服务业更趋专业化,以及劳动人口集聚所带来的消费性服务业发展等,使集聚中心并非单一产业的运作,而是以主导产业为核心,包括相关生产行业、生产性服务业、流通性服务业和消费性服务业在内的综合体系。主导产业的属性特征决定世界城市所承载经济关系的基本内容、运动方式和国际联系。由于人口集聚,在主导产业就业特征决定下,世界城市呈现相应的就业、收入、社会与空间特征。(2)根据世界城市所集聚国际经济关系的范围,可区分为全球城市、区域性世界城市;根据世界城市在国际分工体系中所集聚产业的地位和作用,可区分为"控制中心"、"中心制造"、"外围控制中心"、"外围制造"、"通道"五类世界城市。(3)从历史发展进程来看,世界城市是一个历史的、相对的、动态的概念,是随着国际分工日益细化、在不同程度和范围进行集聚的产物。(4)世界城市形成发展的影响因素包括:腹地经济参与国际分工的方式与水平;产业集聚基础;区位优势与软硬件基础设施;拥挤程度与制约因素等。

　　第六,东亚产品内分工形成的原因及特征。(1)东亚产品内分工形成机制:在新生产技术使生产分散化成为可能、通信运输技术发展降低运输成本、制度环境优化提高要素可流动性程度及减少交易费用等条件下,东亚各国基于既有优势在跨国公司投资选择和偶发性事件影响下形成新的产业集聚格局,由此在收益递增的循环累积效应作用下演化出现实的产品内国际分工格局。(2)东亚产品内分工格局中,中国是中间产品最大进口国和出口国,日本、韩国、新加坡为次级中间产品出口国,香港是重要的服务于中国内地中间产品贸易的中转地,它们构成以中国为轴心的、中间产品分工基础上的核心层网络。在核心的中间产品分工网络基础上,中国、日本、韩国和新加坡是资本品的主要出口和进口国;印度尼西亚、中国、马来西亚、泰国主要为相应国家提供初级产品,区域内所有国家冉主要从中国内地、香港和日本获取消费品。由于香港在中间产品、最终产品等方面均承担重要的服务于中国内地市场的中转功能,故中国内地与香港的分工联系最为紧密;而马来西亚、印度尼西亚主要为新加坡提供零部件和初级产品,三国亦形成相对紧密的分工联系。一方面基于层级网络特征,另一方面以中间产品生产分工为基础和核心组成部分,由此东亚形成的是以层级生产网络为表现形式的产品内分工格局。

第七,香港角色形成的原因与内容。(1)香港角色形成的原因在于:奉行市场导向的自由港制度是重要前提与基础;香港是内地改革开放的窗口和先行区;内地不断增强的生产制造能力、迅速扩大的市场规模,以及对国际市场日益攀升的依赖性,对香港发挥自由港作用产生强大市场吸引力和提供日益强劲的经济支撑。(2)香港角色的内容包括贸易平台、跨国机构集聚平台、外资中转平台和国际筹资平台。香港在参与国际分工过程中所扮演的角色,从根本上说,就是凭借开放高效的市场机制和自由港设施,集聚香港本地及国际资源,向内地输送资金、技术等稀缺要素以参与开发内地庞大的廉价劳动力资源,并将劳动密集型产品输往国际市场。香港角色的实质在于,在内地市场机制尚未健全、流通体系不够完善、市场效率有待提高的阶段,成为沟通并促进内地参与国际分工体系的通道或平台。

第八,产业集聚与香港世界城市发展。在融通国际商品、资金、人员流动过程中,以贸易为首的流通性服务业仍然占据主导地位,以金融为首的生产性服务业渐趋成为增长主力,两大主导产业共同驱动香港经济与社会运行发展,同时凝结日益广泛的国际经济联系,香港世界城市实现发展;以金融为代表的生产性服务业强劲增长,占据经济比重不断攀升,香港渐由国际贸易中心转向国际金融中心。

第九,香港世界城市的人口、就业及社会分化特征。(1)随着跨国机构不断以香港为基地拓展以内地为主的市场,以及香港日益成为国际商品流动、国际资金融通平台,外籍人士集聚与往来流动成为香港世界城市鲜明的人口特征。(2)流通性服务业和生产性服务业的生产技术特征有显著差异,在两大主导行业发展过程中,主要行业的就业贡献和所提供职业呈现分化特征。以贸易为首的流通性服务就业贡献较大;生产性服务业以提供高收入服务职业为主;流通性服务业以提供低收入服务职业为主;个人与社会服务业以提供低收入服务职业为主。(3)两大主导行业驱动社会经济运转过程中,香港各行业、各职业低收入阶层均有所扩大;高收入职位与低收入职位间收入差距拉大,一系列就业和收入差距的拉大使香港世界城市呈现两极分化趋势。(4)基于主导产业不同的就业与社会影响,政策改进空间包括:生产性服务业有重点发展的必要性和空间;流通性服务业尚需要推进发展;促进主导产业高增值环节及与主导产业协同性强的新兴高增值产业发展是香港产业发展的基本方向;公民社会的建设与创新是香港有待突破的发展课题。

第十,香港的空间集聚特征。(1)香港随市场发展而来的城市规划以及新市镇建设使香港在物理空间结构上呈现多中心格局。回归以来,特区政府对城市物理空间及结构功能的改造,提高了城市对内对外通达性以及楼宇物业的使用灵活性,一定程度上为新形势下世界城市产业集聚与空间结构演变创造了条件。(2)产业的空间集聚特征为:CBD集聚金融等生产性服务业,以及负担较高租金成本的贸易等流通性服务业;都会次CBD地区在物业价格相对较低的分层工厂大厦集聚贸易等流通性服务业,以及部分制造业;次都会区主要集聚特殊工业以及负担较低租金成本的贸易等流通性服务业;产业集聚形成以CBD为中心、渐次向外扩散的单中心空间格局。(3)人口的空间集聚特征为:主导行业趋于空间集中、居住区域相对扩散;工作人口聚居区趋向层式分布:都会核心区以港岛为聚居区,倚重最外围新市镇聚居区的程度较小;CBD较外围都会区以九龙为聚居区,同时倚重新市镇聚居区的程度提高;次都会区以新市镇为聚居区,居民以区外工作为主,前往相邻区域九龙的比重高于去往较远区域港岛的比重。(4)聚居区的分化特征为:港岛聚居区因金融等生产性服务业和社会服务业人员居住相对密集,经理及行政人员、专业人员、辅助专业人员以及高收入阶层聚居比重相应较高,他们对社区及个人服务业、外籍家佣等非技术人员的需求,使港岛非技术人员和低收入阶层居住密集度相应提高。九龙是人口密集的工作区,文员、辅助专业人员等中高收入人员选择到人口密度相对较低的新界居住,服务工作人员等低收入阶层经济负担能力较差,留在人口密度较大的旧城区居住。此外,新界生活成本较低且接近制造业聚集区,新界的制造领域工人及低收入阶层居住密集度也相对较高。(5)香港世界城市的单中心层式空间集聚结构为:产业向中心集聚;居住人口向外围扩散;产业集聚中心主要倚重紧邻的工作人员聚居区;越向外围越倚重外围的工作人员聚居区。(6)香港世界城市空间集聚的政策含义:产业空间集聚是实现集聚经济效应的内在要求和外在表现;聚居区与工作区适当分离;完善的交通连接可一定程度缓解物理分离与集聚间的矛盾;高密度发展具有经济性与可持续发展性;市区重建是提高香港世界城市未来活力的关键。

第十一,香港世界城市的基本属性。(1)深刻融入区域及世界分工体系并集聚流通性服务、生产性服务等国际经济联系,是香港世界城市演进的内在机制。(2)香港作为自由贸易港,通过中转零部件为主的商品流通,提供国际资金会聚内地的资金融通平台,成为东亚产品内分工体系的重要组成部分,其所集聚的经济联系随东亚产品内分工体系发展而扩张至更为广泛的世界范围,香港成为逻辑和现实意义上的世界城市。(3)从当前流通性服务和生产性服务的发展状况看,香港属于国际贸易中心,其国际金融中心功能在增强;从两大主导行业发展趋势来看,香港将由国际贸易中心向国际金融中心演进。(4)从香港世界城市在国际分工体系及世界城市体系中所处的等级地位来看,香港属于单向特征显著的通道型世界城市,主要服务于国际资金与资源向内地的中转输入,以及内地劳动密集型产品向世界的中转输出。(5)各行业低收入阶层扩大,低收入职业就业人员比重上升,高技术含量工作与低技术含量工作之间收入差距拉大,行业、职业和家庭住户基尼系数均不同程度扩大,香港社会分化日益严重。(6)产业的单中心空间集聚与社会运转的单中心层式分布格局使香港成为单中心世界城市。(7)香港世界城市演进的历程及特点也为其未来发展指明方向:香港世界城市发展取决于区域分工体系的演进;市场基础设施和通达性是实现更高程度集聚的关键;香港世界城市发展需要社会重构、空间重构。(8)"引、疏、重构、优化集聚"是香港世界城市发展的现实选择:通过引导新兴地区、新兴产业发展吸引协助老城区低收入就业群体、相对落后生产经营环节从核心区域外移;通过疏散拥挤地区的人口和落后产业,加速旧城区空间改造和重构,为新兴产业集聚创造环境和空间;通过重构物理空间结构、加强内部外部通达性和完善市场基础设施,优化产业及就业空间集聚环境,实现更大范围产业集聚,扩大集聚经济效应,促进世界城市的重构与发展。

第十二,产品内分工深化发展趋势:(1)基于垂直专业化分工基础上的价值链分布格局,东亚产品内分工体系的潜在矛盾逐步形成并不断积累:内需拉动相对乏力;对外部需求高度依赖;比较优势动态演进相对乏力;对环境承载能力构成严重威胁;向外延伸低附加值生产环节缺乏现实性。金融危机的严重冲击深刻警示东亚产品内分工体系发展的脆弱性与现实问题。(2)产品内分工深化发展是低碳时代兴起的内在要求。高消耗社会生活消费模式、低效率生产方式,以及高投入、高排放的能源消费模式,是粗放式发展的内在构成机制,也是导致粗放式发展从环境可承载力角度难以为继的根本原因。在全球气候变暖等环境硬约束条件下,发展低碳经济成为社会共识。低碳时代的兴起,从实质上说,是以低碳技术为核心的新型劳动分工、生产分工以及产业分工逐步形成并集聚发展,基本特征是分工细化,特别是研发等生产性服务创新且日趋专业化,产品内分工将深化发展。(3)低碳约束下产品内分工深化发展的方式包括:首先,社会生活模式、生产方式、能源消费模式是导致粗放式发展、继而高排放的根本原因,各领域的节能技术开发与应用成为实现低碳经济发展的内在要求;其次,产品内分工通过内向深化与外向深化实现更高程度和更深层次的发展,内向深化是核心与目标,外向深化是方法与手段;最后,从国家间层面看,呈现国家间水平专业化竞争和双向渗透局面。(4)内地在"科学发展观"指引下,全面部署节能减排、调整经济结构、转变经济发展方式等战略,着力推动低碳约束下产品内分工深化发展。从当前形势看,面临能源原材料的国际竞争、产业链国际分工地位的竞争,以及金融及生产性服务业领域的竞争等现实问题。内地企业正渐趋成为参与水平专业化竞争、促进产品内分工深化的重要微观力量。

第十三,珠三角区域经济演进及对香港的腹地作用。在改革开放循序推进背景下,珠三角历经区域分化、协同增长的发展过程,并日益演进为全球加工制造集聚中心。珠三角加工制造业集聚及其基础上的经济发展;通过以香港为平台的国际资金引进、加工制造环节集聚、原料零部件等中间产品输入和制成品输出,助推香港加工制造业疏散、流通性服务与生产性服务集聚,继而推动世界城市的运转与发展;基于珠三角与香港之间地理邻近、通达性高于内地其他地区,珠三角是香港流通性服务和生产性服务集聚的重要支撑力量,珠三角成为香港核心经济腹地。区域整合的启动使珠三角的腹地作用面临转型与变迁。

第十四,产品内分工深化发展趋势下香港的政策选择。在产品内分工深化发展过程中,内地及东亚产品内分工深化发展使流通性服务和生产性服务的需求继续上升;内地需要国际拓展平台;内地低碳城市建设任务艰巨。香港的政策选择包括:(1)构建"双贴近、双向"生产性服务平台:凭借贴近内地市场吸引新兴/国际企业、继而贴近新兴/国际市场;通过贴近新兴/国际市场吸引内地企业在港获取生产性服务,继而培育服务于内地资本输出的生产性服务业;通过专业化生产性服务产品的生产与供给,服务于内地企业走向新兴/国际市场;通过与内地企业更广泛深入的合作,进一步贴近内地市场,由此形成自我增强的循环累积效应,促使香港主要依靠市场机制形成新型平台功能,促进生产性服务业进一步发展。(2)促进流通性服务业细化分工、优化流通性服务业集聚模式,以继续推动进出口贸易等流通性服务业发展,保障社会经济稳定运行与转型。(3)推进粤港澳都会区建设,通过提高软硬件设施通达性,促进更高程度、更深层次、更为优化的产业集聚。(4)推进市区重建、创新发展低碳城市规划、建设新兴产业。在空间约束前提下优化空间功能,这对于香港来说,也是巨大的技术、市场与社会考验和挑战。香港经验的形成将为世界城市发展创造有利的空间条件,使香港在低碳城市建设方面取得成效;最为重要的是,可以作为向内地输送技术与服务的新兴业务领域,从而带动香港高增值、知识型新兴产业集聚发展。(5)其他辅助性政策包括:推动教育发展、优化人力资源供给;发展公民社会、保障社会稳定;完善自由市场制度和营商环境。

五、研究的意义与不足

本研究所具有的理论意义包括:第一,从集聚—分工理论原核基础上构建国际分工—世界城市理论研究框架,对于集聚经济理论向世界城市研究领域的拓展以及世界城市理论的延伸都是一种有益尝试;第二,将香港经济研究建构于国际分工—世界城市理论框架,对香港城市经济发展的内在逻辑与特征展开更深层次的剖析,是对香港经济理论与实证研究的拓展。

从本研究的实践价值来看:首先,系统梳理香港经济发展演变的逻辑脉络与外部联系,可以为更深入、全面认识香港提供参考;其次,基于香港内在发展机制与外部发展趋势选择政策方向,可以为进一步政策设计提供方法论指引;再次,揭示香港与内地、珠三角的内在经济联系及其发展方向,为深化相互之间分工合作以实现共赢指明方向;最后,在集聚—分工理论基础上考察东亚产品内分工实质、问题与发展方向,为促进区域合作提供政策及方法论支持。

由于本研究涉及面广泛,笔者在理论驾驭与实证检验等方面的能力仍有欠缺,文中存在的问题主要包括:第一,统计标准的误差:研究涉及大量统计资料的分析整理,由于统计标准不一,造成数据误差,对研究结果的可靠性产生一定影响;第二,理论逻辑严密性有待提高:受时间和篇幅限制,本研究对于理论框架的构建主要基于既有研究成果和工具的应用,对于其自身逻辑和适用性未展开深入分析,一定程度影响理论框架的逻辑严密性;第三,资料的准确性需进一步确认:本研究涵盖较为广阔的领域,由于出处不一,受时间限制,部分资料的准确性未得到进一步确认,导致本书可能存在不少错误疏漏。

香港世界城市发展是个久远但又崭新的课题,在今后工作过程中,研究有待进一步完善、改进与深化。

第一篇　理论基础

第一章 国际分工与世界城市理论

第一节 历史发展与文献述评

城市的发展源远流长,对世界城市的系统关注则始于 20 世纪中叶,经 Hall(1966)、Friedmann(1982)、Sassen(1991)、Castells(1996)、Taylor(1997) 等人的发展,世界城市理论初步成型。虽然他们对世界城市历史演进、形成与发展内在逻辑的解析仍显乏力,但吸收西方主流经济学进展可为世界城市研究奠定坚实的基础。

一、历史与范畴的界定:城市、世界城市

城市的历史演进由生产力发展所驱动。从出现人口聚集层面的城市空间,起初构建于对自然、神的崇拜,到政治王权统治,再到取决于经济力量;从城市独立发展,再到区域内、国际、世界,乃至全球的城市联系;从城市间宗教文化联系,到征伐统治联系,再到密切复杂的经济联系;从商品贸易联系,到资本投资,再到资金、信息、技术等全方位要素流动与分工联系,城市从独立城市、国际城市、世界城市,再到目前以纽约、伦敦为代表的全球城市,归根结底是科技革命和生产力发展不同阶段的产物。

据城市史学家研究,人口聚集意义层面的城市最早起源于美索不达米亚①,这种苏美尔城市文明以神庙占据"内城"支配地位、并以一套恒久的宗

---

① Gordon Childe. *What Happened in History* [M]. London:·Penguin Publishing House, 1957. 89.

教体制运作为中心;紧随其后的埃及、中国的早期城市则以统治王权为中心。① 生产力水平低下使早期城市以人口聚集为单点为主,城市生活维系的基础来源于神庙、王权等"神圣"支柱。

早期城市的人口聚集带来了商业的发展,腓尼基、迦太基,及欧洲最早出现城市迹象的克里特,商人们的贸易活动丰富了城市生活,也构建起最原始的国家间经济联系。生产落后、商品匮乏、人口增长以及自然灾害使基于贸易繁荣的早期城市难以为继,迈锡尼、希腊、罗马相继开创了以征伐为基础、提供最基本安全保障的帝国城市模式,历史进入欧洲古典城市文明阶段。在军事和武力支持下,古典城市间商业、政治、文化、军事联系更为密切,并锻造出亚历山大里亚那样伟大的东地中海贸易中心,但以政治和军事为主导,以及缺乏生产支撑,古典城市最终在瘟疫横行、敌人征服中衰落。

早在最后一座欧洲古典城市君士坦丁堡被土耳其人攻陷的几个世纪前,穆斯林已控制了地中海和通往东方的商路,切断了欧洲商业与其财富和知识重要来源的联系,极大地削弱了欧洲城市文明。在宗教传播、商业贸易、武力征伐的共同作用下,伊斯兰城市文明迅速发展,并形成大马士革、巴格达、耶路撒冷、麦加等国际性宗教文化中心。而在中国,统一全国的原始动力促使长安、洛阳、开封、南京、北京等相继成为中央王国政治权力中心与儒家传统文化控制中心。而像广州,早在公元前 100 年,在穆斯林贸易团体的推动下,逐步发展为繁荣的国际性大都市。

13 世纪末,罗马帝国衰落后,接近四个世纪的欧洲文艺复兴最大的财富就是使公民主义、自治城市和新兴的资本主义一起成长,期间威尼斯的兴起几乎预示了"现代城市的终极形式"——城市的持续兴旺源于工业与商业结合的经济力量。② 经过威尼斯、佛罗伦萨、安特卫普、阿姆斯特丹等国际贸易中心的更迭,工业革命最终奠定伦敦"世界资本主义之都"的坚实地位,也全面开启现代工业城市发展的历史篇章。

从兰开夏为起点,18 世纪末蒸汽机带动的工业革命形成曼彻斯特、伯明翰、利物浦、格拉斯哥等一批工业城市,借助工业革命的成果和武力征服,

---

① 〔美〕乔尔·科特金:《全球城市史》,社会科学文献出版社 2006 年版,第 7、12 页。
② 〔美〕乔尔·科特金:《全球城市史》,社会科学文献出版社 2006 年版,第 103—105 页。

英国建立起全球最大的殖民帝国,伦敦基于工业、贸易和服务业聚集以及殖民体系运作成为首屈一指的国际金融和贸易中心。忙碌于维系殖民体系使英国丧失了新兴工业发展的机遇,而较后融入工业化进程的国家——德国和美国在跟随、积累、创新中赢得先机,特别是美国,在持续引领近几次科技产业革命过程中,先后崛起五大湖地区、纽约州、新泽西、宾夕法尼亚、洛杉矶地区等诸多工业制造与创新中心,纽约则通过与各工业中心的密切联系,成为金融、生产性服务聚集中心,并因美国工业资本的全球扩张成为生产要素全球性配置中心及首位的全球城市。作为后发工业国,日本创造性地吸收和发扬了西方工业国上百年发展精髓,尽管20世纪50年代才真正起步,却用几十年的时间实现了资本、技术快速积累到全球化输出,在国家金融自由化过程中,东京于20世纪80年代后期一跃由全国性经济中心转变为国际金融中心和国际大都市。

人类社会城市文明史表明,城市的形成与发展是历史性的,包含经济、政治、文化、国际往来等多方面因素。作为联系范围超过一国,涉及多国、乃至全球的世界城市,是生产力发展到一定历史阶段的产物,并随生产力水平的提高而不断发展。

囊括复杂因素的研究是一项浩瀚庞杂的系统工程,范畴的界定将有助于展开集中、有针对性地分析与探索,本文基本界定为:

第一,不从人口聚集的角度研究世界城市,即不从城市角度展开研究,而从国际、世界范围联系枢纽或节点的角度切入,世界城市不是孤立的点,而是国与国关系或联系的承载;

第二,不研究政治、宗教文化等范畴的联系与影响,而主要关注世界城市所承载的经济联系,及其形成、发展的经济根源、动因与机制。

由此,本文所指的世界城市是凝聚国际经济联系的枢纽或节点。根据所凝结经济联系的范围又可区分为区域性世界城市与全球城市,前者凝结一定范围内国家与地区间经济联系,后者凝结全球范围的经济联系。

在上述界定前提下,具有国际经济联系节点含义的世界城市的萌芽可以追溯到腓尼基,当时腓尼基人通过从非洲西海岸到塞浦路斯、西班牙甚至不列颠群岛的货物贸易与强大邻邦建立起最原始与基本层次的国际经济联系——货物贸易与海洋运输。14世纪威尼斯、佛罗伦萨等贸易中心的兴衰更替逐渐将生产引入国际经济联系,这些城市的国际贸易引导工场手工业发展并以其为支撑。18世纪,工业革命带动伦敦的兴起,真正奠定了专业化生产在国际经济联系中的基础地位,并使金融、生产性服务不断被纳入国际经济联系。历次科技产业革命的发展和生产分工的细化使生产性服务业独立发展为现代经济重要组成部分,伦敦、纽约因金融、生产性服务等的高度聚集而凝聚为更广泛的国际乃至全球经济联系,使当前历史阶段世界城市承载的国际经济联系更多地表现为世界范围内生产性服务业的集聚。

可见,世界城市的演进同样具有历史阶段性。随着科技革命和生产力水平的提高,世界城市呈现出不同的表现形式和各异的性质特征。当前历史阶段的世界城市是本研究关注的核心内容。

二、世界城市研究进展

对城市作为经济活动的空间聚集进行系统解析最早可追溯到德国传统的古典区位理论,1826年约翰·冯·杜能对孤立国(城市)的描述成为城市经济学的起源。但对城市形成发展机理的研究在更长历史跨度内分别沿着古典、新古典等主流经济学、区域经济学、城市经济学和空间经济学等不同脉络向前发展。世界城市作为城市的一种特殊形态,其理论发展并没有像其自然的生长路径一样,从经典城市理论中孕育成长,而是选择了一条相对独立的发展路径。

最早使用世界城市一词的是德国著名诗人歌德("世界城市"的德语是Weltstadt),1787年,他将罗马、巴黎称为世界城市,主要基于它们在西方世界曾有过的特殊文化地位。1915年,苏格兰城市和区域规划学家Geddes在《演变中的城市》中最先赋予世界城市以现代概念,他把当时西方一些国家正在发展中的大都市称为世界城市,但没有对世界城市的概念、主要特征等进行详细研究。①

20世纪上半叶伦敦、巴黎、莱因—鲁尔区、纽约等国际大城市的发展给世界城市研究提供了丰富的历史素材,1966年Hall出版《世界大城市》标志着世界城市研究进入系统化发展时期。延续Hall的文献梳理思路,世界

---

① 蔡来兴:《国际经济中心城市的崛起》,上海人民出版社1995年版,第23页。

城市研究大致可以区分为若干发展阶段。

第一阶段主要是 20 世纪六七十年代,以 Hall(1966)、Hymer(1972)、Heenan(1977)为代表的学者,通过分析和比较发达国家跨国公司的区位偏好和角色,研究世界体系中具有战略控制地位的世界城市。其中,Hall 将世界城市界定为,"那些已对全世界或大多国家发生全球性经济、政治、文化影响的国际第一流大城市"。具体内涵包括:主要的政治权力中心;国家的贸易中心,拥有大的港口、铁路和公路枢纽以及大型国际机场等;主要金融中心;各类专业人才集聚的中心;信息汇集和传播的地方,有发达的出版业、新闻业及无线电和电视网总部;大的人口中心,而且集中了相当比例的富裕阶层人口;娱乐业成为重要的产业部门。伦敦、巴黎、莱茵—鲁尔区、荷兰兰斯塔德、莫斯科、纽约及东京是 Hall 确定的 7 个世界城市。[①]　总体来说,经验分析、特征归纳是这一阶段研究的主要方法,比如 Hall 将研究重点放在世界城市基本特征的总结,以及每一个具体城市地域结构的演变上,而没有对世界城市进行较深入的理论研究,因此,这一阶段研究的主要贡献在于界定研究对象。

第二阶段的研究以 20 世纪 70 年代末兴起的新国际劳动分工理论为基础,结合跨国公司的公司决策行为和影响力,考察世界城市兴起与发展过程中的主要问题,Cohen(1981)、Friedmann 和 Wolff(1982)、Friedmann(1986)、Glickman(1987)、Feagin 和 Smith(1987),以及某种程度上 Knox(1995a,b)和 Thrift(1989)等学者及其作品成为这一阶段研究的代表。其中,Cohen(1981)率先提出新国际劳动分工是沟通跨国公司活动和世界经济体系的重要桥梁,世界城市是新国际劳动分工的协调和控制中心。[②]　Friedmann(1982、1986)提出的"世界城市假说"则可视为这一阶段研究的系统总结和主要成就。

Friedmann(1986)认为:(1)世界城市形成发展的根源在于,与世界经

---

① ［英]P·霍尔:《世界大城市》,中国建筑工业出版社 1982 年版,第 1 页。

② Cohen R. . *The New International Division of Labour. Multinationa Corporations and Urban Hierarchy*, in Dear M. and Scott A. eds. *Urbanization and Urban Planning in Capitalist Society*[M]. London:Methuen,1981. pp.287–315.

济的融合形式和程度以及它在新国际劳动地域分工中所担当的职能。
(2)世界范围内的主要城市均是全球资本用来组织和协调其生产和市场的
基点,由此导致的各种联系使世界城市成为一个复杂的空间等级体系。
(3)世界城市的全球控制功能直接反映在其生产和就业结构及活力上。
(4)世界城市是国际资本汇集的主要地点。(5)世界城市是大量国内和
国际移民的目的地。(6)世界城市集中体现产业资本主义的主要矛盾,
即空间与阶级的两极分化。(7)世界城市的增长所产生的社会成本可能
超越政府财政负担能力。① 在 Friedmann 看来,世界城市的本质属性是世
界经济的"指挥控制中心"。

　　Friedmann 的理论以新国际劳动分工为逻辑起点,基于跨国公司在新国
际劳动分工中的突出表现和主导作用,"假说"逻辑推演的主轴是跨国公司
的运作,而没有对新国际劳动分工与世界城市间内在联系展开更深入分析。
此外,理论虽以"假说"形式进行了简短的论述,但基本勾画出世界城市研
究框架的主要命题,包括世界城市形成发展原因,世界城市本质属性,世界
城市等级体系,世界城市就业、空间布局与社会的两极分化,世界城市发展
的政治政策影响等等,为世界城市理论发展奠定了基础。

　　第三阶段在上一阶段研究成果基础上,通过对当前主要世界城市、全球
城市及其等级体系的实证分析,进一步挖掘世界城市形成根源和发展特征。
主要成果包括 Reed(1981)对全球主要金融中心等级结构和类型的研究,
Meyer(1986、1998)对全球城市体系和国际金融中心的定量研究,以及
Sassen(1991、1994)对"全球城市"的研究等。Sassen 的"全球城市"理论成
为继"世界城市假说"之后的又一重要进展。

　　Sassen 之所以选择"全球城市"而非"世界城市"概念②,主要是认为世
界城市几个世纪或更早以前就已经存在,而今天意义上的全球城市"很可
能并非是完整意义上的世界城市",即全球城市兴起于现代。通过对伦敦、

---

① 　Friedmann J., *The world city hypothesis*[J]. *Development and Change*, 1986：17. pp.
69-83.

② 　[美]沙森:《全球城市:纽约、伦敦、东京》,上海社会科学院出版社 2005 年版,第3—
4 页。

纽约、东京三个典型城市的实证研究,Sassen 的理论逻辑包括:(1)经济越是全球化,中心功能在少数几个城市(即全球城市)集聚的程度越高;(2)全球城市形成的重要基础是投资国际化和金融证券化;(3)伴随全球经济结构向服务业和金融业的转型,全球城市在专业化和集聚经济作用下成为特定生产、服务、市场和创新的场所,主要生产高度专业化的生产者服务和金融产品;(4)金融和先进生产者服务聚集的全球城市相应出现就业、收入、经济结构、空间布局的分化。

从 Sassen 的研究来看,她继承了既往理论关于新国际劳动分工和资本强调控制力的思想。一方面,在考察 20 世纪下半期劳动分工新变化的基础上,将劳动分工更具体地解析为服务业特别是金融和生产者服务的专业化与分工;另一方面,接受但不侧重资本的控制力,转而结合集聚思想与理论,认为基于集聚效应生产在分散化的同时要求生产者服务更趋集中,世界城市不是"控制中心",而是"服务于控制的服务中心"。Sassen 以实证分析为核心,从当前历史阶段分工的具体形式出发展开研究,具有较强的现实说服力;但此研究方法也使其关于分工、生产者服务集聚于世界城市的分析更多停留在经验分析,而缺乏理论逻辑的推演。此外,界定全球城市以现代为历史起点,虽然避免了分析历史的问题,但也使研究成为比较静态分析,不利于挖掘全球城市兴起衰落的根源。

第四阶段是 20 世纪 90 年代以来基于信息网络影响而对世界城市理论的进一步挖掘,最主要的代表是 Castells(1996)提出的"流动空间"理论。Castells 认为,新技术革命使"信息"成为所有社会过程和社会组织的原材料,包括金融、保险、行销等先进服务业都可以简化为知识生产和信息流动。资本流动、信息流动、技术流动、组织性流动等流动支配了经济、政治和象征生活。电子交换的回路、节点与核心、占支配地位的管理经营(而非阶级)的空间组织这三个层次构成流动空间,世界城市就是这样一个流动空间,一个过程,一个世界范围内"最具有直接影响力"的"节点和网络中心"。①

---

① [美]曼纽尔·卡斯特:《网络社会的崛起》,社会科学文献出版社 2003 年版,第504—512 页。

　　Castells 之前，将历史沉淀所形成的世界城市作为研究对象时，学者们更着眼于对世界城市起决定或主导作用的组织及其运作，Castells 富有洞察力地指出决定世界城市本质与活力的是它所承载的各种要素的流动，正是这些流动凝聚起国与国之间的经济联系。Castells 的理论最大的意义在于，指出世界城市在"流"的运动中存续发展，"流"的兴起与衰落决定世界城市的兴起与衰落，既有世界城市的历史沉淀并不能决定其未来地位，这对于后发城市的崛起来说具有重要的理论指导意义。但是，Castells 对于"流"兴起与衰落的根源没有进一步分析，也就难以指明后发城市崛起的现实路径。

　　经过以上阶段的发展，"基础：新国际劳动分工—主体：控制中心（Frienmann）—形式：生产者服务业（Sassen）—内容：流动（Castells）"的世界城市研究框架基本成型。一方面，带着缺乏数据支持的"瑕疵"（Short，1996）发展起来的理论需要更多实证检验；另一方面，20 世纪 90 年代以来，全球化迅猛发展，国际劳动分工日益呈现"全球商品链"的分工形式，世界城市间的全方位联系更为密切与复杂，现实变化要求理论提供更多解释。世界城市最新研究就朝这些方向继续前进。

　　第一，加强实证研究。为弥补城市及城市间联系数据匮乏导致世界城市理论缺少实证检验的缺憾，Beaverstock、Taylor（1997、2000、2004）等学者基于"Friedmann-Sassen-Castells"理论开创性地构建"世界城市连接性"实证数据采集分析方法。他们在拉夫堡大学成立 Globalization and World Cities（GaWC）研究中心，邀请各界参与数据采集与分析研究，通过主要商业报刊的内容分析、追踪高技能专家和管理人员流动、考察全球化服务公司的组织控制结构的空间布局等搜集基础数据，据此研究世界城市间的连接性以及世界城市网络等级体系等。数据库的构建和分析工具的完善使 Taylor 等人在世界城市实证检验方面取得巨大进展，如论证了伦敦处于世界城市网络体系的顶端①；伦敦、纽约、香港等诸多城市构成了包括"全球网络连接、金融连接、主导中心、全球控制中心、地区控制中心、高连接通道、新兴市

　　① Jonathan V. Beaverstock, Richard G. Smith, Peter J. Taylor. *World-City Network*: *A New Metageography*? [J]. *Annals of the Association of Amercian Geographers*, 2000, 90(1), pp. 123-134.

场通道"在内的网络等级结构①；北美、亚太和欧洲城市之间高度互联,并存在三大世界城市集团②；北京、上海已迅速跃升为主要世界城市,伦敦的全球顶级城市地位正被纽约超越等等③。

第二,解释新的问题。针对国际分工细化带来日益普遍的世界城市区域发展现象,Hall(2001)对世界城市经典的多中心空间结构进行了解析④；Porter(2001)将其归结为新竞争经济下的理性选择⑤；Scott(1988)在《大都市:从劳动分工到城市形态》中指出,产业集聚于城市不仅有利于节约生产成本,也有利于节约交易成本,劳动空间分工促进了世界城市区域发展；杨汝万(2004)对亚太地区的"成长三角"进行了实证分析和理论解析⑥；Taylor(2008)认为应将其纳入"全球化—世界城市—世界城市网络—大城市区域"的研究框架⑦。

第三,拓宽研究思路。从理论框架的自身发展来看,虽然分散与聚集几乎是各板块共同的理论出发点和基石,但世界城市理论并未对其进行更深入的研究和分析,甚至世界城市研究者(Taylor,2007)已经发现世界城市的"可持续性"问题对既有理论存在挑战,但回归 Hall 包含政治文化等更宽泛的定义使理论走向另一个方向。以 Scott(2001)为代表的洛杉矶学派从后现代主义理念出发,将国家管理、民族文化、意识形态和历史纳入世界城市分析；Knox(2002)认为,全球城市已经是经济、政治、文化全球化的原因和结果；Taylor(2007)在 Jacob(1970,1984)道德特征模型的基础上,认为世界

---

① P. J. Taylor,D. R. F. Walker,G. Catalano and M. Hoyler. *Diversity and Power in the World City Network*[J]. *Cities*,2002,19 (4),pp. 231–241.

② Ben Derudder,Peter Taylor. *The Cliquishness of World Cities*[J]. Global Networks,2005 (1),pp. 71–91.

③ P. J. Taylor, etc. *Measuring the World City Network: New Results and Developments* [EB/OL]. http://lboro. ac. uk,2009. 3. 2.

④ Peter Hall. *Global City–Regions in the Twenty–first Century*[A]. Allen J. Scott. *Global City–Regions*[C]. Oxford: Oxford University Press,2001. pp. 59–77.

⑤ Michael E. Porter. *Regions and the New Economics of Competition*[A]. Allen J. Scott. *Global City–Regions*[C]. Oxford: Oxford University Press,2001. pp. 139–157.

⑥ 杨汝万:《全球化背景下的亚太城市》,科学出版社 2004 年版,第58—70 页。

⑦ P. J. Taylor. *World Cities in Globalization*[EB/OL]. http://lboro. ac. uk,2008.4.28.

城市"可持续"来源于政治和意识形态的维护。①

从国内研究进展来看,虽然起步较晚,但国内城市发展迅猛给世界城市研究带来了生机,国内学者除对上海、北京等大城市及长三角、珠三角等城市区域进行实证研究外,蔡来兴(1995)等人依据经济增长长波理论,从世界经济增长重心转移的角度研究了国际经济中心城市的崛起方式②;宁越敏(1991)基于Scott理论,从劳动空间分工及集聚节约交易成本的视角论证了大都市区形成的机理③;周振华(2007)以Castells流动空间城市为基础,通过对全球化城市的解析构建起全球化城市网络的分析框架,为全球化城市崛起为全球城市寻找可行路径④。总体来看,在国际分工新形势和世界城市网络既有格局下探究相对落后城市崛起的路径与方式,是国内学者倍加关注、也最着力于突破的课题。

三、分工—集聚理论演进与世界城市

作为承载国际经济联系的特定空间,世界城市从本源上说是一种特殊形态的城市。虽然世界城市本身尚未被纳入西方经济学主流,但主流理论基于分工—集聚思想的城市化研究,为探寻世界城市形成发展的微观基础提供了理论支撑和分析工具。

西方关于城市化的命题起源于两大区别明显的理论体系,一类是古典、新古典、新兴古典等理论延续的"分工→集聚→城市化"研究范式;另一类是以古典区位理论为起点,经区域经济学、城市经济学、空间经济学发展所延续的"集聚→分工→城市化"研究范式。近20年来,随着主流经济学将区位因素引入生产函数,两大理论体系呈现某种程度的融和。

（一）"分工→集聚→城市化"范式

西方经典经济学研究核心是以市场为中心的资源配置,但从斯密开创

---

① Peter J Taylor. *Space and Sustainability*: *An Exploratory Essay on the Production of Social Spaces Through City-work*[J]. *The Geographical Journal*,2007(9),Vol. 173,No. 3,pp. 197–206.

② 蔡来兴:《国际经济中心城市的崛起》,上海人民出版社1995年版。

③ 宁越敏:《新的国际劳动分工——世界城市和我国中心城市的发展》,《城市问题》1991年第6期;宁越敏:《世界城市崛起的规律及上海发展的若干问题探讨》,《现代城市研究》1995年第4期。

④ 周振华:《崛起中的全球城市》,上海人民出版社2007年版。

的古典理论开始,分工和专业化就一直是重要的逻辑基础。斯密认为,分工和专业化促进企业扩大规模,产生规模经济;供给与需求的增加意味着市场容量的扩大;而市场容量的扩大将进一步促进专业化与分工。[①] 这里,斯密更多指出劳动分工、内部规模经济与市场容量互动累积起来的生产集聚。在斯密理论基础上,马克思从企业内部劳动分工扩展到行业分工、社会分工,指出行业的独立和分化,体现了分工的结果,分工越是发达的社会,生产链条越复杂,消费者和产业部门之间的交易量越大,累积的互动关系使现代工业化城市得以产生和发展。[②] 继承了斯密内部规模经济理念,马克思指出了行业分工、内部规模经济与市场容量互动累积起来的城市集聚。

斯密和马克思的劳动分工思想由杨格扩展为迂回生产和社会收益递增理论。杨格认为,最重要的分工形式是生产迂回程度的加强及新行业的出现。产业间分工使得迂回生产链加长,也使得市场规模扩大,而扩大的市场会促使分工的进一步扩大,形成迂回生产、产业间分工、收益递增和市场规模互动的自我加强的集聚过程。其中,收益递增来源于:一是厂商内部专业化生产带来的生产费用的节约;二是社会分工的网络性使各产业供求交互作用,形成报酬互补与递增。[③]

新古典经济学代表人物马歇尔进一步发展古典的劳动分工思想,指出了规模经济、特别是外部规模经济的根源。马歇尔把规模经济分为内部规模经济和外部规模经济,“内部经济”主要来源于四个方面:一是“专业机械的使用与改良”;二是“采购与销售的经济”;三是“技术的经济”;四是“企业经营管理工作的进一步划分(分工)”。“外部经济”主要表现在:(1)可以利用具有比较优势的自然资源、地理资源和人力资源;(2)可以共享社会生产条件,即基础设施,减少对基础设施要求的复杂性,从而节约建设基础设施的费用;(3)可以形成较为高效率的地方劳动力市场;(4)可以共享辅

---

① ［英］亚当·斯密:《国富论》,华夏出版社2004年版,第16—18页。
② 马克思:《德意志意识形态》,《马克思恩格斯全集》,第3卷,人民出版社1974年版,第24—25页。
③ ［美］保罗·克鲁格曼:《发展、地理学与经济理论》,北京大学出版社、中国人民大学出版社2000年版,第4页。

助行业提供的专门服务;(5)有利于专业技术的传播和扩散。① 在分析规模经济来源基础上,马歇尔解析了地方性工业——分工基础上的企业在特定区域的集聚——的发展。

20世纪80年代以 P. Romer(1986)和 R. Lucas(1988)为代表的新增长理论把技术看成是研究与开发内生驱动的结果,人力资本是家庭和教育部门的产品,从而将知识内生于经济系统。基于知识生产的收益递增、知识的外部性,以及教育所形成人力资本"内部效应"利于劳动者本身、"边干边学"所形成人力资本"外部效应"有助于提高企业生产效率,新增长理论通过内生知识积累过程说明收益递增的产生。

基于对收益递增来源的探析,新古典经济学更详尽解释了分工、收益递增和市场容量互动累积起来的城市发展,Dixit-Stiglitz(1977)模型为其基本原理提供了形式化解析。

摒弃新古典经济学线形、边际、均衡分析方法,发展经济学用非均衡、非线性方法继续发展了收益递增理论和城市化路径。其代表人物迈达尔指出,基于地区发展的极化效应、扩展效应和回程效应,发展较快的 A 城市会因高工资水平对 B 城市劳动力产生吸引力,基于 A 城市较多的资本、技术积累及规模收益递增效应,产生"循环累积因果关系",两城市差距持续拉大。贝恩·阿瑟继续用收益递增的非线性特征揭示了历史偶然带来的路径依赖,即收益递增存在情况下,经济系统具有多重均衡,随机事件选中的结果会因规模收益递增而使经济系统被"锁定"在此路径上。

20世纪80年代兴起的以杨小凯为代表的新兴古典经济学,用超边际分析法等,实现了将古典理论中关于分工和专业化思想形式化的目标,也将分工内生于经济系统。他们认为,所有人的专业化经济合起来就是分工经济,分工和专业化水平决定着专业知识的积累速度和人类获得技术知识的能力,从而决定收益递增;专业化也会带来交易费用,制度变迁和组织创新的作用在于节约交易费用;分工的深化取决于交易费用和分工收益的相对比较,从而呈现出自发演进的过程。对于城市的形成与城乡差别,杨小凯等(1994)认为,由于专业制造者和专业农民,以及不同制造商之间出现了高

① [英]马歇尔:《经济学原理》,华夏出版社2004年版,第204—224页。

水平的分工,因专业化带来收益递增以及为节约交易费用,出现了城市以及城乡分离的状况。①

当交易成本成为新制度经济学理论内核后,科斯、威廉姆森等人的研究表明,分工和专业化程度受到交易成本的制约,制度和组织是用费用较低的企业内部交易替代费用较高的市场交易。由此,城市化成为两个并行发生的过程:一个是生产活动空间集聚引起分工和专业化不断深化,带来分工收益;另一个是组织形式和制度体系不断完善,较少交易成本。企业集聚于城市能否提高效益,关键在于专业化程度提高所带来的分工收益能否超过分工复杂化造成的交易成本上升。②

总体来说,"分工→集聚→城市化"范式认为,城市是在分工发展过程中集聚累积起来的。虽然该范式没有将城市与其所承载的国际经济联系合并起来解析,但对于收益递增来源、作用、交易成本及分工内生等研究成果对世界城市研究具有重要价值。

(二)"集聚→分工→城市化"范式

"集聚→分工→城市化"范式以冯·杜能(1826)农业区位论为发端,延续产业集聚导致产业分工、空间分工的思路,先后向区域经济学、城市经济学、空间经济学等方向发展,最后在克鲁格曼等学者将收益递增、运输成本等因素纳入经济模型后,通过空间分析的形式化回归主流经济学。

区域经济学包括冯·杜能的农业区位论(1826)、韦伯的工业区位论(1909)和以克里斯塔勒(Walter Christaller,1933)及勒施(Losch,1939)为代表的新古典区位理论三条支流,最后由艾萨德(W. Isard,1956)将上述模型统一于运输成本—生产成本权衡的区域科学框架内。克里斯塔勒基于规模经济和运输成本之间权衡,提出了中心地方理论;普雷德等人将中心聚集归结为基础—乘数的累积,并指出从一个不存在集聚的均匀空间从突变点开始人口集中或产业集中,并在支撑点后瓦解。哈里斯(1954)进一步指出,

①　Yang,X. and Rice. *An Equilibrium Model Endogenizing the Emergence of a Dual Structure Between the Urban and Rural Sectors*[J]. Journal of Urban Economics,1994. Vol. 25: pp. 346-368.

②　巴纳德(1938),转引自[美]威廉姆森《资本主义经济制度》,商务印书馆2002年版,第14页。

生产集聚是自我强化的,生产越集聚,市场潜力越高。①

城市经济学在冯·杜能(1826)开创的土地利用模型基础上,探讨了城市集中的根源、城市的产业与空间布局、城市体系等问题。冯·杜能模型指出,在考虑到生产与运输成本之后,城乡会形成蔬菜、小麦、牛等农产品呈同心圆分布的生产布局。② 阿朗索(1964)在用通勤者代替农民、用中央商务区代替孤立的城市之后,得出"单中心城市模型"③。在对城市空间集聚的根源上,城市经济学吸收了马歇尔基于外部经济(规模经济)产生生产商聚集的理论。在解释城市规模和新城市出现时,亨德森(1974、1980、1988)构建了一个城市规模与典型居民效用模型,因为促使居民向城市集中的外部经济和往返费用等外部不经济存在一股合力,这样城市规模与居民效用间呈现倒 U 型关系;当城市规模过大,"城市公司"就有动力开发新的城市;基于城市的规模限制,各城市都应专攻一个或几个可以产生外部性的行业,减少非相关产业因占用空间妨碍外部经济并徒增外部不经济问题,由此城市的最佳规模取决于其着力发展的行业、即城市的功能;各城市着力于发展不同行业,城市功能的差异化产生城市专业化。在假设外部性随距离增加而减少前提下,藤田和小川(Fujita and Ogawa,1982)进一步发现,外部经济形成的向心力,往返费用和地租等形成的离心力,使城市结构出现多中心布局,这相比单中心模型更准确地描述了现代大都市的空间格局。④

在区域经济学和城市经济学对空间区位的探讨基础上,克鲁格曼认为,两大体系虽然涉及丰富的现实课题,但都未能成功地将空间纳入经济学主流,根源在于主流经济学家掌握的建模技术无法同时处理收益递增、不完全竞争、运输成本、要素流动等问题,而 Dixit-Stiglitz 垄断竞争模型的成熟提供了崭新的工具,为空间经济学诞生扫除了技术障碍。

空间经济学在 D-S 模型基础上,将运输成本理解为"冰山成本"——即

---

① [日]藤田昌久等:《空间经济学:城市、区域与国际贸易》,中国人民大学出版社 2005年版,第3—4、39页。

② 参见[德]冯·杜能《孤立国同农业和国民经济的关系》,商务印书馆 1997年版。

③ 参见[美]阿朗索《区位和土地利用——地租的一般理论》,商务印书馆 2007年版。

④ [日]藤田昌久等:《空间经济学:城市、区域与国际贸易》,中国人民大学出版社 2005年版,第19—28页。

运输过程中的损耗,构建了基本的区域模型——中心外围模型,中心集聚取决于三个要素:运输成本、收益递增和可自由流动要素比重,运输成本越小、收益递增越大、可自由流动要素比重越大,产业就越趋向于中心集聚,克鲁格曼认为集聚的力量主要来自于前后向关联。

在此基本模型基础上,该理论认为,城市人口增加到一定程度将向周围扩散,导致新城市出现,并在城市间向心力和离心力作用下,因行业规模经济程度和运输成本各异而形成城市层级结构。城市结构的未来趋势取决于"市场潜力"参数,一旦中心形成,会通过自我强化不断扩大规模,并打破起初的区位优势和原有集聚的自我维持优势,开始新的空间自组织。

在国际范围内,要素禀赋对国际分工虽有一定作用,但集聚会产生新的分工基础。由于国界存在,中心外围模型的产业关联效应受到影响,但在关联效应、贸易成本等因素作用下,同样会产生不同范围和程度的专业化过程,即特定产业向若干国家集聚,形成国际分工。

总体来说,"集聚→分工→城市化"范式深入解析了产业空间分工是收益递增效应导致集聚累积的结果,集聚的过程就是城市空间形成的过程,也是不同城市基于同一逻辑进行专业化分工的过程,还是不同区域、不同空间、不同城市形成分工联系的过程。"集聚→分工→城市化"范式继承吸收了"分工→集聚→城市化"范式对于收益递增来源的研究成果,并对集聚产生的条件、起始—终止点、内在机制、作用结果等进行了更广泛的探讨,特别是突破了"分工→集聚→城市化"范式侧重单点城市的发展逻辑,主要在分工联系基础上考察城市的发展与地位,这对研究承载国际经济联系的世界城市来说,具有重要的方法论意义。

四、对研究文献的总体评论

纵观世界城市研究发展脉络,基本延续了宏观、经验分析的方法与传统,虽然新国际分工构成 Friedmann "世界城市假说"的理论基石,生产者服务聚集是 Sassen "全球城市"的理论内核,但分工、集聚与世界城市的微观机制并未成为世界城市研究的核心。强化微观机制的逻辑推演,对世界城市兴衰根源以及世界城市历史与现状作出逻辑一贯的解释,是世界城市理论有待发展的方面。

　　世纪之交,Scott(1988,2001)运用增长极理论中的前后向联系和交易费用理论,剖析集聚通过降低生产成本和节约交易费用产生外部效应,推动产业进一步集聚以形成大都市及世界城市区域①的研究,可以说是探究世界城市形成发展微观机制的有益开始。

　　纵观西方经济理论关于城市空间形成发展的研究与探讨,内容广泛而深刻,并渐趋形式化,但其研究成果尚未延伸到世界城市研究领域。两者有机地结合,对充实世界城市理论将有所裨益。

第二节　分工与集聚的基本原理

　　明晰分工与集聚互动的基本逻辑是揭开国际分工与世界城市内在联系的基础与前提。

一、基本概念

　　分工是在集聚过程中循环往复演化发展的,相关概念界定如下:

　　(一)劳动分工

　　劳动是人类最基本的行为活动,早在人类起源,劳动就已存在,不同的劳动即劳动分工。从劳动分工主体来看,不管是人由猿转变过来的初期——一人从事农耕狩猎或是男耕女织,还是当前的信息化时代——一人兼任管理与设计或者两人分任,人与人之间、个人都可以进行劳动分工。从劳动分工的内容来看,包括裁缝、制衣、农作等产出有形产品劳动间的分工,也包括管理、设计、咨询等产出无形产品劳动间的分工,以及上述两类劳动间的分工。这里,分工取决于劳动差异,而非劳动者。劳动分工是一切生产分工的起源。

　　(二)生产分工

　　产出不同产品的生产活动即生产分工。生产活动是一个多种劳动共同作用产出产品的过程,产品的差异决定了生产的差异及分工。这里,生产分工取决于产品种类的差异,而非生产者或企业。比如,在亚当·斯密的扣针

---

①　Allen J. Scott. *Global City-Regions* [C]. Oxford: Oxford University Press, 2001.

工厂,扣针制造的"十八种操作"①即不同的劳动分工,扣针生产与制衣生产之间就是生产分工。

（三）产业分工

产品的生产会经历原材料、中间产品到最终产品的整个过程,这个过程既可以由一个企业完成,也可以由原材料供应商、中间产品生产商、总装厂商共同完成。前者是一种生产,后者由相互关联的生产分工集合而成,形成产业,产出不同产品类别的生产分工链条或体系即产业分工。

（四）集聚

分工在空间的集中化或聚集称为集聚(Agglomeration)②。工业区位论创始人韦伯(1909)首先建立了有关集聚的概念和规则,并将之应用于企业布局(Wesolowsky,1993)和产业集群(Isard,1956)方面的研究。Krugman 指出,经济活动最突出的地理特征是"集中",源于分工的报酬递增会在地理集中过程中得以实现③。所以,集聚又是分工的空间组织形态(梁琦,2009)④。

（五）空间分工

"经济地理"即"生产的空间区位"⑤。空间分工,就是生产及经济活动在不同地域空间的集聚,是不同形式和程度的生产分工、产业分工在地域空间分布的表现与反映。

二、收益递增与集聚

集聚由向心力——促使经济活动空间集中的力量,和离心力——与集中背道而驰的力量相互作用而成⑥,厂商集中带来的收益递增是促使集聚

---

① 参见[英]亚当·斯密《国民财富的性质和原因的研究》,商务印书馆1979年版。

② [德]阿尔弗雷德·韦伯:《工业区位论》,商务印书馆1997年版,第118页。

③ [美]保罗·克鲁格曼:《地理和贸易》,北京大学出版社、中国人民大学出版社2000年版,第5页。

④ 参见梁琦《分工、集聚与增长》,商务印书馆2009年版。

⑤ [美]保罗·克鲁格曼:《地理和贸易》,北京大学出版社、中国人民大学出版社2000年版,第1页。

⑥ [日]藤田昌久等:《空间经济学:城市、区域与国际贸易》,中国人民大学出版社2005年版,第11页。

产生的根源①。收益递增,即随产量增加,单位产出的边际成本不升反降,使企业边际报酬增加的经济现象。马歇尔(1890)较早地指出,收益递增来源于规模经济的外部性,他给出的三个原因是中间投入品的多样性、劳动市场共享和知识外溢。Krugman 将前两者称为金融外部性,后者称为技术外部性。②

基于垄断竞争基础上的 D-S 模型(1977)诞生后,收益递增被纳入形式化分析,Krugman 等学者将之应用于空间区位研究,从各种角度论证了收益递增促使集聚产生的机制。

(一)金融外部性

所谓金融外部性(Pecuniary externality),是产业的市场关联,通过价格机制从而降低企业的成本。在 D-S 垄断竞争一般均衡框架下,人们证明了至少三种集聚机制:要素流动、垂直关联和资本创造。③

1. 要素流动效应。Krugman(1991)最早将 D-S 模型纳入空间分析,提出了 FL(Footloose Labor)模型。在他的"2×2×1"(南北方、农业制造业、一种劳动要素)框架下,基于两地经济条件不同而存在要素价格差异,生产要素总是从报酬低地区流向报酬较高的地区;即使在两地区对称的情况下,劳动力从南方流向北方,使北方市场变大而南方市场变小,根据竞争厂商总有接近市场的动机产生的本地市场效应,地区需求扩大将引发更多厂商迁入,进而生产更多、价格更低的产品;制成品价格下降降低北方的生活成本,工人名义工资不变时实际工资提高,促使更多劳动力流入北方。这样积累循环的因果关系使地区间微小差异持续扩大,并产生工业化中心与去工业化外围的空间(产业)分工。④

此后,Baldwin 等(2003)的资本要素流动(Footloose Capital,FC)模型,假定资本可流动,但资本的所有者不能在地区间流动;Forslid 和 Ottaviano

① [日]藤田昌久等:《集聚经济学:城市、产业区位与区域增长》,西南财经大学出版社 2004 年版,第 11 页。

② [日]藤田昌久等:《空间经济学:城市、区域与国际贸易》,中国人民大学出版社 2005 年版,第 23 页。

③ 梁琦:《分工、集聚与增长》,商务印书馆 2009 年版,第 25、54 页。

④ Krugman,Paul. *Geography and Trade*[M]. Cambridge:MIT Press,1991.

(2003)的企业家要素流动(Footloose Entrepreneur,FE)模型,研究流动的要素是蕴涵丰富人力资本的企业家,它们都从本地市场效应和生产要素跨地区流动二者互动描述了集聚的演化机制。

2. 垂直关联效应。即使没有生产要素跨地区流动,考虑一个垂直产业结构,上游企业越多意味着投入品价格越低,下游产业的成本就越低,于是将导致下游产业向上游产业的集聚,这是成本关联或前向关联的向心力;反过来,对于上游企业,下游企业为其提供了产品市场,下游企业越多的地方,产品需求市场越大,将导致上游产业向下游产业的集聚,这种市场接近效应就是需求关联或后向关联的向心力。两种向心力共同作用,导致集聚产生。

Krugman 和 Venables(1995)的 CPVL(Core - Periphery, Vertical Linkages)模型,Robert-Nicoud(2002)的 FCVL(Footloose Capital, Vertical Linkages)模型,以及 Ottaviano(2002)、Ottaviano 和 Robert-Nicoud(2003)的 FEVL(Footloose Entrepreneur, Vertical Linkages)模型等,分别揭示了这种基于本地市场效应和企业间投入—产出关联互动,即垂直关联效应基础上的集聚机制。

3. 资本创造效应。假定资本不能跨地区流动,由于资本可以生成和积累,集聚就能够产生,这就是资本创造效应。Baldwin(1999)的 CC(Constructed Capital)模型认为,繁荣地区通过更多的资本创造,从而增加资本存量,区域市场规模(总支出)随之扩大;衰退地区通过损耗更多资本,从而减少资本存量,区域市场规模(总支出)随之萎缩,这样就出现需求关联的累积因果关系,即繁荣地区资本存量进一步增加,而衰退地区资本存量进一步减少。当交易成本比较低,即贸易自由度增大到某一临界点,初始对称的区域就会出现产业的突发性聚集。①

(二)技术外部性

技术外部性强调的是基于技术交流和知识扩散产生的集聚机制。

---

① Baldwin, R. E. *Agglomeration and Endogenous Capital*[J]. European Economic Review, 1999(43):pp. 253-280. 转引自安虎森《空间经济学原理》,经济科学出版社 2005 年版,第 152—153 页。

MAR(Marshall,1890;Arrow,1962;Romer,1986)认为,专业化和垄断更有利于知识和技术的外溢;Jacobs(1969)认为,多样性和竞争更有利于知识和技术的外溢。① 不管哪一种技术外部性,可以肯定的是,技术扩散和知识外溢是外部经济的核心,也是最根本的集聚力。反过来,在企业高密度环境下信息成本的降低使得集聚促进了技术扩散和知识外溢。②

Glaeser(1992)指出,"知识穿流肯定是跨走廊和跨街道比起跨海洋和跨大陆来得更容易",由于缄默知识(Tacit knowledge)、黏性知识(Sticky knowledge)的存在,为了更好地传送与接收信息,以及更好地学习和接受新技术,以将之应用于生产,提高企业经济效率,企业倾向于向新技术发源地、商业信息汇聚中心聚集,由此产生基于技术外部性的空间集聚。

三、集聚与分工演化

Fujita、Krugman 等指出,一个不存在集聚的均匀的空间经济开始自发地开始人口集中或产业集中,即对称均衡瓦解时的临界值称为突变点;集聚一旦形成,即使在一开始无法形成集聚的条件下,也会继续存在,已形成的集聚不能再维持下去的临界值称为支撑点。③

如图1—1所示,本来初始均匀状态分布的生产,因各种收益递增效应形成向心力,并在突变点开始集聚,形成中心—外围式空间分工;集聚过程中,由于竞争加剧等拥挤因素产生的离心力同时发挥作用,最终积累到一定程度,在支撑点处集聚瓦解,新的集聚和空间分工开始形成。这里,地区间产业分工形成的过程是在空间集聚过程中实现的,即产业分工和空间分工在集聚累积循环作用效应下共生。同时,支撑点的引入为集聚向新分工转变提供了理论工具。但是,支撑点是否是某种意义上的新突变点,以及两者如何循环互动演化出不断集聚分裂的经济空间? 更深入的逻辑推演有助于理解这个过程。

---

① 梁琦:《产业集聚论》,商务印书馆2004年版,第132—154页。
② 梁琦:《分工、集聚与增长》,商务印书馆2009年版,第63页。
③ [日]藤田昌久等:《空间经济学:城市、区域与国际贸易》,中国人民大学出版社2005年版,第39页。

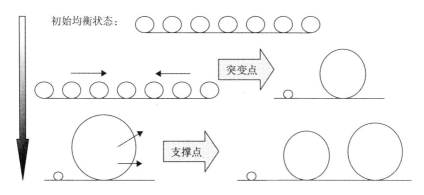

图1—1　集聚的形成与分裂

（一）劳动/生产分工向产业分工的演化

每一种生产都由若干种劳动构成，从劳动分工演化到生产分工，就是将原先属于生产过程的劳动环节独立出来，成为与原先生产相对的另一种囊括多种劳动的生产，形成生产分工。每一种行业都由若干种生产构成，从生产分工演化到产业分工，就是将原先属于产业体系的生产环节独立出来，成为囊括多个生产分工的新体系，即新产业，从而形成相对于原产业的产业分工（如图1—2）。无论是劳动分工向生产分工的演化，还是生产分工向产业分工的演化，都是原有劳动或生产的裂变，或称为分工细化，其演化原理可以统一起来解析，将之命名为劳动/生产分工向产业分工的演化。

```
劳动分工→生产分工：
    劳动1+劳动2+……劳动n=生产1
    劳动i：劳动i1+劳动i2+……劳动in——>生产1i
生产分工→产业分工：
    生产1+生产2+……生产n=产业1
    生产j：生产j1+生产j2+……生产jn——>产业1j
```

图1—2　劳动分工→生产分工→产业分工

相对于管理、技术研发等劳动环节都包含在生产过程的工业革命时期，生产服务劳动已大量独立并形成产业，如第二次世界大战后以来，实现产业化的现代服务业范围更加广泛，从财务、总量控制等的专业化，到管理咨询、市场营销等服务的产业化，再到20世纪90年代以来信息和信息技术、创新和设计、全球金融中介服务等等（如表1—1）。生产服务的分化使生产制造过程日趋细化和复杂,从传统制造业衍生出现代制造业,并在制造业和服务业分离与融合过程中循环往复发展,如图1—3。

表1—1　现代服务业的发展

I(20 世纪 50—70 年代) 管理功能("润滑剂"作用)	II(20 世纪 70—90 年代) 促进功能("生产力"作用)	III(20 世纪 90 年代至今) 战略功能("推进器"作用)
财务 总量控制 存货管理 证券交易	管理咨询 市场营销咨询 咨询工程(咨询业) 商业银行 房地产	信息和信息技术 创新和设计 科技合作 全球金融中介 国际大项目融资

资料来源:Hutton,转引自 Hong Yi. *Regional Linkage of Producer Service:A Research Proposal*[M].2003。

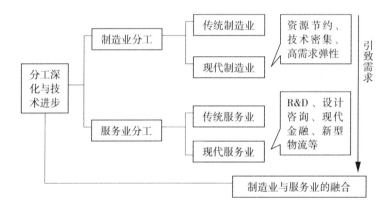

图1—3　制造业和服务业的现代转变

资料来源:刘俊杰:《分工、结构演进与城市化》,经济科学出版社 2008 年版,第 183 页。

　　劳动/生产分工向产业分工的演化在生产集聚过程中实现(如图1—4左翼),规模经济和交易费用决定,初始状态在突变点之后通过集聚的累积循环实现分工演化。起初,生产量的增加使原先生产过程中的劳动环节变得日益频繁,产业规模的扩大使原先产业体系中特定生产的规模相应扩张,不管是专业化有利于提高劳动效率,还是有利于分摊固定成本,收益递增使生产更趋向于集聚;同时,这种分工的内部细化在规模化、专业化过程中,也带来了交易成本的上升。当规模经济和交易成本上升到一定程度并突破突变点,原先相对维系的初始均衡状态被打破,集聚通过收益递增的累积循环作用使生产或产业分工得以实现并维持。当然,在新的生产分工、新的产业分工形成之后,原先一个生产过程中管理不同劳动的成本、原先一个产业体系中不同生产分工之间的交易成本,被新的交易成本所取代,也由此产生市场交易费用增加到一定程度,企业通过内部化方式将中间产品生产纳入企业内部,用科层组织的管理费用替代市场交易费用,但归根结底,这种内部化过程并不能取消已经出现的生产分工或产业分工。

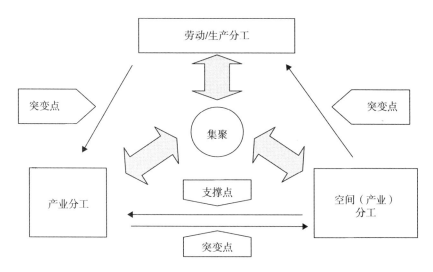

图1—4　集聚与分工演化机制

(二)产业分工与空间(产业)分工的相互演化

空间经济学的研究主要在这个领域取得了突破性进展。在 D-S 模型基础上可以对报酬递增进行描述,空间的存在使运输成本成为关键影响因素,集聚就变成规模经济与运输成本之间权衡的产物。用 Krugman 的多地区模型作简要解析:

如图1—5所示,农业、制造业份额各半的经济体均匀分布在圆周轨道上,将运输成本看作"冰山成本"①——由 r 地运到 s 地损耗掉的部分。由于

---

① "冰山"运输技术由萨缪尔森(1952)正式提出,不过冯·杜能假设谷物运输成本主要由拉车的马在路上消耗的谷物构成(1826)。因此,也可以把冯·杜能模型看成是冰山运输技术的先驱。

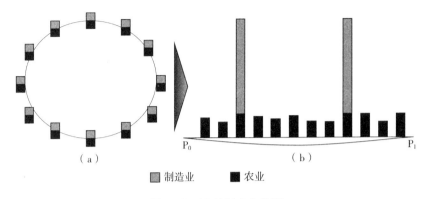

■制造业　■农业

图1—5　12地区产业集聚

制造业集聚能够产生收益递增效应,而农业因土地分散难以集聚生产,因此,制造业在收益递增引力和克服运输成本过程中趋于集聚。图1—5中,a逐渐向b演变(b中P_0、P_1首尾相接),即制造业聚集到两地,这两个地区左右相隔的距离相同,并恰好处于轨道的相对位置,两者之间各相隔5个农业地区。[1]运输成本、收益递增效应、"可自由流动"产品所占份额决定空间集聚的程度,即运输成本足够低、收益递增效应足够大、"可自由流动"产品所占份额足够大,生产将实现最大的空间集聚。[2]　产业分工向空间分工演化的突变点取决于运输成本、收益递增效应和产品可自由流动性的程度,运输技术、生产技术突破、贸易自由化等都能促使突变点形成,进而通过集聚形成空间分工。

在集聚过程中,由于厂商迁入导致竞争加剧,"拥挤效应"增加交易成本等,将产生离心力;当离心力积累到一定程度,与新建或另一集聚中心收益递增基础上的新向心力产生合力,影响超过原有集聚的向心力,即到达支撑点。即使没有新生产、新产业出现,原有集聚中心的产业也会向新的地区转移,并基于新集聚中心离心力减小、新向心力形成而出现新的空间(产业)分工,支撑点取决于拥挤程度和潜在新集聚中心的吸引。

结合冯·杜能和勒施的思想,Krugman进一步阐释了面对人口不断增

————————

①　[日]藤田昌久等:《空间经济学:城市、区域与国际贸易》,中国人民大学出版社2005年版,第58—98页。

②　[美]保罗·克鲁格曼:《地理和贸易》,北京大学出版社、中国人民大学出版社2000年版,第21页。

长,集聚中心如何演化出中心地方体系①:收益递增效应产生向心力,产业聚集的同时产生离心力,土地的不可流动性也产生离心力,当人口增加到一定程度,在周边地区离心力较小、新向心力形成情况下新集聚中心形成。因此,随着人口增长、基于土地不可流动,向心力和离心力合力作用将促使聚集中心体系,即城市体系——形成。

(三)空间(产业)分工向劳动/生产分工的演化

产业总是聚集在特定空间,产业的空间集聚将促使劳动分工、生产分工的出现,突变点取决于学习积累效应、创新与规模经济。

企业的空间集聚通过四种机制产生知识溢出②(Romer,1986;Lucas,1988,1993;Grossman&Helpman,1991):(1)面对面交流。知识分为可编码的知识和缄默知识、黏性知识,虽然通信技术革命使跨空间传递信息的边际成本极小,但缄默知识和黏性知识传播的边际成本却随着距离而递增,它们被认为是促进创新的必要条件,企业集聚将促进它们的传播。(2)劳动力流动。马歇尔(1826)指出,熟练劳动力作为知识的载体,其流动将伴随知识的流动,企业集聚通过共享劳动力市场促进知识溢出。(3)企业家决策。当发明者和企业管理者对潜在创新报酬的预期差距较大,当开创新公司的成本足够低,他们会选择创建一个新企业,把新的知识资源转化为商业价值,并成为创新企业家。企业集聚降低了开创新公司的成本,也因大量知识资产溢出而更易培育出企业家。Becattini(1990)、Porter(1990、2000)等对高科技行业和传统行业进行的实证研究表明,企业家活动在集聚区内更频繁。(4)大学的知识溢出。大学和研究机构是产生创新的很好来源,这种创新知识溢出促进了企业的商业性创新(Mansfield,1995,1998),Audretsh&Feldman(1996、1999)通过实证研究证实了研究型大学知识传播能为地方经济发展创造巨大的收益。企业向大学或研究机构集聚,降低了知识传播和获得高校人力资本的成本。

产品批量生产中,批量的大小有规模经济的作用,批次之间有学习效

---

① [日]藤田昌久等:《空间经济学:城市、区域与国际贸易》,中国人民大学出版社2005年版,第177—197页。

② 缄默知识(Tacit knowledge):难以编码整理,往往仅仅是偶然可认知的;黏性知识(Sticky knowledge):与语境高度相关、不确定的知识(Von Hipple,1994)。

应,克鲁格曼将这种由过去积累的产量决定当前生产率的学习效应成为动态规模经济。[1] 集聚在促进知识溢出的过程中,还通过知识生产与规模经济的互动促进新劳动分工、新生产分工的出现。首先,集聚便于企业在知识溢出过程中加强学习、促进模仿、加快生产技术更新;其次,集聚便于企业实现规模经济,在生产扩大过程中,企业通过实践获得经验,通过干中学实现知识积累;再次,在学习、知识积累、经验积累过程中,市场接近效应使企业、企业家更易发现市场机会,并在企业扩张规模提供保障条件下加强研发,实现生产或技术创新;最后,不管是原有劳动环节因规模经济效应,从原有生产过程分离出来,还是基于创新产生新的劳动分工,并在规模化市场需求吸引下独立出来成为新的生产分工,集聚条件下的规模经济是促进劳动/生产分工细化的重要条件。在集聚过程中,企业不断学习、积累,进而创新,它们与规模经济的互动达到一定程度——突变点后,将在集聚循环累积作用下实现劳动分工和生产分工。

综上所述,劳动/生产分工向产业分工的演变取决于规模经济和交易成本;产业分工向空间分工的演变取决于运输成本、收益递增和产品生产的可流动性;空间分工向产业(空间)分工的逆转取决于拥挤程度和潜在集聚中心的吸引;空间(产业)分工向劳动/生产分工的演变取决于学习积累效应、创新和规模经济。人类社会就是在分工与集聚循环往复运动中繁衍生息。

(四)分工格局的演进

分工需要在集聚过程中演化,集聚则推动分工演化。根据各演化过程突变点的决定因素,分工将随收益递增效应的增强、运输成本的下降、产品生产可流动性程度的提高、拥挤程度的提高、创新的推进而不断细化。分工格局即参与分工的空间或地区间的相互关系,也将随分工的细化而循序演进。

还是用 Krugman 多地区模型来作解析说明(如图1—6)。当分散生产(如图 a)在集聚作用下,制造业向相隔距离相当的地区集聚,农业因土地不可移动而难以集聚,制造业地区与农业地区形成产业间分工(如图 b),又叫垂直分工。

---

① 梁琦:《分工、集聚与增长》,商务印书馆2009年版,第15页。

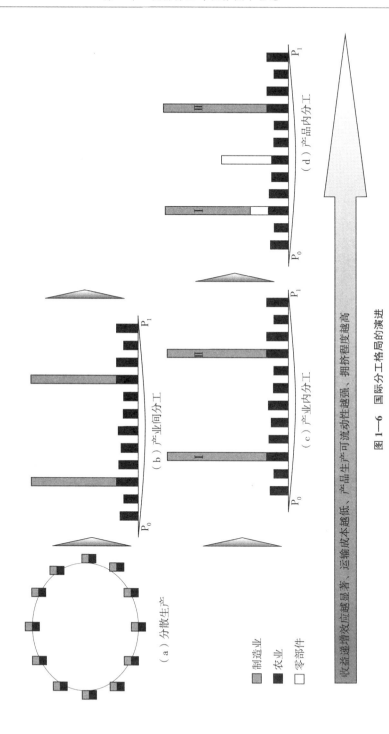

图 1—6　国际分工格局的演进

　　随着集聚过程中的学习积累和创新,出现相似但有差异制成品的生产分工,差异产品生产具有规模经济效应,当运输成本降低到一定程度,差异产品生产分工在两个制造业地区新的集聚过程中实现空间(产业)分工,两个地区分别生产一种有差异的制成品。为了与不同类产品间的产业分工相区分,这种同类但有差异产品的产业分工称之为产业内分工(克鲁格曼,1979),各生产一种差异制成品的地区间形成产业内分工格局(如图 c)。

　　随着经济规模和市场容量的持续扩大,特别是生产技术的创新,制成品生产过程内部的劳动分工开始演化为生产分工,继而在集聚经济作用下演化为独立的产业。因原制造业地区集聚过程中拥挤程度提高,零部件生产对要素禀赋的要求不同,以及运输成本的下降和零部件生产可流动性程度提高,部分零部件对要素禀赋要求与农业相似的生产在一农业地区实现集聚,而要素禀赋要求与制造品相似的零部件生产在一制造业地区实现集聚。虽然零部件生产实现产业化后,与制成品生产形成新的产业分工,但它们因源于共同的生产链而关系密切,把这种属于同一生产链的不同生产环节间的产业分工称之为产品内分工(Davis,1995;Davis&Weinstein,2000,2001;卢锋,2004),零部件生产地区与制成品生产地区间的分工格局即产品内分工(如图 d)。

　　可见,产业间分工、产业内分工、产品内分工从本质上说,是随着经济发展和生产复杂程度的提高,分工不断细化的阶段性表现,是分工—集聚互动变化过程中分工历史演化的不同阶段。

四、分工的历史演化与国际分工格局的变迁

　　根据分工—集聚的互动机制,分工将从最容易实现收益递增、运输成本最低、交易成本最大、产品生产流动性最强、最容易学习积累和创新的环节开始演化。因此,分工总是从人类生存必需品到其他消费品,从生产技术不同的产品到生产技术相似的产品,从产品到生产产品的过程、从国内到国际逐步演进。人类历史最早的三次社会大分工——畜牧业与农业的分离、手工业与农业的分离、商业的出现,正是分工与集聚循环往复运动的历史写照。

（一）分工的历史演化

所谓国际分工，就是跨越国界的空间（产业）分工。当腓尼基商人在地中海沿岸发展邻邦贸易时，国际经济关系和国际分工开始萌芽，阿拉伯人和犹太人往来于东西方的运输与贸易使这种国际经济联系和分工更趋频繁。尽管这时候的国际分工更多依赖于各国基于自然资源禀赋基础上的"天然"产业分工，这种基于区域间要素禀赋差异基础上的分工由 Ohlin（1899）在《区际贸易和国际贸易》中最早进行系统论述，他也最早指出贸易和经济地理可融为一体。[1] 但是，分工与集聚的互动逻辑显示，推动分工持续循环升级演化的不仅是要素禀赋，更重要的是集聚生产过程中知识学习、经验积累和技术创新，即后发优势或动态比较优势，也是亚当·斯密早在《国富论》（1776）中提出的"获得性优势"。

随着威尼斯商人在工场手工业基础上发展贸易，国际分工基础渐渐由自然资源转向生产制造，工场手工业中心的兴衰也依次在威尼斯、热那亚、佛罗伦萨、阿姆斯特丹等地上演。生产过程中知识、经验的积累和发明创造最终在生产集聚过程中引发产业技术革命，兰开夏、曼彻斯特、伯明翰、利物浦、格拉斯哥等一批工业中心孕育了产业技术革命，也将英国推向经济发展高峰。人类历史进入技术产业革命——分工加速演化——经济发展的周期性演进过程。

经济集聚过程中知识经验积累与技术创新将促使新劳动分工、新生产分工大量出现以及市场规模暴发性增长。在技术蔓延过程中，运输技术的突破又将使空间分工在更广泛、深刻的领域扩张。基于技术蔓延和规模经济累积，分工与集聚的互动机制将引发劳动、生产、产业、空间分工格局的巨大变迁，以及经济在生产规模扩张过程中的迅猛发展。这种以技术革命为先导的经济周期性发展由经济学家们归结为"长波"。尼·康德拉基耶夫（1926）、德·沃尔夫（1929）、冯·奇里亚奇—万特卫普（1936）、约·熊彼特（1939）、C·克拉克（1944）、杜普里兹（1947、1978）、W·W·罗斯托（1978）、厄·曼德尔（1980）和范·杜因等学者分别提出了各自长波年

---

[1] ［日］藤田昌久等：《空间经济学：城市、区域与国际贸易》，中国人民大学出版社2005年版，第11—15页。

表①,一致认可21世纪前主要经历四次长波。20世纪80、90年代以来,信息技术的迅猛发展与广泛应用,以及各国加快市场开放使世界范围产业空间分工格局又出现巨大变迁,世界经济在全球化过程中加速发展,这是否是第五次长波的兴起仍有待观察,如图1—7。

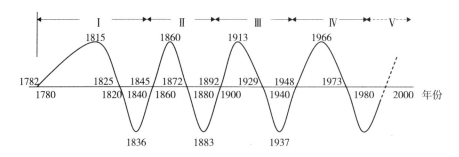

图1—7　世界经济中的长波

资料来源:蔡来兴:《国际经济中心城市的崛起》,上海人民出版社1995年版,第78页。

　　在历次长波发展过程中,生产制造的集聚通过发挥规模经济效应孕育出新兴生产技术、主导产业,并奠定和巩固主要生产制造中心、主导国家的地理空间布局和经济地位。第一次生产技术革命以蒸汽机的发明应用为标志,曼彻斯特、伯明翰等成为纺织制造及冶炼中心,纺织、煤炭、炼铁成为主导产业,英国在引领技术革命过程中,通过殖民统治加强了经济集聚与发展,伦敦成为制造、贸易、航运、金融及殖民统治中心。在英国专注于殖民统治基础上的经济集聚时,拥有丰富矿产资源的莱茵—鲁尔工业区在跟随英国推进工业化过程中后来居上,第二次以钢铁、铁路为代表的重工业技术革命率先在德国兴起,钢铁、机器制造、造船等成为主导工业,莱因—鲁尔区成为重工业中心,德国也后来居上直追全球殖民体系中心——英国。19世纪中叶,美国在铁路大建设过程中,抓住了重工业兴起的机遇,五大湖制造带迅猛兴起,纽约州因拥有全美最长铁路里程并与制造带紧密相连而成为金融、贸易、航运中心。忙于两次世界大战的德国在20世纪上半期被美国迅

　　① 参见[荷]范·杜因《经济长波与创新》,上海译文出版社1993年版;[美]华·惠·罗斯托:《第五次大周期高涨与第四次工业革命》,《世界经济译丛》1983年第6期。

速超越,美国受战争红利刺激和免于战乱影响。在引领第三次电、化工和内燃机技术革命过程中,五大湖、纽约州等工业区发展起汽车工业、石油工业、电力及电气机械制造等新一代主导行业。第二次世界大战后,欧洲复兴计划为美国开拓了国际市场,国内消费革命爆发使国内市场容量扩张,美国在经济集聚过程中继续引领以电子、宇航技术为核心的生产技术革命,西部制造带悄然兴起。日本在迅速恢复战争创伤后,抓住先进国家产业转移及朝鲜战争契机,强化技术吸收和再创新,通过加强西方国家市场争夺和国内市场保护扩大规模经济,以及实施阶段性产业政策促进技术与产业升级,实现了东部制造带及日本的迅速崛起。20 世纪 90 年代,美国在实施信息高速公路计划过程中掀起网络科技革命,以硅谷为代表的西部高新技术研发制造中心成为新一轮生产技术革命的聚集地,随着信息网络技术向各行业领域的扩散和应用,不仅兴起生物工程、光电子、新材料、海洋工程等新产业,传统产业的生产组织流程及结构均发生巨大变化。模块化生产、外包、分散化等过程使中国成为劳动密集型产品和生产环节的制造中心,珠三角、长三角等生产聚集区的发展带动中国经济快速崛起。如表 1—2。

表 1—2　技术、产业创新、空间分工与长波

	第一次长波	第二次长波	第三次长波	第四次长波	第五次长波
时间	1782—1845	1845—1892	1892—1948	1948—20 世纪 80 年代	20 世纪 90 年代—
技术创新	蒸汽机、纺织技术	铁路运输技术与炼钢技术	电、化工技术和内燃机技术	电子技术	信息网络、生物等技术
主导产业	纺织、煤炭、炼铁	钢铁、机器制造、造船	电力及电气机械、化工、汽车、石油	电子、宇航	信息、网络、新材料、海洋工程等
主导国家	英国	德国、美国	美国、德国	美国、日本	美国、中国
主要生产制造中心	曼彻斯特、伯明翰、伦敦等	莱茵—鲁尔区;美国五大湖制造带	美国东部制造带;莱茵—鲁尔区	美国东西部制造带;日本东部制造带	美国西部制造带;中国珠三角、长三角
主导的国际分工		产业间分工		产业内分工	产品内分工兴起

资料来源:据蔡来兴(1995)、谢守洪(2004)、乔尔·科特金(2006)、魏后凯(2007)、刘俊杰(2008)、梁琦(2009)等文献整理。

（二）国际分工格局的变迁

虽然国际分工早在工业革命前就已广泛存在,但当时的分工更多以自然资源禀赋为基础,科技产业革命的爆发与周期性发展使国际分工日益深刻地构建在与集聚循环往复互动基础之上,这也是国际分工发展基本模式。

从国际分工格局来看,前三次长波的兴起以资本主义殖民统治为时代背景,宗主国与被殖民地国家间巨大的经济差距,以及强化这种差距的殖民统治,使宗主国与殖民地国形成工业化国家生产出口工业制成品、被殖民帝国生产出口农矿产品的国际分工格局,即产业间分工。如表1—2。

两次世界大战之后,被殖民地国纷纷取得经济独立,工业化国家间经济发展差距缩小,市场开放程度提高,这大大促进工业化国家间基于相似产品的分工与规模化生产。与此同时,工业化国家通过对外投资等方式向发展中国家进行产业转移,取得民族独立的发展中国家也通过进口替代、出口导向等政策加强与工业化国家的经贸往来,以促进本国经济发展,东西方国家经济基础的差距使两类国家间以基于要素禀赋差异的产业间分工为主。从世界整体来看,殖民统治时期产业间分工占据主导地位,而战后西方国家间产业内分工已占据主导地位,东西方国家间产业间分工相对衰落。

20世纪90年代信息网络技术兴起,以模块化生产、弹性生产、柔性生产、大规模定制等为代表的"温特尔主义"取代了"福特主义"。"温特尔主义"放弃了生产者对产品生产过程的垂直控制,而是形成标准控制下的产品模块生产与组合,按照产品标准将模块化生产在全球有效配置,标准制定者在核心零部件模块生产及产品"软件"制定过程中实现控制。[1] 这就使以往完整的产品生产链条在全球范围内分散开来,形成产品内分工。

产品内分工在东亚兴起的十几年时间内,东亚占世界贸易比重迅速上升,从1990年的12.3%升至2004年的20.2%,其中中间产品贸易上升最快,东亚零部件出口占总出口的份额从1992年的31%上升到2003年的43%[2],

---

① 朱文晖:《走向竞合——珠三角与长三角经济发展比较》,清华大学出版社2003年版,第17—46页。

② [美]印德尔米特·吉尔、霍米·卡拉斯:《东亚复兴——关于经济增长的观点》,中信出版社2008年版,第84、94页。

包括半成品和零部件在内的中间产品出口 2006 年已占到东亚总出口的
64%①,全世界零部件贸易也从 1992 年的 4000 亿美元增加到 2003 年的
10000 亿美元。全球经济日益呈现出以欧美为技术研发和消费中心、东亚
零部件供应中心、中国为加工制造基地的分工格局。与此同时,经济发展水
平相似国家间的产业内分工、经济发展水平相差较大国家间的产业间分工
依然占据国际分工一定比重,全球国际分工呈现产品内分工引领发展,三类
分工形式并存的发展格局,即发达国家和发展中国家既存在传统的产业间
分工,也存在双向的产业内分工,还存在双向的产品内分工。随着后起国家
经济发展水平的提高,两类国家间差距缩小、资源禀赋相似度提高,它们之
间就越进行产业内分工与贸易。随着中间产品生产分散程度提高,它们之
间就越进行产品内分工与贸易。② 如图 1—8。

本国(资本丰裕)

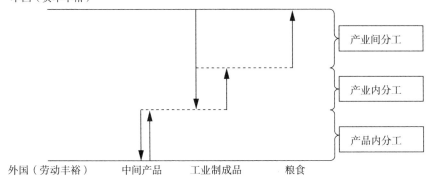

外国(劳动丰裕)　　中间产品　　工业制成品　　粮食

图 1—8　当前国际分工格局

改编自[美]保罗·克鲁格曼《克鲁格曼国际贸易新理论》,中国社会科学出版社 2001 年版,第
225 页。

(三)国际分工格局变迁中经济中心的兴衰

国际分工在空间集聚过程中实现,由此国际分工变迁伴随着经济中心
的兴衰。

分工演化过程中突变点的特性和国际分工变迁的历史表明:首先,由

①　王峰:《东亚区域内贸易扩张研究》,中国人民大学 2008 年版,第 91 页。
②　梁琦:《分工、集聚与增长》,商务印书馆 2009 年版,第 13 页。

于新技术革命通过分工—集聚的循环往复效应引起广泛、深远的分工变迁和经济发展,集聚效应最显著的地区将成为经济中心。第一次技术产业革命时期是伦敦区域,接下来是莱因—鲁尔区、美国东西制造业带等,每一次产业技术革命的兴起和发展都将使生产集聚中心成长为国际经济中心。

其次,新技术、新劳动、新生产的出现取决于生产空间集聚过程中厂商或劳动者的学习积累和创新。因此不管是领先型的经济中心还是相对落后的经济中心,都有可能在生产集聚过程中通过学习积累、创新和促进规模经济发展中形成新的劳动分工和生产分工。英国作为第一次技术产业革命的发源地,并没有抓住后续新兴产业分工发展的机会,很多经济中心都相继衰落。反而是起初相对落后,但通过跟随和创新,接过引领技术产业革命接力棒的后发国家,如德国、特别是美国,后来居上、实现超越,像美国则通过主导近几次技术产业革命而长期位居全球经济中心之首。

再次,新技术、新劳动、新生产在诞生初期生产规模总是很小,其收益递增效应有限,难以消化高昂运输成本,因此新技术、新劳动、新生产诞生初期一般都会在本地率先发展,并因集聚效应形成领先优势。在英国崛起为经济中心之前,兰开夏、曼彻斯特、伯明翰等工业中心已率先成为新技术孕育中心;在美国成为全球信息产业中心之前,以硅谷、洛杉矶为代表的西部产业带已经在信息技术研发、创新方面发展多年。这些新兴产业带以点到面,在缓慢集聚过程中逐步发展,经历突变点后通过集聚迅速壮大,并主导新兴产业发展。

最后,即使在本地已经通过集聚效应促成新劳动、新生产、新产业的初步发展,也可能因本地规模经济有限,当运输成本、产品生产可自由流动性、交易成本等发生变化时,新兴生产与产业可能向集聚效应更显著的经济中心转移。19世纪70、80年代,加拿大曾是远较美国落后的农业国,魁北克大量移民流向美国,没有任何工业化迹象和可能。1878年,加拿大采取了一种所谓的民族政策:关税壁垒和全球性的铁路。一方面切断微弱的工业萌芽流向美国;另一方面促使国内有限的工业基础实现集聚,这在一定程度上类似于和美国抢夺劳动力。经济民族主义最终使加拿大萌芽期的工业通过集聚实现累积循环的发展与壮大,最终可以扔掉拐杖,接受自由贸易,成为国际经济中心之一。① 而墨西哥城周边诸多在进口替代政策下围绕首都形成的经济中心，随着 20 世纪 80 年代国内开放速度加快，特别是 NAFTA 的签署，在外部市场吸引力和运输成本等因素相互作用下，纷纷转移到接近美国市场的沿海地区。②

因此，经济中心兴衰的内在逻辑是：第一，经济中心崛起与维系取决于本地是否能持续成为新劳动分工、新生产分工、新产业分工的集聚中心；第二，当生产/产业分工在本地集聚的基础瓦解时，经济中心衰落成为必然；第三，劳动/生产分工创新中心、特别是新生产分工集聚中心因起初收益递增效应微弱，趋向于本地发展，并因先行积累而具有率先成为集聚中心的优势，原有经济中心如不能通过既有规模经济优势吸引新兴产业集聚，有可能在新兴集聚中心发展过程中被取代；第四，后发地区经济中心只有实现新劳动/生产/产业分工基础上的集聚才有可能崛起，在追随、学习、积累过程中利用规模经济促进技术创新、劳动分工创新、继而生产分工创新，是后发地区经济中心崛起的必由之路；第五，后发地区市场容量与规模和先进国家、地区相距甚远，过度开放将使积累起来的新兴分工因先进国家和地区规模经济吸引力而向先进国家和地区集聚，反而抑制本地经济集聚和发展。

第三节　基于国际分工的世界城市理论

集聚促使分工实现、发展与演化，也使集聚空间形成与其他地区间的分工联系，这为研究国际分工基础上世界城市的产生与发展提供了理论基础和方法论。

一、跨区域的集聚

随收益递增效益增强、运输成本下降、产品生产可流动性提高，产业集

---

① ［美］保罗·克鲁格曼：《地理和贸易》，北京大学出版社、中国人民大学出版社 2000 年版，第 87—88 页。

② ［日］藤田昌久等：《空间经济学：城市、区域与国际贸易》，中国人民大学出版社 2005 年版，第 390 页。

聚将在突破突变点后开始,并因拥挤程度提高在抵达支撑点后瓦解、开始新的分工—集聚。

包含区域因素之后,运输成本、产品生产可流动性,以及规模经济大小使国内集聚与国际集聚产生差异。

用 Krugman"中心—外围分岔路径"[①]进行说明(如图 1—9):

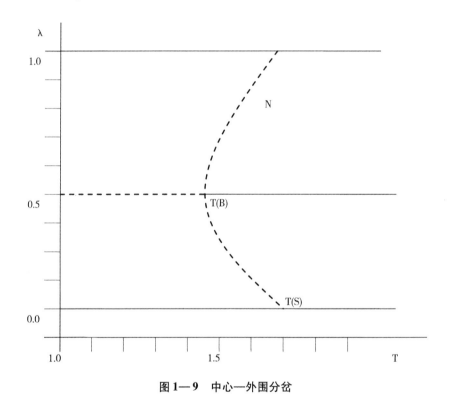

图 1—9　中心—外围分岔

在"2×2×1"(南北方×农业制造业×一种劳动要素,农业产品无规模经济,制造业有规模经济)模型基础上,T 为运输成本,λ 为制造业市场份额,T(B)为突变点,T(S)为支撑点,连接两者的 N 为中心—外围分岔线。分岔线的含义是,南北方起初是农业、制造业各半的对称分工格局,制造业市场份额分别为 0.5;当运输成本下降到一定程度,受报酬递增效应作用,在劳

---

①　[日]藤田昌久等:《空间经济学:城市、区域与国际贸易》,中国人民大学出版社 2005 年版,第 80 页。

动要素流动基础上,制造业在突变点 T(B) 趋于集聚,最终南北两地制造业份额分别为 0 和 1,即北方成为制造业中心,南方成为农业外围;随着制造业中心厂商、人口集聚带来拥挤程度提高,最终在支撑点 T(S) 集聚难以为继。收益递增效应越显著,产生的向心力越强,能承受的拥挤程度越高,突变点 T(B) 与支撑点 T(S) 距离越远,分岔线 N 越呈凹形。

考虑地域因素后,国内的中心—外围分岔线为 N_1 和 N_2,国际的中心—外围分岔线为 W(如图 1—10),结合跨地域导致的运输成本、产品生产可流动和规模经济等因素,可得出如下结论:

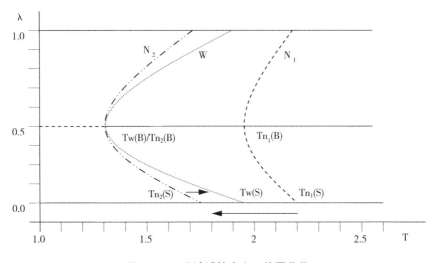

图 1—10 跨地域的中心—外围分岔

第一,在运输技术、产业发展水平和产品生产可流动性既定条件下,国内运输成本低于国际运输成本,国内产业集聚突变点 $T_{n1}(B)$ 先于国际产业集聚突变点 $T_w(B)$,国内产业集聚先于国际产业集聚。国内集聚中心沿国内范围的中心—外围分岔路径 N_1 展开空间集聚,并随拥挤程度提高而在支撑点 $T_{n1}(S)$ 瓦解。

第二,随运输技术的提高,运输成本降到一定程度,产品生产可流动性增强,通过国际分工突变点 $T_w(B)$,国际范围内的产业分工和空间集聚启动,原国内集聚中心沿国际范围内新的中心—外围分岔路径 N_2 集聚。由于国际范围的报酬递增效应更趋显著,向心力和离心力共同作用导致的分岔

路径 N_2 要比国内分岔路径 N_1 更凹,即支撑点距离突变点更远。

第三,个别集聚中心受地域和空间规模限制较多,而整体国际分工格局局部调整的余地较大,因此国际分工基础上因拥挤程度提高导致集聚/分工瓦解,要晚于个别集聚中心因拥挤程度提高而导致的集聚瓦解,即国际分工的中心—外围分岔路径 W 要比国内集聚中心的分岔路径 N_2 更凹,国际分工支撑点 $T_w(S)$ 要后于国内集聚中心支撑点 $T_{n2}(S)$。

二、集聚—分工与世界城市的形成发展

世界城市从本质上讲,即国际范围内产业集聚与分工的产物,跨区域集聚的内在逻辑决定了世界城市形成发展的规律与特征。

用跨区域"轨道经济"[①]进行说明(如图1—11),四个国家均匀分布在圆周轨道,每个国家四个生产地区,每个生产地区农业和纺织业各半,由此16个生产区均匀分布在圆周轨道。在运输成本、规模经济等因素作用下世界城市体系逐步形成,并且世界城市将经历单中心向多中心的发展过程。

(一)分散生产阶段(a)

由于运输技术落后,运输成本高昂,产品生产可流动性差,生产发展所产生的规模经济效应较小,均匀分布的分散生产格局难于突破突变点形成集聚,分散生产的分工格局相对稳定。

(二)国内集聚阶段(b)

随着运输成本的降低,生产规模的扩大,国内运输成本低于国际运输成本,纺织业首先在国内范围集聚,农业生产可流动性差,生产相对分散。当纺织业集聚所产生的规模经济效应尚不足以抵消国内运输成本,国内分布两个纺织生产中心;当纺织业集聚所产生的规模经济效应足以抵消国内运输成本,国内形成单一生产中心。

(三)国际集聚与中心—外围(单中心)结构的形成(c)

随运输技术提高和运输成本的大幅下降,产品生产可流动性增强,国际范围内纺织生产的较大规模经济效应促使纺织业向国际制造业中心集聚,

---

① [日]藤田昌久等:《空间经济学:城市、区域与国际贸易》,中国人民大学出版社2005年版,第97页。

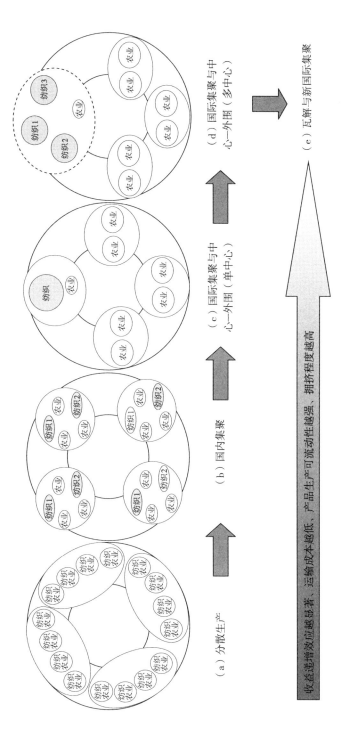

图 1—11　世界城市形成发展路径

形成纺织制造国与农业生产国的中心—外围结构。纺织制造中心在国际范围纺织市场规模经济效应驱动下高度集聚,因承载着中心国与外围国的分工联系,成为以纺织制造为核心的世界城市。当收益递增效应基础上的向心力超过拥挤带来的离心力时,世界城市将以单中心结构存在并发展。

(四)国际集聚与中心—外围(多中心)结构阶段(d)

在国际分工加深,市场规模效应趋于显著背景下,国际制造中心集聚规模不断扩大,所带来的拥挤问题增多,当离心力高到一定程度,另辟制造中心亦能产生收益递增等向心力,生产制造中心将由单中心向多中心蔓延,生产的专业化与规模的扩张促进国际层面的集聚与分工,也促进多个制造中心的集聚与分工,国际分工呈现中心—外围(多中心)结构。

(五)国际集聚与中心—外围结构瓦解阶段(e)

随着多中心的国际制造区域拥挤程度提高,所产生的离心力超过国际集聚向心力,中心—外围结构渐趋瓦解,多中心世界城市区域的存在基础受到威胁。随着新技术、新产业、新分工的兴起,国际集聚将按新的逻辑展开,能否成为新国际集聚中心决定既有世界城市区域的发展前景。当无法成为新国际分工的集聚中心,既有世界城市区域将被新世界城市区域所超越,并随既有中心—外围结构的瓦解而衰落。

由此可见,世界城市随着集聚由国内范围扩张到国际范围,从国内集聚中心到国际集聚中心逐步发展而来;世界城市仅仅是国际分工中一个集聚中心,它与其他集聚中心相伴而生、相互关联,形成世界城市体系;作为承载国际经济联系的集聚中心,世界城市因规模经济效应增大和拥挤程度提高的互动而呈现单中心向多中心的发展历程;所依赖的分工基础是否存续,特别是能否以新兴分工为基础决定了世界城市及其多中心区域的兴衰与再发展。

三、集聚—分工与世界城市特征

在国际范围的产业集聚过程中,世界城市不仅诞生,而且与其他集聚中心共同融入世界城市体系,还因自身集聚形成特定的产业、功能、就业、社会及空间特征。

(一)生产与产业分工的细化

生产是人类社会最基本和核心的经济活动,它与消费的循环往复运动为人类社会繁衍生息提供了物质基础与源泉。生产的发展方向决定了产业分工细化内容与方式。如图1—12。

首先,生产与消费在往复运动过程中,因新消费需求和生产技术的出现,生产产品的种类日益丰富和多元化,包括不同类产品、同类差异产品以及零部件等中间产品,以这些产品为核心衍生出来的生产链条形成丰富的产业分工。

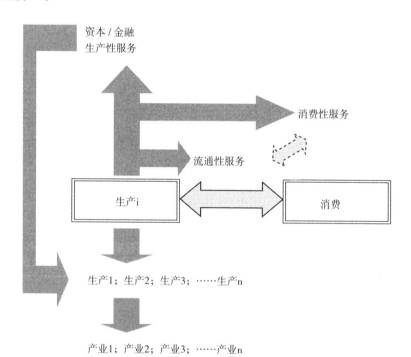

图1—12 生产与产业分工的细化

其次,人类社会任何阶段的生产都有归属的主体,即服务、受命于生产的所有人。资本主义经济条件下,资本是生产的主人。随着生产日益复杂,生产过程的劳动环节不断增多,并趋于专业化,出现了金融、会计、法律、管理咨询、产品设计、研究开发等服务。这些服务归根结底都服务于资本及生产的管理和运作。在这些服务中,金融占据了重要地位,它成为资本运动的核心载体、方式和途径,也是各类资本相互转换的平台与工具。随着这些服务从生产过程中独立出来,并实现产业化,即形成新的产业分工——生产性服务业。

再次,复杂的生产体系需要各类科研人员、专业技术人员、管理者、熟练劳动力和非熟练劳动力,劳动就业大军的生存与繁衍需要物质产品,人口集聚继而对教育、医疗、福利、防务等公共产品产生需求,因此为确保生产体系的运作,支持、维系劳动就业大军物质、精神、家庭及社会生活的服务活动统称为消费性服务。其中,包括个人对排他性物质产品的私人消费,以及对非排他性、公共产品及服务的社会性消费。它们的独立分工与产业化形成消费性服务业。

最后,产品从生产过程进入消费过程并不是自发和直接的,在生产分散和消费分散背景下,需要流通环节媒介与连接生产和消费。随着交通通讯技术的发展以及媒介时空范围的扩张,批发、零售、贸易、物流、仓储、航运等流通活动的独立分工和产业化形成流通性服务业。

(二)世界城市的产业属性与功能

产业国际集聚与分工过程中,生产性服务的独立化,国内国际市场纵深扩张背景下流通性服务业更趋专业化,以及劳动人口集聚所带来的消费性服务业发展等,将使集聚中心并非是单一产业的运作,而是以主导产业为核心,包括相关生产行业、生产性服务业、流通性服务业和消费性服务业在内的综合体系。主导产业的属性特征决定世界城市所承载经济关系的基本内容、运动方式和国际联系。

根据辛德森(1974、1980、1988)关于城市规模的研究模型,产业向特定空间集聚根源于集聚产生的收益递增效应,同时产业的集聚与人口的集聚会产生拥挤效应,两力相互作用将决定城市最佳发展规模。当收益递增带来城市发展效用水平提高与拥挤效应带来城市发展效用水平下降相抵时,城市发展到最佳规模 O(如图 1—13a)。

由于不同产业所具有的规模经济效应不同,产业集聚和人口集聚方式、程度有差异,产生的拥挤效应不一,产业集聚产生的规模经济效应和拥挤效应合力决定的城市发展规模不同。并且,在城市空间所能承载的拥挤限度下,城市为实现发展,将集中于促进规模经济的实现,即促进能增大规模经济效应的主导产业或相关产业发展,因此世界城市呈现专业化特征(如图1—13b)。

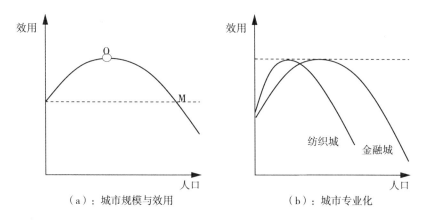

（a）：城市规模与效用　　　　　（b）：城市专业化

图1—13　城市规模与专业化

如德国鲁尔区和美国匹兹堡,主要以重工业发展为主,19世纪末的伦敦和曼彻斯特以纺织等轻工业为主,瑞士伯尔尼以精密制造业为主导,当前的伦敦、纽约、东京则是以金融和生产性服务业为主导的全球城市,美国硅谷、英国剑桥等则是高科技产业研发和制造中心。如表1—3。

表1—3　主要产业及相应空间特征

产业类型	产业特征	空间特征	典型城市
重工业	资本密集	专业城市 依托资源产地	德国鲁尔区 美国匹兹堡
轻工业	劳动密集	产业集聚 人口流动频繁 环境污染	19世纪末伦敦、曼彻斯特
精密制造	技术密集	传统工业地区 城市密度不高	瑞士伯尔尼 德国南部、葡萄牙中部
商务办公	知识密集	依托大城市和区域中心 现代通讯、交通发展使之走向 分散	伦敦、纽约、东京
高科技产业	知识密集 技术密集	科研类型和制造类型 空间上逐渐分离	美国加州硅谷、奥斯丁 英国剑桥、法国科学城

资料来源:童明:《产业结构变迁与城市发展趋向》,《城市规划汇刊》1998年第4期。

（三）世界城市的就业、收入、社会分化与空间布局

生产可以区分为制造与服务两个组成部分,制造因要素密集度差异具

有不同程度的规模经济效应和拥挤效应,大致可区分为资金技术密集型制造和劳动密集型制造,前者固定成本所占比重较高,具有的规模经济效应显著,劳动要素所占比重较小,人口集聚压力较小;后者规模经济效应较小,人口大量集聚的拥挤问题较多。服务可区分为生产性服务、流通性服务和消费性服务,生产性服务以金融业为主导,各种专业性服务集聚服务于资本管理与生产运作;流通性服务协调生产与消费在时空分散上的矛盾,是产品实现销售、生产过程最终得以完成的重要环节;消费性服务服务于生产流通过程中的管理者和劳动者,属于派生产业。由此,可从逻辑上将国际产业集聚大致区分为五类集聚中心,即五类不同产业特征的世界城市,分别为生产性服务中心、流通性服务中心、消费性服务中心、资金技术密集型制造中心和劳动密集型制造中心。如表1—4。

表1—4　世界城市典型分类

	生产性服务中心	流通性服务中心	消费性服务中心	资金技术密集型制造中心	劳动密集型制造中心
就业	生产性服务业;消费性服务业	流通性服务业;消费性服务业	消费性服务业	资金技术密集型制造业;消费性服务业	劳动密集型制造业;消费性服务业
主要阶层收入	高	高	较高	高	低
两极分化	显著	显著	显著	不显著	较显著
空间布局	中心商务区	港口	消费区域	制造基地	制造基地
典型城市	纽约	香港	澳门	伯尔尼、硅谷	东莞

1.生产性服务中心。生产性服务中心以金融、会计、法律、咨询、管理、研发等生产性服务业集聚为主,占主导地位的就业群体是管理者、专业技术人员、专业服务人员等,也有从事低层次辅助性服务工作的就业人员,包括存货保管员、文书等,前者收入水平较高,后者收入水平较低。生产性服务中心是高低收入阶层人口大量集聚的地区,由此对餐饮、商业服务等消费性服务的需求较大,因技术含量较低,竞争激烈,这个群体收入水平较低。由此,生产性服务中心是就业、收入、社会两极分化较为显著的地区。在人口

高密度集聚条件下,生产性服务又强调"面对面"的交流,因而,生产性服务中心的主导产业一般聚集在 CBD、即中心商务区;中心区通过完善的公共交通为居住分散的高低阶层就业人员提供高效便捷的通勤服务,像纽约、伦敦等就属于这类生产性服务中心。

2. 流通性服务中心。流通性服务中心以贸易、航运、物流、仓储等流通性服务业集聚为主,占主导地位的包括贸易商、船东、管理者、专业服务人员等,他们掌握并负责大规模货品的流通与中转,收入水平较高;货品流转需要大量搬运工、保管员等低层次就业群体,他们劳动技术含量低,竞争激烈,收入水平较低。因此,流通性服务中心是高低收入阶层人口大量集聚、消费性服务相对发达以及社会分化显著的地区。为提供货品流转便利,流通性服务中心一般以港口为集聚中心,通过公共交通体系为高低收入阶层提供通勤服务,因转口港而兴起的香港就具有这类集聚中心的特点。

3. 消费性服务中心。这类集聚中心的主导产业并不服务于生产过程,而是服务于不同的消费群体,特别是高收入消费群体。它们或者拥有较丰富的旅游资源,或者开发出品种繁多的娱乐休闲设施与项目,以吸引各国消费者到此消费。集聚中心以消费性服务业为主导,主要就业人群的收入水平较高,从而对相关消费性服务集聚产生吸引力,但从事餐饮、中低端商业服务等的就业人群收入水平较低,社会整体的两极分化较为显著。从空间格局来看,主要以旅游点、娱乐设施等消费区域为集聚中心,像澳门、拉斯维加斯等就属于这类世界城市。

4. 资金技术密集型制造中心。这类集聚中心以资金技术密集型产业为主导,就业人员主要是研发、技术管理、专业制造人员等,他们收入水平相对较高。由于这类制造中心生产制造区域较大,人口密度小,因而相关消费性服务业比重较小,城市的拥挤程度较小。社会整体收入水平较高,两极分化并不显著。从空间格局来看,主要以制造基地为集聚中心,像伯尔尼、硅谷、奥斯丁等就属于这类世界城市。

5. 劳动密集型制造中心。这类集聚中心以劳动密集型制造业为主导,聚集大量熟练与非熟练劳动力,管理者、熟练劳动力、非熟练劳动力之间收入差距较大,且因竞争激烈,低收入阶层比重大。人口集聚吸引大量消费性服务业集聚,其收入水平也较低。因而,此类集聚中心整体收入水平较低,社会分化较为显著,城市空间以制造基地为中心,像中国的珠三角、长三角聚集了大量这类城市。

四、集聚—分工与世界城市等级地位

世界城市等级特征,即其在国际分工基础上集聚中心体系——世界城市体系——中的定位,取决于两个因素:第一,世界城市所集聚的国际经济关系的范围和程度;第二,在国际分工中的位置和关系。

(一)"世界性"的衡量

"世界性"即世界城市所集聚国际经济关系的范围,范围扩展到全球成为全球城市;扩展到较少国家和区域,称为区域性世界城市。"世界性"的程度取决于世界城市在何种范围的国际分工中成为集聚中心,范围越广,集聚中心所集聚的经济关系越广,世界城市的等级越高。由于集聚只有突破突变点才能形成,因而世界城市所集聚经济关系的范围,要结合运输成本、收益递增效应、产品生产可流动性程度、拥挤效应等诸多因素综合考量。

由于不同产业具有特定的要素组成和技术特征,这在很大程度上影响或决定了其可集聚的范围与程度(如表1—5)。基于产品类别与要素投入结构的差异,可以将生产制造行业区分为资金技术密集型制造业和劳动密集型制造业两个主要类别,生产性服务业是生产分工细化的内在组成部分,流通性服务业衍生自再生产需要,是产品实现销售、生产得以重新开始的重要环节,而消费性服务业衍生自生产流通行业,具有派生性。对于以金融为代表的生产性服务业来说,主要生产可流动性强、技术创新快、强调面对面服务的金融产品,产业固定投入和沉淀成本比较高,要素流动性非常强,因金融产品生产本身是一个复杂、分工细化的产业,以及各类企业、机构与政府对资金融通需求巨大,因而前后向联系非常显著。而资金技术密集型制造业和劳动密集型制造业生产的产品对运输成本较为敏感,前者固定成本较高、对知识积累和技术研发要求较高,后者固定成本较低、知识积累和研发比重较小;两者前后向联系所吸引的主要是与行业相关的供应商和消费群体,具有显著的行业特征。

表1—5 主要产业类别的生产与技术特征

	生产性服务业	流通性服务业	资金技术密集型制造业	劳动密集型制造业
代表产业	金融业	贸易	精密器械制造	纺织业
产品	货币资金融通,金融衍生品等金融工具	商品流通,运输,储藏	精密器械	纺织品
经营主体	银行、保险、证券、基金、信托等金融机构	贸易商,运输公司,仓储公司等	零部件生产供应商、总装制造商等	零部件生产供应商,成品制造商等
核心要素	资本、技术、信息、知识型劳动等	商品,资本,信息等	资本、技术、技术人员、熟练劳动	熟练与非熟练劳动
固定投入与沉淀成本	金融企业内外金融交易系统、金融交易规范	码头、船舶、运输装卸设备、仓库等	厂房、研发设施、机器设备等	厂房、机器设备等
前向联系或成本关联	企业、机构、政府等构成的资金需求市场	批发零售商及货品消费者	精密器械消费者	纺织品消费者
后向联系或需求关联	会计、咨询、法律、咨询、研发等生产性服务	生产制造商,供货商	研发、物流、零部件供应等服务与制造	物流、原材料供应等制造
知识积累与创新的特点	知识积累和创新程度高,以缄默知识、黏性知识为主,对面对面交流要求高	知识积累和创新程度小,可编码知识为主,缄默知识、黏性知识较少	知识积累和创新程度高,可编码知识比重高,存在缄默知识和黏性知识	知识积累和创新程度小,可编码知识为主,缄默知识、黏性知识较少

　　基于各行业的属性差异,可以在相同运输技术基础上,对不同产业集聚中心的"世界性"进行比较,如表1—6。

表1—6 四种世界城市"世界性"比较

	生产性服务中心	流通性服务中心	资金技术密集型制造中心	劳动密集型制造中心
运输成本	小	大	大	较大
收益递增效应	大	大	大	小
产品生产国内可流动性	大	大	较大	大
产品生产国际可流动性	大	大	较大	小

续上表

	生产性服务中心	流通性服务中心	资金技术密集型制造中心	劳动密集型制造中心
拥挤程度	大	大	小	大
国内集聚	强	强	强	较强
国际集聚	强	较强	较强	弱
集聚国际经济关系范围	大	较大	较大	小

生产性服务中心以知识、技术密集型管理与专业人才为主要生产要素，国内、国际流动性都很强。像金融业的金融基础设施成本较高。法律、咨询、设计等服务业存在大量"沉默知识"和"黏性知识"，需要更多"面对面"交流，知识溢出效应显著。此外，金融及会计法律等生产性服务业的前后向联系范围广泛，可以涉及所有生产制造及服务行业总部，这类集聚中心的收益递增效应最显著。因此，生产性服务业不管在国内层面或国际层面，集聚性都很强。一方面，针对分散客户的金融及生产性服务较为分散；另一方面，综合管理及针对资本及总部管理的金融及生产性服务集聚程度很高，在交通通讯技术提高的过程中，趋向于最高程度的集聚，像纽约、伦敦成为全球金融及服务中心。

流通性服务中心以贸易商、航运商等提供的货物商品流通服务为主，货物商品运输成本与可流动性取决于交通运输技术，随技术水平提升而流动性趋强；虽然搬运、装卸等熟练、非熟练劳动构成重要组成部分，但从属于贸易、航运商的资本、信息等可流动性强的核心要素。像码头、船舶、运输装卸设备等基础设施成本高，收益递增效应显著。由于贸易、航运等服务的前后向联系涉及货物商品流通地域范围，具有地区性，因此交通运输技术水平越高，所能流转及联结的货物流通范围越广，流通性服务中心世界性越强，像新加坡、香港属于国际贸易航运中心。

资金技术密集型制造中心一般生产资金密集型或技术密集型产品，不管是精密仪器还是机械设备，产品运输成本一般较高。由于固定资本投入较大，产业的收益递增效应显著；以资金、技术、专业技术人员和熟练工人为主要生产要素，生产的国际与国内可流动性都较强。因此这类集聚中心依赖于交通运输技术发达到一定程度,可以在国内和国际实现较大范围的分工与集聚,但相对于生产性服务中心来说,这类集聚中心因特定产业属性限制,所集聚经济关系的地域和范围都要小得多。

劳动密集型制造中心主要生产劳动密集型产品,这类产品运输负担较重,运输成本较高;生产主要以熟练和非熟练劳动力为主,劳动力在国内范围流动性较强,但国际范围流动性很差,且劳动密集型产业固定成本比重较小,前后向联系有限,收益递增效应较小,因此这类集聚中心在国内范围的集聚程度要高于国际范围的集聚程度,即使在国内,多个集聚中心并存也较为普遍。因此,劳动密集型制造中心所集聚的国际经济关系范围相对有限。

综上所述,在交通通讯技术发达到一定阶段,生产性服务中心所集聚国际经济关系的范围最广,流通性服务中心受地域限制、资金技术密集型制造中心受产业限制而次之,劳动密集型制造中心最小。

(二)地位的量定

古典、新古典经济学在完全竞争、运输成本和交易成本为零等假设条件下推导出地区均衡的结果,即商品要素流动最终导致地区间要素价格趋同。但在考虑运输成本、规模经济等条件下,集聚的收益递增效应使中心—外围间要素价格差距拉大,并被"锁定"在强者愈强、弱者愈弱的集聚路径。[①] 因此,在集聚经济作用下,地区分工、国际分工将呈现多层次的中心—外围结构,集聚中心占据主导地位,外围地区处于从属地位。

从生产过程的内部分工来看,生产存在与发展的理由归根结底取决于资本,即所有人,随着生产分工的细化,管理、咨询、会计等服务于资本和生产的劳动环节都独立出来并实现产业化,产品生产过程细化为制造。资本、生产、服务、制造间的内在联系为:第一,服务都有明确的服务对象,即资本及其生产;第二,服务从制造过程中繁衍发展而来,就像资本离开生产就缺乏增殖能力一样,离开制造,服务发展成为无源之水、无本之木;第三,服务的目的是资本实现对生产及制造的指挥与管理,派生于资本对生产的主导性,服务成为制造的指挥和控制主体;第四,资本不会独立存在,其运动形式融合在以服务为中心的整个生产过程,并以资本所有者为行为载体。

---

① 刘俊杰:《分工、结构演进与城市化》,经济科学出版社2008年版,第65页。

所以,虽然生产性服务从生产制造过程演化出来,但相对于制造具有相对主导性。

经济集聚过程中生产分工的细化以及中心—外围结构多层次的绵延发展构成国际分工体系的完整图景,中心对外围的相对主导性、服务业集聚对制造业集聚的相对主导性,使不同集聚中心在集聚中心体系处于不同的地位或等级。

从国际集聚中心体系,即世界城市体系的最基本构架——中心—外围/服务—制造集聚中心矩阵中,可以对世界城市等级体系进行描述和界定(如图1—14)。

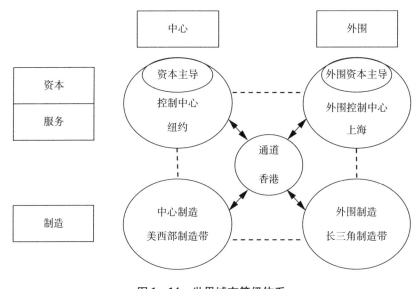

图1—14 世界城市等级体系

1.控制中心。主要在中心制造基地基础上发展起来的资本及其服务的集聚中心,这些资本占据核心的主导地位,在其周围集聚起来相关的生产性服务,它们共同构成对中心制造基地、外围集聚中心的主导与控制,控制中心处于最高层次和最为核心的等级地位。

2.中心制造。要素报酬相对较高的制造业集聚中心,通过集聚在与外围制造中心形成分工过程中,构建起国际分工基本格局;巨大的资本基础和增殖能力为大量专业化高端服务的衍生与集聚提供了基础;资本、知识、技术的集聚便于其成为创新技术和新兴分工的发源地。由此,此类制造业集聚中心是国际分工发展的动力源泉。

3.外围控制中心。主要在外围制造基地基础上发展起来的资本及其服务的集聚中心,其对外围制造基地具有相对主导性。因外围制造业基础相对薄弱,服务业发展规模相对较小,所具有的集聚效应有限,在服务业集聚层面,部分服务将受控制中心服务业集聚效应吸引而外流,因此,外围控制中心主要形成于、并服务于外围制造基地,与控制中心的服务业集聚形成中心—外围的分工格局,对其具有从属性。

4.外围制造。要素报酬相对较低的制造业集聚中心,在国际分工格局形成过程中发挥重要作用,是外围控制中心的资本和生产性服务集聚的基础和来源;通过学习、积累和创新,外围制造基地亦能通过创新技术和劳动分工,促使新生产分工形成并实现发展,甚至兴起或主导新的产业分工和国际分工。在世界城市体系中,外围制造相对控制中心、中心制造、外围控制中心都处于从属地位。

5.通道。派生到对方空间、作用于对方产业集聚,但服务于自身产业集聚,主要是受运输成本等因素制约,为便于获取对方产业集聚收益,而在对方空间集聚起来的资本及生产性服务中心。它对于派出中心具有从属性,融入派驻中心的产业集聚,但与派驻中心衍生出来的资本与生产又有相对独立性。

因此,在世界城市网络中,所联结国际经济关系的地域范围和国际分工格局中所处位置决定了世界城市的等级地位。

五、国际分工演进中的世界城市

随着科学技术水平的提高和生产力的发展,国际分工格局的历史演进主导并决定着世界城市体系发展和世界城市变迁。

(一)工业革命前

工业革命前,基于自然资源禀赋的国际贸易往来已较为频繁,国际分工尚未建立在国际范围的产业集聚基础上。威尼斯、热那亚、佛罗伦萨、阿姆斯特丹等沿海、沿河城市凭借有利的地理位置和条件,在工场手工业基础上发展东西方贸易,货币交换等金融活动和贸易活动相对专业化,贸易和航运联结起诸多国家的商品交换关系,以国际贸易中心和国际航运中心为主要内容的城市成为世界城市雏形。如表1—7。

表1—7　国际分工演进中的世界城市

	工业革命前	第一次长波 1782—1845	第二次长波 1845—1892	第三次长波 1892—1948	第四次长波 1948—20世纪80年代	第五次长波 20世纪90年代—
主导国际分工	—	产业间分工			产业内分工	产品内分工兴起
主要运输方式	帆船；海运；河运	轮船海运	铁路、轮船海运	公路、铁路、轮船海运	集装箱；远洋运输；航空运输等	现代物流与多式联运
开放程度	—	殖民体系内开放,殖民体系间相对封闭			两个平行市场,内部相对开放,彼此较为封闭	全球范围自由化、开放化、市场化
主要产业分工格局	基于自然资源要素禀赋	纺织业与农业；重工业与轻工业			制造业专业化	生产链专业化
主要国家分工格局	—	先进工业国与工业落后国家			发达国家/区域之间	发达国家与发展中国家
代表国家	—	英国与印度	德国与中国	美国与墨西哥	美国与德国 美国与日本	美国、东亚与中国
全球城市						
国际贸易/航运中心 控制中心	威尼斯、阿姆斯特丹	伦敦	伦敦 纽约法兰克福	伦敦 纽约法兰克福	伦敦、纽约、东京	纽约；伦敦；东京
中心制造		伦敦 曼彻斯特、伯明翰等	莱茵—鲁尔区；美国五大湖制造带	美国东部制造带；莱茵—鲁尔区	美国东西部制造带；日本东部制造带	美国西部制造带
外围控制中心	—					北京、上海、加尔各答
外围制造		孟买 广州	上海 广州	墨西哥城 上海	首尔 香港 新加坡	中国珠三角、长三角
通道	—					香港

收益递增效应越显著、运输成本越低、产品生产可流动性越强、拥挤程度越高 ▷

(二)产业间分工发展阶段

产业间分工发展阶段经历三个时期:

第一次长波中,以伦敦为中心的纺织制造基地的兴起。在工业发展基础上,英国构建起东西方殖民体系,通过设立东印度公司等方式在印度、斯里兰卡等亚洲国家建立殖民地,发展殖民经济,宗主国与殖民地国家间形成纺织业中心—农作物种植业外围的产业间分工格局。伦敦凭借优越的港口条件和殖民体系运作成为贸易、航运、金融、制造业集聚中心,曼彻斯特、伯明翰等地成为中心制造基地,像孟买作为印度经济发展中心和东印度公司所在地,既是外围控制与制造中心,又是宗主国的通道城市。

第二次长波以德国、美国重工业的崛起为核心。赢得第二轮技术革命先机的德国,在煤炭资源丰富的莱茵鲁尔区发展起冶炼、钢铁等重工业,法兰克福成为金融、制造业中心。内河航运的发展使其也具有相当贸易中心功能,但与伦敦的国际贸易和航运功能比起来相对较小。虽然英国未能再引领历次经济长波,但伦敦在金融、贸易、航运等领域积累起来的先发优势,以及在欧洲独特的地理位置使其成为欧洲的资本与生产性服务集聚中心。美国在全国铁路建设运动驱使下,以芝加哥为中心的五大湖钢铁重工业制造带兴起,这里铁矿石、石炭收益递增效应越显著、运输成本越低、产品生产可流动性越强、拥挤程度越高等矿产资源丰富,伊利运河、圣劳伦斯航道的开通将五大湖制造带与哈德逊河、纽约连结起来,形成巨大的国际、内陆航运系统。在重工业集聚过程中,金融、贸易、航运、生产性服务、制造业等集聚纽约,使纽约成为新兴国际经济中心。此时,德国和美国也紧随英国之后,在南美、非洲、亚洲等发展殖民地,虽然殖民地规模落后于英国,但也为其提供了原料产地和工业品销售市场。中国、墨西哥等国随着国门被迫打开,开放城市在宗主国影响下逐渐发展起民族工商业,但基本上依附于宗主国经济。像中国的上海、广州等城市既是外围控制和制造中心,也是宗主国驻殖民地的通道城市。

第三次长波以美国的工业发展为首,除五大湖制造带,以纽约为中心的制造区域相继兴起,为美国成为重工业制造强国奠定了产业基础。在强大集聚经济作用下,纽约发展成为世界性金融、贸易航运与制造中心。欧洲经济虽然在战乱影响下每况愈下,但德国重工业制造中心在战时需求拉动下仍然发展迅猛。亚非拉等殖民地国相继陷入民族独立战争,国民经济遭受重创,民族工商业在休战间隙继续发展,中国上海、青岛、济南等成为纺织制造中心,买办资本仍在其中占据主导地位。

虽然产业间分工发展阶段经历了三次经济长波,先后兴起英国、德国、美国等工业国家,以及伦敦、法兰克福、纽约等世界城市,并且后发国家和城市相继实现超越,中心—外围产业分工先后经历轻纺工业与农业向重工业与轻工业分工的转变,但此阶段具有一系列决定世界城市发展的共同因素:(1)交通运输和生产技术并不发达;(2)产业集聚的范围和规模都相对有限;(3)在殖民统治基础上,垂直分工体系被强化;(4)殖民体系内集聚分工显著,殖民体系间相对封闭;(5)经济发展规模和水平尚能支撑不同产品间产业集聚,形成产业间分工。

因此,产业间分工发展阶段世界城市发展特点是:第一,因制造业集聚能力较弱,而贸易航运联结国际经济关系的能力相对较强,早期世界城市一般以贸易航运为基础,集聚制造、金融及其他服务业;随制造业集聚加强,世界城市渐以制造业为基础,集聚金融等服务业,但贸易航运仍占据重要地位,世界城市显著地表现为国际贸易和航运中心。第二,经济发展规模与水平尚不足以使服务于资本运作的以金融为核心的生产性服务业实现产业集聚,也就未形成专业的金融及生产性服务型世界城市。第三,由于殖民体系间的相对独立,没有形成全球意义的世界城市。第四,世界城市体系的中心—外围等级结构显著,受殖民统治影响,外围控制中心、制造中心往往也是宗主国派驻殖民地的通道性集聚中心。

(三)产业内分工发展阶段

第二次世界大战以后,殖民地国纷纷走上民族独立发展道路,随着苏联、东欧、中国等国走上社会主义道路,世界在美苏争霸格局下划分为两个平行市场。资本主义与社会主义市场间仅保留了有限的物物交换通道,社会主义国家因实行计划经济而相对封闭。资本主义体系内,发展中国家对发达国家资本持谨慎态度,纷纷选择进口替代战略、出口替代战略等促进国内工业发展,国际市场新贸易保护主义盛行。

随着新一轮科技革命的兴起,美国继续引领科技产业革命,东西部制造带成为汽车、电子、宇航等新型工业集聚中心。由于两个平行市场和发展中国家的市场保护,发达国家在发展水平相似、彼此开放程度较高、交通运输技术取得较大进展前提下,开始相互之间差异产品的专业化分工,在规模经济效应下,发达国家间产业分工与相互贸易迅猛发展,成为国际经济发展主流。纽约在国内制造业发展基础上,日益成为资本及金融服务中心,贸易航运和制造业比重相对下降。

在欧洲,欧洲复兴计划的实施、石油美元的激增、美国严格的金融监管等因素促使欧洲美元市场兴起,伦敦作为古老的金融贸易中心进一步演化为国际离岸金融中心。在欧洲工业资本继续发展和欧洲一体化进展缓慢背景下,伦敦作为国际金融中心的地位在英国经济相对衰落背景下仍得到巩固和发展。

日本在加速工业化过程中抓住国际产业内分工发展机遇,实现经济赶超,一跃成为世界第二大经济体。在东部制造带集聚汽车、电子、重化工等产业过程中,东京成为生产制造、金融服务与贸易航运中心。

产业内分工从本质上说实现了规模经济基础上的差异化集聚,即分工双方互为中心制造基地,彼此放弃相对的外围制造,使分工双方均实现规模经济和发展水平的提高。这时期,发达国家的差异化产业集聚使双方经济都得到加强,并使产业内分工上升为国际分工主流。在发达国家,新兴产业集聚带来的拥挤问题使更多传统产业相继转移到欠发达地区形成新的集聚。香港、台湾、韩国、新加坡等地区抓住此轮国际产业转移的机遇,在促使产业集聚过程中推动工业化进程。虽然发达国家与欠发达地区间的垂直分工并不占据世界经济主导地位,但欠发达地区通过一定国际范围的产业间分工也成为世界城市的一分子。

在产业内分工发展阶段,世界城市的发展特点是:第一,在制造业集聚迅猛发展、交通通讯技术更新促使金融服务业流动性提高等基础上,金融及生产性服务业在更广阔地域范围内实现产业集聚,衍生出伦敦、纽约、东京这类以金融和生产性服务为主导的国际金融中心,伦敦的再次发展基于欧美发达国家金融业集聚,纽约、东京金融中心发展基于本国制造业发展和资本积累。第二,由于两个平行市场存在,全球市场并未统一,尽管伦敦、纽约、东京等城市所集聚国际经济关系的范围相当广泛,但尚未成为全球城市。第三,国际分工虽以产业内分工为主流,但产业间分工在一定范围内仍取得发展,亚洲、拉美等新兴城市通过发达国家转出产业的集聚跻身联结范围较小的世界城市。第四,首尔、香港、新加坡等新兴世界城市崛起于相对落后制造业集聚,属于外围制造中心;由于发展规模有限,金融等服务业虽相对发展,但并未独立出来实现产业集聚,因此新兴世界城市既是外围制造中心,又是外围控制中心。

（四）产品内分工兴起阶段

20世纪80、90年代信息网络技术革命兴起,新自由主义的传播使俄罗斯、东欧等国纷纷走上自由民主的资本主义发展道路,发展中国家则纷纷启动市场化、开放化进程,通讯方式的变革、运输成本的下降、市场开放程度提高,模块化生产技术使产品生产可流动性提高等,新兴产业集聚在创新技术引领下在全球范围内加速展开。中国市场开放程度的提高,以及丰富的劳动力资源禀赋,吸引欧美发达国家、东亚新兴工业国将劳动密集型生产环节转移至中国,他们则集中于设计研发、产品开发、营销、物流、核心零部件制造等前后端高增值环节的产业集聚。发达国家、以中国为核心的东亚等国家被纳入高度依存的生产链,产业集聚规模效应显著,全球分工格局深刻转型,产品内分工成为推动全球分工演进的新兴力量。

在产品内分工兴起的当前阶段,发达国家因拥有世界资本、生产与市场的主要部分,发达国家间产业内分工仍占据重要地位,但产品内分工是当前科学技术发展背景下生产分工细化的结果,从生产分工演化为现实的国际产业分工,代表了新型国际分工格局的兴起与演进方向。产品内分工兴起过程中,世界城市的发展特征为:第一,美国西部、英国剑桥、法国科学城等高科技研发制造中心成为新兴的中心制造基地;第二,中国的珠三角、长三角等成为外围制造基地,北京、上海、广州等城市因集聚大量金融及生产性服务业而日益崛起为外围控制中心;第三,通信技术的提高,以及金融业的高度可流动性和规模经济效应,使纽约、伦敦不仅集聚本区域、而且在全球范围集聚金融及相关服务产业,纽约、伦敦成为全球城市;第四,基于新兴市场的吸引力,处于国际分工中心地位的资本大举介入新兴市场产业集聚,出现了像香港这类并非外围控制中心和外围制造基地,而是中心地区资本投资新兴市场的中转集聚地,即通道型世界城市。

综上所述,世界城市等级体系是在国际分工演进过程中不断演化发展的。随着交通通讯技术的发展、市场开放程度的提高,产业集聚在更大范围、更深层次展开,由此使集聚中心所凝聚的国际经济关系日益复杂和广泛,世界城市发展水平逐步提高。并且,随着国际分工由产业间分工、向产业内分工、继而产品内分工的阶段性演进,世界城市等级体系呈现阶段性的发展格局与特征,这是一个历史的发展过程。需要指出的是,特定世界城市的发展主要取决于其持续成为新兴产业国际集聚中心的能力,缺乏产业集聚基础,特定世界城市的衰落在所难免。

第四节　世界城市的实质、分类与影响因素

世界城市是科技与生产力发展基础上国际产业集聚与分工的产物,在国际分工格局历史演进过程中,世界城市及世界城市体系都呈现阶段性发展特征。

一、世界城市的内涵与实质

从历史发展进程来看,世界城市是一个历史的、相对的、动态的概念,是随着国际分工日益细化,在不同程度和范围进行集聚的产物。

工业革命前,海洋或内河运输的货物贸易仅连接起国家间商品层次的经济联系,虽然这种联系的范围十分有限,主要集中于沿海、沿河的邻邦,但相对于正在发挥这种作用的城市来说,部分城市因集聚大量这样的贸易活动而相对地成为世界城市,世界城市的内涵更多地体现为国际贸易中心和国际航运中心。

国际产业间分工发展阶段,分工主要在不同类产品之间展开,金融、生产性服务等劳动尚未从生产过程中独立出来,因不同产品生产的集聚而形成与其他国家间生产层面的分工与联系,以及国际分工扩大了国际商品交换的范围和规模,世界城市的内涵扩展到国际生产制造中心、国际贸易和航运中心。由于生产集聚主要限于有限的产品类别和相关的分工国家,而贸易、航运联结的分工产品和分工国家范围更广,并一定程度上决定生产分工所能实现的程度,因此世界城市相对地更集中体现为国际贸易和航运中心。像伦敦、纽约、法兰克福等城市,在殖民统治维系基础上,以及贸易、航运和生产制造领域对金融及服务的大量需求,已经开始集聚相邻区域范围的金融及服务业。

国际产业内分工发展阶段,分工细化到同类差异产品间层次,金融、生

产性服务等劳动逐渐从生产过程中独立出来,并在发达国家产业迅猛发展基础上趋于产业化和空间集聚,因金融及服务业的集聚特征,其凝结相对更为广泛的地域、产业间经济联系,世界城市的内涵扩展到并越来越显著地体现为国际金融中心。由于产业内分工发展阶段,世界经济尚有较多地域分隔,并且经济发展水平和规模尚不足以将全球经济融为一体,国际金融中心和国际贸易航运中心在联结国家范围层面上差距并不显著。

国际产品内分工发展阶段,生产过程日益细化到生产片断向全球范围的扩散,生产过程内部的劳动环节大量独立出来并趋于产业化,在全球统一市场逐步形成过程中,出现基于国际产业分工基础上金融及生产性服务业高度集聚的全球城市,世界城市更集中地表现为这类全球城市。由于受地域空间、运输成本的限制,国际贸易、航运中心所能集聚的国家间联系具有相对地域性,它们在联结国家范围层面上与国际金融中心的差距开始扩大。在产品内分工基础上的片断生产集聚中心因生产链的内在联系,而联结起更广阔地域范围的国家间联系,范围大小取决于产业特征及分散化程度,因而,国际制造中心在联结国际范围层面上与国际金融、贸易航运中心间的差距趋于缩小。

可见,世界城市的内涵在不同历史阶段有显著差异。Friedmann 认为,世界城市的实质与内涵在于"指挥控制中心",一定程度上符合产业间分工、产业内分工和产品内分工发展阶段中对处于控制中心的世界城市的界定;Sassen 认为,世界城市是"服务于控制的服务中心",比较契合产业内分工至产品内分工发展阶段,集聚较大范围特别到全球范围金融及生产性服务的世界城市。Castells 将世界城市界定为"流的空间",可以说从更广阔及动态的角度把握了世界城市的实质,国际经济联系是通过各种要素的流动实现的,不取决于历史所沉淀下来的城市基础与各类设施,而是这些设施所能承载并正在承载的"流动","流动"停滞,国际经济联系停滞,世界城市就只剩在历史遗迹层面保留其原有含义,而不再是国际分工与经济联系网络中具有现实意义的世界城市。Castells 从"流动空间"角度把握了世界城市的动态性实质,使概念从逻辑上概括了世界城市形成、发展与衰落的历史过程,但"流动空间"概念并未和国际产业集聚与分工联结起来,因而也无法探究"流动"的根源与决定力量。

因此,世界城市的实质在于凝聚国际经济联系的枢纽或节点,世界城市不是恒定不变的,有其形成、发展与衰落的历史过程,这从根本上取决于所凝结国际经济联系的国际产业集聚与分工基础。

二、世界城市的类别

世界城市从产生、发展、衰落经过不同发展阶段,同一国际分工基础上形成世界城市体系,世界城市可从不同角度进行类别划分。

(一)功能差异角度的类别划分

因所集聚产业的差异,世界城市具有鲜明的主导产业特征和在世界城市体系中的功能特征。按主导产业和功能差异进行划分,世界城市可分为国际金融、贸易、物流等服务中心、国际制造中心等。

国际金融中心由各种金融机构组成,通常集中于世界城市中心区域,如纽约的华尔街、伦敦的伦敦城、香港的中环等。由于大量金融机构和金融基础设施集聚,大大降低金融交易成本,由此扩大规模经济效应,实现高度集聚。如不包括纯粹的离岸金融中心,主要有伦敦、纽约、东京、巴黎、法兰克福、苏黎世、米兰、阿姆斯特丹、马德里、布鲁塞尔、新加坡、香港、芝加哥、洛杉矶、旧金山、悉尼、多伦多等。

国际贸易、航运、物流中心主要是国际商品流动集散地,因优越的地理位置、港口运输条件支撑起庞大的国际商品流动,从而联结起贸易国间的经贸联系。如新加坡、香港、上海、深圳、釜山、杜拜、广州、鹿特丹、高雄、洛杉矶、安特卫普等,伦敦从国际货物贸易流量来看已不占重要地位,但因国际高端航运业集聚而仍是占据主导地位的国际航运中心。

国际制造中心主要指因某类生产的集聚而成为国际生产分工链条中重要环节,进而与其他生产分工环节形成经济联系。在产品内分工发展阶段,国际生产链分布范围更为广泛,生产制造分工更为细化。因此,其中核心生产环节越趋专业化,所凝聚的国际经济联系越为广泛。当前,国际制造中心包括:东京、纽约、洛杉矶、大阪、墨西哥城、新加坡、上海、深圳、广州等。

(二)范围差异的类别划分

根据世界城市所凝聚国际经济联系的国家范围,可区分为全球城市、区域性世界城市。根据拉夫堡大学 GaWC 研究中心的数据采集与分析显示，按世界城市的连结性来排序，2008 年联结范围最广的前十大世界城市依次是伦敦、纽约、香港、巴黎、新加坡、东京、悉尼、米兰、上海和北京。① 而像蒙特利尔、巴拿马城、丹佛、底特律、圣地亚哥、阿曼等城市所联结的国家范围就相对较小，可属于国际城市类别。

（三）等级差异的类别划分

由于所集聚产业在国际分工体系中所处的地位不同，世界城市在世界城市体系或网络中有显著的等级差异，根据所处地位的不同，可以区分为控制中心、中心制造、外围控制中心、外围制造和通道五类世界城市。

控制中心类世界城市是主要在中心制造基地基础上发展起来的资本及其服务的集聚中心，处于最高层次和最为核心的等级地位，如纽约、伦敦、东京等。

中心制造类世界城市是要素报酬相对较高的制造业集聚中心，它们是国际分工发展的动力源泉，如旧金山、伯尔尼等。

外围控制中心类世界城市是在外围制造基地基础上发展起来的资本及其服务的集聚中心，对外围制造基地具有主导性，与控制中心的服务业集聚形成中心—外围的分工格局，对其具有从属性，如上海、广州、布宜诺斯艾利斯、孟买、加尔各答等。

外围制造类世界城市是要素报酬相对较低的制造业集聚中心，它相对控制中心、中心制造、外围控制中心都处于从属地位，代表性城市包括东莞、昆山等中国珠三角、长三角城市。

通道类世界城市是派生到对方空间、作用于对方产业集聚，但服务于自身产业的集聚中心，它对于派出中心具有从属性，融入派驻中心的产业集聚，但与派驻中心衍生出来的资本与生产又有相对独立性，代表性城市包括香港、维也纳②等。

---

① P. J. Taylor, etc. *Measuring the World City Network: New Results and Developments* [EB/OL]. http://lboro.ac.uk,2009. 3. 2.

② Robert Musil. *Global Capital Control and City Hierarchies: An Attempt to Reposition Vienna in A World City Network*[J]. Cities,2009(7), Vol. 26. pp. 255-265.

（四）发展阶段差异的类别划分

世界城市一般经历从国内城市到单中心世界城市、多中心世界城市的漫长发展历程,其产业集聚范围与空间结构呈现相应的阶段性特征。在由国内城市转化为世界城市之后,根据发展阶段和空间结构差异,世界城市可划分为单中心世界城市和多中心世界城市。

如工业革命后至二战前的伦敦属于单中心世界城市,工业革命后至20世纪前,产业集聚主要在伦敦市范围展开;一战前后,随着伦敦中心区域拥挤程度提高,以及郊区电气铁路的发展,伦敦开始向郊区蔓延至大约离中心12—15英里,"绿带"构筑起城市与乡村的界限。二战以后,伦敦周边20—40英里范围内出现诸多新城镇,有的甚至发展成较大的城镇中心,共同构成总面积4000多平方英里的"伦敦区域"①,即形成多中心世界城市,或叫世界城市区域。当前,占地近4000平方英里的大纽约,面积2187平方公里的东京区域都已进入多中心发展阶段,形成世界城市区域。

三、世界城市的测度

根据对概念界定和内涵理解的差异,不同学者对世界城市的测度方法和指标选择都有显著差异。

1986年,Friedmann在世界城市是"指挥控制中心"的理论基础上,采用7个指标——主要金融中心、跨国公司总部、国际性机构、快速增长的商务服务部门、重要制造业中心、主要的交通枢纽、人口规模,按照核心国家和半边缘国家对主要世界城市进行分类。1995年,Friedmann又增加人口迁移目的地这个指标,并改变了以往区分核心国家和边缘国家的做法,而是按照城市所连接的经济区域的大小,重新划分了世界城市。此后,Thrift在Friedmann思想基础上更强调服务功能的重要性,选择了公司总部数量和银行总部数量两个指标界定世界城市。

Sassen从生产性服务中心概念出发,对世界城市的判定取决于生产性服务业发展、国际金融设施与机构状况等指标。

为弥补实证研究不足的缺陷,Beaverstock、Taylor等人在综合Friedman、

---

① 〔美〕乔尔·科特金:《全球城市史》,社会科学文献出版社2006年版,第22—27页。

Sassen 和 Castells 等有关世界城市理论基础上,提出了"世界城市网络连结性"基础数据搜集和分析框架,他们认为世界城市之间的经济联系是世界经济联系导致的结果,最终表现为企业特别是跨国生产者服务公司办公地点之间的联系和内容传递,由于世界经济联系以及世界城市之间的联系较难测度,因而可以从跨国服务公司办公地点间的联系和传递内容测定世界城市间的连接性。他们从主要商业报刊的内容分析、高技能专家和管理人员等的访谈问卷,以及会计、法律、广告等主要生产性服务行业跨国大公司的组织结构分析,来考察世界城市的国际连接性,并对世界城市连接程度与地位进行测度。①

　　此外,伦敦规划咨询委员会从基础设施、财富创造能力、增加就业和收人、提高生活质量等 4 个方面对世界城市进行比较和分类。Knox(1995)则强调功能分类的有效性,提出了跨国商务活动、国际事务和文化集聚度 3 个判别世界城市的标准。Short(1996)所界定的世界城市测定指标包括:主要金融机构、跨国公司总部、长途通讯、运输基础设施和全球文化活动 5 项。②罗福全及 Peter J. Marcotullio(2000)针对亚太地区全球化与都市转型的研究指出,对外贸易、外来直接投资、通信网络、交通基础设施、工业区,尤其是智能型工业区的开发,以及自由贸易地区的形塑,永续发展策略的重视等都是世界城市的重要指针。③ Smith 和 Timberlake④ 根据国际航空流、Derudder 和 Witlox 根据全球分配系统订票信息⑤等基础设施对世界城市进行测定和评判。

───────────

　　①　J. V. Beaverstock、R. G. Smith、P. J. Taylor、D. R. F. Walker、H. Lorimer. *Globalization and World Cities*: *Some Measurement Methodogies* [EB/OL]. http://lboro. ac. uk,2000(2).

　　②　Short,JR,Kim,Y,Kuss,M and Wells,H. The Dirty Little Secret of World City Research [J]. *International Journal of Regional and Urban Research*,1996(20):pp.697–717.

　　③　周振华等:《世界城市——国际经验与上海发展》,上海社会科学出版社 2004 年版,第 13 页。

　　④　Smith,D. A and Timberlake,M. *Hierarchies of dominance among world cities*: *a network approach. In SSassen* (eds), *Global Networks*, *Linked Cities* [C]. London:Routledge,2002. pp. 117 – 141.

　　⑤　Derudder,B and Witlox,F. *On the use of inadequate airline data in mappings of a global urbansystem* [J]. *Journal of Air Transport Management*,2005(11):pp.231–237.

总体来说,这些方法根据世界城市不同角度的特征给出了测度方法和指标,具有一定参考价值和研究意义。

从国际分工基础上的世界城市理论出发,世界城市的考察与度量取决于其是否、如何凝聚国际经济联系以及程度与地位(如表1—8),主要测度指标包括:(1)国际商品流动的规模,地区和产品结构,产品的资本结构;(2)国际资金流出入规模、资本结构、行业结构等;(3)国际劳动要素流动规模与结构等;(4)主导产业的类别,资本构成,以及本地资本主要分布领域等。上述指标相结合主要用于测度世界城市是否参与国际分工、参与的方式、程度如何,以及在国际分工中的地位等。(5)就业、收入与空间结构,结合主导产业类别主要判断世界城市所处发展阶段与水平。

表1—8　世界城市测度指标

	国际商品流动			国际资金流动		国际劳动要素流动		主导产业		就业收入空间结构
	地区结构	产品结构	资本构成	进出流向	资本构成	规模	来源结构	类别	资本构成	
是否参与国际分工	√	√	√	√	√	√	√			
参与国际分工的方式	√	√	√	√	√	√	√	√	√	
参与国际分工的程度	√	√	√	√	√	√	√			
在国际分工中的地位与作用	√	√	√	√	√			√	√	
发展程度								√	√	√

四、世界城市形成发展的影响因素

世界城市的形成与发展,取决于收益递增、运输成本、产品生产可流动性所决定的向心力,和拥挤程度决定的离心力相互作用基础上的国际范围的产业集聚,与这一过程相关的主要因素将对世界城市形成发展产生重要影响。

第一,腹地经济参与国际分工的方式与水平。受运输成本、产品生产可流动性等因素影响,世界城市所集聚产业的经济基础具有地域性,运输成本越低、产品生产可流动性越强、收益递增效应越显著,世界城市所集聚产业的依托腹地越广泛;而腹地经济参与国际分工的方式、水平和程度将为特定产业集聚于世界城市提供物质基础和经济支撑,并决定世界城市所处的等级地位。

第二,产业集聚基础。作为历史发展沉淀下来的产业发展基础虽然不决定世界城市的属性与地位,但作为既往固定投入的成果,成熟的产业发展设施、技术积累、人力资源储备、法律框架与商业规范等软件设施,它们可以为后续产业集聚节约新的资金投入,从而有助于收益递增效应的实现。既有产业集聚规模与水平积累起一定收益递增效应,新进企业可以分享初步集聚所产生的经济收益,既有集聚为吸引产业进一步集聚奠定基础。

第三,区位优势与软硬件基础设施。像地理位置、港口条件等区位优势大致决定腹地产业集聚于世界城市的运输成本;交通基础设施的便利与通达程度一方面影响到经济腹地的范围,另一方面影响到要素与商品流动的运输成本;像对外开放程度,对要素可流动性限制等软件基础设施影响到产业的可集聚程度。

第四,拥挤程度与制约因素。产业集聚需要空间支持,过高的拥挤程度将使集聚中心趋于瓦解,从而不利于世界城市发展,因此,拥挤程度将对世界城市的产业集聚产生负面影响。此外,作为人口集聚中心,产业集聚所带来的就业、收入、社会分化将产生社会与政治影响,这些影响是促进还是制约产业集聚一定程度上决定了世界城市可持续发展空间。

第二篇 国际分工演进与香港世界城市

第二章　香港经济发展历程及其世界城市属性

香港岛是散布在珠江入海口的数百个岛屿之一,岛上岩石密布、山势陡峭。和珠江口诸多岛屿一样,香港岛在华夏千年文明史中平凡而沉寂。当1683年英国商船"卡罗利那"号最早停泊在大屿山附近,到西欧列强的鸦片趸船驻足维多利亚港,弹丸之地的香港在历史洪流裹挟下以独特方式辗转融入国际分工体系,逐步形成,并呈现阶段性变化的世界城市特性。

第一节　开埠前自然经济发展时期

香港地区的早期先民以采集、狩猎为生,古越族部落兴起后逐步发展起原始农业和近海渔业经济。公元前214年,秦始皇下诏戍边开发岭南,设置桂林、象、南海三郡,其中南海郡管辖番禺等地,香港地区就属于番禺县,此后漫长历史时期中,农业、渔业、航运、制盐、采珠和制香等逐步成为支柱性产业。清顺治十八年(公元1661年)到康熙二十二年(公元1684年),政府采纳施琅的建议实行"迁海"政策,制盐、采珠、制香业均因此而衰落。①

秦汉时代,广州(番禺)即成为"海上丝绸之路"起点,在强大航运实力支撑下,葡萄牙、荷兰、英国等相继引领东西方贸易发展,特别是18世纪工业革命兴起后,欧洲列强更是推动鸦片贸易以平衡对东方巨额贸易逆差。在此期间,相对于繁荣的广州,自然条件仍显恶劣的香港并未引起太多注意。1683年,英国东印度公司所属商船从澳门航行至大屿山作了短期停

---

① 卢受采、卢冬青:《香港经济史》,人民出版社2004年版,第3—35页。

留;1741 年英舰"流浪号"进入中国海面搜集情况时在鸭脷洲停泊维修;18世纪末英政府使团谒见清政府无功而返时到大屿山一带勘察,才对当地进行详细记录。① 因此,外国商船的偶尔光临并未打破香港自然经济的平静。

到开埠之前,香港经济重心主要分布在后来被称为新界的地区,那里聚居着宋、元、明间迁入的锦田邓族、河上乡侯族、粉岭彭族、上水廖族及新田文族这五大姓为主的居民,他们以农耕为主。九龙半岛西岸的油麻地、何文田、大角咀及东岸的红磡、大口环等地则散居着 5000 人左右的渔农和石匠。由于港岛土地资源不足,每年 5—9 月受台风影响,最适合居住的是一些能躲避台风的平坦地区。据 1841 年人口普查,当时港岛人口主要散居在赤柱、筲箕湾、香港村等 20 个村落。其中,渔民主要居住在香港村、群大路、大浪等渔村,以沿海捕鱼为生;佃农则向锦田邓族、南头黄族、上水廖族租种位于港岛北岸黄泥涌、深水湾、浅水湾的农地;石匠聚集在港岛的鲗鱼涌、阿公岩、石塘咀等地采石,供当地渔农修筑房屋、兴建神庙。② 渔民、佃农、石匠和市集商贩构成了香港开埠之前自然经济社会的主体。

第二节　19 世纪 40 年代到 20 世纪 40 年代末:转口港发展时期

香港的开埠缘起鸦片贸易。1773 年,为弥补巨额对华贸易逆差,英国通过东印度公司的鸦片专卖制度向中国输入鸦片,到 18 世纪 90 年代已经打破最早向中国输入鸦片的葡萄牙人的垄断成为对华鸦片贸易的主角。1834 年东印度公司的对华贸易垄断被废除,通过走私鸦片已掌握一半以上中英贸易的自由商人纷纷成立私人公司或洋行,以英资的怡和洋行、宝顺洋行和美资的旗昌洋行为首的外资洋行大肆向华输入鸦片。在 1816 年英第二次派出使团来华失败后,占领有利据点扩大对华贸易成为英国的战略考虑,使团报告认为,香港是世界上无与伦比的良港。后来,英国首相巴麦尊和怡和洋行的渣甸均主张占领舟山,而英国驻华首任商务监督律劳卑 1834

---

① 冯邦彦:《香港英资财团》,东方出版社 2008 年版,第 12 页。
② 冯邦彦:《香港华资财团:1841—1997》,东方出版中心 2008 年版,第 4 页。

年来华后,看到了香港的重要战略和商业价值,提出占领香港的建议。1838年,清政府禁烟运动兴起,凭借珠江口门户和港阔水深的地理条件,原停泊在伶仃洋面的大部分鸦片趸船转移到香港区域海面,为英国抢占香港埋下伏笔。

1840年英国发动侵华战争,并于第二年单方面宣布与清政府签署和约后强行侵占香港岛,宣布将香港开辟为自由港,允许船只自由出入,香港正式开埠。1860年,英国强迫清政府签订《北京条约》,九龙半岛被割让;1898年,《展拓香港界址专条》签订,深圳河以南、界限街以北的九龙半岛及附近200多个岛屿被强行租借。因此,英国开始了对包括香港岛、九龙半岛和新界在内共1100多平方公里土地一个多世纪的殖民统治。

香港开埠以后,以英资为首的洋行、贸易行以香港为据点,大力拓展西方对华贸易,使香港成为联结东西方殖民地垂直分工体系的枢纽和重要环节,因此也驱动起香港早期城市发展。

(一)转口贸易的繁荣

从起初的鸦片转口贸易到后来的工商业品转口贸易,从以英资洋行为主力到华资行商、买办的兴起,在内地市场逐步被打开过程中,香港一直扮演着内地与西方贸易中转基地的角色。

1843年上海开埠,包括怡和洋行、宝顺洋行、仁记洋行和义记洋行在内的首批英资洋行进入上海。到19世纪50年代中期,上海已有各式各样洋行超过120家。这些外资洋行主要经营鸦片、洋货、茶叶、丝绸等货品的转口贸易,其中鸦片贸易最为重要。1841年以后,香港取代伶仃岛成为洋行走私鸦片的大本营,英资洋行把鸦片从印度贩运到香港,囤积在鸦片趸船上,然后分销到中国沿海各口岸。后来发现将鸦片贮存在香港岛上比存放在海港趸船上更加安全,且可以节省人力物力,香港岛遂成为不沉的鸦片趸船。到1856年,从上海输入的鸦片已增加到33069箱,接近上海进口商品总值的四分之三,而棉毛织品、杂货则占四分之一稍强。①

随着欧洲工业革命的兴起,以及内地城市和市场逐步被船舰利炮打开,在资本与技术积累基础上,怡和、太古、汇丰为首的外资洋行不断将业务重

---

① 冯邦彦:《香港英资财团》,东方出版社2008年版,第57页。

心转向以上海为主的内地,所涉足行业也由鸦片、茶叶等贸易转向工商业兼营贸易,香港逐渐摆脱早期从属于鸦片贸易和鸦片走私的地位,主要发展对华南地区和东南亚地区的转口贸易,成为外地货品的"自由仓库"。当时在华工业投资最庞大的怡和洋行,投资领域扩大到包括造船、矿冶、机器制造、纺织、制糖、缫丝、烟草,以及水、电等公用事业等多个领域;它和太古、沙宣等洋行在香港主要利用其自由港地位,在发展航运基础上,从中国运出南北杂货,从英国输入洋货、布匹等。

在英资洋行主导香港转口贸易过程中,华商也渐渐崛起。1851 年太平天国运动爆发,广州附近的华人富户移居香港。他们在港开设商号,掀起香港开埠以后的繁荣气象。1845 年和 1851 年,美国、澳大利亚相继发现金矿,大批中国劳工赴美澳当苦力,美、澳及南洋各埠华人社区的形成大大推动对华贸易,在港经营的华商乘势崛起。当时,以南北行、金山庄为代表,主要将内地华北及江南两地的物产,转运到南洋、北美及澳大利亚,再将当地的货品转销内地。其中,专职贩运货品供应北美华侨的称为金山庄,专职贩运货品供应南洋华侨的,称为南洋庄。这些行商约掌握当时香港贸易总额的四分之一。①

两次世界大战使香港经济贸易受到很大冲击,特别是太平洋战争爆发到中华人民共和国成立,外资洋行在华拓展陷入困境,香港也在日军占领期间损失惨重。但此期间香港转口贸易港角色并未发生实质性改变。1947年,香港地区生产总值 15.6 亿港元,外贸总额 27.7 亿港元,外贸依存度 177%,1951 年更高达 332%(如表 2—1)。在进出口商品构成中,1940 年,食品、纺织品和油脂进口比重分别为 28.1%、18.9% 和 13.3%,合计占总进口的 60.3%;出口比重分别为 25.6%、15.8% 和 11.9%,合计占总出口的 53.3%。在外贸地区构成中,内地、美国、英国分别为前三大贸易伙伴,1947—1951 年间平均贸易比重分别为 24%、14% 和 8%,占去香港对外贸易半壁江山。②

---

　　① 冯邦彦:《香港华资财团:1841—1997》,东方出版中心 2008 年版,第 8—12 页。

　　② 香港政府统计处:《香港统计年刊》(1947—1967),转引自卢受采、卢冬青《香港经济史》,人民出版社 2004 年版,第 58、167 页。

表 2—1　香港 1947—1952 年地区生产总值、外贸总额与外贸依存度

年份	地区生产总值 （百万港元）	外贸总额 （百万港元）	外贸依存度 %
1947	1564	2767	177
1948	1775	3660	206
1949	2330	5069	218
1950	2800	7503	268
1951	2800	9303	332
1952	3200	6678	209

资料来源:地区生产总值来源于 Edward Szczepanik. *The National Income of Hong Kong* 1947-1960〔R〕. From: the First Asian Conference of the I. A. R. I. W. held in the University of Hong Kong,21-28 August,1960. 外贸总额来源于 Hong Kong Statistics 1947-1967。

（二）贸易相关产业的发展

配合香港作为对华贸易转口港地位的形成和确立,航运业、仓储码头业、船坞业及银行保险业等产业先后兴起。

航运业是香港最早发展起来的行业。起初,香港航运业由各洋行拥有的船队推动。到 19 世纪 60 年代进入轮船时代,各大洋行纷纷组建轮船公司,在中国沿海和内河航线上展开激烈竞争。怡和、宝顺等洋行共同筹资最早设立省港小轮公司,主要经营香港至广州航线。后来铁行轮船公司也主要经营省港航线,并于 1843 年从欧洲经好望角到达香港,开拓了香港的远洋航线。1860 年由怡和洋行参与投资的省港澳轮船公司在鸦片战争时期得到港府支持,发给特许证经营,渐渐垄断华南内河及沿海航线。1869 年苏伊士运河通航,大大缩短欧洲至远东航线,推动了香港远洋航运业发展。"边行"、法国邮船公司、美商太平洋邮船公司、海洋轮船公司,还有意大利、加拿大、德国、丹麦、日本等国航运公司纷纷加入香港远洋航线的经营与竞争。据统计,到 1847 年香港港口停泊的船舶仅 694 艘,载货量 229465 吨,到 1891 年已分别增加到 54090 艘、7.45 千万吨,44 年期间分别增长近 77 倍和 324 倍。停泊香港港口的船舶中,每 100 艘中有 53 艘属英商、31 艘属华商、16 艘属其他外商,英商在航运业的激烈竞争中稳占优势,这种优势一直维持到 20 世纪上半叶。[①]

① 冯邦彦:《香港英资财团》(1841—1996),东方出版社 2008 年版,第 21—23 页。

航运业的崛起带动了港口建设及仓储码头业发展。早期,各大洋行都自设码头货仓。1863年麦奇利哥公司修筑了港岛第一座可供轮船停泊的现代化码头。后来铁行轮船公司也在上环设立货仓码头,1881年移到今日中环街市原址。1886年,英商保罗·遮打在九龙尖沙咀海边创立香港九龙码头及仓库有限公司(简称"九龙仓"),由此奠定香港深水港基础。后来,九龙仓收购了铁行轮船公司的上环码头和怡和洋行的上环码头,以及获得湾仔货仓有限公司的控制权。到20世纪40年代,九龙仓已成为香港以效率著称的大型码头货仓公司。

与此同时,香港船坞业也起步发展。起初是1843年英国人林蒙船长开设的船排和"贺普船坞"。1863年,怡和洋行、铁行轮船公司、德忌利士洋行等几家船东创办了香港黄埔船坞公司。黄埔船坞通过收购石排湾造船厂和贺普船坞,以及与红磡的联合船坞公司合并,成为香港最大的船坞公司。19世纪下半叶,太古洋行旗下的太古轮船公司迅速发展成中国沿海及长江内河航运业的垄断寡头,遂与蓝烟囱轮船公司合资创办太古船坞。基于先进的技术设备和廉价的修造船成本,太古船坞迅速成长为实力雄厚的船坞公司,最终与黄埔船坞共同垄断香港的船舶修造业。

转口贸易的发展对货币汇兑、资金存贷产生巨大需求,在港英政府金融开放环境下,香港迅速成为银行、证券、金银和保险业集聚中心。(1)1845年,英资东方银行总行迁册伦敦,当年在港设立分行,成为香港第一家银行。随后,英资银行接踵开业,到1866年世界性金融风波之前,香港已有11家银行,其中仅巴黎贴现银行为法资,其余皆为英资。在这场金融风波中,6家在港银行随总行倒闭,剩余5家为东方、有利、渣打、巴黎贴现和汇丰。19世纪之交,日、美、荷资银行相继在港开业;随后兴起民族资本创办银行的潮流,到二战后初期,在港银行最多时达143家。(2)企业的融资需求刺激了香港证券业早期发展。从19世纪60年代起,香港一些公司从事炒股活动,90年代发行公债。1891年,香港成立第一家证券交易所——香港股票经纪协会;1921年,成立第二家证券交易所——香港证券经纪协会;1947年两家证券交易所合并,定名为香港证券交易所。(3)内地富商涌入香港带来了金银交易的活跃,20世纪前后,华商积极参与金银交易,于1910年自组成立金银贸易场,成为一个完全按照中国传统方式进行交易的重要黄金市场。(4)航运与贸易发展为保险业务兴起开辟了广阔空间,早在英资洋行、银号进入香港后,就已兼营保险业务。19 世纪 60 年代,香港正式有保险公司。1864—1871 年,香港和上海陆续出现 5 家保险公司。二战前夕,保险公司数量比银行还多。到 20 世纪初,港英政府已通过法律条例和行业公会对保险业进行规管。①

(三)人口聚集与城市基础产业兴起

1841 年,英国人在水坑口登岸以后,并没有以东面或南面的渔港为主要基地,反而在港岛北岸建立军事据点,先在东角,继而在石塘咀建立军事据点,倚山临海的地势条件增加了建城的难度。为筹措建设资金,英军登陆后,政府马上公开拍卖土地,借助洋商力量开发港岛。开埠初期,香港总人口不足万人,转口港经济的发展吸引宗主国及内地人口不断流入,到 1861 年,香港人口已至 12 万。20 世纪之交,内地政治局势混乱,战祸四起,华人富商、流亡百姓蜂拥而至,1931 年,香港人口为 84 万,1941 年骤升至 164 万人(如图 2—1)。香港山多地少,人口的快速集聚给城市建设提出严峻考验,填海造地成为港英政府的现实选择。

(单位:万人)

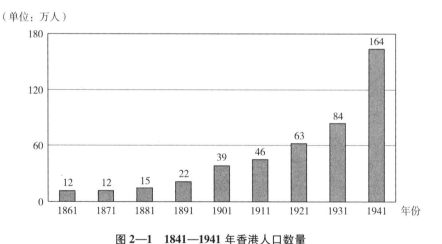

图 2—1　1841—1941 年香港人口数量

资料来源:1861—1891 年数据:余绳武、刘存宽《十九世纪的香港》,香港中华书局 1994 年版,第339—340 页;1901—1941 年人口数据:杨奇《香港概论》,中国社会科学出版社 1993 年版,第 349 页。

———————————

①　陈建华:《香港金融的发展及其未来走势》,经济管理出版社 2001 年版,第 3—4 页。

由于政府选定港岛北部作为城市发展核心,中上环一带地位重要,但早期海旁地段的拍卖以及英国军部驻扎,使19世纪50—60年代的中环填海计划备受阻挠而无法推进,政府只能在铜锣湾、湾仔、垃圾湾等华人聚集区进行零星的填海工程,由此使西环继中上环以后成为城市的核心区。到19世纪末,随人口增长、土地价格上涨,拥有海旁地段的私人业主对增持城市核心区土地数量意欲大增,英国军部也无法抗拒经济高速增长的力量,允许政府在军部附近填海。1887年,在保罗·遮打的推动下,中环海旁填海计划付诸实施。随后,湾仔、铜锣湾、北角也在20世纪20年代得到进一步发展。

土地面积的扩充、人口的聚集,以及航运、贸易发展使英资、华资集聚起雄厚实力,由此推动香港地产、基础设施等城市产业兴起。

港英政府开埠初期的种族隔离政策使英资掌控着中区核心地带的地产和物业,华商基本无法染指。19世纪70年代中后期,洋商受清政府"海关封锁"影响,频频破产,港英政府亦率先在华人聚集区展开零星填海工程,这给靠行商、买办等起家的华商提供了发展良机,他们较早进入香港房地产业。当时,部分华商冲破种族隔离,大举收购洋商破产后的商行和堆栈,向中环商业区推进。到19世纪80年代,华商在地产业的势力已经压倒英资,成为香港最大业主,政府税收90%来自华人。但华商大举收购地皮物业引发地产投机,1881年地产市道急跌,大量华商在转口贸易中积累的财富,转眼转入洋商之手。19世纪末,中环填海工程的启动使英资地产商迅速崛起。1889年,保罗·遮打创办置地公司,这是香港注册的第二家地产公司。置地的投资策略一开始就集中在商业最繁盛的中区,并自此成为传统。到20世纪30年代后期,置地在中环地区的物业总值已经超过1100万港元,成为香港中区最大的业主。①

城市的拓展对基础设施产生巨大需求,英资财团凭借雄厚的经济实力及殖民统治的特权,大举进入公用事业领域,并掌握香港经济命脉。在能源电力领域,主要是1862年英商创办、垄断香港街灯照明服务的中华煤气公司,1889年保罗·遮打创办、垄断港岛电力供应的香港电灯有限公司,1901

---

① 冯邦彦:《香港英资财团》,东方出版社2008年版,第39—40页。

年保罗·遮打与英商罗拨·舒安共同发起创办、解决九龙半岛电力供应的中华电力有限公司;在公共交通领域,主要是 1872 年罗鲁治收购的天星小轮公司,1881 年英商劳莱·史密斯创办的香港山顶缆车公司,1902 年在英国注册成立的香港电车公司;在邮电通讯领域,主要是英联邦所有电讯公司合并后 1934 年改组成的大东电报局有限公司,它于 1936 年成为垄断香港国际电讯业务的专利机构,以及 1886 年取得香港电讯专利牌照,并于 1925 年在港注册的香港电话公司。

从开埠到 20 世纪 40 年代末,香港通过沟通中西方贸易形成人口与产业集聚,继而早期城市的兴起,由于内地仍以农业经济为主、且开放度较低,香港所中转的贸易商品以自然资源和手工业品为主,贸易对象也较为集中,内地与香港融入国际分工体系尚处于起步阶段。

第三节　20 世纪 50 年代到 70 年代末:
工业化发展时期

20 世纪 50—70 年代末,在内地相对封闭的时代背景下,香港进入由外向型工业驱动、地产和金融为支撑的城市发展阶段,在主导工业化过程中华资地位迅速上升,并在很多领域超越占统治地位的英资,但在地产、金融投机过程中挫败,金融领域既有地位丧失殆尽。

(一)时代背景与国际形势突变

第二次世界大战彻底瓦解维系上百年的殖民体系,国际社会进入两个平行市场——以美国为首的资本主义市场经济和以苏联为首的社会主义计划经济并行且相对独立——发展时期,时代背景和国际形势的突变深刻影响香港的生存与发展空间。

首先,朝鲜战争后对华贸易禁运和新中国成立实行计划经济,使香港原有转口贸易发展模式难以为继。1950 年朝鲜战争爆发,以美国为首的联合国对华实行贸易禁运,香港的转口贸易骤然衰落。1950 年,香港以内地为基础的转口贸易额占到总出口的 81.8%,占到总进口的 78.9%。[①] 1951—

---

① 数据来源:据卢受采、卢冬青《香港经济史》数据计算,人民出版社 2004 年版,第 97 页。

1956 年,除走私贸易,政府统计的转口贸易额几近为零。新中国成立后实行社会主义计划经济,产品的生产与销售、原材料采购大都纳入国家计划体系,市场环境的相对封闭使香港难以再依托内地自由发展转口贸易,这很大程度上抑制了香港既有发展模式的延续。

其次,内地局势动荡促使资金、技术、人员流入香港,为香港启动工业化准备了资源条件。早在 20 世纪初,因内地政治局势混乱,战祸此起彼伏,就有华商和难民涌入香港。整个 30 年代华商在港开设工厂达 2000 多家,投资千万元以上[1],香港人口也因难民流入骤升一倍。20 世纪 40 年代后期内战又起,一大批上海、天津等地的华人实业家移居香港,带来了资金、机器设备、技术、企业人才和海外市场,成为战后香港工业发展的重要基础。与此同时,躲避战争的内地移民迁入,以及战后婴儿潮的影响,香港总人口从 1948 年的 180 万人升至 1979 年的 503 万人,50 年代人口年均增长率达 4.4%,60、70 年代维持在 2.5% 和 2.6% 的水平[2],人口的快速增长带来了丰富的廉价劳动力。

最后,二战后美欧产业结构升级,日本经济崛起,给香港提供了新的发展空间。战后欧洲复兴计划的实施以及新一轮科技产业革命兴起,使美国走上经济繁荣和产业升级道路,消费革命爆发更是成为拉动经济增长的重要源泉,战后 20 世纪 50—70 年代的 30 年间,美国经济年均增长达 4%。欧洲在推动一体化过程中加强与美国间的产业内分工,也逐步实现战后恢复、产业升级和经济发展,50 年代德国经济年均增长 7.7%,60 年代法国攀升至 5.5%。而战后日本在承接国际产业转移过程中,紧紧抓住美欧市场规模扩张的机遇,借助产业政策循序推进产业升级,50、60 年代日本经济年均增速高达 8.4% 和 10.4%,如表 2—2。美日欧经济高速增长与市场规模的扩张,以及国际产业转移浪潮的兴起无疑为香港启动工业化创造了有利时机与环境。

---

[1]　元建邦:《香港史略》,中流出版社有限公司 1988 年版,第 160 页。
[2]　数据来源:据香港政府统计处网站数据计算。

表2—2　20世纪50—70年代美、日、英、德、法国内生产总值年均复合增长率

（%）

国家 年份	美国	日本	英国	德国	法国
1950—1959	3.6	8.4	2.3	7.7	4.3
1960—1969	4.6	10.4	2.9	4.2	5.5
1970—1979	3.6	4.6	2.4	2.9	3.4

资料来源：据 OECD 数据库计算。

（二）外向型工业驱动

国际形势的突变使香港转口贸易急转直下，转口贸易额占总出口比重由 1950 年的 81.1% 下降到 1957—1979 年间平均 26.5% 的水平，外贸依存度也由 1947—1951 年间平均 240% 下跌到 1957—1979 年间平均 138% 的水平。① 面对美欧及日本经济对劳动密集型产品的强大需求，香港走上外向型工业化道路。

20 世纪 50 年代，来自上海的纺织大亨，香港纺织的王统元、南海纺织的唐炳源、南丰纺织的陈廷骅、永新企业的曹光彪、中国染厂的查济民、南联实业的安子介等，他们推动纺织业成为香港新兴制造业的先导。在 50 年代，香港纺织厂仅有一家非上海人的。到 1978 年，上海籍华商拥有纱厂数目占总数八成。② 在纺织业发展同时，制鞋、手套、电筒和电灯泡等轻工业品生产也开始建立和发展。20 世纪 60 年代，随着生产技术水平的提高，香港制衣业超过纺织业成为制造业最大和最重要部门，其中著名的包括林百欣的丽新制衣、陈俊的鳄鱼恤和陈瑞球的长江制衣。由于此期间内地对香港实行稳定政策，加上东南亚政局混乱，不少外国制造业投资转向香港，外资制造企业从 1955 年的 328 家增加到 1970 年的 655 家，约占制造业份额

① 数据来源：1947—1951 年贸易数据源自 Hong Kong Statistics 1947—1967；1947—1960 年 GDP 数据源自香港华润贸易咨询有限公司。香港经济贸易统计汇编（1947—1983）［M］. 1984，3；1952—1979 年贸易数据、1961—1979 年 GDP 数据来源于香港政府统计处网站。

② 沈济民：《上海大亨垄断香港纺织业》，《信报财经月刊》1988 年第 10 期。

的 10% 左右①。20 世纪 70 年代,随着生产规模的扩大以及欧美生产技术的流入,60 年代兴起的金属、塑胶、玩具产业逐渐趋于成熟,取代制衣业成为制造业支柱,并崛起一批大型企业集团,包括郑氏家族的捷和集团、丁雄照的开达实业和李嘉诚的长江工业。在此阶段,随着资金和技术的积累,附加值较高的电子、钟表业也开始在香港兴起。如柯俊文的康力集团 1971 年开始投资生产收音机和卡式录音机,到 80 年代初已崛起为香港电子业规模最大的企业集团。泰国华侨黄子明在港设立的钟表制造基地,为宝光实业和著名手表连锁品牌时间廊的前身。②

在有利的外部市场环境条件下,香港以高度外向的方式发展工业,70 年代约占制造业 3/4 比重的纺织、制衣、电器、塑胶品和金属业基本以满足出口为主。1971 年成衣、电器、树胶、塑胶业 80% 以上产值均供出口。如表 2—3。

表 2—3　1971 年香港制造业产品出口额占产值比率

产品名称	出口占产值(%)	产品名称	出口占产值(%)
成衣	88.3	化学品	43.6
电器及电子产品	83.6	食品	30.1
树胶	82.6	烟草	26.9
塑胶	81.4	运输设备	25.9
仪器	80	非金属矿物制品	24.4
鞋类	71.7	机械	22.9
金属及金属制品	50.3	饮料	1.2
木器及家具	45.4	其他	82.1
纺织品	45.3	制造业产品合计	65

资料来源:英占时期香港政府统计处,1971Census of Manufacturing Establishments。

外需拉动使制造业逐渐跻身为香港最大产业部门。1970 年,制造业产值占 GDP 比重达 30.9%,之后逐渐回落。1980 年制造业产值 310 亿港元,占 GDP 比重 23.7%,仍位列各行业之首。表 2—4。

---

① 乌兰木伦:《迈向二十一世纪的香港经济》,三联书店(香港)有限公司 1997 年版,第 426 页。

② 冯邦彦:《香港华资财团:1841—1997》,东方出版中心 2008 年版,第 110—130 页。

表2—4　1970、1975、1980年香港各产业产值占本地生产总值的比率(％)

产业	比重(％) 年份	1970	1975	1980
农业及渔业		2	1.4	0.8
工业	合计	37.3	34.5	31.7
	采矿及采石业	0.2	0.1	0.2
	制造业	30.9	26.9	23.7
	电力、燃气及水务业	2	1.8	1.3
	建造业	4.2	5.7	6.6
服务业	合计	60.7	64.1	67.5
	批发、零售、进出口贸易、饮食及酒店业	19.6	20.7	21.4
	运输、仓库及通讯业	7.6	7.2	7.4
	金融、保险、地产及商用服务业	14.9	17	23
	社区、社会及个人服务业	18	18.7	12.1
	其他	0.6	0.5	3.6

资料来源:1970、1975年数字根据英占时期香港政府统计处编:Estimates of Gross Domestic Product 1966 to 1981;1980年数字根据香港政府统计处:《2000年本地生产总值》。

　　制造业的发展为港产品出口奠定了坚实基础。50、60、70年代,港产品出口年均复合增长率分别为14%、15.5%和18.3%,港产品出口总额从1950年的7亿港元增加至1979年的559亿港元,占总出口的比重从1950年的18.9%上升到60年代平均76.5%和70年代平均77.3%的水平。[①]出口产品中,1970年以成衣和纺织品为大宗商品,分别占总出口的35.1%和10.3%;1979年以成衣(36%)、电子(9.3%)、钟表(7.8%)、纺织品(7.3%)和玩具(6.4%)为主要出口产品。产品出口的地区分布由1952年以出口内地为主,转变为1970年84.2%的产品出口至发达国家和地区,其中出口美国市场占到42%,出口到内地市场仅为0.2%;产品进口由50年代初首要来自内地,转变为1970年主要进口自日本、内地和美国。[②]

---

　　①　数据来源:据香港政府统计处网站数据计算。

　　②　数据来源:据卢受采、卢冬青《香港经济史》,人民出版社2004年版,第157、263页相关数据计算。

（三）地产与金融支撑

工业发展产生巨大资金融通需求，人口聚集对厂房、住宅、商业楼宇等地产物业需求急剧攀升，工业强劲增长过程中资本与财富的积累为满足这些需求奠定了基础，20 世纪 60—70 年代，地产与金融业逐渐支撑起香港城市发展。

20 世纪 50 年代上半期，霍英东、彭国珍、廖创兴等实业家在早期积累资本基础上已经开始涉足地产业，但香港地产业到 20 世纪 50 年代中后期才开始发展。首先，为满足工业发展需要及疏导密集人口，港英政府将发展工业区作为城市建设首要目标，1955 年颁布了包括允许兴建高层楼宇；允许楼宇分层出售、分层发契；允许房屋买卖、分期付款等条例，以刺激房地产发展。其次，香港大量廉价土地为英资所有，20 世纪 60 年代中期内地“文化大革命”，部分英资及富户抛售物业或移民，为地产商吸纳物业提供了机遇；再次，60、70 年代经济高涨加剧市区人口压力，为应付市区可供发展土地面积越来越少的问题，港英政府开始在新界地区大规模拓展新市镇，并于 1973 年推出“十年建屋计划”，1978 年和 1979 年分别推出“居者有其屋计划”和“私人机构参建居屋计划”，为香港房地产业发展开辟广阔市场。最后，70 年代初证券市场的兴起与繁荣为地产企业加速融资与扩张提供了资金便利。因此，20 世纪 50 年代中后期，以李嘉诚、王德辉、郑裕彤为代表的新兴企业家起初在发展工业过程中依托实业资本进行地产投资；到 20 世纪 60—70 年代，李嘉诚的长江实业、郭得胜的新鸿基地产、胡应湘的合和实业、陈增熙的恒隆集团、陈德台的大昌地产、郑裕彤的新世界发展、黄廷芳的信和地产等纷纷借助上市加速向地产业扩张。1981 年年底，香港 20 家市值最大的地产上市公司中，以长江实业为首的华资地产商共 16 家，总市值461.5 亿港元，以置地为首的英资地产商共 4 家，总市值 262.9 亿港元，此20 大上市地产公司总市值 724.4 亿港元，相当于当年地产业 207.5 亿港元产值的 3.5 倍。①

工业发展、财富积累、经济增长刺激银行、证券业快速兴起。20 世纪 60年代初，部分华资银行将贷款投向高风险的地产、股市，甚至投机，形成流动

---

① 据《信报财经月刊》第 6 卷第 11 期第 84—85 页数据计算。

性不足,加上当时尚未建立有效的银行监管制度,酿成60年代上半期的银行危机,廖创兴银行和广东信托商业银行遭挤提,明德银号被迫停业,恒生银行被汇丰低价收购。危机过后,港英政府下令冻结银行牌照,加强对银行业监管。在经济发展带动资金融通需求快速增长背景下,对持牌银行数量的管制演化为银行分支机构数猛增,及出现大量非银行金融机构,即存款公司。1954年,香港拥有持牌银行94家,分支机构3家;牌照管制后70年代持牌银行数大约维持在74家,分支机构数跃升到1978年的790家,接受存款公司亦达到241家。① 从持牌银行存款总额来看,1954年为10.8亿港元,相较当年GDP的31.9%,1978年增至600亿港元,相当于GDP的70%。② 在证券业发展方面,筹资需求的上升,特别是华资实力的上升使香港证券市场进入"四会并存"时期,除业已成立且主要服务于英资财团的香港证券交易所外,1969年李福兆等人筹建的远东交易所有限公司开业;1971年,由金银业贸易场理事倡议成立的金银证券交易所有限公司成立;1972年,规模最小的九龙证券交易所有限公司营业。证券公司的相继开业也带来了股市的异常繁荣,1973年香港股市成交额达489亿港元,相当于GDP的118.4%。③

到1980年,香港的金融、地产及商业服务业产值为295亿港元,占GDP的21.7%,成为当时工业之后最大的服务业部门。④

(四)城市空间拓展

在工业化驱动经济发展背景下,20世纪50—70年代香港城市空间的拓展主要围绕工业区的建设展开,观塘、荃湾、屯门和沙田成为政府主要拓展的劳动密集型工业与人口聚集区。

1954年,政府开辟观塘为第一个工业区,区域建设包括工业用途的工业用单位、住宅单位、徙置区和商业用途单位。工厂集中吸引不少低收入家庭移入,观塘成为劳动密集型加工业劳动力聚集区,20世纪70年代观塘的

---

① 郑德良:《现代香港经济》,中山大学出版社1993年版,第221页。
② 数据来源:据香港金管局网站数据计算。
③ 数据来源:据《香港交易所市场资料1999》数据计算。
④ 数据来源:香港政府统计处网站。

社会服务主要靠宗教及志愿团体支持。1959年政府通过荃湾发展计划,开拓大约容纳100万人口的新社区。20世纪70年代初,荃湾聚集了成衣、塑胶、五金、电子及纺织等重要投资,整个荃湾区约27万人,大部分居于公共屋村。20世纪60年代上半期,屯门发展大纲成型,拟建设容纳100万人口,包括徙置区、住宅用地、工业用地、市中心区、政府社区用地、公共空间等的新卫星城市。相对于其他工业区的建设主要由政府启动,沙田第一项填海工程并非政府推行,而由私人申请报批后自主建设经营。由于沙田地势条件复杂,本港经济发展与人口上升形势变化很快,政府从20世纪50年代将沙田纳入考虑范围开始,多次修改沙田规划。直到1977年,一个大体上与现今沙田相近的规划才得以完成。最终建成的沙田是包括火炭、大围、小沥源及石门等几个工业区,聚集纺织、制衣、电子、五金及玩具等工业,以及货仓和冻仓业等的工商业全面发展的新市镇。①

此时期,香港城市空间拓展的基本理念是以分层工厂大厦为核心,配置公屋、屋苑、私人物业以及公共设施,构建减少人口通勤量的卫星城区。由于城市的拓展处于起步阶段,新兴卫星城区距离港岛、九龙较近。

(五)主导资本变迁

在转口贸易发展阶段,英资在香港占据统治地位,20世纪40年代末被迫退出内地、转驻香港以后,英资凭借雄厚的经济实力展开多领域渗透和竞争。四大英资洋行之一的怡和通过置地在商业繁盛区兴建高级商厦作为地产投资,通过九龙仓发展货柜码头业,还收购"牛奶公司"发展成为庞大的食品批发零售集团,以及收购天星小轮公司、香港电车公司和经营汽车销售的仁孚行等。和记黄埔主要发展货柜码头、船坞和船舶修理、货仓、地产及贸易与批发零售商业等,太古转向航空及酒店、地产、实业与海洋开发,会德丰进入地产、零售百货业,汇丰积极扩展金融业等。

20世纪50—60年代,英资财团的大举扩张更加巩固其在香港经济中的垄断地位,但资金链拉长以及对市场形势的错误判断也给日后埋下严重隐患。20世纪70年代两次石油危机爆发,欧美经济陷入滞胀危机,世界贸

① 何佩然:《地换山移:香港海港及土地发展一百六十年》,商务印书馆(香港)有限公司2004年版,第142—161页。

易与航运业陷入萧条,和记黄埔、会德丰、怡和等英资大行纷纷陷入困境。恰恰在英资极少染指的制造业领域,华资在推动工业化过程中实现了资本积累和实力提升,为其在 20 世纪 70 年代末 80 年代初接手英资大行奠定了基础。1979 年和 1985 年,李嘉诚先后成功收购英资四大行之一的和记黄埔和大型英资公用事业上市公司香港电灯,形成以长江实业为旗舰、以和记黄埔为主力的大型企业集团。1980、1985 年,包玉刚先后收购怡和旗下的九龙仓和英资四大行之一的会德丰,使会德丰、九龙仓系成为香港经济举足轻重的综合性企业集团。此外,再加上华资在地产、证券业的拓展,从工业化中崛起的华资已逐渐超越英资,占据香港经济主要地位。

从 50 年代到 70 年代末,香港主要在工业驱动下依托地产与金融实现城市内生式发展,相对于转口贸易发展阶段,香港通过劳动密集型制造业基础上的与发达国家间的垂直贸易参与国际分工,由于自身经济规模较小,香港参与国际分工的程度相对较低。

第四节　20 世纪 80—90 年代后期:
服务化发展时期

20 世纪 80、90 年代,香港内外形势发生很大变动,由工业化驱动的发展模式逐步转向由贸易、地产、金融共同驱动的服务化发展。

(一)香港内外形势的变迁

进入 20 世纪 80 年代,香港所面临的国内外形势变化主要体现在四个方面:

第一,发达国家增长乏力,增加了港产品出口难度。80 年代初,世界经济开始出现衰退。1980—1989 年,美国年均增速 3.4%,德国回落到 1.8%;1990—1997 年美国年均增长 2.9%,日本和法国分别滑落至 1.8% 和 1.4%。[①] 面对经济萧条,主要工业国纷纷采取较为严厉的贸易保护措施,国际市场竞争更趋激烈,港产品出口难度不断加大。

第二,20 世纪 70 年代末,内地开始实行改革开放政策,从设立经济特

————————

① 数据来源:据 OECD 数据库计算。

区、吸引外资,到 20 世纪 90 年代加大开放力度,内地凭借丰富的廉价劳动力资源和巨大潜在消费能力,稳步融入国际分工体系,并对国际投资产生强大吸引力。这对香港来说,既是对工业化进程的严峻挑战,又面临诸多新的发展机遇。

第三,香港地少人多,经济快速发展不断拉高生产成本。1990 年,香港制造业员工月工资是深圳特区员工的 7 倍,厂房租金相当于东莞的近 10 倍(如表 2—5),相对于建设初期的沿海开放城市,香港发展制造业的区位竞争力已大打折扣。

表 2—5　1990 年内地与香港工资及物业价格的比较

地区 ＼ 港元	制造业员工月工资	多层工厂	
		每平方米月租金	每平方米售价
广州开发区	1000—12000	27	1852—2145
深圳特区	800	15—29	1475
东莞	740	10	—
香港	5520	93	12000

注:香港的厂房租金及售价按市区水平。
资料来源:廖柏伟、王于渐:《中小企业及香港的经济发展》[R].38。

第四,20 世纪 80 年代以后,香港前途问题备受关注,对香港的信心差异深刻影响港内外投资选择与流向。1984 年《中英联合声明》发表,香港前途渐趋明朗,内地改革进程的曲折性与阶段性对香港经济发展产生深远影响。

(二)转口贸易复兴及与工业的驱动力置换

1980 年深圳和珠海辟为经济特区,1985 年"珠三角"开放区成立,它们很快成为内地连通国际市场的闸口和枢纽,凭借优越的转口港地位,缓慢发展近 40 年的内地转口贸易迅速在香港复兴。1980 年,香港转口贸易额为 301 亿港元。1980—1989 年年均转口额迅速攀升至 1288 亿港元,转口占总出口比重也由 30.6% 升至 42.6%(如表 2—6)。

表2—6　1980—1997年香港进出口贸易额、比重、年均增长率及外贸依存度

时间	年均数额（十亿港元）			
	进口	港产品出口	转口	外贸总额
1980年	111.7	68.2	30.1	209.9
1980—1989年	273.9	139.5	128.8	542.2
1990—1997年	1167.7	223.9	869.2	2260.9
	年均复合增长率（%）			
	进口	港产品出口	转口	外贸总额
1980—1989年	19.7	14.1	31.2	20.6
1990—1997年	14.1	-0.9	17.0	13.3
	港产品出口占总出口比重	转口占进口比重	转口占总出口比重	外贸依存度
1980年	69.4	26.9	30.6	146.4
1980—1989年	57.4	41.3	42.6	171.9
1990—1997年	22.3	73.4	77.7	231.1
1997年	14.5	77.1	85.5	225

资料来源：据香港政府统计处网站数据计算。

　　20世纪80年代，由于内地对改革目标、路径的认识远未清晰，以及市场机制刚开始发育。虽然1986年外商投资法正式颁布，但内地市场吸引力尚未转化为香港制造业外迁的实际行动。1979—1989年，香港对内地协议投资金额合计19.4亿美元，但实际投入9.1亿美元，年均0.9亿美元。[①] 与此同时，由于世界经济衰退，国际竞争加剧，发达国家加快了产业转移，香港凭借一定劳动力资源与市场优势，成为制造业国际投资流入地，由此也带动了80年代香港制造业的进一步发展。

　　20世纪80—90年代上半期，日本和美国不断加大在香港的制造业投资。1987—1995年，美国在港制造业投资年均增长7.1%，日本1986—1995

───────────────

　　① 数据来源：据《中国统计年鉴1999》数据计算。

年间投资年均增速更高达 18.7%,这些投资主要投向电子、纺织及制衣、电器、化学制品等制造业。[①] 外资流入带来新兴技术,以及迫于国际竞争压力制造企业不断提高生产与经营管理水平,香港制造业技术及附加值水平均有所上升。1980—1989 年,香港制造业产值比重仍位列各业之首,占21.2%(如表 2—7)。

表 2—7　1980—1997 年香港主要行业占 GDP 比重(%)

年份	制造业	进出口贸易	金融及保险	地产业	服务业
1980	22.8	9.9	6.9	12.7	68.3
1980—1989	21.2	11.6	6.8	8.4	70.3
1990—1997	10.4	16.2	9.5	9.4	81.9
1997	6	17	10.3	9.6	85.9

资料来源:据香港政府统计处网站数据计算。

1992 年邓小平南巡,内地改革开放方向与路径渐趋明朗,在成本差距悬殊形势下,港资生产企业加速向内地转移。1996 年,香港制造企业在港及华南一共 42.7 万家,其中仅 2.7 万家留在香港,其余 40 万家制造企业分布在华南各地。[②] 1991—1996 年香港合计向外投资 101.7 亿美元,其中87.2 亿美元投向了内地。[③]

港资企业内迁并加大投资,加速了以香港为中转基地的转口贸易发展:香港从内地、日本、中国台湾和东南亚进口原料、半制成品,从日本、美国和欧洲进口机器和设备,除少量在香港加工制造之外,大部分运往内地加工制造,获得成品后销往美国、欧洲、内地和东南亚市场,再从内地、日本、美国和东南亚进口食品和消费品。1990—1997 年间,香港年均转口贸易额骤升至 869.2亿港元,年均增长 17%;1997 年,转口贸易额占进口比重升至 77.1%,占总出口比重升至 85.5%;外贸依存度由 1980 年的 146.4% 升至 1990—1997 年均

① 乌兰木伦:《迈向二十一世纪的香港经济》,三联书店(香港)有限公司 1997 年版,第451、621、631 页。
② 香港贸易发展局研究部:《香港制造业现况与前景》,第 13 页。
③ 数据来源:香港对外直接投资总额来源于 UNCTD. World Investment Report[M].1998—2000 年各年;香港对内地投资额来源于中华人民共和国商务部。

231.1%的水平(如表2—6)。进出口贸易产值占GDP比重自1991年超越制造业之后,1990—1997年间平均维持在16.2%的水平,远高于其他三大产业——制造业(10.4%)、金融及保险业(9.5%)和地产业(9.4%)(如表2—7)。进出口贸易已完全替代工业成为香港经济发展重要驱动力之一。

(三)地产与金融共同驱动

20世纪80—90年代,城市化的推进以及对于内地独特的区位优势,使地产、金融与进出口贸易一同成为香港经济发展的驱动力。

80年代初,香港前途的问题浮现引发投资者信心危机,物业被大量抛售导致香港地产市道下滑,新地、恒基等地产商趁市超低吸纳土地储备,为后续发展奠定了基础。在制造业趋于升级、转口贸易复兴、中心区拥挤与居住环境亟待改善等形势下,20世纪80—90年代,港英政府循序推动大埔工业村、粉岭/上水、元朗、将军澳、天水围、东涌等新市镇的建设与发展,这给业已实现一定资本积累的地产商提供了有利的发展机会。在80年代初,新鸿基地产在各新市镇中心兴建大型综合商场,沙田新城市广场即其中之一。恒基地产主要发展从港九市区到沙田、荃湾、西贡、屯门、元朝、上水、大埔、将军澳等新市镇的住宅楼宇。新世界侧重发展庞大地产项目,如1981年与恒隆合作发展港岛地铁沿线8个地铁站上盖物业,1984年与香港贸易发展局合作兴建香港会展中心,1985年发展屯门、荃湾物业,1986年与查济民家族联手发展大屿山愉景湾第三期等。长实在80年代先后完成60多项地产发展计划。恒隆则主要在地铁站上盖物业。大规模的物业楼宇建设,第一,缓解了城市人口聚集压力;第二,使主要建设者——华资地产商跻身为香港房地产业主宰者,1996年年底前20大地产上市公司除中国海外为中资企业外,其余均为华资;第三,使房地产业成为影响金融市场的重要力量,1996年年底前20大地产上市公司市值占到股市总市值的28.6%[①],1996年银行体系本港使用贷款总额中,与房地产相关贷款约占42%[②];第四,还使房地产业成为引领香港经济增长的重要支柱,80、90年代香港房地产业分别是第三和第四大产业部门,产值比重为8.4%和9.4%(如表2—7)。

---

① 数据来源:据《香港交易所市场资料》数据计算。
② 数据来源:《香港金融管理局年报1996》。

1978 年,香港放开银行业管制。1980 年,香港有持牌银行 113 家,分支机构 1032 家。1996 年持牌银行增至 182 家,分支机构 1294 家。基于香港与内地的独特经济联系,香港逐渐成为跨国企业地区营运中心,特别是投资内地的跳板。1980 年以前,香港拥有 269 家地区总部和 387 家地区办事处。80 年代分别新设立 311 家和 746 家。1991—1997 年分别新设立 273 家和 845 家。[①] 总部经济聚集、资金融通的多元化为香港金融业及相关专业服务发展注入新的动力,港英政府在银行、证券、保险等领域加强监管为国际金融企业聚集和金融业务创新发展提供了有利环境,也带来香港金融业繁荣。20 世纪 80 年代香港金融业产值年均增速为 15.2%,1991—1997 年间升至 19.6%。[②] 其占 GDP 比重由 80 年代的 6.8% 上升至 9.5%,成为香港第三大经济部门(如表 2—7)。凭借雄厚银行实力和快速增长证券业务,香港在 90 年代后期已跻身亚洲及世界主要金融中心之列(如表 2—8)。

表 2—8   香港国际金融指标及世界排名

		1975 年	1985 年	1995 年
在香港的海外商业银行	年末家数	48	108	154
	在亚洲排名	—	2	1
	在世界排名	—	5	3
银行体系对外资产	年末余额	90 亿美元	1011 亿美元	6832 亿美元
	在亚洲排名	3	3	2
	在世界排名	15	11	4
银行体系对外负债	年末余额	66 亿美元	833 亿美元	5696 亿美元
	在亚洲排名	3	3	2
	在世界排名	16	10	4
外汇市场	日平均交易额	3 亿美元	100 亿美元	910 亿美元
	在亚洲排名		3	3
	在世界排名	—	6	5

---

① 数据来源:《2001 年海外公司驻香港的地区代表按年统计调查报告》。
② 数据来源:据香港政府统计处网站数据计算。

		1975 年	1985 年	1995 年
黄金市场	日平均交易量	80 万盎司	100 万盎司	122 万盎司
	在亚洲排名	1	1	1
	在世界排名	4	4	3
股票市场	日平均交易额	0.42 亿港元	3.07 亿港元	31.95 亿港元
	年末总市值	449 亿港元	2695 亿港元	23483 亿港元
	在亚洲排名	—	—	2
	在世界排名	—	—	9
衍生金融工具市场	日平均交易额			602 亿美元
	在亚洲排名			3
	在世界排名			7

资料来源:转引自卢受采、卢冬青《香港经济史》,人民出版社 2004 年版,第 378 页。

可见,凭借香港与内地紧密的地缘与政治经济联系,金融业成为继转口贸易之后另一个外源性的增长源泉,它们和香港本地地产业相互作用,共同驱动经济较快增长。

(四)服务业多元化与城市空间内外拓展

新兴技术的出现、人们消费水平的提升,使电讯、传媒、网络等服务业不断兴起。如 80 年代中期,李嘉诚旗下的和记黄埔率先进入电讯业。到 1996 年,香港电讯、数码通、和记电话、讯联等已成为主要的移动通讯运营商。90 年代,和黄又与英国大东电报和中信集团联手发展卫星电视业务,并将其于 1996 年在美国纽约交易所挂牌上市。新兴服务业的出现,进出口贸易、地产与金融服务业主导地位的确立,以及工业制造业相继外迁或退出,香港形成多元化服务占绝对统治地位的格局。1980 年,香港服务业产值占 GDP 的 68.3% ,1997 年已跃升至 85.9%(如表 2—7)。

90 年代以来香港经济加速服务化,产业发展、人口聚集,以及空间组织方式的变化对香港城市空间布局产生很大影响。工业化时期,政府推动以工业区为核心的卫星城式分散布局,以减少人口通勤量。随着工业衰落,新的服务业就业机会主要集中于中心或次中心商务区,加强中心商务区建设、构建便捷的综合交通体系、拓展新兴市镇,成为港英政府回归前着重推进的城市建设内容。主要工作包括实施中环及湾仔填海、西九龙填海、快速公路系统计划、西区海底隧道计划及大屿山至中环地下铁路计划,加强中心商务区的建设与内外连通;填海兴建赤鱲角机场以便利香港对外部的人员货物流动;继续开发沙田、粉岭、大埔、东涌等新市镇以疏散人口,等等。通过城市空间的内外拓展与调整,香港城市建设致力于与经济服务化相协调。

（五）资本的新兴力量

20世纪70年代末,以李嘉诚、包玉刚为代表的华资通过收购英资大行迅速扩张业务范围和经营实力。80年代以后,华资在地产、仓储码头、道路基建、公用事业等领域已占据显著优势。受80年代银行危机影响,华资银行几乎全线溃败。1985年持牌银行中,仅剩余东亚银行、大新银行、永隆银行、廖创兴银行、大生银行及大有银行等仍由本地华资家族持有控制权。

就在华资银行溃退的同时,随着80、90年代香港投资吸引力的增强,日美资本逐渐占据金融业主导地位。80年代是日本海外拓展和日元国际化的重要时期。当时,一是为配合本国资本国际化,二是利用香港金融自由开放的优势,三是发挥香港作为投资内地跳板的作用。日本逐渐将香港作为离岸金融业务中心。1996年,日本在港拥有持牌银行46家。拥有资产总额3.5万亿港元,占所有持牌银行资产总额的44.5%。客户贷款额2.2万亿港元,占比55.6%。客户贷款额中,86%是用于香港以外的贷款,约1.8万亿,占香港以外所有贷款的90%。① 美国作为金融强国,在日益重视亚太地区战略投资价值背景下,亦大举投资香港金融业。1994年,美国对香港投资的近四成投入了银行及金融保险业。

80—90年代,在内地改革开放与经济快速发展形势下,中资企业通过香港与内地的双向拓展不断提升自身实力,逐步在香港占据一定经济地位。80年代,像招商局、华侨城等中资企业凭借在港经营的资金、技术、管理优势,不断加大内地投资,实现业务多元化发展和资本快速积累。经营实力的增强为中资企业在港拓展奠定了基础。90年代,面对香港资本市场的机遇与挑战,中资企业开始从生产经营、商品经营向资本运营和资产经营转型,并运用买壳上市、初始上市、第二上市、分拆上市、投资基金、银团贷款、可换

---

① 数据来源:《香港金融管理局年报1996》。

股债券等方式,通过旗舰策略、杠杆收购、注资和并购等途径真正进入香港
国际资本市场,并成为香港资本市场重要组成部分。通过资产经营,中资企
业逐步进入香港各主要产业领域。如金融领域,中银香港成为香港发钞行;
中信、招商局、光大和华润曾先后控股或参股嘉华银行、友联银行、港基国际
银行、华人银行;中信泰富进驻国泰航空、港龙航空,以及招商局成为货柜码
头和航运业重要参与者,等等。

　　从80年代到回归前,香港经济主要在进出口贸易、地产、金融共同驱动
下向服务化转型。由于内地经济发展尚处于起步阶段,参与国际分工的方
式主要是凭借劳动力资源优势,承接日本、新加坡、香港等国和地区转移过
来的劳动密集型产品生产,并通过香港出口至发达国家或地区。因此,香港
主要在内地参与国际产业间分工过程中扮演中转站或枢纽的角色。

第五节　国际分工演进与香港世界城市属性变迁

　　纵观香港回归前经济发展的历程,其开埠以后就肩负起联结内地与世
界市场间经济联系的历史使命,从而具有世界城市的基本属性,成为一定意
义上的世界城市。由于国际分工环境的变迁,所联结国家参与国际分工的
方式、程度不同,以及香港发挥联结作用的方式与程度有所区别,香港世界
城市经历阶段性演变过程(如表2—9)。

表2—9　香港世界城市发展历程

	转口港发展时期	工业化发展时期	服务化发展时期
国际分工背景	殖民体系下产业间分工主导发展时期	产业内分工主导发展时期	
香港参与国际分工的方式	自然资源类产品转口贸易	承接劳动密集型产品生产	内地劳动密集型产品转口贸易,中转国际投资
香港在国际分工中的角色	内地初步参与国际产业间分工中转基地	国际产业间分工的直接参与者	内地参与国际产业间分工中转基地
香港经济驱动机制	转口贸易	外向型工业化驱动,结合地产与金融业支撑	转口贸易、地产、金融共同驱动

续上表

	转口港发展时期	工业化发展时期	服务化发展时期
香港世界城市功能	自然资源类产品基础上联结相关国家间经济	劳动密集型产品基础上与对手国相互联系	劳动密集型产品基础上联结相关国家间经济
香港世界城市属性	地区性、通道型世界城市:①所联结的国家间经济关系参与国际分工程度较低;②主要提供国家间联系的途径与通道	次级外围制造型世界城市:①相对于国际主流分工形式,与对手国间经济联系属于次级、派生性国际分工;②要素报酬相对较低的制造业集聚	区域性、次级通道型世界城市:①所联结的国家间经济关系属于次级、派生性国际分工;②联结范围有所扩大;③主要提供国家间联系的途径与通道

在开埠以后至 20 世纪 40 年代末转口港发展时期,占主导地位的国际分工是殖民统治维系下的国际产业间分工,内地尚未开启工业化进程。被迫打开国门之后,内地开始参与以自然资源类产品为基础的国际贸易,参与程度与范围都相当有限。香港在此阶段发挥的作用就是对华贸易、投资及运输的中转基地。在转口贸易驱动下,香港成为联结内地与外部世界经济关系的城市集聚中心,因所联结的国家间经济关系参与国际分工程度较低,且主要提供国家间联系的途径与通道,香港此时期属于地区性、通道型世界城市。

二战以后,发达国家间产业内分工占据世界经济主导地位,殖民地国家取得经济独立后凭借劳动或自然资源优势承接国际产业转移,并与发达国家展开产业间分工,由于产业间分工占世界经济比重相对较小,且从属于发达国家间产业内分工,因而属于次级、从属性国际分工形式。20 世纪 50—70 年代末,香港转口贸易功能被瓦解,工业化进程启动。通过发挥劳动资源优势生产并向发达国家输出劳动密集型产品,在地产和金融支撑作用下,香港成为劳动密集型制造业集聚中心,并形成与欧美、东南亚等经济对手国间广泛的国际联系,香港成为次级外围制造型世界城市。

20 世纪 80 年代初内地不断扩大开放使香港工业化进程逐步转向。首先,由于世界经济占主导地位的国际分工仍然是产业内分工,内地循序开放过程中,主要通过发挥劳动资源优势承接劳动密集型产品的生产,并与发达国家展开产业间分工,属于次级、派生性国际分工。其次,相对于殖民体系下以自然资源类产品为基础的国际贸易,工业化推进使内地参与国际产业间分工的产品与地区范围及程度都有显著提升。最后,香港主要为内地参与国际产业间分工提供途径与通道,外源性的转口贸易和外源性的金融集聚与本地地产业相互作用,共同驱动香港城市经济集聚。由此,香港成为区域性、次级通道型世界城市。

在国际形势变化与不断调整适应过程中,香港逐渐由偏于"珠三角"一隅、开埠初人口不足万人的渔村,发展成为1997年国内生产总值近1.4万亿港币的世界城市。在工业化和服务化转型阶段,香港国内生产总值年均增长除20世纪50年代较低为5.6%以外,其他年份平均增速均保持在15%左右。70年代发达国家经济受到两次石油危机影响均出现不同程度衰退,但香港更实现年均19.2%的高速增长(如图2—2)。在国际分工背景下世界城市的阶段性演进过程中,香港取得了举世瞩目的经济成就。

（单位：%）

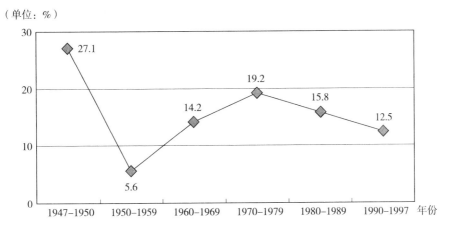

图2—2　1947—1997年各时期香港GDP年均增长率

资料来源:香港政府统计处网站。

第三章 东亚产品内分工兴起与香港的角色

第一节 东亚产品内分工的兴起与发展状况

国际分工细化到生产过程内部,起初随跨国公司全球资源配置而不断发展,但真正演进为产品内国际分工格局,源自20世纪90年代后期以来形成的东亚区域生产网络。

一、产品内分工的概念与测度方法

区别于不同商品间分工的产业间分工和同类有差异产品间分工的产业内分工,产品内分工是同一商品不同生产环节或片断通过生产集聚空间分散,而使生产集聚中心基于同一生产链条形成的国际分工格局。

(一)相关概念区分

在复杂的国际分工体系中,各种类型的分工和贸易基本上是并存的。随着国际分工日益细化到生产过程内部,国际分工与贸易的相关概念更趋多样化。

1.产业间分工/贸易与垂直分工/贸易。产业间分工/贸易是指不同商品间的生产分工及在此基础之上的贸易活动。当两种商品的要素密集度有显著差别,如资本密集型商品与劳动密集型商品、技术密集型商品与自然资源密集型商品之间的分工与贸易,即为垂直分工与贸易。如图3—1。

2.产业内分工/贸易与水平分工/贸易。产业内分工/贸易是指同类有差异商品间的生产分工及在此基础之上的贸易活动。由于同类有差异产品的要素密集度较为相似,它们之间的分工与贸易亦可称为水平分工与贸易。

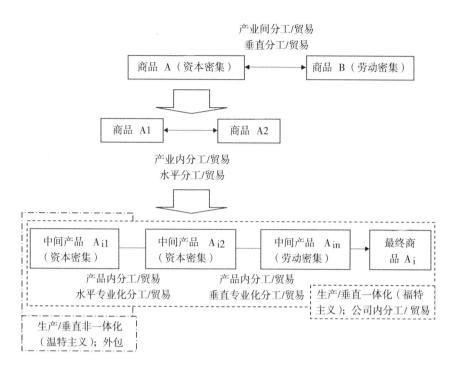

图 3—1　国际分工与贸易相关概念

3. 产品内分工/贸易、垂直专业化分工/贸易和水平专业化分工/贸易。产品内分工/贸易是指中间产品空间分散化生产而形成的分工及在此基础上的贸易活动。其中，如果两种中间产品的要素密集度存在显著差异，不同中间产品生产集聚中心间因专业化于各自要素密集度中间产品的生产而形成垂直专业化分工与贸易。如果两种中间产品的要素密集度较为相似，它们之间的分工与贸易成为水平专业化分工与贸易。

4. 生产/垂直一体化、公司内分工/贸易与生产/垂直/非一体化、外包。当生产过程趋于空间分散，从企业生产组织角度区分，所谓垂直一体化是指企业从事一个以上乃至所有中间产品生产，并将外部市场进行的中间产品生产经营转移至企业内部进行的组织方式，亦也可称为生产一体化；所谓垂直非一体化是指企业专业化于一个或几个中间产品生产，将原来内部的中间产品生产经营转移到外部市场，并通过市场交易获取中间产品供给的组织方式，又可称为生产非一体化。在生产/垂直一体化中，跨国公司采取

"福特主义"生产模式,即将同一产品的设计、制造、销售,以致售后服务都集中在企业内部进行,由此形成公司内生产分工与贸易。在生产/垂直非一体化中,跨国公司采用"温特主义"生产模式,即将同一产品不同中间环节或生产阶段按照比较优势分置在不同区域、不同企业进行,企业专注于生产经营具有垄断竞争优势的核心中间产品或业务环节,将非核心中间产品生产或业务经营外包至其他企业。

因此,在生产经营组织技术发展到生产过程细化分工阶段,错综复杂的国际经济与分工体系就是由各种类型的分工与贸易形式交错结合而成。

(二)主要理论研究

关于产品内分工的研究最早可追溯到20世纪六七十年代西方学者讨论的阶段生产模型。Vanek(1963)、Melvin(1969)以及Warne(1971)较早构建了两阶段生产模型,用来研究两阶段生产对于产业间商品流动的影响。其后,Balassa(1965)、Corden(1966)、Jones(1971)以及Bhagwati & Srinivasan(1973)在各自模型中使用垂直两阶段生产模型,研究有效保护问题。[1] Balassa(1967)也最早用"垂直专业化"(Vertical Specialization)概念来界定产品内分工。[2]

20世纪80、90年代,针对日益普遍的发达国家将低端生产环节转移到发展中国家现象,产品内分工研究大致延续三条理论发展脉络。

第一,在传统贸易理论范式基础上界定产品内分工并据此解释相应的国际产业布局、就业与收入影响等问题。如Dixit & Grossman(1982)在借鉴比较优势连续模型基础上,扩展出多阶段生产模型。Bhagwati & Dehejia(1994)用"万花筒式比较优势"定义产品内分工,由此研究低区段中间产品生产转移到南方国家后,对北方技术工人及其工资率的影响。Arndt(1997)用国际贸易常规分析技术,Deardorff(1998、2001)在李嘉图框架和H-O框架下,研究全球外包、转包等产品内分工现象。

---

[1]　曾铮、王鹏:《产品内分工理论的历史沿承及其范式嬗变》,《首都经济贸易大学学报》2007年第1期。

[2]　Balassa. Bela. *Trade, Liberalization among Industrial Countries* [M]. New York: McGraw-Hill,1967.

　　第二,基于跨国公司行为选择视角的研究。由于产品内分工的形成与发展与跨国公司行为有非常密切的关系,部分学者如 Feenstra(1998)使用"生产非一体化"和"贸易一体化"概念、Leamer(1996)用"非本地化"概念,来表述产品内分工兴起后国际贸易和全球生产的特点,并据此分析中间产品贸易迅速扩张、世界收入差距增大及各国贸易战略政策调整等问题。相较于后期基于交易成本及企业组织理论基础上的研究,此阶段从跨国公司行为视角的研究还处于初步发展阶段。

　　第三,初步吸收报酬递增等经济学分析工具基础上的研究。80、90 年代,将报酬递增效应纳入西方主流经济学形式化分析框架的 D–S 模型(1977)被广泛应用于经济学研究,形成以 Porter(1990)为代表的产业组织理论、Krugman(1980)为代表的新贸易理论等,由此掀起经济学研究中收益递增和不完全竞争的革命。① 在此背景下,Jones & Kierzkowiski(1990)指出,"零散化生产"是生产过程或工序分散到不同空间区位的分工形态,比较优势和规模报酬递增是推动生产过程分散化的主要因素。Krugman(1994、1995)则在规模经济理论基础上,将产品内分工描述为"分割价值链",指出全球贸易增长很大程度上取决于中间产品贸易的迅速扩张。

　　总体来说,此阶段研究的主要成果是将新兴的产品内分工现象纳入到理论分析框架与视野。

　　20 世纪 90 年代末以来,东亚区域生产网络逐步形成,以往由跨国公司主导的、主要在跨国公司内部发展的产品内分工开始演化成新兴的国家和地区间分工格局,由此提供重要的实证素材,产品内分工研究在理论和实证两方面都取得显著进展。

　　在实证研究方面,主要是实证研究方法的进展及实证检验的展开。Yeats(1999)通过观察东亚地区零部件贸易增长,提出了产品内分工的度量方法。Hummel、Rapoport & Kei Mu Yi(2001)则使用投入产出法,验证20 世纪 90 年代全球贸易增长大部分来自于"垂直分工贸易",认为贸易壁垒的下降、交通的便利以及信息技术的发展使垂直分工贸易将成为 21 世纪世界

---

　　① Currie M. & Kubin. I. *Chaos in the Core-periphery Model* [M]. Vienna: University of Economics and Business Administration,2003.

贸易的主要方式。在此基础之上，诸多实证研究不断展开。2002年联合国贸易和发展报告专门讨论了"生产分享"问题。Athukorala和Yamashita（2006）对1992—2003年全球零部件出口的统计研究表明，全球零部件出口增长速度（154%）遥遥领先于同期世界出口增长速度（108%）。① 平新乔（2005）等采用Hummels等人估算垂直专业化比重的方法，对中国出口贸易的垂直专门化程度与中国对美出口贸易的垂直专门化程度作了分年度计算。

在理论研究方面，主要体现为三方面的进展：

（1）深化对相关问题的探讨，主要涉及产品内分工基础上的福利分配、全球价值链等问题。随着产品生产工序分散化日益成为国际贸易主要形式，关于福利分配及贸易自由与保护的争论再次兴起。在传统经济学分析框架基础上，Samuelson（2004）认为外包将长期恶化发达国家福利。而Bhagwati（2004）等学者则指出，短期内外包将给发达国家带来贸易利益，长期内也不会恶化发达国家整体福利。② 为深入解析生产分散化及其利益分配问题，Gereffi（1999，2003）提出全球价值链概念并逐步建立相应理论框架，他将全球价值链界定为在参与国际分工和贸易的全世界范围内，为创造并实现某种商品或服务的价值而连接生产、销售直至回收处理等全过程的跨企业网络组织，包括所有参与生产销售活动的组织及其价值、利润的分配。进一步的研究显示，在全球价值链中，存在着以附加值高低随产业链分工中的业务工序上中下游的变化而变化的"微笑曲线"，即全球价值链利益分配并不均衡③，这也是导致全球经济失衡的重要原因（张幼文，2006）：一方面，全球化要素流动使中国及其他亚洲国家集聚大量生产要素，利用其低劳动力成本进行生产出口；另一方面，跨国公司构造全球低价供应平台，使

① Athukorala，Prema-chandra and Yamashita，Nobuake. Production Fragmentation and Trade Integration：East Asia in a Global Context［J］. The North American Journal of Economics and Finance，2006，17（3）：233-256.

② 曾铮、王鹏：《产品内分工理论的历史沿承及其范式嬗变》，《首都经济贸易大学学报》2007年第1期。

③ 陈鹏、郑翼村：《"微笑曲线"理论对我国产业结构高度化的启示》，《市场论坛》2006年第11期。

美国需求增加并带来通涨上升。美国从国际投资中获得更多利益,实现财富增长,从而带来更高消费和贸易逆差。

（2）借鉴交易成本等理论分析工具与方法,从企业组织视角展开对产品内分工微观机制的研究。关于企业为何在国内市场、出口和跨国生产之间进行选择,Melitz（2003、2004）、Helpman（2004、2006）、Grossman（2005）等在企业生产率差异基础上进行了理论探讨。由于模型无法解释企业关于直接投资与外包的选择,基于交易成本理论基础上的不完全合约理论成为分析企业组织选择的有力工具。Grossman & Helpman（2002、2003、2006）在Coase（1937）、Williamson（1975、1979）等学者发展起来的新制度经济学理论基石——交易成本理论基础上,将贸易理论在差别产品和垄断竞争等方面的进展,结合博弈论方法,融入企业关于外包还是一体化生产的选择问题。Grossman & Helpman、Antras & Helpman（2004）等的研究表明,在不完全合约假设前提下,企业生产率异质性、代理成本和组织成本的比较,以及管理激励等因素决定企业对国内外一体化或外包等选择。

（3）基于报酬递增、运输成本等空间经济学理论范式,深化对产品内分工基础的研究。从产品内分工形成以来,关于其分工基础与产生根源的研究一方面是基于传统贸易理论的比较优势、要素禀赋理论;另一方面是基于跨国公司生产组织理论。前者难以解释在要素禀赋和比较优势既定前提下产品内分工的多元化发展,后者对企业行为选择进行了深入解析,但一定程度上回避了行为选择对象本身的考察。继将收益递增引入国际贸易理论分析框架之后,Krugman（1991、1999、2001）、Fujita（1988、1996、1999）等在 D–S 模型基础上,将空间纳入主流经济学分析,形成新经济地理学,或称空间经济学。该理论认为,收益递增、运输成本、要素可流动性以及交易成本共同作用决定产业空间集聚与分工,产品内分工是在生产与经营管理技术发展基础上形成的新型产业集聚与国际分工形式。其中,收益递增是产品内分工发展的源泉和基础,基于收益递增、运输成本等因素作用的产业集聚具有自我强化的累积循环效应,由此形成生产环节专业化与空间分散的分工格局。空间经济学突破了新古典理论收益递增、运输成本、交易成本为零等假设前提,增强了理论对产品内分工基础、形成根源、发展机制与基本特征的现实解释力。

本书正是在吸收借鉴空间集聚理论基础上,通过构建集聚—分工分析框架,对国际分工演进及产品内分工发展进行系统探讨。

(三)产品内分工的测度方法

产品内分工作为新兴的国际分工形式,从产业间分工、产业内分工及公司内分工演化而来,在实践中又与各种分工形式交织在一起,故测度起来并不容易。从现有文献看,比较有代表性的测度方法包括:

1. 企业内贸易视角的测度。由于产品内分工最早在跨国公司内部展开,Adelman(1955)就用跨国公司中间投入占销售收入比值的价值增值法(VAS)来衡量跨国公司生产非一体化(VDI)的程度。Borga & Zeile(2004)通过估计美国母公司向海外子公司销售的中间投入品数据,估算产品内分工发展情况。由于并不是所有跨国公司母子公司内贸易都是产品内分工基础上的贸易行为,以及跨国公司内贸易并没有包含所有的产品内贸易,因此基于企业内贸易视角的测度存在较大误差。

2. 垂直产业内贸易视角的测度。该方法试图将所有贸易分为三种模式:产业间贸易、水平产业内贸易和垂直产业内贸易,Abdel - Rahman(1991),Greenaway、Hine & Milner(1995)等主要根据产品的进出口相对价值来判断产业内分工到底是“水平的”还是“垂直”的,即进出口相对价值差距较大则为垂直分工,较小则为水平分工。Abdel-Rahman、Greenaway 等将区分标准界定为 15%,Fukao、Ishida & Ito(2003)等则采用 25%的界限。由于该方法主要能识别高端产品与低端产品的差别,但不能识别出零部件和半成品的进口和组装后的出口,因此并不能成为产品内分工的合适测度。

3. 基于垂直专业化的测度。该测度方法由 Hummels(2001)等人提出,抓住产品内分工的三个特征:第一,商品生产存在两个或两个以上的生产阶段;第二,产品生产过程中,有两个或两个以上的国家提供增加值;第三,至少一个国家在其生产过程中使用进口投入品,且其中产出中有一部分用于出口。把进入出口产品中的进口投入品的价值及其比例作为考察指标,测算垂直专业化分工的程度。该方法克服了中间产品分类的任意性,比较适合于估计像中国这样处于生产链中间阶段的国家参与产品内分工程度。吴福象(2005)、刘志彪与吴福象(2005)、CCER 课题组(2006)、张小蒂与孙景蔚(2006)均使用 Hummels 等学者的投入产出法,对中国参与国际垂直专业化的程度作了计算。张伯伟和彭支伟(2006)利用 GTAP(Global Trade

Analysis Project)数据库(1995年和2001年)的多国投入产出矩阵计算出东亚各国/地区各部门在生产过程中投入的部门内中间产品总体进口比率。由于垂直专业化并没有包含产品内分工的所有贸易行为,以及投入产出估计只能得到较粗略的估计,因而也有其自身缺陷。

4.零部件贸易的测算。零部件是中间产品的组成部分之一,在SITC(国际贸易标准分类,Standard International Trade Classification)的五位码和HS(海关协调商品分类系统,Harmonized Commodity Description and Coding System)六位码分类中,均可以大致分出属于零部件的产品,因而比较容易得到零部件贸易数据。Ando & Kimura(2004)根据HS六位码提出了一个零部件清单,并估计了1996—2000年间东盟五国和中日韩以及中国香港的零部件贸易变化。结果显示,除印尼的进口外,其他国家和地区的零部件贸易在总贸易中的比例均有不同程度上升。Athukorala & Yamashita(2005)以SITC代码为7类和8类中的若干种贸易品作为零部件产品来衡量分散化贸易的比重。由于有些零部件进口不是用于生产加工目的,有些利用进口原材料和零部件生产的最终产品出口属于产品内贸易,但并没有纳入零部件贸易统计,因而零部件贸易测算也存在一定误差。[1]

5.中间投入品贸易的测算。联合国最早于1971年推出BEC(广义商品分类,Broad Economic Categories)统计,将贸易品区分为初级产品、中间产品和最终产品,从而提供了较为通用的中间投入品贸易统计方法。Hummels、Ishii & Yi(1999)提出从BEC到资本品、消费品和中间产品的对应方式,其中资本品为41+521、消费品为112+122+522+6,中间投入品为111+121+2+42+53。随后Françoise Lemoine和Deniz Ünal-Kesenci(2002)将BEC商品区分为初级产品、半成品、零部件、资本品和消费品[2],作为对产品内分工测度的分析指标和工具。由于对中间产品分类的差异可能导致统计口径偏大或偏小,以及与零部件贸易统计一样,有些中间产品并不是产

---

[1]　姚枝仲:《国际生产网络:理论与问题》,转引自李向阳《领导干部决策大参考》,社会科学文献出版社2008年版,第1—54页。

[2]　邱斌、唐保庆、孙少勤:《FDI、生产非一体化与美中贸易逆差》,《世界经济》2007年第5期。

品内贸易品,而有些产品内分工基础上的最终产品并未纳入统计等,使BEC统计基础上的测度存在较大偏差。

综上所述,从现有测度方法与工具来看,各种方法均不能完全准确地衡量所有国家参与产品内分工的程度,且各有利弊。针对本书对东亚区域内主要国家参与产品内分工的方式、程度及相互关系进行比较分析,即需要在可供比较的统一口径基础上进行估计,因而本书采用联合国BEC数据库提供的统一口径、较长时间序列的贸易品分类统计,对东亚区域内贸易及分工情况进行研究,具体分类方法基于 Françoise Lemoine 和 Deniz Ünal-Kesenci(2002)提供的五阶段 BEC 分类。如表3—1。

表3—1 广义商品分类

三阶段	五阶段	BEC 代码	BEC 商品种类
初级产品		111	工业用的初级食品和饮料
		21	初级工业供给品
		31	初级燃料和润滑油
中间产品	半成品	121	主要为工业用的加工过的食品和饮料
		22	加工过的工业供给品
		32	加工过的燃料和润滑油
	零部件	42	除了运输设备外的资本品的零附件
		53	运输设备零部件
最终产品	资本品	41	除了运输设备外的资本品
		521	其他工业用运输设备
	消费品	112	主要为家庭消费用的初级食品和饮料
		122	主要为家庭消费用的加工过的食品和饮料
		51	运输设备,客车
		522	其他非工业用的运输设备
		61	耐用消费品
		62	半耐用消费品
		63	非耐用消费品

注:此种分类方法包括了除 BEC Code 7(其他商品)外的所有贸易商品。

二、东亚产品内分工形成的影响因素

东亚,既是一个地理称谓,也是一个政治经济概念。世界银行1993年

《东亚奇迹》和2008年《东亚复兴》指出,东亚包括东盟成员国文莱、柬埔寨、印度尼西亚、老挝、马来西亚、缅甸、菲律宾、新加坡、泰国和越南,加上中国、中国香港、日本、韩国、蒙古和中国台湾。新兴东亚地区指除日本外的上述国家和地区;发展中东亚地区指除去中国香港、韩国、新加坡和中国台湾的新兴东亚地区。①

产品内分工从跨国公司全球布局演化为现实的国家间产业分工格局,是以20世纪90年代后以来形成东亚区域生产网络为起点的。多重因素相互作用促使这一新型国际分工格局崛起。

(一)技术进步为东亚产品内分工形成创造现实条件

二战以后,以美国为首的发达国家掀起新一轮科技产业革命,新兴生产管理技术的创新和广泛应用为东亚产品内分工形成创造了现实条件。

首先,生产管理模块化技术和大规模定制为生产分散化奠定技术基础。新一轮科学技术革命的兴起使计算机、汽车等构件复杂化产品成为生产与消费主流,战后经济繁荣为其提供了广阔市场空间。此时期,消费规模扩张的基本特征是需求多元化,即产品需求规模扩大以产品差异化、多样化及其需求小批量为基础。面对这一需求趋势,制造企业主要将多样化、小批量产品进行零部件与管理流程分解,将共享零部件及管理流程实行标准化,实现零部件生产与管理流程规模化,由此解决多样化产品小批量需求与规模化生产之间的矛盾,所产生的零部件生产模块、业务流程模块和组织架构模块构成模块化技术的三个基本层面。通过标准零部件及管理流程的模块化生产,企业既能增加产品多样性,又能降低制造管理成本,还能加速产品设计与开发,市场适应能力得以提高。在模块化生产管理技术基础上,企业一方面倾向于将有限资源集中于能够发挥自身优势的模块和生产经营环节,以实现规模经济和巩固垄断竞争优势;另一方面将非核心生产经营模块采用大规模定制方式外包。由此,企业与外部市场间基于生产过程的产品内分工得以形成。

其次,信息通讯技术创新大幅降低信息交流成本,为生产分散化和远程

---

① [美]印德尔米特·吉尔、霍米·卡拉斯:《东亚复兴:关于经济增长的观点》,中信出版社2008年版,第39页。

控制提供技术条件。20世纪90年代以来兴起的美国新经济虽然以网络泡沫破灭暂告段落,但其最重要贡献在于,促使现代信息技术创新并广泛应用于生产经营与社会生活。依托数字化通讯原理,借助光纤、卫星、计算机等新兴技术,互联网、移动电话等新通讯手段与电话、电视等相互渗透融合,造成距离远近对通讯成本影响趋于消失的"距离死亡"[①]。在信息通讯技术创新与应用基础上,国际商务合作的交易成本被大幅降低,跨国界生产的组织和协调更为便利,跨国公司趋向于在更广阔市场范围展开全球资源配置。

最后,运输技术发展与普及降低要素及商品运输成本,为生产分散化提供现实基础。在远洋运输领域,20世纪60、70年代兴起的集装箱化运输大大提高远洋运输效率,随着大型、巨型远洋轮船的研制与应用,大宗货物运输费用和运输时间被大幅节省。在航空运输领域,规模经济的实现降低了航空运输成本,为人员、商品快速高效流动提供了条件。在铁路、公路领域,高速公路、高速铁路的建设与发展大大加速要素商品流动和国内市场整合。20世纪80、90年代,亚洲国家经济建设与发展使现代交通运输技术得以日益广泛地普及与应用,大大压缩亚洲国家内部、相互之间以及与世界市场之间的时空距离和运输成本。

(二)雁形分工格局发展为东亚产品内分工形成奠定经济基础

"雁形模式"最早由日本学者于20世纪30年代提出,以描述日本棉纺织品经历"进口—生产—出口"的"V型"发展过程,后来被用来说明一国国内产业结构演进升级的动态变化。20世纪60年代,日本由轻工业向重化工业方向升级,随即通过直接投资向韩国、新加坡、中国香港、中国台湾等"四小龙"地区转移纺织等轻工业;随"四小龙"轻工业趋于饱和,再向东盟、中国大陆转移;这种产业梯度转移此后还相继出现在化学、钢铁、汽车、电子等工业,后起国在接受产业转移过程中实现经济起飞。因此,以日本为"领头雁",以"四小龙"为两翼,以东盟和中国为尾雁的"雁形"图景在东亚展开。[②] 20世纪90年代,日本经济低靡,韩国、新加坡、中国台湾加速技术升

---

　　① Cairncross, Frances. *The Death of Distance: How the Communication Revolution will Change Our Lives*[M]. Harvard Business School Press, 1997.

　　② 王峰:《东亚区域内贸易扩张研究》,经济科学出版社2009年版,第130—131页。

级,中国香港转向经济服务化,以及中国大陆在欧美直接投资大量进入背景下竞争力快速上升,这使原来梯度分布相对稳定的"雁形模型"趋于解体。

东亚国家在雁形分工格局下的工业化发展,成为新型分工格局形成的重要经济基础。首先,在产业梯度转移过程中,像韩国、新加坡、中国台湾等后起国或地区实现经济与技术积累,从参与垂直分工开始跻身水平分工,成为资本技术密集型产品的生产与输出方,推动东亚多边垂直专业化分工格局的形成。其次,通过承接产业转移,东亚国家工业基础与经济发展水平普遍提高,为进一步融入区域生产分工奠定了基础。最后,经过雁形分工格局的发展,东亚国家在要素禀赋特征上呈现多层次分布格局,如日本是区域内科技水平最高的发达国家;韩国、新加坡、中国台湾等在不同领域掌握先进科技;中国大陆廉价劳动资源最为丰富,但在部分行业,资本技术优势正在形成;印尼、马来西亚等自然资源较为丰富等,这为东亚国家在差异化要素禀赋基础上展开生产工序的垂直专业化分工提供了条件。

(三)出口导向型政策和贸易自由化改革创造有利制度环境

二战后,为扶持本国工业起步,东亚国家不同程度地实行进口替代等贸易保护政策。60、70 年代,这些政策逐渐被出口导向政策所取代,贸易自由化程度有所提高。如 1965 年中国台湾率先建立出口加工区,韩国 1970 年 1 月制定出口贸易区条例,建立马山自由贸易区,并给予出口工业在国内和外国贷款中以较高的优先权;马来西亚于 1971 年制定"自由贸易区法",次年在槟城设立第一个自由贸易区;中国于 80 年代末设立深圳、珠海等经济特区,开放范围不断扩大。①

90 年代新自由主义浪潮席卷新兴国家,韩国、泰国、印尼、新加坡等亚洲国家纷纷推进经济自由化和开放化,中国则加速市场经济改革。东亚国家大幅开放贸易、资本市场一定程度上为亚洲金融危机爆发埋下隐患,但也为进一步融入全球分工体系创造了条件。

亚洲金融危机之后,东亚国家在加强合作、有序开放过程中继续推进贸易自由化与投资便利化。2001 年,中国加入世界贸易组织,以及 3 个

---

① 卢锋:《产品内分工:一个分析框架》,北京大学中国经济研究中心讨论稿 2004. No. C200405。

"10+1"、CEPA、APEC 等区域性合作框架与机制的启动,东亚区域内商品、要素流动的关税、非关税壁垒不断下降,要素可流动性得以提高。

(四)跨国公司是东亚产品内分工形成的主要推动力

在国际经济体系中,跨国公司一直扮演着全球生产与组织重要载体的角色,跨国公司控制着全球生产总值的 40% 左右、国际贸易的 50—60%、国际技术贸易的 60—70%、工艺研制的 80—90%,以及国际投资的 90% 左右。① 跨国公司在发展过程中,一直存在着"生产一体化"与"生产非一体化"的生产模式选择,基于不同历史阶段时代背景和世界经济形势发展需要,跨国公司通过交替实施多元化战略与专业化战略,不断扩充生产规模和竞争实力。20 世纪 80 年代初,世界经济出现衰退,发达国家普遍进入低速发展时期,国际竞争加剧促使跨国公司加快资源全球优化配置以提升竞争力。随着模块化生产技术、大规模定制、柔性生产技术等的创新,跨国公司一方面通过对外直接投资收获新兴市场高成长性收益,另一方面加速非核心生产模块和业务流程的外包,专注于提升核心竞争力。

在跨国公司海外布局中,亚洲地区成为重要的投资目的地。1980 年中国大陆、中国香港、印尼、日本、马来西亚、菲律宾、韩国、新加坡、泰国等东亚 9 个主要国家和地区共接受对外直接投资 36 亿美元,2004 年增长至 1334 亿美元,2007 年达 2206 亿美元。② 其中,美国跨国公司主要将东亚作为生产平台,不仅投资最终产品生产,而且对新技术研发、产品销售和售后服务均进行投资,形成投资系列化。而日本主要将东亚作为生产和出口平台,即将自己的生产能力转移到东亚,带动自身零部件出口,并利用东亚资产和产能,满足全球市场需求。

跨国公司的全球采购、外包和生产布局分散化对于推动东亚区域生产网络的形成产生巨大推动作用。

(五)亚洲金融危机等事件为新型空间集聚格局形成提供机会之窗

亚洲金融危机的爆发以及印尼等国引发的政治骚乱使中国成为相对安

---

① 朱文晖:《走向竞合——珠三角与长三角经济发展比较》,清华大学出版社 2003 年版,第 5 页。

② 数据来源:UNCTAD Database。

全的投资目的地。1997 年之后,不少欧美、东南亚投资转向中国,或者通过香港间接投资于中国。1998 年,中国大陆和中国香港在东亚 9 国和地区接受对外直接投资总额中所占比重分别比上年增长 3 个和 4.5 个百分点。2001 年,中国加入世贸组织,中国吸引对外直接投资的比重又大幅上升,1998—1999 年,中国吸收外资占东亚 9 国吸收外资比重平均为 32.3%,2001 年上升为 48.3%,2002 年攀升至 61%,中国成为东亚吸收外资的最主要地区。① 外资流向的变动使东亚区域生产格局发生变化,由于收益递增使产业集聚产生自我强化的循环累积效应,并使新的分工格局形成,由此亚洲金融危机等偶发性事件成为改变旧路径依赖,形成新路径依赖和产业集聚分工的助推力。

在新生产技术使生产分散化成为可能,通信运输技术发展降低运输成本,制度环境优化提高要素可流动性程度及减少交易费用等条件下,东亚各国基于既有优势在跨国公司投资选择和偶发性事件影响下,形成新的产业集聚格局,由此在收益递增的循环累积效应作用下演化出现实的产品内国际分工格局。

三、东亚产品内分工发展状况

产品内分工不是独立的现象,而主要与其他多种分工贸易模式融合交织在一起,这使实证检验并不容易。新兴的东亚产品内分工表现为相对稳定的国家间分工格局,从国家间贸易关系角度考察产品内分工发展状况变得具有可操作性。

本书在产品内分工理论基础上,利用联合国商品贸易统计数据库(UN COMTRADE)提供的相对系统完整的数据资料,按照 BEC(广义商品分类)(如表 3—1)五阶段分类方法,对东亚 16 国和地区中经济与贸易规模占主要比重的 9 国和地区——中国、中国香港、印度尼西亚、日本、马来西亚、菲律宾、韩国、新加坡和泰国——间贸易与分工关系展开统计研究。结果表明,产品内分工逐渐占据东亚国家间分工关系的主导地位。

(一)东亚区域内贸易规模不断扩张

20 世纪末以来,东亚 9 国区域内贸易扩张显著,主要表现为:

---

① 注:东亚 9 国和地区按 3.1.3 注解。数据来源:UNCTAD Database。

　　1.东亚区域内贸易保持较高增长速度。1998 年,东亚 9 国和地区区域内出口总额为 4598 亿美元,2008 年翻至 16628 亿美元;进口总额从 4449 亿美元升至 15353 亿美元,年均增速分别为 14% 和 13.5%。其中,中国向东亚出口的增速最快,为 19.2%,韩国、泰国渐次之;印尼从东亚进口的增速最快,为 25.4%,其次是中国、韩国和泰国。如表 3—2。

表 3—2　1998—2008 年东亚 9 国和地区区域内进出口总额及年均增长率

年份	向东亚 9 国和地区出口总额(十亿美元)									
	中国内地	中国香港	印尼	日本	马来西亚	菲律宾	韩国	新加坡	泰国	东亚 9 国和地区
1998	84.13	79.80	24.11	103.09	31.67	10.13	43.71	62.28	20.91	459.83
2000	112.56	96.06	33.43	154.45	48.60	15.24	67.67	87.91	28.90	644.83
2002	142.82	105.60	29.68	146.88	47.22	15.76	64.91	92.46	29.92	675.24
2004	239.29	151.61	39.01	223.15	63.25	21.03	110.03	96.97	44.67	989.01
2006	353.13	188.84	56.62	251.30	79.14	25.49	142.74	139.30	59.21	1295.78
2008	476.52	221.71	75.32	319.71	104.66	27.36	180.23	178.31	78.94	1662.75
1998—2008 年均增长(%)	19.2	11.0	12.8	12.6	13.1	11.0	15.9	11.6	14.5	14.0

	从东亚 9 国和地区进口总额(十亿美元)									
	中国内地	中国香港	印尼	日本	马来西亚	菲律宾	韩国	新加坡	泰国	东亚 9 国和地区
1998	62.25	126.27	11.07	87.75	31.18	15.66	31.24	59.10	20.34	444.85
2000	95.15	149.99	15.98	132.31	45.57	17.79	63.22	81.03	30.85	631.89
2002	122.43	148.13	15.17	126.14	44.71	20.29	64.71	74.37	32.44	648.39
2004	228.34	197.31	23.16	179.49	59.77	23.82	99.98	81.85	49.07	942.77
2006	302.66	247.24	31.87	219.32	74.08	27.06	130.08	107.27	65.89	1205.48
2008	387.41	287.64	77.48	267.14	86.07	30.31	177.08	135.52	86.66	1535.32
1998—2008 年均增长(%)	20.6	8.8	25.4	12.2	11.3	7.0	19.9	9.0	16.0	13.5

资料来源:UN COMTRADE Datebase BEC 数据库。

2. 区域内贸易成为东亚各国贸易的主要组成部分。1998—2008 年,东亚 9 国和地区中仅中国和新加坡向东亚出口占本国总出口的比重,以及从东亚进口占总进口的比重出现下滑,其他国家和地区区域内贸易占本国贸易比重均有较大幅度提升。向区域内出口比重上升最为显著的是菲律宾和日本,分别上浮 62.3% 和 54.1%;从区域内进口比重上升最快的是印尼 48.1%,其次是韩国 21.5%。由于中国更多承担起区域对外总出口和总进口的角色,区域内贸易比重相对下滑。新加坡则增加了海外采购比重,区域内进口比重下滑显著。如表 3—3。

表 3—3　1998—2008 年东亚 9 国和地区区域内贸易占各国进出口贸易比重

地区 年份	向东亚 9 国和地区出口占各国总出口比重(%)								
	中国内地	中国香港	印尼	日本	马来西亚	菲律宾	韩国	新加坡	泰国
1998	45.8	45.6	49.4	26.6	43.2	34.3	33.0	56.7	39.0
2003	41.6	55.0	54.1	38.2	50.0	51.7	43.5	67.6	45.6
2008	33.3	59.9	55.0	40.9	52.6	55.8	42.7	52.7	44.9
1998—2008 比重增减(%)	−27.2	31.2	11.4	54.1	21.7	62.3	29.3	−7.0	15.0

地区 年份	从东亚 9 国和地区进口占各国总进口比重%								
	中国内地	中国香港	印尼	日本	马来西亚	菲律宾	韩国	新加坡	泰国
1998	44.4	67.6	40.5	31.3	54.0	49.7	33.5	58.1	48.0
2003	42.1	72.0	49.5	38.6	58.1	50.6	43.8	60.2	51.8
2008	34.2	73.2	59.9	35.0	55.1	50.2	40.7	42.4	48.5
1998—2008 比重增减(%)	−22.9	8.3	48.1	12.0	2.1	1.0	21.5	−27.1	1.1

资料来源:UN COMTRADE Database BEC 数据库。

3. 区域内贸易对东亚各国经济总量的影响持续攀升。对于中国香港和新加坡来说,地区经济对区域内贸易的依赖度非常高,两地区域内贸易相对于 GDP 的比重分别由 1998 年的 134.9% 和 154.5% 攀升至 2008 年的

211% 和 231.7%，中转贸易功能被不断强化。日本和韩国经济对区域内贸易的依赖度较小，但增速较快，其中韩国区域内贸易占 GDP 比重由 1998 年的 16.7% 升至 2008 年的 47.6%，升幅最高达 185.1%，日本次之，从 1998 年仅占 GDP 的 4.2% 升至 2008 年的 11.4%，升幅 170.5%。中国的区域内贸易占总贸易比重虽然显著下滑，但相对 GDP 的比重却有大幅上升，从 1998 年 14.2% 升至 2008 年的 33.2% 的水平，上升 133%。如表 3—4。

表 3—4　1998—2008 年东亚 9 国和地区对区域内贸易占 GDP 比重（%）

年份 \ 地区	中国内地	中国香港	印尼	日本	马来西亚	菲律宾	韩国	新加坡	泰国
1998	14.2	134.9	22.5	4.2	77.4	37.2	16.7	154.5	36.8
2003	22.9	164.7	26.2	6.9	95.4	47.6	26.6	194.9	53.7
2004	27.3	180.4	31.6	8.2	109.6	49.8	32.9	167.3	62.3
2005	29.2	186.8	38.3	8.7	115.0	50.1	35.9	180.8	71.6
2006	31.0	196.8	40.3	9.3	122.5	52.8	39.0	198.4	75.6
2007	32.6	204.6	44.1	10.0	128.8	54.3	42.4	202.4	83.5
2008	33.2	211.0	61.8	11.4	137.1	52.1	47.6	231.7	93.1
1998—2008 上升幅度	133.0	56.5	174.2	170.5	77.0	39.9	185.1	50.0	153.1

资料来源：贸易额来自 UN COMTRADE Database BEC 数据库；GDP 来自 World Bank Database。

　　4. 东亚区域内贸易、东亚各国贸易与世界贸易增长之间存在分化。从东亚区域内、各国及世界贸易的比较来看，东亚总进出口增速均超过世界贸易增速，且占世界贸易的份额持续攀升，东亚 9 国和地区总出口占世界出口比重由 1998 年的 21.7% 上升至 2007 年的 24.7%，2008 年受金融海啸影响有所回落至 24.2%；总进口比重则从 16.9% 升至 21%。但东亚区域内贸易增速和比重相比较而言，经历了 21 世纪前几年快速攀升、随后不断下滑的过程，这跟东亚区域生产网络普遍处于世界产业链低端，贸易份额增长乏力，且对外部需求依赖性大，当外部市场需求增幅减小，东亚区域生产网络趋于疲软有很大关系。如表 3—5。

表 3—5 1999—2008 年东亚 9 国和地区贸易与世界贸易增速比较及所占比重

东亚区域内贸易、东亚国家和地区贸易与世界贸易增长速度%					
区域内出口总额	东亚 9 国和地区总出口额	世界总出口额	区域内进口额	东亚 9 国和地区总进口额	世界总进口额
年份					
1999	11.4	6.5	3.8	12.6	10.1	4.2
2000	25.9	18.6	13.0	26.2	25.4	13.6
2003	21.7	19.4	16.8	19.5	19.1	16.6
2004	20.3	24.6	21.6	21.7	25.5	21.7
2005	14.0	14.9	13.7	13.3	15.0	13.5
2006	14.9	17.0	15.5	12.9	15.5	14.5
2007	14.0	15.9	15.2	12.9	13.8	14.6
2008	12.6	13.2	15.6	12.8	19.3	15.2

东亚国家和地区贸易占世界贸易比重%					
区域内出口总额占世界总出口	东亚 9 国和地区总出口占世界总出口	区域内出口总额占东亚 9 国和地区总出口	区域内进口总额占世界总进口	东亚 9 国和地区总进口占世界总进口	区域内进口总额占东亚 9 国和地区总进口
年份					
1998	8.4	21.7	38.5	7.8	16.9	46.3
1999	9.0	22.3	40.3	8.5	17.9	47.3
2000	10.0	23.4	42.7	9.4	19.7	47.6
2001	17.5	39.9	43.9	16.7	35.3	47.3
2002	10.4	22.9	45.4	9.6	19.6	48.9
2003	10.8	23.4	46.3	9.9	20.1	49.1
2004	10.7	24.0	44.7	9.8	20.7	47.6
2005	10.8	24.2	44.4	9.8	21.0	46.9
2006	10.7	24.6	43.6	9.7	21.2	45.8
2007	10.6	24.7	42.8	9.6	21.0	45.5
2008	10.3	24.2	42.6	9.4	21.7	43.0

资料来源:UN COMTRADE Database BEC 数据库。

(二)中国成为东亚区域内贸易枢纽

1.中国取代日本成为东亚地区对美主要出口国。由于统计指标差异,以美国口径统计的从东亚国家进口额与以东亚国家口径统计的对美出口额有较大差异,但从两个口径的地区结构来看,均显示中国已经取代日本成为东亚地区最主要的对美出口国。1998 年,东亚出口口径统计的日本对美出口占东亚总体对美出口的 41.6%,之后逐年下滑,2008 年为 24.1%,而中国同期对美出口比重由 13.2% 上升为 44%。以美国进口口径统计,日本也由 40.3% 的比重下滑到 18.5%,而中国所占份额由 24.2% 升至 58.1%。从其他东亚国家和地区对美出口比重来看,虽然所占份额均比较小,但都呈现逐年下滑的趋势,中国正成为东亚对美出口的总枢纽。如表 3—6。

表 3—6　1998—2009 年东亚 9 国和地区向美国出口份额

年份＼地区	向美国出口占东亚 9 国和地区向美国总出口比重(%,以东亚国家出口口径)								
	中国内地	中国香港	印尼	日本	马来西亚	菲律宾	韩国	新加坡	泰国
1998	13.2	14.1	2.4	41.6	5.5	3.5	7.9	7.6	4.2
1999	13.4	13.2	2.2	41.4	5.9	3.3	9.4	7.0	4.0
2000	14.5	13.1	2.4	40.0	5.6	3.2	10.5	6.6	4.1
2001	17.1	13.4	2.4	38.6	5.6	2.8	9.9	5.9	4.2
2002	20.9	12.8	2.3	36.0	5.8	2.6	9.8	5.7	4.0
2003	26.0	11.7	2.1	33.0	5.8	2.0	9.7	5.8	3.8
2004	29.8	10.5	2.1	30.7	5.7	1.7	10.3	5.6	3.7
2005	34.5	9.8	2.1	28.7	5.9	1.6	8.8	5.0	3.6
2006	37.8	8.9	2.1	27.3	5.6	1.6	8.0	5.1	3.6
2007	41.2	8.4	2.1	25.7	4.9	1.5	8.1	4.7	3.4
2008	44.0	8.0	2.3	24.1	4.3	1.4	8.1	4.2	3.5
年份＼地区	美国进口占美国从东亚 9 国和地区总进口比重(%,以美国进口口径)								
	中国内地	中国香港	印尼	日本	马来西亚	菲律宾	韩国	新加坡	泰国
1998	24.2	3.5	3.2	40.3	6.3	4.0	8.0	6.0	4.5
1999	25.4	3.2	3.0	39.1	6.4	3.7	9.4	5.4	4.4
2000	26.8	3.0	2.8	37.6	6.6	3.6	10.4	4.9	4.3
2001	30.2	2.8	3.0	35.8	6.4	3.3	10.1	4.2	4.3
2002	34.9	2.6	2.7	32.6	6.5	3.0	9.7	3.9	4.1
2003	39.8	2.3	2.5	29.5	6.4	2.6	9.3	3.8	3.9
2004	43.3	2.0	2.4	27.4	6.0	2.0	9.8	3.2	3.8
2005	47.2	1.7	2.4	25.8	6.3	1.8	8.3	2.8	3.8
2006	49.5	1.3	2.3	24.6	6.1	1.6	7.7	2.6	3.8
2007	52.5	1.1	2.3	23.1	5.2	1.5	7.6	2.9	3.7
2008	54.5	1.0	2.6	21.9	4.8	1.4	7.6	2.5	3.8
2009	58.1	0.7	2.6	18.5	4.5	1.3	7.6	3.0	3.7

资料来源:UN COMTRADE Database BEC 数据库。

2. 中国成为东亚各国和地区主要的出口对象国和进口来源国。从2008 年东亚 9 国和地区区域内贸易矩阵来看,东亚各国和地区均将中国内地作为最主要的东亚地区出口市场,其中,中国香港向中国内地出口 1786亿美元,占其向东亚出口的 80.6%;其次是日本,出口 1249 亿美元,占日本向东亚出口的 39.1%;韩国向中国出口 913.9 美元位居第三,但占其向东亚出口的 50.7%。总体来看,2008 年东亚各国向中国出口 4780 亿美元,占区域内出口总额的 28.8%,居于首位。

从进口来源地分布来看,中国内地依然是东亚国家和地区最主要的进口来源地。其中,中国香港从中国内地进口 1907 亿美元,占其从东亚总进口的 61.3%,位居首位;日本和韩国分别从中国进口 1161 亿美元和 739 亿美元,各占其从东亚进口的 45.8% 和 42.1%。2008 年,东亚各国共从中国进口 4765 亿美元,占区域内进口总额的 28.7%。区域内另一个重要的进口来源地是日本,中国将日本作为第二大进口来源地,除 37.4% 从中国香港进口之外,26.1% 从日本进口,但进口量达 1249 亿美元,成为从日本进口份额最大的国家。此外,新加坡是区域内主要进口市场,马来西亚、印度尼西亚、菲律宾、泰国、中国香港的主要采购源自新加坡。

从区域内贸易差额来看,中国内地、中国香港、马来西亚、菲律宾和泰国为逆差国,其余为顺差国。其中,香港逆差量最大为 894 亿美元,占其出口比重的 40.3%。日本是区域内最大顺差国,贸易差额为 602 亿美元,占出口比重的 20.7%。如表 3—7。

表 3—7　2008 年东亚 9 国和地区区域内贸易矩阵

进口方	出口方									
	中国内地	中国香港	印尼	日本	马来西亚	菲律宾	韩国	新加坡	泰国	东亚9国和地区
出口额(十亿美元)										
中国内地	—	178.62	11.64	124.90	18.95	5.47	91.39	31.08	16.00	478.04
中国香港	190.73	—	1.81	40.29	8.49	4.99	19.77	35.13	9.94	311.15

续上表

进口方	出口方									
	中国内地	中国香港	印尼	日本	马来西亚	菲律宾	韩国	新加坡	泰国	东亚9国和地区
印度尼西亚	17.19	2.18	—	12.57	6.22	0.60	7.93	21.79	6.25	74.74
日本	116.13	15.61	27.74	—	21.52	7.71	28.25	16.66	19.88	253.50
马来西亚	21.46	3.51	6.43	16.45	—	1.96	5.79	40.88	9.78	106.26
菲律宾	9.13	2.77	2.05	9.98	2.93	—	5.02	7.28	3.46	42.62
韩国	73.93	7.10	9.12	59.49	7.76	2.52	—	12.28	3.64	175.84
新加坡	32.31	7.27	12.86	26.60	29.29	2.61	16.29	—	9.99	137.21
泰国	15.64	4.65	3.66	29.43	9.51	1.51	5.78	13.20	—	83.38
东亚9国和地区	476.52	221.71	75.32	319.71	104.66	27.36	180.23	178.31	78.94	1662.75
贸易差额(出口—进口)及占出口比重(十亿美元,%)										
贸易差额	-1.52	-89.44	0.57	66.21	-1.61	-15.26	4.39	41.10	-4.45	—
占出口比重	-0.32	-40.34	0.76	20.71	-1.54	-55.75	2.43	23.05	-5.63	—
出口地区分布%										
中国内地	0.0	80.6	15.5	39.1	18.1	20.0	50.7	17.4	20.3	28.8
中国香港	40.0	0.0	2.4	12.6	8.1	18.2	11.0	19.7	12.6	18.7
印度尼西亚	3.6	1.0	0.0	3.9	5.9	2.2	4.4	12.2	7.9	4.5
日本	24.4	7.0	36.8	0.0	20.6	28.1	15.7	9.3	25.2	15.2
马来西亚	4.5	1.6	8.5	5.1	0.0	7.1	3.2	22.9	12.4	6.4
菲律宾	1.9	1.2	2.7	3.1	2.8	0.0	2.8	4.1	4.4	2.6
韩国	15.5	3.2	12.1	18.6	7.4	9.2	0.0	6.9	4.6	10.6
新加坡	6.8	3.3	17.1	8.3	28.0	9.5	9.0	0.0	12.7	8.3
泰国	3.3	2.1	4.9	9.2	9.1	5.5	3.2	7.4	0.0	5.0

续上表

进口方	出口方									
	中国内地	中国香港	印尼	日本	马来西亚	菲律宾	韩国	新加坡	泰国	东亚9国和地区
东亚9国和地区	100	100	100	100	100	100	100	100	100	100
进口来源地分布%										
中国内地	0.0	37.4	2.4	26.1	4.0	1.1	19.1	6.5	3.3	100
中国香港	61.3	0.0	0.6	13.0	2.7	1.6	6.4	11.3	3.2	100
印度尼西亚	23.0	2.9	0.0	16.8	8.3	0.8	10.6	29.2	8.4	100
日本	45.8	6.2	10.9	0.0	8.5	3.0	11.1	6.6	7.8	100
马来西亚	20.2	3.3	6.1	15.5	0.0	1.8	5.5	38.5	9.2	100
菲律宾	21.4	6.5	4.8	23.4	6.9	0.0	11.8	17.1	8.1	100
韩国	42.1	4.0	5.2	33.8	4.4	1.4	0.0	7.0	2.1	100
新加坡	23.5	5.3	9.4	19.4	21.4	1.9	11.9	0.0	7.3	100
泰国	18.7	5.6	4.4	35.2	11.4	1.8	6.9	15.8	0.0	100
东亚9国和地区	28.7	13.3	4.5	19.2	6.3	1.6	10.8	10.7	4.7	100

注:本文贸易矩阵分析时,进口方进口额按照出口方至进口方的出口口径计算,这与以进口方统计口径的进口额会有差异。

数据来源:UN COMTRADE Database BEC 数据库。

因此,东亚区域形成的是以中国为轴心采购销售市场,以日本为次轴心采购销售市场、新加坡为渐次级采购市场、中国香港为渐次级销售市场的层级网络分工结构。

(三)中间产品贸易构成东亚区域内贸易的主要组成部分

1. 中间产品是区域内主要贸易商品。从东亚9国和地区向区域内出口商品构成来看,2008年印尼向区域内出口的30.3%为初级产品,渐次为马来西亚(10.8%)和泰国(8.7%),其他国家和地区初级产品出口所占比重都极小。包括印尼在内的所有东亚国家向区域内出口中间产品的比重几乎都超过50%(仅中国为49.9%),其中新加坡出口比重最高,其向区域内出口的 80.6% 均为中间产品,零部件出口占到 46.2%;中国香港的零部件出口比重最高,占本地出口比重的 52%。印尼和马来西亚本国出口的 50.2%和 48.9% 均为半成品。如表 3—8。

表 3—8　2008 年东亚 9 国和地区向区域内出口产品构成

	向东亚 9 国和地区出口产品金额(十亿美元)									
	中国内地	中国香港	印尼	日本	马来西亚	菲律宾	韩国	新加坡	泰国	东亚 9 国和地区
初级产品	10.77	3.61	22.81	6.72	9.71	1.14	1.51	1.42	6.89	64.57
半成品	120.35	47.95	37.79	117.84	43.85	5.02	81.09	64.24	26.00	544.14
零部件	117.03	115.19	5.45	96.39	19.55	14.29	57.03	86.42	18.97	530.32
资本品	128.97	32.91	3.86	59.32	9.90	5.21	33.15	21.58	13.32	308.21
消费品	97.89	21.88	5.39	20.49	6.61	1.71	7.38	13.21	13.70	188.27
总出口	475.02	221.54	75.30	300.75	89.62	27.36	180.16	186.87	78.89	1635.52
	向东亚 9 国和地区出口产品结构(%)									
	中国内地	中国香港	印尼	日本	马来西亚	菲律宾	韩国	新加坡	泰国	东亚 9 国和地区
初级产品	2.3	1.6	30.3	2.2	10.8	4.2	0.8	0.8	8.7	3.9
半成品	25.3	21.6	50.2	39.2	48.9	18.3	45.0	34.4	33.0	33.3
零部件	24.6	52.0	7.2	32.0	21.8	52.2	31.7	46.2	24.0	32.4
资本品	27.2	14.9	5.1	19.7	11.0	19.0	18.4	11.5	16.9	18.8
消费品	20.6	9.9	7.2	6.8	7.4	6.2	4.1	7.1	17.4	11.5
总出口	100	100	100	100	100	100	100	100	100	100

资料来源:UN COMTRADE Database BEC 数据库。

从各类商品区域内出口来源地来看,印尼以总额 228 亿美元初级产品出口成为区域内初级产品主要供给地区,占到市场份额的 35.3%。半成品出口主要来自中国(22.1%)、日本(21.7%)、韩国(14.9%)和新加坡(11.8%)。零部件出口主要来自中国内地(22.1%)、中国香港(21.7%)、日本(18.2%)和新加坡(16.3%);由于港产品出口比重极小,而其零部件进口主要来自中国内地(54.2%),因而中国内地零部件出口比重应占区域内零部件出口市场份额的三成以上。从区域内资本品市场来看,中国内地(41.8%)和日本

(19.2%)是最主要的资本品出口国;从区域内消费品市场来看,中国内地消费品供应占到52%,其次是中国香港和日本,分别占到11.6%和10.9%,其他国家在区域消费品市场所占份额都很小。如表3—9。

表3—9　2008年东亚9国和地区各类出口产品来源地份额(%)

	中国内地	中国香港	印尼	日本	马来西亚	菲律宾	韩国	新加坡	泰国	东亚9国和地区
初级产品	16.7	5.6	35.3	10.4	15.0	1.8	2.3	2.2	10.7	100
半成品	22.1	8.8	6.9	21.7	8.1	0.9	14.9	11.8	4.8	100
零部件	22.1	21.7	1.0	18.2	3.7	2.7	10.8	16.3	3.6	100
资本品	41.8	10.7	1.3	19.2	3.2	1.7	10.8	7.0	4.3	100
消费品	52.0	11.6	2.9	10.9	3.5	0.9	3.9	7.0	7.3	100

资料来源:UN COMTRADE Database BEC 数据库。

由此,从东亚区域内出口商品整体构成来看:

其一,中间产品占比逐步提高。2008年中间产品出口占到区域总出口的65.7%,分别高于2002年62.5%和2006年64%的水平。其中半成品出口所占份额持续提升,由2002年的30.2%提高到2008年的33.3%;零部件出口比重2008年为32.4%,比2006年下降0.8个百分点。

其二,消费品贸易占比持续大幅下滑。2002年,东亚区域内消费品出口总额981亿美元,2008年绝对额虽翻倍为1883亿美元,但消费品出口占区域内总出口比重却由2002年的17.1%,持续下滑到2006年的12.8%和2008年的11.5%。可见,东亚区域生产网络在深化相互间的中间产品分工与贸易过程中,区域整体的消费能力在相对下降,这也跟东亚区域生产网络整体处于全球产业链和价值链较低端环节有密切关系。如表3—10。

表3—10　2002、2006、2008年东亚9国和地区区域内出口商品构成(%)

	初级产品	半成品	零部件	中间产品	资本品	消费品	最终产品
	商品额(十亿美元)						
2002 年	21.5	173.4	185.3	358.7	95.6	98.1	193.7
2006 年	46	351.1	378.9	730	218.7	146.3	365.1

续上表

	初级产品	半成品	零部件	中间产品	资本品	消费品	最终产品
2008 年	64.6	544.1	530.3	1074.5	308.2	188.3	496.5
	比重(%)						
2002 年	3.7	30.2	32.3	62.5	16.7	17.1	33.8
2006 年	4	30.8	33.2	64	19.2	12.8	32
2008 年	3.9	33.3	32.4	65.7	18.8	11.5	30.4

资料来源:2002、2006 年数据引自王峰《东亚区域内贸易扩张研究》,经济科学出版社 2009、2008 年数据源自:UN COMTRADE Database BEC 数据库。

2. 中国为东亚中间产品、特别是零部件贸易的轴心国家。从 2008 年东亚区域零部件贸易矩阵来看,中国内地和中国香港为最主要的零部件出口市场,香港将本地 84.9% 的零部件出口输往中国,韩国和日本分别为 55.4% 和 40.5%,它们也是向中国出口零部件最多的地区,分别为 976 亿美元(香港)、390 亿美元(日本)和 316 亿美元(韩国),由此中国占到东亚零部件出口市场 36.5% 的份额。香港因输入中国 576 亿美元、新加坡 182 亿美元和日本 128 亿美元零部件出口而成为区域内第二大零部件出口市场,占到 20.1% 的比重。香港在此过程中扮演了中国与东亚国家零部件贸易的重要中转地,2008 年从中国进口 577 亿美元、并向中国出口 978 亿美元零部件。除香港和新加坡外,其余东亚国家均将日本作为零部件主要出口国,使日本占据东亚零部件出口市场的 9.9%,位列第三。

从零部件进口来源地分布看,中国内地、中国香港、日本和新加坡分别是最大的进口来源地,其中除泰国外,其余东亚国家均大量从中国内地进口零部件,使中国占据东亚零部件进口市场的 22.1%;中国香港因中国内地的大量采购而占据东亚 21.7% 的市场份额;因所有东亚国家主要从日本进口零部件,日本占据东亚零部件进口份额的 18.2%;中国香港、马来西亚、中国对新加坡零部件的较大量采购,以及印尼、马来西亚将新加坡作为最主要进口地,新加坡占据东亚零部件进口市场份额的 16.3%。如表 3—11。

表 3—11 2008 年东亚 9 国和地区区域内零部件贸易矩阵

进口方	出口方									
	中国内地	中国香港	印尼	日本	马来西亚	菲律宾	韩国	新加坡	泰国	东亚9国和地区
零部件出口额(十亿美元)										
中国内地	—	97.75	0.17	39.04	2.80	3.66	31.62	16.19	2.54	193.78
中国香港	57.66	—	0.20	12.82	2.27	4.06	8.76	18.22	2.43	106.41
印度尼西亚	2.91	0.78	—	4.13	0.69	0.20	0.71	9.86	1.65	20.93
日本	21.47	4.44	1.42	—	2.64	2.65	6.84	8.36	4.85	52.67
马来西亚	5.98	2.03	0.49	6.12	—	0.97	2.07	16.64	2.48	36.77
菲律宾	2.10	1.40	0.21	4.19	0.34	—	1.57	3.29	0.86	13.96
韩国	15.82	3.39	0.07	12.26	0.63	0.55	—	8.24	0.75	41.72
新加坡	8.29	3.48	2.33	7.25	7.42	1.56	4.33	—	3.40	38.06
泰国	2.81	1.91	0.56	10.59	2.75	0.65	1.13	5.63	—	26.04
东亚9国和地区	117.03	115.19	5.45	96.39	19.55	14.29	57.03	86.42	18.97	530.32
贸易差额(出口—进口)及占出口比重(十亿美元,%)										
贸易差额	-76.74	8.78	-15.48	43.72	-17.22	0.33	15.31	48.37	-7.07	—
占出口比重	-65.6	7.6	-283.7	45.4	-88.1	2.3	26.8	56.0	-37.2	—
零部件出口地区分布%										
中国内地	0.0	84.9	3.1	40.5	14.3	25.6	55.4	18.7	13.4	36.5
中国香港	49.3	0.0	3.6	13.3	11.6	28.4	15.4	21.1	12.8	20.1
印度尼西亚	2.5	0.7	0.0	4.3	3.5	1.4	1.2	11.4	8.7	3.9
日本	18.3	3.9	26.0	0.0	13.5	18.5	12.0	9.7	25.6	9.9
马来西亚	5.1	1.8	9.0	6.3	0.0	6.8	3.6	19.3	13.1	6.9
菲律宾	1.8	1.2	3.9	4.3	1.7	0.0	2.7	3.8	4.5	2.6
韩国	13.5	2.9	1.3	12.7	3.2	3.9	0.0	9.5	4.0	7.9

续上表

进口方	出口方									
	中国内地	中国香港	印尼	日本	马来西亚	菲律宾	韩国	新加坡	泰国	东亚9国和地区
新加坡	7.1	3.0	42.7	7.5	38.0	10.9	7.6	0.0	17.9	7.2
泰国	2.4	1.7	10.4	11.0	14.1	4.6	2.0	6.5	0.0	4.9
东亚9国和地区	100	100	100	100	100	100	100	100	100	100
零部件进口来源地分布%										
中国内地	0.0	50.4	0.1	20.1	1.4	1.9	16.3	8.4	1.3	100
中国香港	54.2	0.0	0.2	12.0	2.1	3.8	8.2	17.1	2.3	100
印度尼西亚	13.9	3.7	0.0	19.7	3.3	1.0	3.4	47.1	7.9	100
日本	40.8	8.4	2.7	0.0	5.0	5.0	13.0	15.9	9.2	100
马来西亚	16.3	5.5	1.3	16.6	0.0	2.6	5.6	45.3	6.7	100
菲律宾	15.0	10.0	1.5	30.0	2.4	0.0	11.2	23.6	6.2	100
韩国	37.9	8.1	0.2	29.4	1.5	1.3	0.0	19.8	1.8	100
新加坡	21.8	9.1	6.1	19.1	19.5	4.1	11.4	0.0	8.9	100
泰国	10.8	7.3	2.2	40.7	10.6	2.5	4.3	21.6	0.0	100
东亚9国和地区	22.1	21.7	1.0	18.2	3.7	2.7	10.8	16.3	3.6	100

资料来源:UN COMTRADE Database BEC 数据库。

表3—12　2008 年东亚9国和地区区域内半成品贸易矩阵

进口方	出口方									
	中国内地	中国香港	印尼	日本	马来西亚	菲律宾	韩国	新加坡	泰国	东亚9国和地区
半成品出口/进口额(十亿美元)										
中国内地	—	40.88	7.12	44.23	7.12	0.40	39.65	8.60	4.86	152.88
中国香港	32.81	—	0.57	10.47	1.59	0.49	7.60	11.39	4.08	68.99

续上表

进口方	出口方									
	中国内地	中国香港	印尼	日本	马来西亚	菲律宾	韩国	新加坡	泰国	东亚9国和地区
印度尼西亚	7.29	0.64	—	4.50	3.08	0.16	5.78	16.76	2.30	40.51
日本	26.32	1.88	14.64	—	13.81	1.78	13.63	3.32	5.77	81.16
马来西亚	5.30	0.34	3.37	5.42	—	0.27	2.02	16.05	3.15	35.92
菲律宾	3.59	0.55	0.62	3.36	1.07	—	2.55	2.53	0.90	15.17
韩国	31.31	1.24	4.81	28.95	4.71	0.91	—	1.98	0.91	74.81
新加坡	7.21	0.73	5.20	9.06	9.57	0.66	6.48	—	4.03	42.93
泰国	6.53	1.68	1.47	11.85	2.90	0.36	3.38	3.61	—	31.77
东亚9国和地区	120.35	47.95	37.79	117.84	43.85	5.02	81.09	64.24	26.00	544.14
贸易差额(出口—进口)及占出口比重(十亿美元,%)										
贸易差额	-32.53	-21.03	-2.72	36.68	7.94	-10.15	6.28	21.31	-5.77	—
占出口比重	-27.0	-43.9	-7.2	31.1	18.1	-202.2	7.7	33.2	-22.2	—
半成品出口地区分布%										
中国内地	0.0	85.3	18.9	37.5	16.2	8.0	48.9	13.4	18.7	28.1
中国香港	27.3	0.0	1.5	8.9	3.6	9.7	9.4	17.7	15.7	12.7
印度尼西亚	6.1	1.3	0.0	3.8	7.0	3.1	7.1	26.1	8.8	7.4
日本	21.9	3.9	38.7	0.0	31.5	35.6	16.8	5.2	22.2	14.9
马来西亚	4.4	0.7	8.9	4.6	0.0	5.3	2.5	25.0	12.1	6.6
菲律宾	3.0	1.2	1.6	2.9	2.4	0.0	3.1	3.9	3.5	2.8
韩国	26.0	2.6	12.7	24.6	10.7	18.1	0.0	3.1	3.5	13.7
新加坡	6.0	1.5	13.8	7.7	21.8	13.1	8.0	0.0	15.5	7.9
泰国	5.4	3.5	3.9	10.1	6.6	7.1	4.2	5.6	0.0	5.8

续上表

进口方	出口方									
	中国内地	中国香港	印尼	日本	马来西亚	菲律宾	韩国	新加坡	泰国	东亚9国和地区
东亚9国和地区	100	100	100	100	100	100	100	100	100	100
半成品进口来源地分布%										
中国内地	0.0	26.7	4.7	28.9	4.7	0.3	25.9	5.6	3.2	100
中国香港	47.6	0.0	0.8	15.2	2.3	0.7	11.0	16.5	5.9	100
印度尼西亚	18.0	1.6	0.0	11.1	7.6	0.4	14.3	41.4	5.7	100
日本	32.4	2.3	18.0	0.0	17.0	2.2	16.8	4.1	7.1	100
马来西亚	14.8	1.0	9.4	15.1	0.0	0.7	5.6	44.7	8.8	100
菲律宾	23.6	3.6	4.1	22.1	7.0	0.0	16.8	16.7	6.0	100
韩国	41.9	1.7	6.4	38.7	6.3	1.2	0.0	2.7	1.2	100
新加坡	16.8	1.7	12.1	21.1	22.3	1.5	15.1	0.0	9.4	100
泰国	20.5	5.3	4.6	37.3	9.1	1.1	10.6	11.4	0.0	100
东亚9国和地区	22.1	8.8	6.9	21.7	8.1	0.9	14.9	11.8	4.8	100

资料来源:UN COMTRADE Database BEC 数据库。

从2008年东亚区域内半成品贸易矩阵来看,除菲律宾以外的其他东亚国家都将中国内地作为半成品主要出口地区,中国香港向中国内地出口比重更是达到85.3%,但日本是向中国内地出口半成品最多的国家,为442亿美元,其次是香港409亿美元;东亚9国和地区整体向中国内地出口的半成品总额为1529亿美元,比重占28.1%。东亚半成品出口的第二大市场是日本,除中国香港和新加坡极少向日本出口外,其余东亚国家都将日本作为主要半成品出口市场,印尼、马来西亚、菲律宾均有三成半成品出口份额流向日本,但中国内地是向日本出口半成品最多的国家,为263亿美元。此外,中国内地、日本、菲律宾将韩国作为半成品重要出口目的地国,印尼、菲律宾和泰国主要将新加坡作为半成品出口国,使韩国和新加坡分别成为区域内第三和第五大半成品出口国,中国香港因中国内地对其出口量较大而位列区域内第四。

从半成品进口来源地分布看,中国内地、日本、韩国和新加坡渐次是区域内最主要的进口来源地,中国香港、日本和韩国本地半成品进口的47.6%、32.4%和41.9%均来自中国内地,其中中国香港进口最多为328亿美元,韩国为313亿美元、日本263亿美元。此外,韩国、泰国、中国内地分别将日本作为主要的半成品进口国,中国内地、日本、菲律宾的半成品进口主要来自韩国,印尼、马来西亚、中国香港则将新加坡作为主要半成品进口地。东亚9国从四国进口半成品的比重分别是22.1%(中国)、21.7%(日本)、14.9%(韩国)和11.8%(新加坡)。如表3—12。

从中间产品整体流向来看,东亚区域内零部件主要进口自中国内地(22.1%)、中国香港(21.7%)、日本(18.2%)、新加坡(16.3%)和韩国(10.8%);主要出口至中国内地(36.5%)和中国香港(20.1%)。从半成品贸易来看,东亚区域内半成品主要进口自中国内地(22.1%)、日本(21.7%)、韩国(14.9%)和新加坡(11.8%);主要出口至中国内地(28.1%)、日本(14.9%)、韩国(13.7%)和中国香港(12.7%)。因中国香港84.9%的零部件、85.3%的半成品出口都流向中国内地,因而中国内地事实上占据了东亚零部件销售市场份额的一半、半成品销售市场份额的四成以上。中国内地成为东亚区域内中间产品最大的进口与出口国。如表3—13。

表3—13 2008年东亚9国和地区半成品和零部件贸易地区构成 （%）

	中国内地	中国香港	印尼	日本	马来西亚	菲律宾	韩国	新加坡	泰国
零部件进口自	22.1	21.7	1.0	18.2	3.7	2.7	10.8	16.3	3.6
零部件出口至	36.5	20.1	3.9	9.9	6.9	2.6	7.9	7.2	4.9
半成品进口自	22.1	8.8	6.9	21.7	8.1	0.9	14.9	11.8	4.8
半成品出口至	28.1	12.7	7.4	14.9	6.6	2.8	13.7	7.9	5.8

资料来源:UN COMTRADE Database BEC 数据库。

（四）东亚形成以层级生产网络为特征的产品内分工格局

随经贸关系的展开，东亚逐渐形成多层次的区域生产网络。其中，中国是中间产品最大进口国和出口国，日本、韩国、新加坡为次级中间产品出口国，中国香港是重要的服务于中国内地中间产品贸易的中转地，它们构成以中国内地为轴心的中间产品分工基础上的核心层网络。在核心的中间产品分工网络基础上，中国内地、日本、韩国和新加坡是资本品的主要出口和进口国；印度尼西亚、中国内地、马来西亚、泰国主要为相应国家提供初级产品，区域内所有国家主要从中国内地、中国香港和日本获取消费品。如表3—14。由于香港在中间产品、最终产品等方面均承担重要的服务于中国市场的中转功能，故中国与香港的分工联系最为紧密；而马来西亚、印度尼西亚主要为新加坡提供零部件和初级产品，三国亦形成相对紧密的分工联系。一方面基于层级网络特征，另一方面以中间产品生产分工为基础和核心组成部分，由此，东亚形成的是以层级生产网络为表现形式的产品内分工格局。如图3—2。

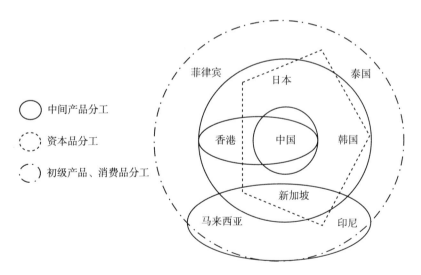

图3—2　东亚产品内分工格局示意图

表3—14　2008年东亚区域内最终产品贸易矩阵

进口方	出口方									
	中国内地	中国香港	印尼	日本	马来西亚	菲律宾	韩国	新加坡	泰国	东亚9国和地区
资本品(十亿美元)										
中国内地	—	25.02	0.32	22.72	2.18	1.12	16.44	2.86	4.78	75.44
中国香港	67.04	—	0.17	7.70	1.29	0.29	2.67	2.36	2.11	83.62
印度尼西亚	4.43	0.44	—	2.97	0.54	0.09	1.22	5.88	0.83	16.40
日本	21.15	3.36	0.81	—	1.78	2.06	4.50	2.28	2.49	38.44
马来西亚	5.62	0.67	0.32	2.92	—	0.51	1.49	4.93	1.28	17.74
菲律宾	1.58	0.35	0.08	1.61	0.20	—	0.61	0.74	0.30	5.47
韩国	13.16	0.93	0.14	10.91	0.40	0.76	—	0.98	0.41	27.68
新加坡	11.99	1.59	1.74	5.48	2.46	0.19	5.21	—	1.12	29.79
泰国	4.01	0.56	0.26	5.01	1.06	0.17	1.02	1.55	—	13.64
东亚9国和地区	128.97	32.91	3.86	59.32	9.90	5.21	33.15	21.58	13.32	308.21
消费品(十亿美元)										
中国内地	—	11.45	0.40	7.57	0.42	0.07	2.86	2.43	1.04	26.24
中国香港	31.82	—	0.38	4.36	0.48	0.13	0.65	1.61	1.24	40.66
印度尼西亚	2.14	0.31	—	0.60	0.61	0.13	0.20	2.15	1.34	7.46
日本	41.92	5.81	1.67	—	1.27	0.72	2.77	1.63	5.45	61.23
马来西亚	4.33	0.45	0.77	1.00	—	0.18	0.20	2.35	1.59	10.86
菲律宾	1.65	0.46	0.37	0.51	0.33	—	0.24	0.54	1.33	5.43
韩国	9.59	1.48	0.30	3.06	0.20	0.14	—	0.58	0.50	15.86
新加坡	4.43	1.44	1.07	2.34	2.62	0.11	0.25	—	1.21	13.47
泰国	2.02	0.48	0.43	1.06	0.69	0.24	0.22	1.92	—	7.05
东亚9国和地区	97.89	21.88	5.39	20.49	6.61	1.71	7.38	13.21	13.70	188.27

资料来源:UN COMTRADE BEC 数据库。

四、东亚产品内分工的基本属性

基于对东亚产品内分工的实证分析,大致可以得出下列判断:

第一,东亚产品内分工是在以收益递增为基础的产业集聚过程中形成的。经过雁形分工格局发展阶段,东亚国家间要素禀赋和比较优势差异对新型产业集聚形成产生一定影响,但基于东亚国家在初始阶段更多的均属于要素禀赋较为相似的劳动密集型国家,而后期逐渐形成产品内分工,即展开生产过程不同工序间的专业化生产与分工,所以,比较优势并不在东亚产品内分工中发挥主导作用,收益递增使集聚的循环累积效应发挥作用进而形成产品内分工是根源所在。

第二,东亚产品内分工是新兴并占据重要地位的国际分工形式。东亚产品内分工是 20 世纪后期以来,在科学、生产、管理技术发展到一定阶段,在东亚特殊的地域环境和时代背景相互作用过程中,由跨国公司内分工逐步演化发展起来的新型国家间产业分工。由于将生产过程的分工细化从跨国公司内部转变到国家与地区的空间层面,需要以及产生的集聚经济效应更为巨大、技术进步作用更为显著,因此东亚产品内分工代表着新兴国际分工形式的诞生。2008 年,东亚 9 国和地区贸易量已占到世界总贸易量的23%,接近1/4,东亚产品内分工已占据国际分工重要地位。随着科技进步和国际分工日趋深化,产品内分工必将越来越深远、广泛的发展。

第三,当前东亚产品内分工格局具有不平衡性。东亚产品内分工的形成离不开欧美跨国公司的积极推动,因此也决定当前阶段分工格局的基本特征:东亚提供原材料及零部件,中国加工生产,中国集中面向欧美市场,欧美提供资金技术和消费拉动力。由于东亚区域生产网络总体处于全球产业链和价值链低端,区域财富和消费能力积累不足,继而使东亚各国更多依赖于中间产品生产、更多依赖于欧美发达国家市场。因此决定,东亚产品内分工的发展相对乏力。近几年东亚区域内贸易发展形势也逐步显现出这个问题:东亚各国加快并更多依赖于区域内贸易发展,与此同时,东亚区域内贸易相对于世界贸易的增长速度和比重都开始下滑;当欧美消费增长乏力,继而金融海啸爆发时,东亚实体经济遭受重大冲击。

第二节　回归后香港的经济政策

1997 年香港回归以后,一方面重新确立香港与内地不可分割的经济、政治、文化等主权关系,另一方面构建起《基本法》保障的"港人治港、高度自治"的宪政框架。在坚决捍卫《基本法》所规定的"自由市场经济"过程中,1997 年亚洲金融危机、2001 年"911"后世界市场萎缩、2003 年 SARS 和

"23 条立法"问题、2008 年全球金融海啸等,对高度外向的香港经济造成严重冲击。各届特区政府在总结危机教训、反思香港经济特征,以及联系全球经济深刻转型形势的过程中,不断深化与完善对自由市场经济的理解和认识,并致力于推动香港向知识经济转型与发展。

一、坚持自由经济和稳健理财原则

香港回归以后,特区政府的执政理念经历深化完善的发展过程,自由经济和稳健理财是坚持一贯的基本原则。特区政府自成立伊始,首任行政长官董建华在施政报告中指出,"香港的发展策略,一定要遵循自由经济的原则,一定要维持稳健理财的原则,同时要竭力维持良好的法治环境"①。在20 世纪 90 年代网络科技革命兴起及亚洲金融危机影响趋于表面化后,特区政府提出香港经济应向多元化和高增值行业转型,政策方向就是恪守自由市场运作原则,政府通过优化公平竞争环境、发展教育、改善民生等方式为自由市场在知识经济时代高效运行创造条件和提供保障。面对危机过程中市场失效的问题,2000 年财政预算案除强调"市场主导经济,审慎理财、量入为出"原则外,开始提出"政府的角色是给予最大支持和作出最少干预",所谓最少干预,就是"唯有在市场失效,或者未能对一些明显符合香港整体经济利益的项目作出投资时,政府才会考虑介入市场"②。21 世纪初,欧美经济衰退影响逐步显现、全球化使各地经济联系日趋紧密,以及内地入世明朗化,面对内外形势的严峻考验和背靠祖国的有利条件,香港提出"背靠内地、面向全球"③发展战略,政府角色的相应延伸包括提供市场不会投资的基建,通过国际谈判争取更佳的进入境外市场条件等。④ 面对经济周期性与结构性调整以及香港人口老化带来持续及庞大的财政赤字问题,2003 年财政预算案正式提出"大市场、小政府"理念,它与"低税制"并立为香港经济发展重要基石。⑤ 在 CEPA 的签署与实施很大程度上缓解 2003

---

① 《1997—1998 年度行政长官施政报告》。
② 《2000—2001 年度政府财政预算案》。
③ 《2001—2002 年度行政长官施政报告》。
④ 《2002—2003 年度政府财政预算案》。
⑤ 《2003—2004 年度政府财政预算案》。

年公共卫生危机和政治问题影响的背景下,2004 年财政预算案除继续强调"自由市场经济一直是香港成功的基石"外,正式提出"经济发展应该以'市场主导、政府促进'为基本原则"①。曾荫权担任行政长官后,于 2006 年首次将"大市场、小政府"、"市场主导、政府促进"原则写进施政报告。2007年末,美国次贷危机引发世界经济衰退、全球气候变暖问题备受关注、"毒奶粉"等食品安全问题再次深刻影响香港社会经济,特首提出"进步发展观",即以基建带动经济发展、以活化带动社区发展、以助人自助推动社会和谐,相应的政策原则继续为"'大市场、小政府'的理念,以及公共开支尽量维持在本地生产总值百分之二十以下"②。

二、优化自由市场环境

香港各界认为,香港经济成功及未来发展的根基是自由市场经济,提高自由开放度和市场环境竞争力是坚持和贯彻自由市场原则的内在要求。

首先,政府致力于维持简单、稳定、使香港保持强劲竞争力的低税制。虽然遭遇经济几度衰退、结构转型进展缓慢以及人口老化等带来的财政赤字突出问题,特区政府坚持认为维持低税率、简单明确的税制是提高经济竞争力的关键。当前,香港基本采用固定单一税率,主要税种薪俸税(个人所得税)的标准税率是 15%、利得税(企业所得税)税率是 16.5%,相对于公司利得税新加坡为 18%,中国台湾为 25%,英国为 29.03%,美国为 35%,日本为 46.29%,香港属于全球税率最低地区之一。此外,香港不征收资本增值税、股息税、利息税、销售税、增值税和其他隐藏的"附加"税项,对于研究和开发工作等还可扣税。

其次,改善营商环境,降低市场交易成本。第一,"拆墙松绑"。特区政府成立后,即致力于削减各种与营商有关的繁琐规则,取消过分规管,精简程序,提高行政效率,务求减低营商成本。2005 年,方便营商小组成立,专责研究取消过时或不必要规管,其提出的包括简化批地契约条款,推出即食食物综合牌照及临时戏院牌照等"拆墙松绑"措施大多为政府采纳。2006

---

① 《2004—2005 年度政府财政预算案》。

② 《2008—2009 年度行政长官施政报告》。

年方便营商咨询委员会成立,在其建议基础上,特区政府进一步改善发牌制度,推出"精明规管"计划,包括为更多行业设立营商联络小组、就发牌申请订立更全面的服务承诺及指引等。拆墙松绑政策的推行使营商成本有所降低。第二,减少规费,降低企业成本负担。为确保香港保持较强竞争力,特区政府长期关注规费、租金及通胀等对营商成本带来的负面影响。1999年,政府调低商船注册收费、转口货品报关费、燃油税等,促进国际航运、贸易中心发展。回归以后,政府不断调低股票交易印花税,取消最低股票经纪佣金,2006年取消遗产税及豁免离岸基金缴交利得税等,以促进国际金融中心发展。香港还与荷兰、越南等五个国家和地区签署了双重征税协议,以减轻企业和个人税务负担及消除课税的不明朗因素。第三,推广应用资讯科技,提高营商效率。顺应信息网络发展趋势,特区政府通过加强电讯网络基础设施建设、推动通信市场开放与竞争,以及在政府学校等机构率先应用资讯科技等措施打造自由开放、高效流动的资讯市场,以提高市场运行及营商效率。如知识产权署从2004年年底开始,让商标、专利和外观设计的注册申请以电子方式提交,由此大幅下调申请收费;土地注册处于2005年年初实施综合注册资讯系统,通过互联网为业界和市民提供远距离查册服务;2007政府推行电子政府计划,利用资讯科技,提高服务素质和工作效率,亦推动工商界采用电子商务,以创造更便利的营商环境。

再次,营造现代化宜居环境,提高城市吸引力。特区政府认为,自由市场条件下经济向高增值方向发展,首要取决于人才资源供给,除让市民有机会接受优良完整教育之外,关键的是能够吸引并留住人才,"因此需要提供宜居环境"①。其一,1997年、2008年两届政府分别提出了大规模基础设施建设计划,着重兴建客运量大、便捷、环保的铁路、公路交通运输网络,以及便利对外商贸往来的港口、机场、路桥等,以提高城市通达性、改善交通拥堵问题。其二,推进将军澳、大屿山、新界西北部及九龙东南部的城市拓展,缓解市区人口压力,优化城市布局。1997年,政府还在山顶、港岛南区、沙田、大埔和大屿山南部兴建至少九千个大单位,为国际专业人士提供住屋便利。其三,在2004年,市区重建局成立,以加快旧区重建,通过保育、活化等措施

① 《1997—1998行政长官施政报告》。

提高旧区旧楼利用效率,改善市区环境。其四,加强维港两岸海滨长堤和行人通道建设;成立跨部门绿化总纲委员会,实施绿化规划;保护开发郊野公园、海岸公园及地质公园等,以营造亲近自然的生态城市。其五,推行大型工程,改善污水收集和处理;全面控制柴油使用,加快电力公司改造,推广改用清洁能源;实施减少废物计划、《产品环保责任条例》、"生产者责任计划"等,加强废物管理;推动建筑物碳审计与减排、推广电动车辆等,提高能源使用效率;与广东省开展"清洁生产伙伴计划"、共建"绿色大珠三角地区优质生活圈",改善区域环境质量等,香港着力打造宜居的绿色家园城市,以提高城市的国际吸引力。

最后,提供人员流动便利,优化人才供给,促进商贸旅游往来。2004年香港推行资本投资者入境计划,放宽有关入境政策鼓励更多拥有资金的海外人士以投资移民身份赴港。为改善人才供应水平与结构,"输入内地人才计划"和"优秀人才入境计划"相继实施,大批内地人才赴港工作。2009年,"优秀人才入境计划"的资格限制进一步放宽,香港着力吸引全球人才。此外,香港已与130多个国家或地区实施互免签证或落地签证安排,为推动对台交流,特区政府向经常来港经商、旅游的台湾居民提供更大方便,取消中国台湾居民三十天内只可申请两次"网上快证"的规定;及将"网上快证"和多次入境许可证持有人在港的逗留期限由十四天延长至三十天。并且,政府正加快与俄罗斯、中国澳门签署互免签证协议,为人员往来提供便利。

三、完善以金融为核心的自由市场制度

在金融危机考验和周边及国际金融环境深刻变革背景下,香港不断强化金融制度及市场体系建设,为自由市场稳健运行创造条件。

(一)完善金融体系与管理架构

回归后,香港主要对证券和期货市场管理架构进行了革新。改革前,香港证券和期货业由证监会、联交所和期交所监管,两个交易所实行会员制,负责监管属下的市场和会员;香港中央结算有限公司、联交所期权结算公司和期交所期货结算公司负责结算市场的交易和风险管理;证监会负责监管和监察交易所和结算公司,以及非交易所会员的证券和商品交易商及顾问;金管局负责监管银行和其他认可机构,包括从事证券业务的认可银行机构。

证券和期货市场存在重复建设、机构重叠、多头监管等问题。为提高证券期货市场运行及监管效率,1999 年,联交所和期交所各将全资拥有的结算公司与香港中央结算公司合并,成立唯一的结算公司,并对交易所和结算所进行股份制改革。2000 年,两所和香港中央结算公司合并,由单一控股公司——香港交易及结算所有限公司全资所有。3 月,三家公司完成合并。6 月,香港交易所以介绍形式在联交所上市,香港证券及期货业管理架构大致成型。为应对人口老龄化与社会保障体系建设需要,1998 年香港强制性公积金计划管理局成立,2000 年强制性公积金计划全面实施。由此,香港大致形成混业经营、专业监管的金融规管架构体系:第一,财政司辖下财经事务科具体负责制定和修订关于金融市场的法律,以及监督和协助对证券期货市场的监管;第二,政府架构内的金管局协助财政司司长管理外汇基金和监管银行体系;第三,法定独立机构证监会负责监管证券期货市场,香港交易所负责证券期货市场营运,并对参与者及市场活动进行规管;第四,财经事务科辖下保险业监理处负责监管香港保险市场;第五,独立法定机构强积金管理局负责规管强积金计划和职业退休计划。如图 3—3。

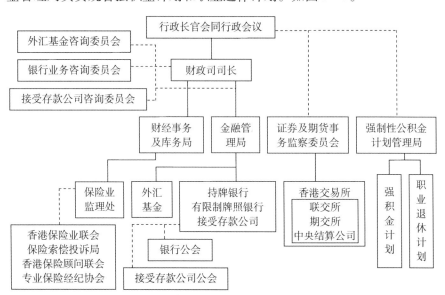

图 3—3　香港金融体系与规管架构

资料来源:应坚:《香港货币政策与金融监管政策》,中国财政经济出版社 2004 年版,第 543 页;香港金融管理局;香港强制性公积金计划管理局;证券及期货事务监察委员会。

（二）巩固联系汇率制

1997 年,香港联系汇率制受国际游资冲击而备受考验。为减低投机者操控市场使银行同业市场和利率出现动荡的可能,1998 年金管局公布七项技术性措施,包括提供兑换保证,撤销流动资金调节机制的拆入息率,以贴现窗取代流动资金调节机制,取消对重复使用外汇基金的票据和债券进行回购交易,以限制隔夜港元流动资金,在外汇基金资产负债表上显示货币发行局运作资料等。1999 年,外汇基金票据和债券的利息可用作扩大货币基础,金管局为此增发外汇基金票据和债券以吸纳这些利息。2005 年,金管局推出优化联汇制的三项措施,以增加联汇制的"弹性",即把 1 美元兑 7.8 港元固定汇率调整为 1 美元兑 7.8 港币为中心、7.75—7.85 上下波幅。这是联汇制实施 21 年来第一次赋予港元汇率以一定程度的弹性,由此提高了联汇制的稳定性。

（三）开放市场、强化银行业监管

为吸引更广泛层面的本地与国际机构参与香港银行业市场,以及巩固香港国际金融中心地位,1999 年香港推进了银行业开放,主要包括撤销利率管制,取消"一家分行"的限制政策,由 1999 年规定境外银行在港可开设"三家分行",到 2001 年境外持牌银行和有限制牌照银行的分行数量限制全部取消;2002 年放宽申请银行牌照的进入市场准则等。稳健可靠的银行体系是维系联汇制的重要支柱之一。1988 年港英政府全面引进《巴塞尔协议》资本充足率规定,金管局成立后更是紧跟国际先进水平、全面加强银行业监管。2003 年香港全面实施风险为本的监管制度,即通过现场审查、非现场审查、审慎监管会议、三方联席会议、与认可机构董事局或董事局委员会会议,以及与外聘核数师合作等方式,评估认可机构信贷、市场、利率、流动资金、业务操作、信誉、法律和策略等风险状况,并入其 CAMEL 评级[①];要求认可机构建立健全的风险管理环境,包括董事局及高级管理层的积极监察;拥有足够的会计和内部管控制度;公开披露财务及审慎监管资料;外聘

---

① CAMEL 是国际公认用作评估银行的资本充足程度（Capital adequacy）、资产质素（Asset quality）、管理（Management）、盈利（Earnings）及流动资金（Liquidity）的制度。综合评级分为 1 至 5 级,数字越大,代表认可机构所需监管当局的关注程度越高。

核数师,进行全面审计等。按照《巴塞尔协议》要求,金管局主要监管工具包括持牌银行的资本充足率不低于8%,法定流动资金比率不低于25%等。2006年存款保障计划正式实施;2007年香港率先实行全新的国际资本及风险管理标准——《资本协定二》。2009年,根据巴塞尔委员会改进方案,金管局加强认可机构流动资金风险管理的监管制度,修订资本充足比率的计算法,并加强压力测试、资本规划及资产负债表外风险管理,以及鼓励更全面的风险资料披露等。总体来说,金管局致力于符合国际水准的银行业监管,为香港银行与金融体系稳健运行提供保障。

(四)加强证券业监管

2000年香港交易所成立并上市,使香港证券及期货业形成新的监管架构。2003年,香港《证券及期货条例》正式实施,一系列覆盖全面的附属法例一并生效,符合国际水准的香港证券及期货业监管体系成型。在政府、证监会、香港交易所构成的"三层规管架构"中,政府负责金融政策与法律的制定及维护,证监会是主要监管机构,监管对象包括:从事受规管活动的持牌个人及法团,上市公司,香港交易及结算所有限公司,认可股份登记机构,投资者赔偿有限公司,交易活动的所有参与者,以及向公众发售的投资产品等。其中,持牌个人及法团是主要监管对象,监管内容涉及:①证券交易;②期货合约交易;③杠杆式外汇交易;④就证券提供意见;⑤就期货合约提供意见;⑥就机构融资提供意见;⑦提供自动化交易服务;⑧提供证券按金融资;⑨提供资产管理等。监管方式包括通过守则、指引及发牌准则等,使业界知悉证监会要求的操守水平,从而确保所有从业者都具备所需资历的适当人选及具备良好的财务状况,再通过牌照的审批及备存持牌人公众记录册,以监察持牌人遵守所有相关法例、守则、指引、规则及规例,对持牌人的失当行为进行调查及提出控诉。此外,证监会将对面向公众发售的投资产品与认可及监管投资产品制定准则,并监察向公众发售的投资产品及其推销活动,包括有关广告及推广资料等。香港交易所作为市场营运机构,在上市监管方面承担重要角色,主要负责执行上市规则以及结算规则,对公司上市进行规管。此外,港交所也负责在合理切实可行的范围内,确保香港市场的公平、有秩序和信息灵通;确保风险以审慎方式管理,符合公众的利益;确保在公众利益与任何其他利益产生冲突时,以公众利益为大前提。①

（五）加强金融基础设施建设

20世纪后期以来，信息网络技术的广泛应用，使安全及高效率的金融基础设施成为发达金融体系的重要组成部分。1999年新成立的金融基础设施督导委员会提交《提升香港的金融基础设施研究报告》，旨在促进香港建设电子化金融基础设施。随着国际金融中心建设的推进，香港的金融基建不断推陈出新，以符合最高国际标准，并紧密配合香港经济发展需要。这套基础设施的组成部分可分为三大类：

第一，支付系统，主要交收银行同业的支付交易，包括金管局运行的港元即时支付结算系统（RTGS），2000年推出的以汇丰银行为结算行的美元RTGS，2003年推出的以渣打银行为结算行的欧元RTGS，以及2007年推出的以中银香港为结算行的人民币RTGS。2009年，香港以RTGS形式运作的结算所自动转账系统（CHATS）由专用式平台转为SWIFTNet开放式金融信息平台，香港的即时支付结算参与者可通过香港与SWIFT海外用户以美元、欧元和人民币进行结算，以保持更有效率的联系。SWIFTNet金融信息平台的应用为香港及区内机构提供了一个可促进其跨境业务活动及未来发展的平台。如图3—4。

第二，债券交收系统，即金管局设立的债务工具中央结算系统（CMU），主要进行债券交收与保管。1996、2000、2003和2006年，CMU系统分别于港元、美元、欧元和人民币RTGS系统联网，为系统成员提供即时及日终货银两讫（DvP）结算服务，并为香港的美元和欧元支付结算系统提供即日及隔夜回购设施。多年来，CMU系统与区内中央证券托管机构及国际中央证券托管机构建立联网，1997、1998、1999年分别与澳洲、新西兰及韩国联网，2002、2003年分别与欧洲结算和明讯由单向对内联网扩展为双向联网，2004年与内地中央国债登记结算公司建立联网，通过此项联网，内地经批准的投资者可与CMU系统内持有、结算及交收香港及海外的债券。

第三，系统联网，主要提供外汇交易同步同收及货银两讫交收服务，以及境外系统联网以促进跨境交易。1998年，启动与广东省（包括深圳）的联

---

① 郭莉：《香港证券市场全透视》，中信出版社2009年版，第48页。

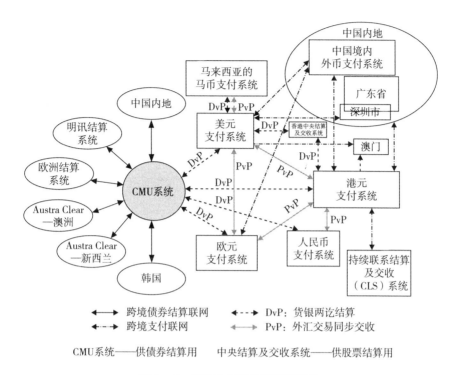

图3—4　香港支付及结算基础设施

资料来源:香港金融管理局。

网,涵盖广东省(包括深圳)的港元及美元的跨境即时支付结算交易,以及港元、美元及人民币的支票结算。2009年推出与内地的境内外币支付系统的跨境支付安排,现涵盖港元、美元、欧元和英镑四种货币。2007年和2008年香港与澳门分别建立港元和美元支票的单向联合结算机制;2006年马来西亚的马币结算系统(RENTAS)和香港的美元结算系统实现联网;2008年,香港的美元即时支付结算系统与印尼的印尼盾即时支付结算系统治间的同步交收联网;2008年,与Continuous Linked Settlement System(CLS)系统联网,该系统是处理跨境外汇交易的全球性结算及交收系统。香港的即时支付结算系统向区内扩展,可使港元、美元、欧元以及有关人民币贸易交收的区内支付均可利用香港的RTGS系统平台,来实现这些货币的跨境/跨银行转拨。

　　此外,在其他自由市场制度方面,如土地供应制度,香港贯彻执行"勾地表"机制,由市场按需求决定新土地供应。在知识产权保障方面,香港恪守国际最高标准,建立保护专利、商标、注册、外观设计和版权等的知识产权保护制度。2004 年,香港制定《专业会计师(修订)条例》,开放香港会计师公会的管治架构,加强会计界规管制度的透明度及独立性,等等。

自由市场制度的完善一定程度上提高了香港市场经济运行的有序性、稳定性和安全性。2008 年全球金融海啸,香港金融体系表现相对良好,针对雷曼迷债事件,金融当局从投资者教育、投资产品审批、披露要求、销售手法、中介人操守、金融纠纷调解机制等加强对投资者的保障。

四、市场原则下支援引导产业发展

面对创新科技兴起、全球产业结构深刻调整的发展形势,特区政府在审慎理财和经济向高增值、知识化方向转型间权衡选择,基本贯彻以自由市场为原则,根据不同产业发展需要,在政府财力范围内,支援和引导产业发展。

(一)优势产业:侧重巩固并扩大竞争优势

贸易物流是香港具有传统优势的产业,且易受到外部市场的冲击,对于这类产业,特区政府主要以充分发挥自由市场作用为主,通过加强软硬件基础设施供应,创造有利竞争环境,助推提升技术水平和加强职业培训等,促使产业进一步提高竞争力。

1. 促进贸易发展。为发挥自由港优势,特区政府主要从开放市场、提供配套服务等角度推动本港贸易发展。除坚决贯彻《基本法》关于"保持自由港地位"、"实行自由贸易政策"、"保障货物、无形财产和资本的流动自由"之外,香港贸易发展局主要通过加强海外市场拓展、构建运营进出口贸易信息交易平台——贸发网等来促进香港对外贸易发展;香港出口信用保险局则为本地出口商提供出口信用保险服务,保障出口商利益;工商及旅游科还负责提供"政府电子贸易服务",以鼓励商界在与政府往来上广泛应用电子商贸,减少涉及贸易的文书工作及提高效率。此外,政府还通过调低相关税费来促进国际贸易中心发展。如 1999 年,转口货品报关费与本地货品看齐,比率由货价的 0.05% 下调至 0.025%;2009 年进出口货品报关费在货值 46000 港元以下政府统一收费 5 角。①

---

① 资料来源:香港工业贸易署。

2.推动物流、港口及航运业发展。第一,加强组织保障。2001年,特区政府成立物流发展督导委员会和物流发展局,督委会负责制定促进物流业发展的政策,物流发展局负责政策执行及推行公私营机构合作计划,发展局下辖基础设施、资讯数码基建、人力资源发展、支援中小型企业和市场推广等五个专项小组,以推动物流业发展。2003年分拆港口及航运局为香港航运发展局和港口发展局,航运发展局负责船舶注册、拥有及管理船舶服务、推广香港航运中心等事务,港口发展局负责港口发展策略及港口策划等。第二,着力硬件基础设施建设。主要包括2002年扩建落马洲管制站、2003年机管局发展速递货运中心、2005年建成深港西部通道和九号码头、2009年投入使用的香港国际机场黄金储备库等。第三,加强软件基础设施建设,如建立物流资料互通平台、应用数码贸易运输网络系统(DTTN)、发展多式联运系统、更换航空交通管理系统、兴建电子预报道路货物资料系统和推行货车智能资讯系统试行计划等。第四,调低税费,促进国际航运物流中心发展。1999年香港船舶吨位年费最高限额由18万元降至10万元,2009年特区注册船舶的吨位年费上限继续下调23%,远洋及内河船只进出港费用下调40%,就香港船舶操作人员签发执照的费用调低44%,以及宽免20种商船海关管理处杂项费用等。此外,政府还通过调节机场离境税、燃油税等方式调控航运物流市场。第五,政府还从优化管制和提供公共服务等角度促进产业发展,如推行"一站式"货车过境安排,签订更多双边民航协定推动扩展航空网络等。

(二)具有发展潜力的重要产业:加强支持、促其发展

随内外经济发展,金融业和旅游业成为特区政府着力推动的具有发展潜力的重要产业。

1.金融业。除加强金融基础设施建设及优化规管外,拓展新兴业务领域和市场成为政府推动金融业发展的主要措施。第一,回归以后,政府一直致力于推动债券市场发展。起初,主要推动本地债务市场发展,如把外汇基金债券在香港联交所挂牌上市,并容许在证券期货和期权交易中使用外汇基金票据为保证金抵押品,以增加外汇基金债券在二手市场的流动性,并扩大投资者基础,促进零售债券市场发展;并且鼓励信誉良好的外来公司、尤其是内地企业在港发行以港元或外币为单位的债券,从而取得融资。2000

年,香港通过积极参与亚太区经济合作组织活动,以及在区内开拓债券互相上市的机会,与各国致力于发展一个有充分流动性以及稳健成熟的亚洲债券市场。随金管局建立港元和美元即时支付系统,并和内地政府债券以及其他国际债券结算系统联网,减少债券买卖的结算风险,金管局积极与区内央行合作,研究成立亚洲债券基金,推动香港发展为亚洲债券中心。2005年政府自行发行不同性质的债券,包括证券化债券和政府债券。2009年,为促进债券市场发展,把原年期属7年以下,但不少于三年的合资格债务票据,其所衍生的利息及利润享有50%的利得税减免的优惠政策,扩大到年期少于三年的合资格债务票据。

第二,促进资产管理中心的发展。2003年,为推动国际金融中心建设,特区政府将基金管理业作为重要拓展业务之一。为鼓励基金经理增加在港业务,证监会批准了合资格零售对冲基金的发行,并展开对房地产投资信托基金守则的咨询。2004年,政府鼓励业界及大专院校,加强本地资产管理人才的培训,并继续改进规管法例和机制,以建立更好的市场环境,方便推出新的投资产品和便利国际资金进入本地市场。2005年遗产税取消,以推动资产管理中心发展。2009年扩大交易所买卖基金(ETF)的印花税宽免范围,由原先宽免不含港股的ETF扩大到港股占相关指数比重不高于40%的ETF,以减低交易成本,推动ETF市场多元化及健康发展。

第三,随着CEPA签署,启动人民币业务成为香港拓展内地金融市场里程碑。2004年香港推出人民币业务,起初香港参加行可提供人民币存款、汇款及兑换服务,后香港参加行可向香港居民提供在内地使用的人民币信用卡及扣账卡,而内地银行发出的人民币信用卡和扣账卡也可在香港零售店铺使用;2007年内地金融机构可在香港发行人民币债券;2009年人民币跨境贸易结算试点启动,香港参加行可提供人民币贸易融资;企业可利用人民币支票开设账户进行资金划拨;财政部也首次在港发行人民币国债。

第四,近年来,香港加快新兴市场的开发与拓展。2008年香港开始拓展伊斯兰金融等新兴市场,主要从印花税、利得税和物业税等安排方面为发行伊斯兰金融产品提供一个与传统金融产品公平竞争的环境。2009年,香港还积极向印度、东欧等市场拓展,2010年成功吸引俄罗斯能源企业赴港上市。

2. 旅游业。随着劳动密集型制造业不断向内地转移,这些产业释放出大量教育水平低、缺乏专业技能的劳动者,促进这类居民再就业成为历届政府的重要任务。旅游业相对来说对劳动者专业技能要求低,能带动零售、商业、餐饮、旅馆酒店等消费性服务业发展,吸纳就业能力强;并且香港具有丰富的郊野、海岸等旅游资源,又是国际商品集散地,具有发展旅游业的潜在优势,因此,历届政府都将旅游业作为重要发展产业。主要措施包括:(1)大力投资兴建旅游基础设施,包括迪斯尼、海洋公园新游乐设施、大屿山昂坪缆车系统、香港湿地公园、维港"幻彩咏香江"大型灯光表演、亚洲国际博览馆、启德邮轮码头等。(2)实施"优质旅游服务计划",加强对酒店、旅游及运输业服务素质审核,完善旅行代理商规管制度,改善处理顾客投诉的机制及服务,加强对消费者的保障,规范旅游市场秩序。(3)降低至取消酒店房租税和提供足够的酒店配套。1998 年政府将酒店房租税税率由 5% 降至 3%,2008 年酒店房租税正式取消,以加强酒店业竞争力,进一步促进旅游业发展。为让市场兴建更多酒店,2008—2009 年度勾地表中引入"限作酒店"的用地,以及提供十副可发展不同类型酒店的土地。(4)旅游项目创新,开拓高增值商务旅客群。2008 年,香港加大力度在海外宣传,争取更多高质素的会议和展览来港举行;2009 年,通过旅游发展局与著名酿酒区合作,发展葡萄酒贸易,强化香港作为区内葡萄酒集散和贸易中心的地位,还推出香港国际佳肴美食节,吸引更多旅客访港,刺激消费。(5)推进内地"个人游",并提供签证与入境便利。如内地商旅访客,多次往返商务签注有效期由六个月延长至最长三年,每次逗留 14 天。

(三)尚不具备发展基础的策略性产业:着重产业基础的培育

随着制造业外迁,香港并没有实现生产制造领域的技术创新与升级,面对知识经济的挑战以及日益严峻的结构转型问题,特区政府根据本港资源、条件及现实需要,1997 年提出推动资讯科技业发展,1998 年将创新科技业作为策略性发展产业,2004 年提出创意产业、2005 年延伸为文化及创意产业,2009 年创新科技、文化及创意产业,连同教育、医疗、环保和检测认证业被认为是推动香港走向知识型经济的六大优势产业。对于这些产业基础薄弱的新兴产业,特区政府的培育措施包括:(1)成立创新科技顾问委员会、创新科技署、应用科技研究院、香港工业科技中心、"创意香港"办公室等,构建推动新兴产业发展的组织架构;(2)斥资建设基础设施,包括大埔科学园、数码港、西九龙等,为新兴产业发展提供地域空间;(3)投资支持创新研发与应用,设立创新及科技基金、工业支援基金、电影贷款保证基金等,实施"设计智优计划"、"小型企业研究资助计划"、"大学与产业合作计划"、"实习研究员计划"、"投资研发现金回赠计划"等,推动研究与开发,使教学、科研和产业更紧密结合,鼓励传统行业以科技及创新提升竞争力,为培育新兴科技产业创造有利条件。(4)在发展资讯业方面,还通过制定政策,协助建立开放且使用共通介面的资讯基础设施;设立适当的规管架构,使不同网络能够互通,加强对外资讯联系;制定政策,鼓励公营和私营机构加速实用共通介面,应用资讯科技;开办试验计划,更灵活地运用不断发展的资讯基建等,从放松规管、开放市场和推动产品应用等各环节促进新兴产业发展。

专业服务是服务业中高增值的环节,专业服务支援是经济向高增值转型背景下政府的政策重点之一。工商及旅游科负责管理政府拨款1亿元设立的专业服务发展资助计划,以资助方式鼓励业界推行项目,提升专业服务的水平和对外竞争力。CEPA对香港的专业服务、银行金融、零售分销等服务业,提供了远优于中国对世贸承诺的市场准入优惠,使香港的服务业能先行开拓内地市场。2009年,通过CEPA补充协议,香港与内地鼓励双方的专业机构互认专业资格,促进本港专业服务进入内地市场;内地还为香港专业服务界别提供多方面优惠,包括开放香港居民参加专业资格考试;简化实习要求;便利注册及执业;降低市场准入门槛等。

(四)加强教育是政府推动产业升级的根本举措

由于经济向高增值方向发展首要取决于"市民能够进入高增值行列的数量与质量",这也是缓解低收入矛盾、改善市民生活的主要出路。[①] 因此,发展教育、加大教育投入是历届政府的政策重点,也是推动经济向高增值转型的战略举措。主要政策包括:推动教育署改革,拨款资助所有公营学校推行校本管理;拨款设立优质教育发展基金,鼓励中小学发挥创意和主动革新;提高教师素质,改善教学质量;推行小学全日制,推广母语教学;实行12年免费教育,全面资助就读公营中学的学生到高中毕业;鼓励非本地学生入

---

① 《1997—1998行政长官施政报告》。

读高等教育机构,促进良性竞争;成立香港专业教育学院,加强学术与职业训练并重的培训,等等。

(五)加强中小企业支援以帮扶疏困

香港90%以上的企业是中小企业,且吸纳近七成就业,中小企业技术研发能力弱、抵御风险水平低、海外市场开拓能力小,很多环节都需要外力支援,支援中小企业成为历届政府重要的产业与就业政策,帮扶和疏困为主要政策措施。其中,中小企业支援及咨询中心主要提供资讯、咨询和设施等免费服务;包括中小企业信贷保证计划、中小企业市场推广基金,以及中小企业发展支援基金在内的中小企业资助计划,可以协助企业融资以添置营运设备及器材、满足营运资金需要、拓展市场,以及增强竞争力。此外,贸易发展局主力开拓海外市场;职业训练局可提供人才培训和发展服务;香港生产力促进局专责协助企业提高生产效率;香港工业科技中心负责协助培育科技企业等。这些支援计划与服务为企业提高竞争力和增强危机应对能力提供了切实帮助。

五、改善民生以保障社会稳定

随着经济结构转型和人口老龄化发展,社会问题日益严峻,特区政府认为,香港不应以高税收高福利方式进行财富再分配以求拉近贫富差距,而应当缔造适当环境,通过多管齐下的政策协助低收入人士实现助人自助式发展。政府主要措施包括:

第一,政府推动基础设施建设和文康设施工程,加大房屋与文康设施供应,同时拉动就业。如2001年,政府对各类公共设施进行改善和维修,包括加快处理危险斜坡和消除导致水浸的根源,以及展开由两个前市政局建议的多项文康设施工程等,加上改善学校设施,总共可提供两万多个新职位。

第二,政府全面发展软基建,扩大培训计划,帮助中产及基层人士自我增值及提升技能,提高他们在不断蜕变的就业市场中的竞争能力。如劳工处与社会福利署和各培训机构合作,努力为失业和低收入人士寻找合适的就业门路。

第三,推行强制性公积金计划,加强就业人士的退休保障;通过实施综援金和公共福利金计划为贫困人士解决基本生活需要,构建社会保障安全网。

第四，发展公营房屋和医疗，提供低收入人群生活就医保障。回归之初，特区政府制订房屋发展计划，力争每年兴建的公营和私营房屋单位不少于85000个；在十年内，全港七成的家庭可以自置居所，以及把轮候租住公屋的平均时间缩短至三年。政府还着力于发展公营医疗系统，并努力拓宽融资渠道，以改善未来医疗资金供给不足问题。

第五，推动教育、环保、清洁、绿化、医疗卫生和福利服务等各项工作，创造更多社会服务就业机会。如2000年，政府在反吸烟运动和健康生活宣传，加强市区清洁、绿化及沿岸的垃圾清理，个人护理、外展工作和病房支援人员，加强对妇女、新来港定居人士、单亲家庭、老弱伤残人士等的服务方面，增聘人手，为期两年。

第六，设立"社区投资共享基金"，激发企业及居民投身社区服务的热忱，增强社会凝聚力，强化社区网络，更有效支援家庭，为青少年、妇女等提供有益身心健康的服务。政府支持基金发展的初衷在于推动社会服务发展概念，以发展"社会资本"。

第七，推行社会企业伙伴计划，强化企业的社会责任。2005年年初，民政事务总署推行社会企业伙伴计划，积极推动政府、商界、民间三方合作；另通过"伙伴倡自强"社区协作计划，提供种子基金，支持新的社会企业。

第八，推动以家庭为社会核心的主流价值观，重视家庭价值、支援家庭、加强长者服务、维护弱势社群等。多层次民生政策为转型过程中保障社会稳定发挥重要作用。

六、推进区域拓展

香港的区域拓展有一个发展过程。香港回归之初受金融危机影响，除与广东省展开基建、环境治理等方面的沟通合作外，向内地的拓展并没有实质性进展。2001年受到全球经济萧条冲击以及内地入世带来潜在机遇，香港制定了"背靠内地、面向全球"的发展方向，探索入世背景下的拓展机会逐步展开。2003年香港政治经济都面临严峻考验，CEPA签署使两地进入实质性合作阶段。随着CEPA附属协议的签署，香港向内地服务、投资领域的拓展不断深化。20世纪头十年的中期以后，香港除推进与内地合作之外,亦加快了向东欧、中东等新兴市场国家的拓展,香港国际发展空间不断扩张。

首先,深化向内地拓展是香港区域拓展的核心。回归之初,香港向内地的拓展主要发挥香港独特的地缘经济优势,通过吸引更多内地和海外企业开设地区总部,连接内地市场和海外市场。CEPA签署使香港向内地拓展进入实质性发展阶段,港产品零关税、内地"个人游"逐步放开,以及服务贸易领域的先行开放等使拓展领域不断深化;从粤港合作,到2004年启动泛珠三角区域合作,再到2009年推进粤港澳都会区建设,以及加强与台湾的交流,香港向内地拓展的范围趋于扩大。深化向内地拓展成为香港占据主导地位区域拓展方向和内容。

其次,港粤澳合作范围和领域渐趋扩大。回归以后,香港与广东省建立粤港合作联席会议,作为推进合作的制度与组织架构。由于九七金融危机后两地各自忙于危机应对,粤港合作主要就交通基建、环境治理、副食品供应、城市用水、包括边境人、车、货如何更加快捷过关等展开研究和协调,进展相对有限。2003年CEPA签署,粤港合作联席会议第六次会议就CEPA框架下如何建立新架构新机制进行了磋商,并确定了一批具体合作项目,如共同推进港珠澳大桥、西部通道建设等,落马洲/黄岗口岸亦实行24小时人流通关;中央及粤港澳三地政府逐渐达成共识,珠三角要发展为一个具有生产制造、现代物流、专业服务、金融服务、旅游娱乐、消费和个人服务以及信息中心等优势和功能的现代化大型经济区域。香港加强了向海外推介香港连同整个珠三角的潜力,积极开拓世界市场,引进外来资金,吸引国际人才。随着CEPA协议的扩展,粤港合作从经贸和口岸建设延伸到物流、旅游、区域规划、科技、知识产权、教育、交通运输、环保、卫生、文化、体育等各个范畴。2004年以珠三角为核心的泛珠三角合作机制开始启动,香港在内地深入拓展的区域从珠三角开始向泛珠三角延伸。2009年《珠江三角洲地区改革发展规划纲要》出台,粤港全面合作上升到国家战略层面,广东省亦取得多个领域"先行先试"的政策地位。香港着力于在"共建优质生活圈"、"基础设施建设"、"前海规划"、教育医疗等领域加快与广东的合作与拓展。

最后,香港加快向世界新兴市场拓展。为吸引更多资金与人才汇聚,香港一直致力于海外市场推广。21世纪头十年的中期以后,香港在欧洲增设经贸办事处,负责在东欧的经贸推广。2007年年底,国际货币基金组织的报告指出,内地在金融方面的持续开放,可以在中期巩固香港的国际金融中心地位。不过,随着内地金融制度现代化及内地其他金融中心的发展,香港中介角色的竞争优势可能会减弱。如果香港要长期维持国际金融中心地位,必须扩阔金融服务范围至区内更多的经济体系。① 面对新的问题与挑战,香港加快了新兴市场领域的拓展。2008年曾荫权出访中东,努力协调香港发展伊斯兰金融平台,政府将伊斯兰债券市场作为重要的金融拓展市场。同时,香港加快与新加坡、印尼等区域内金融中心的协调与合作;2010年亦吸引俄罗斯企业到港上市。香港向世界新兴市场的拓展开始加快。

综上所述,纵观回归以来特区政府政策演变历程,坚持、促进自由市场经济发展是政府政策的核心,高度开放的自由经济体在面临外部冲击及新兴发展趋势考验背景下,政府着重提高市场机制的稳健性和运行效率,同时应市场经济发展需要和形势变动,为弱势企业及民众提供帮扶疏困服务,并在政府财力范围内为经济向高增值方向转型提供软硬件基础设施和加强新兴产业培育。

第三节　东亚产品内分工中香港的角色

随着内地改革开放不断深入,经济增长形势日益高涨,以及国家把香港作为对外经贸往来的窗口,在中国内地入世及CEPA签署构建起更为开放的制度框架基础上,香港通过发挥贸易平台功能、跨国机构集聚功能、外资中转功能和资本市场筹资功能,助推内地深入参与并逐步占据东亚产品内分工体系轴心地位。

一、香港角色形成的原因

回归以后,香港坚持并不断完善自由开放的市场经济,使其经济深刻融入国际分工体系及其发展潮流,20世纪90年代末以来,根源于东亚国家间基于生产过程的分工细化和经贸联结的产品内分工体系渐趋形成。作为传

---

① 《2008—2009政府财政预算案》。

统的自由贸易港,内外多种因素共同作用促使香港成为助推内地深入参与东亚产品内分工体系的重要力量。

(一)奉行市场导向的自由港制度是重要前提与基础

香港位于国际海运主航道,为南中国门户,背靠经济规模和制造水平均国内首屈的珠三角,拥有优良的港口资源和高效的软硬件设施,这为香港发挥中转港作用奠定了物质基础。

回归以后,特区政府秉持"大市场、小政府"执政理念,维护自由开放市场体制,着力提高市场运作效率、安全性与改善营商环境。作为世界上自由度最高的经济体,香港拥有确保要素自由流动的制度优势。《基本法》明确表示香港不实行外汇管制政策,开放外汇、黄金、证券和期货等市场,保障资金的流动自由。同时,不断完善金融体系与联系汇率制,为促进资金、商品等自由流动提供稳定、安全、高效的市场环境。香港拥有全球最开放的外向型经济体系,对外来或离岸投资,资金流动调配,以及企业的国籍或拥有权等均没有限制。香港实行自由贸易政策,不设贸易壁垒,一般进出口货物均不需缴付任何关税,也无任何关税限额或附加税。香港对外来投资不设任何限制。除金融、电讯、公共运输、公用设施及部分媒体等属于受监管的行业外,香港对大部分新投资项目不设任何管制;没有外商投资项目必须要有本地业者参与的限制,没有特别针对外商的投资审批程序;设立公司只需遵从《公司条例》的注册规定即可。此外,香港税率低且税制简单;法制透明、健全,为个人和企业提供公平竞争的机会;拥有与国际、国内市场广泛接触的各类高层管理人员和专业人才群体;资讯自由且资讯市场发达。[1]

优良的基础设施和自由、开放、健全的市场制度与政策环境,为要素与商品自由流动创造条件,为企业高效运作提供便利与保障,开放条件下的市场导向成为香港经济运行基本原则。由此决定,国际经济形势与市场发展趋势对香港经济走向产生重要影响。

(二)香港是内地改革开放的窗口和先行区

作为地理位置优越的自由港,香港不断集聚内外资源,服务于内地深入

---

[1]　夏斌:《利用香港平台促进中国企业境外投资的政策建议》,《重庆工学院学报》(社会科学版)2009 年第 3 期。

参与东亚产品内分工,很大程度上有赖于内地不断推进将香港作为其对外经贸往来的窗口与平台。

十一届三中全会后,内地全面转向"以经济建设为中心",面对现代化建设紧缺资金和技术设备等问题,中信在港创办并率先成为"中国在实行对外开放中的一个窗口"①,业已在港经营的四大中资企业——招商局、香港中银、华润和香港中旅随即也被赋予窗口职能。随着外贸体制的放权,各部委、各省市纷纷在港设立"窗口公司",如中国海外(1979)、粤海(1980,广东省政府设立)、上海实业(1981,上海市政府设立)、光大(1983,国务院设立)等。到1989年,在港中资企业超过2500家,香港成为内地对外开放最主要的窗口。

1992年年初邓小平南巡,充分肯定了中国坚持扩大改革开放的立场与方向,内外资参与内地经济建设的热情高涨。1993年,国务院批准H股在港上市,当年即有6支H股上市,红筹股上市数量为4家,共筹集资金232亿港元,香港最先成为内地企业与国际资本市场连接的通道与纽带。

2001年,中国入世协议正式签署,在5年过渡期内,中国货物贸易、服务贸易、与贸易有关的投资和知识产权等领域都要逐步全面开放至WTO协议所规定的发展中国家开放水平;2003年,因亚洲金融危机余波和全球经济萧条、SARS爆发及"二十三条立法"等问题,香港在经济、公共卫生和政治领域均面临严重考验。在此背景下,CEPA协议正式签署,从港产品自由贸易、"自由行"到服务领域先行开放,CEPA截至目前七轮补充协议,使香港成为内地在全面开放过程中的先导开放区。CEPA框架的构建与完善,也标志着内地对于香港平台的利用由以往主要发挥企业功能、局部性政策指导,转向系统性政策平台的构建与运作。香港平台也由操作性平台转向制度性平台,香港作为内地对外经贸往来窗口与平台的功能被强化与放大。

(三)内地经济高速增长提供强大市场吸引与支撑

经过改革开放后三十多年经济建设,内地工业基础与资金、劳动等要素条件得到很大改善,入世协议的签署,使规模庞大的劳动力资源将不断进入世界市场并参与国际分工,不管对稀缺要素的需求还是对劳动密集型产品的销售,都意味着市场空间急剧扩张。21世纪以来,对外开放程度的提高、

---

① 邓小平:《邓小平文选》,第3卷,人民出版社1994年版,第35页。

内地工业化的迅猛推进,使内地经济贸易高速增长。1997—2008年,内地GDP由7.9万亿元上升至30万亿元,年均增速9.6%;工业总产值由3.3万亿元增至12.9万亿元,年均增长13.2%;外贸总额由2.9千亿美元上升至2.6万亿美元,年均增长20.4%。如图3—5。

内地不断增强的生产制造能力、迅速扩大的市场规模,以及对国际市场日益攀升的依赖性,对香港发挥自由港作用产生强大市场吸引力和提供日益强劲的经济支撑。

在内地经济形势高涨背景下,以开放市场为导向的香港日益系统、多元化地助推内地深入参与东亚产品内分工。

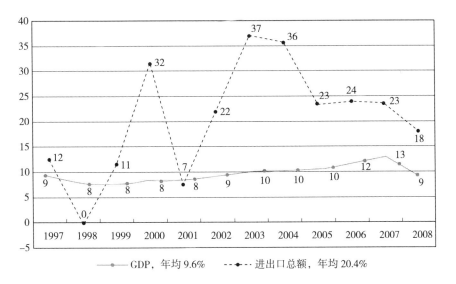

图3—5　1997—2008年中国GDP与外贸总额增长速度

资料来源:中国统计年鉴2009。

二、香港角色之一:贸易平台

作为南中国经济门户,香港拥有优越的中转港地理条件和制度优势。21世纪以来,香港日益发展为以服务于内地零部件贸易为主的中转平台,并成为沟通内地与东亚产品内分工体系的重要渠道。

(一)中转贸易占据绝对比重

20世纪90年代末期,特别是中国内地入世以来,香港加速向内地转移生产制造业,港产品出口降幅不断扩大。1997—2001 亚洲金融危机蔓延期间,港产品出口年均萎缩 7.7%。2001—2009 年,年均降幅扩大到 11.5%。2009 年仅为 577 亿港元,占总出口的 2.3%,为历史最低。

转口贸易成为香港进出口贸易主要组成部分。2001—2009 年,香港转口贸易年均增长 7.7%。受全球金融海啸影响,2009 年进出口贸易额普遍回落,转口贸易额从 2008 年 27334 亿港元历史高点回落至 24113 亿港元,占总出口比重则升至历史高位 97.7% 的水平;转口额占进口总额的比重2001—2009 年间平均为 89.2%。

在转口贸易增长带动下,香港外贸依赖度逐年攀升,从 1997—2001 年均 227.2% 升至 2001—2009 年均 308.2% 的水平,2008 年更达到 349.2%,为历史最高。如表 3—15。

表 3—15　1997—2009 年香港对外贸易额及增长率(%)

年份	进口	港产品出口	转口	总出口	外贸总额
	贸易额(十亿港元)				
1997	1615.1	211.4	1244.5	1455.9	3071.0
1997—2001 年均	1532.6	181.0	1260.3	1441.3	2973.9
2001—2009 年均	2291.0	117.8	2048.3	2166.1	4457.2
2008	3025.3	90.8	2733.4	2824.2	5849.4
2009	2692.4	57.7	2411.3	2469.1	5161.4
	年均复合增长率(%)				
1997—2001	-0.7	-7.7	1.6	0.4	-0.2
2001—2009	7.0	-11.5	7.7	6.6	6.8
	港产品出口占总出口比重	转口占进口比重	转口占总出口比重	外贸依存度	
1997	14.5	77.1	85.5	225.0	
1997—2001 年均	12.6	82.3	87.4	227.2	
2001—2009 年均	5.9	89.2	94.1	308.2	
2008	3.2	90.4	96.8	349.2	
2009	2.3	89.6	97.7	316.2	

资料来源:香港政府统计处。

（二）与内地贸易占主导地位

20 世纪 90 年代末以来,香港与内地进出口贸易增长迅猛,占香港进出口贸易总额比重稳步攀升,并占据主导地位。如表 3—16。

表 3—16　1998—2009 年香港贸易总额、与内地贸易额及年均增速和比重(%)

年份	出口至内地（十亿美元）	总 出 口（十亿美元）	进口自内地（十亿美元）	总 进 口（十亿美元）	出口至内地占总出口比重	进口自内地占总进口比重
1998	59.44	174.06	74.58	186.03	34.2	40.1
1999	57.76	173.88	78.06	180.23	33.2	43.3
2000	69.79	202.50	91.72	213.91	34.5	42.9
2001	70.31	190.94	87.43	201.93	36.8	43.3
2002	78.88	201.71	91.90	207.82	39.1	44.2
2003	95.38	228.49	101.04	233.12	41.7	43.3
2004	114.19	265.24	117.87	272.72	43.1	43.2
2005	130.33	291.82	134.90	299.98	44.7	45.0
2006	149.41	322.34	153.60	335.57	46.3	45.8
2007	168.50	349.03	170.50	369.93	48.3	46.1
2008	178.52	369.84	181.18	392.77	48.3	46.1
2009	164.18	329.02	161.37	352.04	49.9	45.8
1998—2008 年均增速	11.6	7.8	9.3	7.8	—	—

资料来源:UN COMTRADE 数据库。

1998—2008 年,香港向内地出口额年均增速(11.6%)和自内地进口额年均增速(9.3%),分别高于总出口增速(7.8%)和总进口增速(7.8%)。由此,使向内地出口额占总出口比重由 1998 年的 34.2% 升至 2009 年的 49.9%,从内地进口额占总进口比重由 40.1% 升至 45.8%,内地成为香港最大的进出口贸易伙伴。

（三）服务于内地的零部件贸易构成贸易增长主要因素

1998 年,香港向内地出口商品以半成品为主,为 299 亿美元,占向内地总出口的 50.3%。从内地进口商品以消费品为主,为 425 亿美元,占从内地总进口的 56.9%。如表 3—17。

　　20 世纪 90 年代末以来,零部件贸易成为香港与内地贸易增长最为迅猛的商品类别。2008 年,香港出口至内地的零部件为 978 亿美元,是 1998年 135 亿美元的 7 倍多,占香港至内地总出口的比重由 1998 年 22.7%跃升至 2008 年的 54.8%。1998—2008 年均增长率达 21.9%,是香港向内地总出口年均增速(11.6%)的近两倍。从进口情况来看,1998—2008 年,香港从内地进口零部件由 76 亿美元增至 572 亿美元,年均增长 22.4%,远超过香港从内地总进口年均 9.3% 的增长水平,零部件进口占香港从内地总进口比重由 1998 年的 10.2% 跃升至 2008 年的 31.6%,超越以往占主导地位的消费品进口(29.2%),成为第一大进口商品。零部件贸易成为引领香港对内地贸易增长的主要力量,并逐步占据香港对内地贸易的主导地位。

　　香港与内地快速增长的零部件贸易驱使香港总体贸易结构转向以零部件为主。1998 年,香港出口商品以消费品和半成品为主,分别为 744 亿美元和 448 亿美元,占总出口的 42.8% 和 25.7%,零部件出口为 307 亿美元,占 17.6%。进口商品以消费品和半成品为主,分别占总进口的 33% 和29.8%,零部件进口占 19.3%。2008 年,香港零部件出口 1384 亿美元,占总出口 37.4%,远超过消费品(920 亿美元, 24.9%)和半成品(720 亿美元,19.5%)出口。1998—2008 年间年均增长 16.3%,为增长最快的贸易商品。从进口商品结构看,零部件进口由 1998 年的 359 亿美元增至 2008 年的 1415 亿美元,年均增速 14.7%,占香港总进口比重升至 36%,零部件进口成为香港最主要的进口商品,也是 21 世纪以来增长最快的进口商品。

表 3—17　1998、2008 年香港与内地及总贸易商品结构比较

	出口至内地			总出口			进口自内地			总进口		
	贸易商品金额构成及年均增长率(十亿美元,%)												
年份	1998	2008	年均增长	1998	2008	年均增长	1998	2008	年均增长	1998	2008	年均增长
初级产品	1.60	3.41	7.9	2.70	6.05	8.4	1.01	1.42	3.5	3.97	8.99	8.5
半成品	29.91	40.88	3.2	44.78	72.01	4.9	13.27	29.19	8.2	55.51	91.30	5.1
零部件	13.47	97.75	21.9	30.70	138.40	16.3	7.58	57.21	22.4	35.93	141.54	14.7
资本品	6.83	25.02	13.9	21.46	61.43	11.1	10.27	40.51	14.7	29.17	64.24	8.2
消费品	7.63	11.45	4.1	74.43	91.95	2.1	42.46	52.85	2.2	61.45	86.70	3.5

续上表

	出口至内地			总出口			进口自内地			总进口		
	贸易商品金额构成及年均增长率(十亿美元,%)											
商品总额	59.44	178.52	11.6	174.06	369.84	7.8	74.58	181.18	9.3	186.03	392.77	7.8
	贸易商品比重构成及增减幅度(2008比重减1998比重,%)											
年份	1998	2008	比重增减	1998	2008	比重增减	1998	2008	比重增减	1998	2008	比重增减
初级产品	2.7	1.9	-0.8	1.5	1.6	0.1	1.4	0.8	-0.6	2.1	2.3	0.2
半成品	50.3	22.9	-27.4	25.7	19.5	-6.3	17.8	16.1	-1.7	29.8	23.2	-6.6
零部件	22.7	54.8	32.1	17.6	37.3	19.8	10.2	31.6	21.4	19.3	36.0	16.7
资本品	11.5	14.0	2.5	12.3	16.6	4.3	13.8	22.4	8.6	15.7	16.4	0.7
消费品	12.8	6.4	-6.4	42.9	24.9	-17.9	56.9	29.2	-27.8	33.0	22.1	-11.0
商品总额	100	100	—	100	100	—	100	100	—	100	100	—

	出口至内地占总出口比重%			进口自内地占总进口比重%		
年份	1998	2008	比重增减	1998	2008	比重增减
初级产品	59.3	56.3	-3.0	25.4	15.8	-9.6
半成品	66.8	56.8	-10.0	23.9	32.0	8.1
零部件	43.9	70.6	26.8	21.1	40.4	19.3
资本品	31.9	40.7	8.9	35.2	63.1	27.9
消费品	10.3	12.5	2.2	69.1	61.0	-8.1
商品总额	34.2	48.3	14.1	40.1	46.1	6.0

资料来源:UN COMTRADE 数据库。

在与内地零部件贸易迅速增长过程中,香港日益转向以服务于内地零部件贸易为主。2008年香港零部件出口中70.6%输往内地,带动香港向内地出口占香港总出口比重由1998年的34.2%跃升至2008年的48.3%,香港出口贸易对内地市场依赖性大幅提升。2008年,香港零部件进口的40.4%来自内地,比1998年21.1%的比重上升19.3个百分点。此外,从内地资本品进口由1998年的103亿美元增至405亿美元。虽少于2008年572亿美元的零部件进口,但资本品从内地进口比重由1998年的35.2%升至2008年的63.1%。在零部件和资本品更多转向从内地进口之后,香港从内地进口占香港总进口比重由1998年的40.1%升至2008年的46.1%。

(四)香港是内地参与东亚产品内分工体系的重要中转平台

在主要中转服务于内地的零部件贸易过程中,香港成为沟通内地与东亚、世界间贸易的重要平台。如表3—18。

表3—18　2008年香港、内地与东亚间贸易关系

	初级产品	半成品	零部件	资本品	消费品	商品总额
香港出口到内地占向东亚出口(%)	94.4	85.3	84.9	76.0	52.3	80.6
香港从内地进口占从东亚进口(%)	52.8	42.3	53.8	71.1	78.2	65.6
香港出口到内地占香港总出口(%)	56.3	56.8	70.6	40.7	12.5	48.3
香港从内地进口占香港总进口(%)	15.8	32.0	40.4	63.1	36.7	46.1
内地出口到香港占出口到东亚比重(%)	11.3	27.3	49.3	52.0	32.5	40.1
内地从香港进口占从东亚进口比重(%)	20.2	26.7	50.4	33.2	43.6	38.4
内地出口到香港占总出口比重(%)	6.6	9.1	23.1	16.8	8.0	13.3
内地从香港进口占总进口比重(%)	1.2	13.7	33.1	13.1	21.7	15.8

注:按照内地统计口径,从香港进口未计占绝对比重的中转商品。这里按照香港统计口径,将香港
　　向内地出口作为内地从香港进口进行计算。内地向香港出口按照内地出口口径。

数据来源:UN COMTRADE 数据库。

21世纪以来,零部件成为香港最大宗进出口商品。2008年,香港零部件总进口的40.4%、从东亚零部件进口的53.8%都来自内地。在香港零部件出口中,零部件总出口的70.6%、向东亚零部件出口的84.9%再输往内地。在与内地零部件贸易带动下,香港总进口的46.1%、从东亚总进口的65.6%来自内地,香港总出口的48.3%和向东亚出口的80.6%流向内地。在东亚和世界范围内,内地都是香港最主要的进口来源地和出口市场。

从香港中转贸易对于内地的作用来看,内地向东亚零部件出口的49.3%、资本品出口的52%都销往香港,香港是内地在东亚地区最大的零部件、资本品和半成品出口市场;2008年,内地从东亚零部件进口的

50.4%、消费品进口的43.6%都来自香港,香港是内地在东亚地区最主要的零部件、消费品和资本品进口货源地。因此,内地向香港出口占到向东亚出口的40.1%,从香港进口占到从东亚进口的38.4%,香港成为内地沟通东亚产品内分工的主要中转渠道和平台。

从内地进出口总额来看,内地零部件出口的23.1%输往香港,零部件进口的33.1%来自香港,使出口至香港的贸易额占总出口的13.3%,进口自香港的贸易额占总进口的15.8%,香港也是内地进行世界贸易的重要渠道。

三、香港角色之二:跨国机构集聚平台

在内地经济高速增长的背景下,跨国公司在港设立的地区总部或办事处不断增多。它们以香港为平台开展以对内地及进出口贸易为主的业务活动,香港成为跨国机构集聚并助推内地参与东亚产品内分工的运作平台。

(一)跨国机构在港聚集数量不断攀升

作为内地对外经贸往来的窗口,香港凭借独特的地缘经济优势、开放成熟的市场体制和优良的营商环境,成为跨国机构的集聚中心。截至2001年5月,跨国公司驻港地区总部共944家,地区办事处2293家,当地办事处1230家。其中,1997年以前开业的驻港跨国机构中,68.5%的地区总部和80.4%的地区办事处在1981—1997年间开业。

随着香港及内地经济贸易快速增长,驻港跨国机构的数量不断攀升。2008年驻港地区总部达1298家,2007年驻港地区办事处2644家。受全球金融海啸影响,驻港地区总部和地区办事处数量有所减少。截至2009年5月分别为1252家和2328家,当地办事处于2009年达2817家的历史高位。如图3—6。

尽管跨国机构在内地改革开放近二十年时间内密集进入香港,但是20世纪90年代末以来,仍有大量跨国公司在港新设立机构。截至2009年5月,在港经营的地区总部中,1999—2009年间开业的占31%,地区办事处在此间新开业的占35.6%,当地办事处增加最为迅速,此时期开业的占38.8%。①

---

① 数据来源:《代表香港境外母公司的驻港公司按年统计调查报告》,2001、2009年。

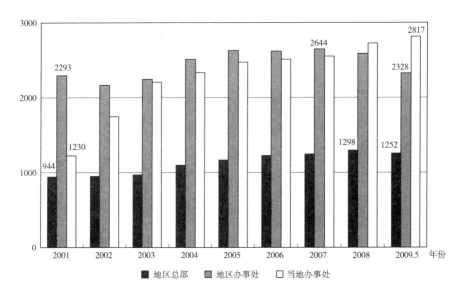

图3—6　2001—2009 年香港跨国机构数量

数据来源:《代表香港境外母公司的驻港公司按年统计调查报告》,2001—2009 年各期。

(二)美日等国跨国机构在港拓展占据主导地位

在驻港地区总部中,美国公司的地区总部数量最多,2009 年为 289 家,2001—2009 年均占驻港地区总部总数的 23.8%,2009 年受金融海啸影响比上年减少 22 家,2009 年比重比 2001 年下降 0.3 个百分点。位居其次的是日本公司,地区总部数 2001—2009 年均占 17.6%,英、德、法等主要欧洲国家公司年均占比共 19.8%。如表3—19。

表3—19　2001—2009 年驻港跨国机构数量及比重

年份	地区总部(家)						
	美国	日本	英国	中国内地	德国	法国	总计
2001	221	160	90	70	56	43	944
2005	262	204	115	107	75	49	1167
2009	289	224	115	96	74	66	1252
	地区总部比重(%)						合计
2001	23.4	16.9	9.5	7.4	5.9	4.6	67.8
2005	22.5	17.5	9.9	9.2	6.4	4.2	69.6

续上表

年份	地区总部（家）						
	美国	日本	英国	中国内地	德国	法国	总计
2009	23.1	17.9	9.2	7.7	5.9	5.3	69.0
2001—2009 年均比重	23.8	17.6	9.3	8.5	6.0	4.5	69.7
2009 比 2001 年增减	-0.3	0.9	-0.3	0.3	0.0	0.7	1.2
	地区办事处（家）						
	美国	日本	英国	中国台湾	中国内地	德国	总计
2001	420	533	163	142	172	108	2293
2005	606	537	215	133	160	139	2631
2009	526	447	213	138	127	123	2328
	地区办事处比重（%）						合计
2001	18.3	23.2	7.1	6.2	7.5	4.7	67.1
2005 年	23.0	20.4	8.2	5.1	6.1	5.3	68.0
2009 年	22.6	19.2	9.1	5.9	5.5	5.3	67.6
2001—2009 年均比重	21.9	20.4	8.3	5.6	6.3	5.1	67.6
2009 比 2001 年增减	4.3	-4.0	2.0	-0.3	-2.0	0.6	0.5
	当地办事处（家）						
	中国内地	美国	日本	英国	新加坡	中国台湾	总计
2001	160	167	220	104	71	60	1230
2005	443	395	439	154	148	170	2474
2009	527	458	447	196	166	154	2817
	当地办事处比重（%）						合计
2001	13.0	13.6	17.9	8.5	5.8	4.9	63.6
2005	17.9	16.0	17.7	6.2	6.0	6.9	70.7
2009	18.7	16.3	15.9	7.0	5.9	5.5	69.2
2001—2009 年均比重	16.8	15.9	17.1	7.0	5.5	5.6	67.9
2009 比 2001 年增减	5.7	2.7	-2.0	-1.5	0.1	0.6	5.6

资料来源:《代表香港境外母公司的驻港公司按年统计调查报告》,2001—2009 年各期。

在驻港地区办事处中,美国公司从 2001 年数量位居第二上升至 2009 年第一位,占地区办事处总数由 18.3% 增至 22.6%;日本公司则从 2001 年数量最多下滑至 2009 年位居其次,占地区办事处总数的 23.2% 减至

19.2%。2001—2009 年,位居第三和第六的英国和德国公司办事处数量及比重都有所上升,中国台湾和内地驻港地区办事处数量及比重都有所回落。

在当地办事处中,2001、2009 年内地公司数量及比重都有显著上升,从2001 年的 160 家增至 2009 年的 527 家,所占比重由 13% 升至 18.7%;美国公司增幅也同样显著,从 2001 年的 167 家增加到 2009 年的 458 家,比重由13.6% 升至 16.3%;日本公司数量比重有所回落,由 2001 年的 17.9% 减至2009 年的 15.9%。

总体来看,美国、日本、欧洲公司占据驻港跨国机构主导地位。美国各类型跨国机构在港拓展都相对较快,内地公司在设立当地办事处方面略为领先。

(三)跨国机构在港以负责内地事务为主

从驻港地区总部和地区办事处所负责的区域市场来看,内地是驻港跨国机构的主要目标市场。如表 3—20。

表 3—20　2001—2009 年负责内地市场的跨国机构数量及比重

年份	地区总部数量(家)	占地区总部总数比重(%)	地区办事处数量(家)	占地区办事处总数比重(%)
2001	782	82.8	1795	78.3
2002	770	81.2	1730	79.7
2003	831	86.0	1848	82.5
2004	975	88.8	2081	82.9
2005	1046	89.6	2212	84.1
2006	1073	87.4	2182	83.4
2007	1089	87.4	2176	82.3
2008	1138	87.7	2133	82.5
2009	1079	86.2	1898	81.5
2008 年比 2001 年增减	356	4.8	338	4.3
2009 年比 2001 年增减	297	3.3	103	3.2

资料来源:《代表香港境外母公司的驻港公司按年统计调查报告》,2001—2009 年各期。

2001 年,在港 944 家地区总部中,782 家负责内地事务,占地区总部数的 82.8%;在港 2293 家地区办事处中,1795 家负责内地事务,占地区办事处总数的78.3%。2002年以来,负责内地事务的跨国机构数和所占比重不断攀升。2001—2008年,负责内地事务的地区总部增加356家,所占比重增长4.8个百分点,地区办事处增加338家,所占比重上升4.3个百分点。2009年受金融海啸影响,负责内地事务的地区总部和地区办事处数量及比重都有所减少。

(四)进出口贸易成为在港跨国机构主要从事的业务领域

从跨国机构在港所从事的业务领域来看,进出口贸易、批发及零售业成为最主要的业务领域。如表3—21。

表3—21　2002—2009年按香港的主要业务范围划分的跨国机构比重

年份	2002	2003	2004	2005	2006	2007	2008	2009
	占地区总部总数比重(%)							
进出口贸易、批发及零售业	51.3	52.5	53.7	52.7	52.4	52.1	49.8	50.1
商用服务业	23.9	24.0	22.5	23.2	22.0	19.4	21.1	19.7
金融及银行业	9.2	6.9	6.3	6.3	7.6	9.1	9.2	10.3
运输、仓库及速递服务业	6.6	6.7	8.1	8.8	9.4	9.9	10.2	10.2
合计	91.0	90.2	90.6	91.1	91.3	90.4	90.2	90.3
	占地区办事处总数比重(%)							
进出口贸易、批发及零售业	52.2	53.9	54.0	52.0	51.8	51.3	51.0	51.0
商用服务业	24.6	22.8	22.1	23.8	23.1	21.1	21.4	21.0
金融及银行业	8.2	8.3	9.1	8.6	9.3	11.3	11.0	11.2
运输、仓库及速递服务业	5.7	6.2	6.3	6.7	7.5	8.0	7.7	7.9
合计	90.6	91.2	91.4	91.0	91.7	91.7	91.2	91.2
	占当地办事处总数比重(%)							
进出口贸易、批发及零售业	33.0	36.3	37.4	37.3	38.7	37.8	37.7	37.5
金融及银行业	19.2	17.5	18.6	17.9	18.0	20.3	19.5	19.6
商用服务业	25.1	23.8	20.4	20.7	19.7	16.6	16.0	16.2
运输、仓库及速递服务业	6.4	7.1	8.7	9.4	9.6	10.4	10.3	10.5
合计	83.6	84.7	85.1	85.3	86.1	85.1	83.4	83.8

资料来源:《代表香港境外母公司的驻港公司按年统计调查报告》,2001—2009年各期。

地区总部和地区办事处均有50%的机构从事贸易及流通业务。2004年53.7%的驻港地区总部主要从事贸易及流通业务,此后比重略有下滑。

2008 年最低比重为 49.8%，2009 年又回升至 50.1%。2004 年 54%的驻港地区办事处从事贸易及流通业，此后回落至 2009 年的 51%。当地办事处中，37%左右的机构从事贸易及流通，2002—2009 年比重逐步攀升，为当地办事处最主要从事的业务领域。此外，各类跨国机构中均有 10%左右的机构从事与贸易及批发零售相关的运输、仓库及速递服务，所占比重均逐年攀升，从事运输业的地区总部比重由 2002 年的 6.6%升至 2009 年的 10.2%，地区办事处从 5.7%增至 7.9%，当地办事处从 6.4%升至 10.5%。

由此可见，美、日、欧等跨国机构将香港作为展开内地事务及从事进出口贸易等业务的平台，跨国机构在港运作成为推动内地经济与贸易发展、助推内地深入参与东亚产品内分工的力量之一。

四、香港角色之三：外资中转平台

早在 20 世纪 70 年代末，随着中信在港创建，香港率先成为内地改革开放的"窗口"，解决经济建设紧缺的资金与技术问题成为发挥香港作用的重要考虑。随着跨国机构在港聚集，以及香港本地资金推动制造业向内地转移，香港成为内地引进外资的重要平台。

（一）香港对内地投资增长迅猛

亚洲金融危机之后，内地进入经济增长上升通道，较高的市场成长性吸引香港对外直接投资更多流向内地。1998 年，香港对外直接投资存量 17340 亿港元，其中 31.6%流向内地，当年 FDI 流量 1320 亿港元，向内地投资占总流量的 41.1%。如表 3—22。

表 3—22　1998—2008 年香港对外直接投资存量与流量及对内地投资份额

年份	香港对外 FDI 存量（十亿港元，%）			香港对外 FDI 流量（十亿港元，%）		
	至内地	存量总额	至内地比重	至内地	流量总额	至内地比重
1998	548	1734	31.6	54	132	41.1
1999	621	2499	24.8	79	150	52.3
2000	1012	3028	33.4	361	463	78.1
2001	844	2749	30.7	66	89	74.9
2002	843	2413	34.9	124	136	91.3

续上表

年份	香港对外 FDI 存量（十亿港元,%）			香港对外 FDI 流量（十亿港元,%）		
	至内地	存量总额	至内地比重	至内地	流量总额	至内地比重
2003	931	2637	35.3	60	43	139.6
2004	1212	3134	38.7	145	356	40.7
2005	1477	3654	40.4	130	212	61.6
2006	2117	5265	40.2	167	349	47.7
2007	3424	7889	43.4	284	477	59.6
2008	2625	5906	44.4	215	394	54.6

资料来源:香港政府统计处。

　　21 世纪初,受亚洲金融危机、"911"引发全球经济萧条,以及 SARS 影响,2001—2003 年,香港对外直接投资相对下滑。随着 CEPA 签署,以及内地全面开放带来本港经济高速增长,香港在经济复苏背景下加快对外直接投资,其中对内地投资比重不断攀升。2007 年,香港对内地直接投资 34240亿港元,达到历史最高水平。2008 年,香港对外直接投资存量的 44.4%(26250 亿港元)投向内地,当年对外直接投资流量的 54.6%(2150 亿港元)流向内地。1998—2008 年,香港对内地 FDI 投资年均增长达 17%,高于香港对外 FDI 年均 13%的增长水平。

　　(二)香港对内地投资领域相对集中

　　从香港对内地投资的行业领域来看,1998 年制造业投资占据主导地位,占香港对内地 FDI 年底头寸的 32.9%,当年流量以通讯业投资为主,占39.6%,制造业投资位居其次,占比为 28.3%。如表 3—23。

表 3—23　1998—2008 年香港对内地直接投资行业结构

年份	年底头寸行业比重(%)					
	通讯	投资控股、地产及各项商用服务	制造业	批发、零售及进出口贸易	银行及接受存款公司	合计
1998	10.7	27.9	32.9	4.9	—	76.3
2001	37.2	25.1	26.0	3.0	—	91.2
2004	40.7	19.3	22.6	7.4	2.2	92.2
2007	61.9	11.5	12.2	5.1	4.9	95.7

续上表

年份	年底头寸行业比重(%)					
	通讯	投资控股、地产及各项商用服务	制造业	批发、零售及进出口贸易	银行及接受存款公司	合计
2008	49.1	18.6	13.5	8.1	5.3	94.5
2008年比1998年增减	38.4	-9.3	-19.4	3.3	5.3	18.2

年份	年间流量行业比重(%)					
	通讯	投资控股、地产及各项商用服务	制造业	批发、零售及进出口贸易	银行及接受存款公司	合计
1998	39.6	20.7	28.3	1.5	—	90.0
2001	54.6	5.6	34.2	1.5	—	95.9
2004	37.7	17.1	13.1	10.2	12.3	90.3
2007	25.0	11.9	21.0	29.2	8.2	95.4
2008	38.5	24.2	8.4	16.9	9.4	97.3
2008年比1998年增减	-1.1	3.5	-19.9	15.4	9.4	7.3

资料来源:《香港对外直接投资统计》,2000—2008年各期。

20世纪90年代末期以来,香港对内地投资不断转向通讯领域,2007年,通讯业年底头寸比重达到历史高点为61.9%。制造业投资比重下滑显著,2007年仅为12.2%,投资控股、地产及各项商用服务业投资比重也有所下滑,由1998年占年底头寸的27.9%滑落至2007年的11.5%,2008年有所回升至18.6%,为通讯业之后第二大投资领域。

从投资流量来看,香港对内地通讯业投资占据主导地位。1998—2008年均投资流量的41%流向通讯业,制造业投资流量占比迅速下滑,2008年仅占年度流量的8.4%。投资控股及贸易流通领域投资流量比重上升显著。2007年贸易流通领域投资流量占比达29.2%,2008年投资控股及商用服务领域投资流量占比为24.2%。

从香港对内地投资的行业构成来看,主要集中于通讯、投资控股及商用服务、制造业、批发零售及进出口贸易和银行金融业。2008年,五大产业吸引香港FDI年底头寸比重为94.5%,年间流量比重达97.3%。

（三）香港成为内地引进外资的主要来源地

20 世纪 80 年代，内地对外资持欢迎态度，但由于内地各项建设事业刚刚展开，投资环境尚未成熟，政策风险较大，外资流入内地较为谨慎，1980—1984 年外资流入合计仅 3.1 亿美元。1986 年《中华人民共和国外商投资企业法》颁布，1988 年《中华人民共和国中外合作企业法》、《关于鼓励台湾同胞投资的规定》相继通过，1990 年《关于鼓励海外侨胞和港澳同胞投资的规定》出台，国家吸引外资的法律法规框架基本构建，香港成为外资进入内地较为便利的窗口与平台。

随着跨国机构在港运作以及香港本地资金参与产业转移，1986—1991年港澳地区对内地直接投资额迅速攀升至 190 亿美元，占内地吸引外资的61.1%。邓小平南巡后外资流入加速，1992—1997 年间累计 FDI 流入 1968亿美元，54.2% 资金来自香港。亚洲金融危机使香港资金流入速度减缓。内地入世扩大开放后，外资直接流入内地比重上升，港资所占比重降至 2005年 29.8% 的历史低点，但香港仍是内地 FDI 首要外资来源地。如图 3—7。

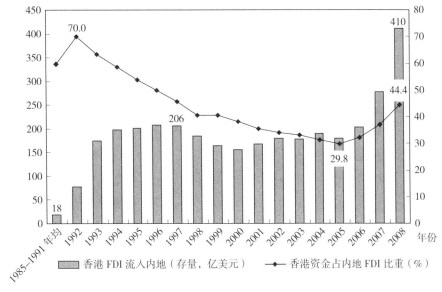

图 3—7　香港 FDI 资金流入内地存量及占内地 FDI 总流入的比重

数据来源：《中国统计年鉴》，1986—2009 年各期。

总体来说，21 世纪以来，香港流入内地资金不断攀升。2006—2008 年

更呈加速增长趋势,其占内地引进外资比重又快速回升至 2008 年的
44.4% 的水平,香港成为内地引进外资的重要渠道和平台。

五、香港角色之四:国际筹资平台

早在 20 世纪 80 年代中后期,以中信为代表的中资企业已经开始在香
港展开资本运作。1984 年,香港中银联合华润收购香港上市企业康力投
资,由此拉开香港中资企业资本运作的序幕。1986 年 4 月中信香港收购嘉
华银行,6 月招商局收购友联银行,1990 年中信收购泰富等等。但香港资本
市场的积极反应正式启动于 1992 年。邓小平南巡后,香港资本市场"中国
概念热"、"红筹企业热"持续升温,招商局的海虹集团、中国海外发展、中旅
国际和越秀投资成为第一批直接上市的红筹企业。

面对内地企业日益高涨的融资需求,1991 年香港联合交易所成立"中国
研究小组",探讨内地公司在港上市的可行性。1992 年的报告指出,"香港联交
所非常希望成为中国的主要集资中心之一"。9 月,国务院正式公布拟在港发行
H 股的国企名单,1993 年 6 月,青岛啤酒成为内地国企在港上市的第一支 H 股。
年内,上海石化、北人印刷、广州广船等共 6 支 H 股上市。如图 3—8。

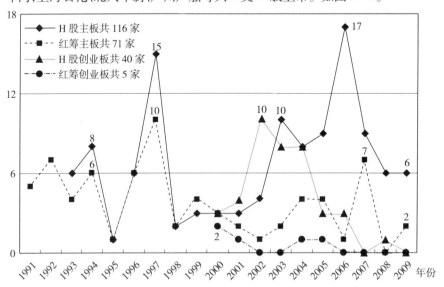

图 3—8　1991—2010 年 5 月主板和创业板中资企业上市数量

数据来源:香港交易所,截至 2010 年 5 月底。

　　红筹和 H 股上市开启了香港作为内地筹资中心的时代。1997 年前后，在回归和内地深化经济体制改革形势下，"上海概念"、"深圳概念"、"北京概念"再次掀起香港资本市场热潮。1997 年，共有 10 支红筹股、15 支 H 股在港上市，红筹股市值比重由 1996 年年底的 7.6% 跃升至 1997 年年底的14.8%，成交量比重由 10.5% 升至 29.7%。红筹热潮也引发红筹泡沫，红筹企业股市盈率最高者甚至到 2000 以上。[①]在亚洲金融危机蔓延背景下，为规范香港中资企业上市及收购境内资产和注资行为，1997 年 6 月国务院颁布《关于进一步加强在境外发行股票和上市管理规定》（"红筹指引"），中资企业在港上市筹资进入相对稳定有序发展时期。

　　随着回归热高涨，1999 年创业板推出，21 世纪初内地经济增长迅猛，以及中石油、中石化和首都机场等大型企业和内地民营企业登陆香港资本市场，中资企业又掀起两轮上市及筹资高潮。1998—2001 年，红筹和 H 股各年均 3 支股票在主板上市，1999 年 11 月香港推出创业板后，2000、2001 年共有 3 支红筹、7 支 H 股在创业板上市。2000 年，红筹股主板集资 2937 亿港元，H 股主板集资 518 亿港元，红筹和 H 股集资总额占到当年香港主板市场的 76.5%，创下历史最高水平。如表 3—24。

表 3—24　1997—2009 年香港中资企业主板与创业板集资额及比重

年份	主板集资额（百万港元）			创业板集资额（百万港元）		
	H 股	红筹	主板总额	H 股	红筹	创业板总额
1997	33084	80985	247577	—	—	—
1998	3553	17375	38257	—	—	—
1999	4264	55177	148120	—	404	1583
2000	51751	293659	451281	644	—	16056
2001	6068	19081	58593	764	—	5836
2002	16874	52722	101380	1173	—	9100
2003	46845	4893	209116	1422	1	4644
2004	59247	26365	276521	1153	92	5280
2005	158678	22390	298237	448	40	3046

　　① 郭国灿：《香港的中资财团》，三联书店（香港）有限公司 2009 年版，第 268 页。

续上表

年份	主板集资额(百万港元)			创业板集资额(百万港元)		
	H 股	红筹	主板总额	H 股	红筹	创业板总额
2006	303823	50768	516025	2363	7	8513
2007	85726	114974	571078	1400	1050	19767
2008	34107	223801	418188	1948	220	9060
2009	121728	78009	637734	223	—	4384
1997	13.4	32.7	46.1	—		—
1998	9.3	45.4	54.7	—		—
1999	2.9	37.3	40.1	—	25.5	25.5
2000	11.5	65.1	76.5	4.0	—	4.0
2001	10.4	32.6	42.9	13.1	—	13.1
2002	16.6	52.0	68.6	12.9		12.9
2003	22.4	2.3	24.7	30.6	—	30.6
2004	21.4	9.5	31.0	21.8	1.7	23.6
2005	53.2	7.5	60.7	14.7	1.3	16.0
2006	58.9	9.8	68.7	27.8	0.1	27.8
2007	15.0	20.1	35.1	7.1	5.3	12.4
2008	8.2	53.5	61.7	21.5	2.4	23.9
2009	19.1	12.2	31.3	5.1	—	5.1

资料来源:香港交易所。

　　总体来说,自内地企业登陆香港资本市场至21世纪上半期,中资企业在香港资本市场的地位和作用都相对有限。截至2004年,红筹和H股主板市价总值未达主板总市值的1/3,中资企业主板成交量比重除1997、2001年到达40%左右水平,2002年前其余年份均不足主板成交总量的1/3。中国内地入世、特别是CEPA签署后,中资企业在香港资本市场加速扩张,香港作为内地筹资平台的功能被急剧放大。

　　首先,内地赴港上市企业快速增多且趋于多元化。2003年,以中国人寿、中国财险、紫金矿业等为代表的10支H股登陆主板,标志H股主板上市进入持续高涨阶段。2003—2009年,H股年均9家企业主板上市,其中2006年17支H股主板上市更创下历史新高。2007年,7支红筹股主板上市,成为1997年来红筹股上市最多年份。新上市企业涉及石油、炼油、金融、电信、港口、汽车、采煤、炼钢、机场、公路、制药等领域,特别是包括基础行业企业,以及以交通银行、建设银行、中国银行和工商银行为代表的金融类超大型企业,内地至港筹资企业的质素、领域都有很大程度提高。

其次,筹资规模屡创新高。随着内地优质企业陆续登陆主板,中资企业在港筹资规模和能力大幅提升。2005年,H股主板筹资1587亿港元,是2004年筹资规模的近3倍,占据主板筹资总额53.2%。2006年,H股主板筹资更翻至3038亿港元,使H股筹资额占主板筹资总额的58.9%,H股和红筹筹资总比重达到68.7%。2007年,红筹股主板筹资1150亿港元,是2006年的1倍多,2008年翻至2238亿港元,占主板筹资总额的53.5%。从2004—2009年总体水平来看,H股和红筹主板筹资比重年均高达48%,占据主板筹资市场半壁江山,香港有史以来首次公开招股集资额最高的十家企业都来自内地。

最后,中资企业成为香港证券市场重要组成部分。内地赴港上市企业质素提高及业务领域趋向多元化,大大激发港内外投资热情,H股成为资本市场追捧的中心。2006年,H股主板成交量达2.5万亿港元,占主板总成交规模的39.3%。2007年倍增至7.7万亿港元,达历史最高水平,占主板总成交量的46.9%。2008年H股成交金额有所下滑,但占主板成交比重继续攀升至48.5%的水平,加上红筹成交规模,中资企业成交比重占到主板的66.6%。从2006年以来,中资企业主板成交比重已持续占据香港主板市场主导地位。从H股和红筹市价总值来看,2006年以来,H股和红筹股份分别占到主板市价总值的1/4水平。2007年,中资股份市价总值达10.6万亿规模,为历史最高水平。2008年中资股份占主板总市值的54.6%,创历史新高。受金融海啸影响,中资企业市值比重有所回落,但仍占据香港主板总市值近一半的水平(48.4%)。如表3—25、26。

表 3—25　1993—2010 年 5 月香港中资企业主板与创业板成交量及比重

年份	主板中资企业成交量（十亿港元）			主板中资企业成交量比重（%）			创业板中资企业成交量（十亿港元）			创业板中资企业成交量比重（%）		
	H 股	红筹	中资	H 股	红筹	中资	H 股	红筹	中资	H 股	红筹	中资
1993	33.04	88.29	121.33	3.0	8.1	11.1						
1994	34.21	57.52	91.72	3.3	5.6	8.9						
1995	17.29	45.86	63.15	2.3	6.0	8.3						
1996	24.89	135.36	160.25	1.9	10.5	12.5						
1997	297.77	1043.67	1341.44	8.5	29.7	38.2						
1998	73.54	369.39	442.93	4.6	23.1	27.7						
1999	102.79	354.82	457.61	5.8	20.0	25.8						
2000	164.31	674.86	839.17	5.7	23.6	29.3	6.87	0.86	7.73	8.2	1.0	9.2
2001	245.20	497.25	742.45	13.5	27.3	40.8	6.16	0.51	6.66	15.6	1.3	16.9
2002	139.71	309.35	449.07	9.5	21.0	30.5	3.90	0.33	4.23	8.9	0.8	9.6
2003	501.50	493.95	995.44	22.1	21.8	43.9	4.65	0.39	5.04	12.2	1.0	13.2
2004	933.86	614.73	1548.59	27.5	18.1	45.6	7.20	0.03	7.22	27.9	0.1	28.0
2005	949.16	603.82	1552.98	26.5	16.8	43.3	4.15	0.24	4.40	18.6	1.1	19.7
2006	2521.76	1100.51	3622.27	39.3	17.1	56.4	14.86	0.63	15.49	34.0	1.5	35.5
2007	7748.90	2725.60	10474.50	46.9	16.5	63.4	23.63	10.84	34.47	14.8	6.8	21.7
2008	6130.59	2283.23	8413.82	48.5	18.1	66.6	7.86	1.85	9.71	15.1	3.6	18.6
2009	5152.81	1936.59	7089.40	44.6	16.8	61.3	15.50	1.46	16.96	20.5	1.9	22.4
2010.5	1938.79	797.99	2736.79	39.5	16.3	55.8	9.18	1.38	10.57	14.4	2.2	16.6

资料来源：香港交易所。

表 3—26　1993—2010 年 5 月香港中资企业主板与创业板市价总值及比重

年份	主板中资企业市价总值（十亿港元）			主板中资企业市价总值比重（%）			创业板中资企业市价总值（十亿港元）			创业板中资企业市价总值比重（%）		
	H 股	红筹	中资	H 股	红筹	中资	H 股	红筹	中资	H 股	红筹	中资
1993	18.23	124.13	142.36	0.6	4.2	4.8						
1994	19.98	84.28	104.26	1.0	4.0	5.0						
1995	16.46	110.70	127.17	0.7	4.7	5.4						
1996	31.53	263.33	294.86	0.9	7.6	8.5						
1997	48.62	472.97	521.59	1.5	14.8	16.3						

续上表

年份	主板中资企业市价总值（十亿港元）			主板中资企业市价总值比重(%)			创业板中资企业市价总值(十亿港元)			创业板中资企业市价总值比重(%)		
	H股	红筹	中资	H股	红筹	中资	H股	红筹	中资	H股	红筹	中资
1998	33.53	334.97	368.50	1.3	12.6	13.8						
1999	41.89	956.94	998.83	0.9	20.2	21.1		1.26	1.26	0.0	17.4	17.4
2000	85.14	1203.55	1288.69	1.8	25.1	26.9	0.99	0.81	1.80	1.5	1.2	2.7
2001	99.81	908.85	1008.67	2.6	23.4	26.0	1.89	1.01	2.90	3.1	1.7	4.8
2002	129.25	806.41	935.66	3.6	22.7	26.3	2.39	0.83	3.22	4.6	1.6	6.2
2003	403.12	1197.77	1600.89	7.4	21.9	29.2	5.06	0.00	5.06	7.2	0.0	7.2
2004	455.15	1409.36	1864.51	6.9	21.3	28.1	6.38	0.73	7.10	9.6	1.1	10.7
2005	1280.50	1709.96	2990.46	15.8	21.1	36.9	6.42	0.84	7.26	9.6	1.3	10.9
2006	3363.79	2951.58	6315.37	25.4	22.3	47.7	14.95	0.79	15.74	16.8	0.9	17.7
2007	5056.82	5514.06	10570.88	24.6	26.9	51.5	22.70	10.38	33.07	14.1	6.4	20.5
2008	2720.19	2874.91	5595.10	26.5	28.0	54.6	11.55	0.99	12.54	25.6	2.2	27.8
2009	4686.42	3862.14	8548.56	26.4	21.7	48.1	27.06	6.55	33.61	25.8	6.2	32.0
2010.5	4327.88	3730.18	8058.06	26.0	22.4	48.4	32.29	4.10	36.39	26.2	3.3	29.5

资料来源:香港交易所。

随着内地企业在香港证券市场的拓展,近年来,除股票市场,亦有不少企业通过发行债券及将债券上市等方式筹资。2009 年跨境人民币结算计划启动,更有多批人民币债券在港发行,当年新发行 6 笔总计 160 亿元人民币债券,包括财政部及两家香港认可机构的内地附属银行发行的人民币债券,截至 2009 年年底人民币债券总额 380 亿元。[①]

随着内地在港筹资水平提高,筹资规模扩大,筹资方式趋于多样化,香港筹资平台功能不断强化。由于内地绝大部分海外上市企业都在香港上市,少量同时在香港和美国上市的内地企业,其股份交易约八成在香港进行,香港已成为内地首要国际筹资平台。

---

① 数据来源:《香港金融管理局年报》,2009 年。

六、香港角色的实质与作用

纵观香港在参与国际分工过程中所扮演的角色,从根本上说,就是凭借开放高效的市场机制和自由港设施,集聚香港本地及国际资源,向内地输入资金、技术等稀缺要素,以参与开发内地庞大的廉价劳动力资源,并将劳动密集型产品输往国际市场。集聚港内外资源与力量,疏通内地市场与国际市场间的要素与商品相互流动,是香港所扮演角色的核心内容。香港角色的实质就在于,在内地市场机制尚未健全、流通体系不够完善、市场效率有待提高的阶段,成为沟通并促进内地参与国际分工体系的通道或平台。

在20世纪90年代后期世界及内地经济形势深刻变革的背景下,香港所扮演通道角色的主要作用在于,通过贸易平台功能、跨国机构集聚功能、外资中转功能和资本市场筹资功能,加速资金及要素汇聚内地、促进以零部件等中间产品为主的贸易品在中国及东亚国家间高效流动,降低内地利用国际资源与世界市场的交易成本,助推内地在既有经济基础和市场环境条件下加快工业化进程,深入参与国际产业分工,并实现资本、技术与财富积累以及较快经济增长。

与此同时,香港在发挥助推作用过程中,实现相关要素、资源与机构的集聚及规模化发展,由此促进香港经济增长,也使香港形成独特的产业与城市空间集聚特征。

第四章　香港世界城市的属性与特征

第一节　产业集聚与香港世界城市

香港作为以市场为导向的自由开放经济体,在深刻融入世界市场过程中,逐渐扮演助推内地跻身东亚产品内分工体系轴心地位的角色,自身亦成为东亚产品内分工体系的重要组成部分。随着基于香港独特地缘经济条件发展起来的经济活动的空间集聚,继而产业集聚,香港成为凝聚广泛国际经济联系的枢纽与节点,即世界城市。

一、关于服务业统计分类和方法

生产和消费是经济活动最基本环节。随着分工日益细化、人口不断增长以及地理上趋于分散,服务于生产、消费及中间环节的生产性服务、消费性服务和流通性服务不断发展,并逐渐独立出来成为专业化产业部门。技术的广泛应用,以及规模经济效应促使同类服务不断集聚,服务部门的服务对象变得模糊,诸如金融服务,大多服务于生产制造过程,属于生产性服务。有些存贷活动则服务于个人,属于消费性服务,这给基于功能和服务对象划分的统计分析带来难度。

(一)关于服务业统计分类

从国民经济统计角度,服务业主要依据服务生产的属性特征进行分类。随着生产分工和社会分工日益细化,新兴服务业不断出现,国内外服务业统计分类也相应修订与更新。

联合国统计署的国际标准产业分类(ISIC)自1948年制定后,先后经历1958年、1969年、1989年(Rev. 3)和2008年(Rev. 4)四次比较大的修订。

其中,Rev. 3 关于服务业的分类包括批发零售、住宿和餐饮业、金融媒介、公共管理和防务、教育等 11 个大类,Rev. 4 则增加了信息和通讯、科学研究和技术服务等共 14 个大类。如表4—1。

中国从 1985 年开始对第三产业——服务业进行国民经济核算。当时区分为流通部门、为生产生活服务的部门、为提高科学文化水平与居民素质服务的部门和为社会需要服务部门四大类。1994 年《中国统计年鉴》首次细分行业统计,对服务业作两级分类,包括 11 个二级分类和 51 个三级分类。2002 年,中国国家统计局正式公布《国民经济行业分类》(GB/T4754—2002),其中服务业分为 15 个二级分类和 48 个三级分类。

从国民经济统计角度进行的服务业分类涉及广泛的服务门类,为便于经济分析,有必要根据研究需要进行类别划分。

(二)统计分类基础上的服务业类别划分

依据服务业功能差异进行分类是各国较为通行的研究分析方法。1970年,M. A. Katouzian 根据罗斯托的经济发展阶段理论提出的"新兴服务业、补充性服务业和传统服务业"三分法。其中,新兴服务业一般出现在工业化的后期,相当于罗斯托所谓的工业产品大规模消费阶段,与费雪的"第三产业"和贝尔的"后工业社会"的主导产业相似,如教育、医疗、娱乐、文化和公共服务等。补充性服务业是相对于制造业而言的,是中间投入服务业,其发展动力来自于工业生产的中间需求,主要为工业生产和工业文明"服务",如金融、交通、通讯和商业、法律服务、行政性服务等。传统服务业通常由最终需求带动,主要包括传统的家庭与个人服务、商业等消费性服务。[1]

1975 年,Browning 和 Singleman 在对服务业进行功能性分类时,最早提出生产者服务业(Producer Services),即生产性服务概念,并将联合国标准产业分类中的服务业区分为生产者服务业、消费者服务业和分配服务业。[2]1978 年 Singleman 修订了 1975 年服务业三分法,提出将服务业分为流通服务、生产者服务、社会服务和个人服务四类。后来,西方学者将Browning 和

---

① 柳成洋等:《服务业分类研究》,《世界标准化与质量管理》,2008 年第 6 期。
② Browning, C. , Singelman. J. *The Emergence of a Service Society*[M]. Springfield,1975.

表4—1　联合国和中国服务业统计分类

ISIC/Rev.3	ISIC/Rev.4	中国—1985年	中国—1994年	中国—2002年
G 批发零售贸易业	G 批发零售贸易业	流通部门:交通运输、邮电通讯、商业饮食、物资供销和仓储	F 地质勘查、水利管理	F 交通运输、仓储和邮政
H 住宿和餐饮业	H 交通运输和仓储业	为生产、生活服务的部门:金融、保险、地质普察、房地产、公用事业、居民服务、旅游、咨询信息和各类技术服务业等	G 交通运输、仓储和邮电通信	G 信息传输、计算机服务和软件
I 交融运输、仓储和邮电通信业	I 住宿和餐饮业		H 批发和零售贸易、餐饮	H 批发和零售
J 金融媒介服务	J 信息和通讯业		I 金融、保险	I 住宿和餐饮
K 房地产、租赁以及相关商业活动	K 金融和保险业		J 房地产	J 金融
L 公共管理和防务	L 房地产和租赁业		K 社会服务	K 房地产
M 教育	M 科学研究和技术服务	为提高科学文化水平与居民素质服务的部门:教育、文化艺术、广播电视、科学研究、卫生、体育、社会福利等	L 卫生、体育和社会福利	L 租赁和商务服务
N 卫生和社会服务	N 行政管理及相关支持服务		M 教育、文化艺术及广播电影电视	M 科学研究、技术服务和地质勘察
O 社区、社会和私人的其他服务活动	O 公共管理和防务		N 科学研究和综合技术服务	N 水利、环境和公共设施管理
P 私人家庭和雇工服务	P 教育	为社会需要服务部门:国家机关、党政机关、社会团体、军队及警察等	O 国家机关、党政机关和社会团体	O 居民服务和其他服务
Q 国际组织	Q 卫生和社会服务业		P 其他行业	P 教育
	S 艺术和娱乐			Q 卫生、社会保障和社会福利
	T 付酬家庭雇员提供的家庭或个人服务			R 文化、体育和娱乐
	U 国际组织			S 公共管理和社会组织
				T 国际组织

资料来源:联合国统计署、中国国家统计局。

Singleman 的分类法进行综合,提出生产性服务、分配性服务、消费性服务和社会性服务四分法。国内学者闫小培等亦采用此方法对《国民经济行业分类》中的第三产业进行分类研究。如表4—2。

比较各种分类方法,可以看出:

首先,均基于功能差异对服务业进行分类。服务业的发展根源于生产分工和社会分工,随科技进步,生产分工日益细化,生产性服务业逐渐独立出来。劳动就业大军的生存繁衍产生排他性产品与服务的消费需求,人口集聚产生非排他性公共产品与服务的消费需求,服务于这两类产品消费过程的活动,从服务对象角度统称为消费性服务,从产品属性及供给者差异角度区分为个人消费服务和社会性消费服务。媒介生产与消费过程的中介服

表4—2　国内外有关服务业的分类方法

		Singleman 分类	西方国家一般分类	IMF:BMP5 *	美国经济分析局	闫小培等学者
生产性服务		银行、信托及其他金融业	金融业	通信服务	金融服务业	金融保险业
		保险业、房地产	保险业	建筑服务	保险服务业	房地产
		工程和建筑服务业	不动产业	计算机信息服务业	电讯服务	科学研究与综合技术服务业
		会计和出版业、法律服务	商务服务业	金融服务业	专业技术服务	
		其他营业服务		保险服务业	版税和许可证服务	
				版权和许可证服务	其他商业服务	
				其他商业服务		
流通性服务	流通服务	交通仓储业	分配性服务	交通运输与仓储	分配性服务	交通运输业
		通讯业、批发业		邮电通讯业		仓储业
		零售业(不含饮食业)		商业		邮电通信业
		广告以及其他销售服务		公用事业		批发与零售贸易

续上表

	Singleman 分类		西方国家一般分类	IMF:BMP5 *	美国经济分析局	闫小培等学者	
消费性服务	个人服务	家庭服务	消费性服务	餐饮业	·		消费性服务	餐饮业
		旅馆和饮食业		旅馆业			住宿
		修理服务、洗衣服务		娱乐与消闲业			居民服务业
		理发与美容		私人服务业			
		娱乐和休闲					
		其他个人服务					
	社会服务	医疗和保健业、医院	社会性服务	行政服务业		社会性服务	社会服务业
		教育		教育			卫生体育社会福利事业
		福利和宗教服务		健康			教育
		非盈利性机构		福利			文化广播电影电视事业
		政府、邮政		国防、司法			国家政党机关社会团体
		其他专业化、社会服务		军队和警察			

注：* 国际货币基金组织《国际收支手册》（第五版）；

资料来源：方远平、毕斗斗：《国内外服务业分类探讨》，《国际经贸探索》2008 年第 1 期；王荣艳：《东亚地区生产者服务贸易结构变迁研究——基于"雁阵"模式的实证分析》，《亚太经济》2010 年第 3 期。

务即为流通性服务。各种分类方法均从功能差异角度，将服务业区分为服务于生产制造过程、流通过程、排他性产品消费过程和社会公共产品消费过程四个类别。

其次，类别命名有所差异，所指内涵基本一致。各分类方法对主要类别的命名有所差异。如 Singleman 将服务于流通过程的服务称为流通服务，其他分类法称之为分配性服务。Singleman 将服务于社会公共消费过程的服务称为社会服务，其他则称之为社会性服务。但从所指内涵来看，流通服务或分配性服务均指媒介生产与消费的诸如批发、物流、运输等的中介环节或经济活动,社会服务及社会性服务均指政府或社会机构提供的具有非排他性的诸如教育、福利、军队、警察等公共产品或服务。

再次,对统计分类的细分行业进行类别划分依据行业的主要属性。由于服务的多元化、综合化发展,大部分服务活动既服务于生产制造过程,还服务于个人消费,这给功能差异基础上的类别划分带来困难。为使分类具有可操作性,较为公认的是按照各细分行业的主要服务功能和属性来对其进行类别划分,如金融服务。虽然存在大量满足个人消费需求的个人银行服务、个人保险服务、房地产住宅服务等,但对于金融服务的主要功能来说,是满足生产过程的资金流转与融通需求,因而归入生产性服务。

最后,服务业分类所包含的细分行业取决于服务业发展形势及统计分类状况。一国产业分工细化程度提供统计分类的对象和基础,统计分类的进展决定对现实服务业发展的描述水平与程度。美国是生产性服务业发展最为迅猛,以及相关统计较为完善的国家。美国经济分析局界定的生产性服务包括金融、保险、电讯、专业技术服务、版税和许可证服务、其他商业服务等6类。国际货币基金组织《国际收支手册》(第五版)中,生产性服务包括通信、建筑、计算机信息、金融、保险服务等7类。此外,Singleman界定的生产性服务包括金融、保险、房地产、工程和建筑服务等5类。西方国家一般将金融、保险、不动产、商务服务(FIRE)列为生产性服务。闫小培在我国服务业统计体系基础上,将金融保险、房地产和科学研究与综合技术服务列为生产性服务。

(三)对服务业类别划分的界定

1990年,香港以《联合国国际标准产品分类》第2版(ISIC/Rev.2)为蓝本,配合本地情况,推出《香港标准行业分类》。随着香港经济结构变动以及新兴产业的发展,《香港标准行业分类》不时予以调整,2001年采用的《香港标准行业分类1.1》是较为重要的更新版本。2009年,香港根据2008年8月联合国统计司正式公布的ISIC/Rev.4的基本分类架构和归类原则,修订并出台《香港标准行业分类2.0版》,并于2009年开始在不同统计调查中逐步采用。

在《香港标准行业分类1.1》中,服务业的统计分为四个大类。其中,第8类金融、保险、地产及商用服务业属于生产性服务;第9类社区、社会及个人服务属于消费性服务;第6类批发、零售、进出口贸易、饮食及酒店业,既包含流通性服务,又包含饮食和酒店业这类消费性服务;第7类运输、仓库和通讯业中,运输仓库属于流通性服务,通讯业可纳入生产性服务。如表4—3。

2009年开始推广的《香港标准行业分类2.0版》中,服务业共分为15类,依据各细分行业的主要功能与属性,可将其分别纳入生产性服务、流通性服务和消费性服务的类别。

由于新统计分类刚开始应用,主要涉及近五年较短时间序列的部分统计,而香港现有统计资料主要按照Rev1.1进行分类,且部分数据难以从功能角度进行拆分,因此本书对香港产业的实证研究,涉及近十年较长时间序列主要基于政府统计处对四个主要行业的统计数据以及选定行业主要统计数字进行分析,涉及近5年较短时间序列使用Rev2.0统计分类提供的数据进行分析。社区、社会及个人服务业未提供细分行业数据,作为个人及社会公共消费性服务统一纳入消费性服务进行分析。

表4—3 香港服务业类别划分

	香港标准行业分类1.1版	香港标准行业分类2.0版	类别划分
生产性服务	8金融、保险、地产及商用服务业	K金融及保险活动 L地产活动 M专业、科学及技术活动 N行政及支援服务活动 J资讯及通讯	金融及保险业 地产业 专业服务 其他工商业支援服务 通讯业
流通性服务	7运输、仓库及通讯业 6批发、零售、进出口贸易、饮食及酒店业	G进出口贸易、批发及零售业 H运输、仓库、邮政及速递服务	进出口贸易、批发及零售 运输、仓库、邮政及速递服务
消费性服务	9社区、社会及个人服务业	I住宿及膳食服务活动 O公共行政 P教育 Q人类保健及社会工作活动 R艺术、娱乐及康乐活动 S其他服务活动 T家庭住户内部工作活动 U享有治外法权的组织及团体活动	饮食及酒店业 社区、社会及个人服务业

资料来源:香港政府统计处。

二、以贸易为代表的流通性服务仍占据主导地位

在香港发挥自由港优势,并日益融入国际分工体系过程中,以进出口贸易为首的流通性服务集聚发展,成为香港经济首要组成部分。

（一）流通性服务集聚的原因

进出口贸易等流通性服务业是香港具有传统优势的部门,回归、特别是CEPA实施后,香港流通性服务加速集聚、继而地位攀升,究其根源在于:

首先,特区政府坚持并完善自由港制度为以贸易为首的流通性服务集聚奠定制度基础。拥有独特的地缘优势、港口条件优越,自由港制度确保地缘优势转化为流通性服务竞争优势,为香港占据区域分工体系相应地位提供制度保障。

其次,特区政府优化营商环境及促进优势产业发展的政策措施为流通性服务集聚创造有利市场环境。回归后,特区政府致力于维持低税制、拆墙松绑、减少规费、推行电子政务、营造宜居城市等,有助于降低营商成本、提高营商效率,营商环境的优化增强香港的投资吸引力。此外,对于贸易物流等优势产业,政府还从海外市场开拓、信息疏导、软硬件基础设施建设方面改善行业发展环境,进一步强化香港的区位优势。

再次,特区政府加强中小企业支持和帮扶疏困,为流通性服务企业提高竞争能力和度过经济下行周期创造条件。香港贸易运输物流等流通性服务业聚集大量中小企业,它们还可以从政府提供的中小企业支援服务中获得扶持或资助。此外,在经济下行周期,特区政府均快速出台针对受冲击企业的疏困措施。政府在资金、管理、技术、信息、培训等环节提供的支援及帮扶疏困服务,有助于提高流通性服务企业的市场竞争和适应能力。

最后,中国内地入世、CEPA推行促使香港深刻融入区域分工体系是流通性服务加速集聚的根源。回归后至CEPA签署前,香港屡受世界市场衰退冲击,外向型行业几度下行。内地入世、CEPA签署为香港开拓内地广阔市场创造了条件。凭借优越的地理位置和区位优势,香港发展起规模加速扩张的联结内地与东亚产品内分工体系的零部件中转贸易,以此为基础和依托,以进出口贸易为首的流通性服务加速在港集聚发展。

（二）进出口贸易引领流通性服务在CEPA实施后较快增长

在特区政府营造的优越市场环境下,香港进出口贸易及相关产业在深

刻融入国际分工体系过程中不断发展。

回归后,受亚洲金融危机及 2001 年全球经济衰退影响,香港进出口贸易机构一度缩减,从 1997 年的 98000 家减至 2002 年的 86000 家,增加就业不到 10000 人,1998—2002 年均产值增长 3.3%。如表4—4。

表4—4　香港流通性服务业主要统计数字

年份	进出口贸易		批发		零售		运输仓库邮政速递		流通性服务
	比重	数量	比重	数量	比重	数量	比重	数量	比重
			机构数及占流通性服务业机构总数比重(家,%)						
2004	95200	55.1	16003	9.3	53930	31.2	7712	4.5	172845	100.0
2006	98748	55.3	15396	8.6	56431	31.6	8021	4.5	178596	100.0
2008	94905	54.8	14670	8.5	55989	32.3	7667	4.4	173231	100.0
2004—2008 年均增长	-0.1		-2.2		0.9		-0.1		0.1
			就业人数及占流通性服务业就业人数比重(人,%)						
年份	人数	比重	人数	比重	人数	比重	人数	比重	人数	比重
1998	490000	50.8	81600	8.5	200288	20.8	193300	20.0	965188	100.0
2000	510300	52.5	72400	7.4	193764	19.9	195800	20.1	972264	100.0
2002	500300	53.0	69600	7.4	189812	20.1	184700	19.6	944412	100.0
2004	528500	53.6	73100	7.4	188636	19.1	195100	19.8	985336	100.0
2006	557200	53.4	72600	7.0	204298	19.6	210100	20.1	1044198	100.0
2008	553500	52.2	70000	6.6	228496	21.5	209300	19.7	1061296	100.0
1998—2002 年均增长	0.5		-3.9		-1.3		-1.1		-0.5
2003—2008 年均增长	1.7	0.7	4.6	2.3	2.3		—		—
			增加价值及占流通性服务业总增加价值比重(百万港元,%)						
年份	金额	比重	金额	比重	金额	比重	金额	比重	金额	比重
1998	212600	71.0	12600	4.2	26368	8.8	47800	16.0	299368	100.0
2000	231700	70.7	11600	3.5	28752	8.8	55900	17.0	327952	100.0
2002	241800	71.9	11700	3.5	27941	8.3	54800	16.3	336241	100.0
2004	267700	70.3	12000	3.2	34147	9.0	67100	17.6	380947	100.0
2006	305100	71.1	13500	3.1	39248	9.1	71500	16.7	429348	100.0
2008	329400	72.5	14300	3.1	48763	10.7	62100	13.7	454563	100.0

续上表

	进出口贸易	批发	零售	运输仓库邮政速递	流通性服务
	增加值及占流通性服务业总增加价值比重(百万港元,%)				
1998—2002 年 均增长	3.3	-1.8	1.5	3.5	2.9
2003—2008 年 均增长	5.8	6.4	13.0	1.2	5.8

资料来源:香港政府统计处。

　　CEPA 签署以后,香港进出口贸易增速加快。虽然机构数量 2004—2008 年间仍减少近 1000 家,但 2003—2008 年就业人员年均增长 1.7%,进出口贸易增加价值年均增长 5.8%。

　　CEPA 实施以及特区政府促进旅游发展措施的推行亦带动香港商业市场繁荣,零售业就业人员年均增长 4.6%,增加价值年均增长 13%;批发业就业人员年均增长 0.6%,增加产值年均增长 6.4%。

　　在贸易、批发零售带动下,香港运输仓库和邮政速递业趋于增长。虽然 2004—2008 年机构数量仍减少近 50 家,但吸纳就业由 1998—2002 年均负增长 1.1% 转为 2003—2008 年均增长 2.3%,行业增加价值年均增速从 3.5% 回落至 1.2%。

　　基于中转贸易的快速增长,进出口贸易成为流通性服务主导产业。2004—2008 年机构数量及比重虽略有下滑,但仍保持在 50% 以上。1998—2008 年吸纳就业比重从 50.8% 升至 52.2%,行业增加价值比重由 71% 增加到 72.5%。在进出口贸易的有力带动及零售批发业的增长配合下,流通性服务业 2003—2008 年行业机构数量虽增长有限,但吸纳就业年均增速由 1998—2002 年的 -0.5% 升至 2.3%,增加价值年均增速由 2.9% 增至 5.8%。

　　(三)流通性服务业吸聚跨国机构及外资进驻

　　凭借独特的地缘优势、相对健全的制度保障和自由便利的营商环境,香港成为跨国机构集聚地,并且以进出口贸易为核心的流通性服务业成为跨国机构进驻的主要领域。2002—2009 年,在港地区总部中从事流通性服务的机构从 549 家增至 755 家,所占比重由 57.9% 升至 60.3%;在港地区办

事处中流通性服务机构增加了 117 家，所占比重上升 1.8 个百分点至
58.9%；当地办事处中流通性服务机构由 688 家增加至 1353 家，翻了近一
倍，所占比重由 39.4% 升至 48%。如表 4—5。

表4—5　跨国机构中流通性服务业机构数量及其比重

年份	地区总部		地区办事处		当地办事处	
	数量（家）	比重（%）	数量（家）	比重（%）	数量（家）	比重（%）
2002	549	57.9	1256	57.9	688	39.4
2003	572	59.2	1347	60.1	957	43.4
2004	679	61.8	1513	60.3	1076	46.1
2005	718	61.5	1543	58.7	1155	46.7
2006	758	61.8	1551	59.3	1213	48.3
2007	771	61.9	1568	59.3	1228	48.2
2008	778	60	1519	58.7	1310	48
2009	755	60.3	1373	58.9	1353	48
2009 年比 2002 年增减	206	2.4	117	1	665	8.6

资料来源：《代表香港境外母公司的驻港公司按年统计调查报告》，2001—2009 年各期。

从香港吸收 FDI 流入来看，2003—2008 年，流入流通性服务业的 FDI
存量年均增速达 12.2%，远超过 1998—2002 年间 1.3% 的水平；吸引 FDI
流入量也由 1998—2002 年间平均 365 亿港元，增至 2003—2008 年间年均
696 亿港元，各年 FDI 流入量中，流向流通性服务业的比重由 1998 年的
14% 升至 2003—2008 年均 24% 的水平。如表 4—6。

表4—6　香港 FDI 流入流通性服务业的金额及比重（十亿港元，%）

年份	存量		流量	
	金额	比重	金额	比重
1998	398.1	22.8	16	14.0
1999	438	13.9	23.8	12.5
2000	449.5	12.7	74.9	15.5
2001	503.1	15.4	36.1	19.5
2002	419.6	16.0	31.8	42.1

续上表

年份	存量		流量	
	金额	比重	金额	比重
2003	478.1	16.1	37.3	35.1
2004	591	16.8	60.2	22.7
2005	657.3	16.2	52.8	20.2
2006	767.7	13.3	92.8	26.5
2007	960.9	10.5	88.3	20.8
2008	850.3	13.4	86.3	18.6
1998—2002 年均增长	1.3	—	—	—
2003—2008 年均增长	12.2	—	—	—

资料来源:《香港对外直接投资统计》,2000—2008 年各期。

(四)以进出口贸易为首的流通性服务业占据经济主导地位

从流通性服务业在整体经济中的地位来看,流通性服务业在机构数量和就业人员比重方面占据主导地位。2009 年流通性服务业机构占到所有行业机构总数的56.6%,吸纳就业占到总就业的30.1%,创造产值2003—2008 年均增长 5.8%,占 GDP 比重虽不及生产性服务业,但 1998—2008年,流通性服务增加价值占 GDP 比重不断攀升,由 24.6% 增至 29%。其中,进出口贸易成为第一大产业部门,2009 年,进出口贸易业机构数占所有行业机构总数的31.5%,吸纳就业比重为15.7%,增加价值占 GDP 比重由1998 年的17.5%升至2008 年的21%,成为引领香港经济运行的主导力量。如表4—7。

表4—7　香港制造业、流通性服务业与生产性服务业及其代表性行业主要统计数字

年份	流通性服务		生产性服务		进出口贸易		金融业		制造业	
	机构数及占所有行业机构数比重(家,%)									
	数量	比重	数量	比重	数量	比重	数量	比重	数量	比重
2004	172845	59.6	60285	20.8	95200	32.8	14530	5.0	14277	4.9
2006	178596	58.6	66093	21.7	98748	32.4	15897	5.2	13649	4.5
2008	173231	57.5	67090	22.3	94905	31.5	16211	5.4	13048	4.3
2009	180129	56.6	73012	23.0			17574	5.5	12924	4.1

续上表

	流通性服务	生产性服务	进出口贸易	金融业	制造业
	机构数及占所有行业机构数比重(家,%)				
2004—2009年均增长	0.8	3.9	-0.1 *	3.9	-2.0
	就业人数及占总就业比重(人,%)									

年份	人数	比重	人数	比重	人数	比重	人数	比重	人数	比重
1998	965188	30.9	583457	18.7	490000	15.7	168100	5.4	251684	8.0
2000	972264	30.3	617514	19.2	510300	15.9	169100	5.3	214221	6.7
2002	944412	29.3	629580	19.5	500300	15.5	176200	5.5	186402	5.8
2004	985336	30.0	646711	19.7	528500	16.1	169500	5.2	167398	5.1
2006	1044198	30.6	697949	20.5	557200	16.3	186000	5.5	150376	4.4
2008	1061296	30.1	751518	21.3	553500	15.7	206700	5.9	142183	4.0
1998—2002年均增长	-0.5		1.9		0.5		1.2		-7.2	
2003—2008年均增长	2.3		3.5		1.7		4.2		-3.8	

	增加值及占GDP比重(百万港元,%)									
年份	金额	比重	金额	比重	金额	比重	金额	比重	金额	比重
1998	299368	24.6	393563	32.3	212600	17.5	119300	9.8	68686	5.6
2000	327952	26.3	365146	29.3	231700	18.6	149100	12.0	67646	5.4
2002	336241	27.5	347306	28.4	241800	19.8	141600	11.6	51396	4.2
2004	380947	30.6	358159	28.8	267700	21.5	152900	12.3	44455	3.6
2006	429348	30.2	461925	32.5	305100	21.4	226100	15.9	45761	3.2
2008	454563	29.0	546932	34.9	329400	21.0	251800	16.1	38710	2.5
1998—2002年均增长	2.9		-3.1		3.3		4.4		-7.0	
2003—2008年均增长	5.8		9.7		5.8		11.2		-2.7	

注:* 为2004—2008年均增速。
数据来源:香港政府统计处。

三、以金融为代表的生产性服务业跻身增长主力

在特区政府推进金融中心建设以及深化与内地的经贸往来关系过程中,自由开放、运行高效的金融设施和环境吸聚国际金融及专业服务机构在

港展开国际资金及商务运作,并逐步构建起高度外向的国际资金融通平台。在金融及专业化服务集聚过程中,生产性服务业快速发展并跻身经济增长主力。

(一)生产性服务集聚的原因

回归以来,以金融和专业服务为主的生产性服务加速在港集聚,是特区政府加强金融体系建设、推进金融业务及新兴市场开发,特别是东亚产品内分工体系内金融联系日趋密切共同作用的结果。

首先,金融中心建设为以金融为首的生产性服务集聚奠定重要基础。面对亚洲金融危机的考验,以及科技进步背景下国际金融环境与形势的深刻变革,回归以后特区政府着力于从基础设施、制度、环境与产业配套等各方面加强金融中心建设,主要包括:以国际最高水准推进金融基础设施建设、完善金融制度以及加强金融监管;构建开放、自由、高效的资讯市场和平台;营造便利的营商环境和吸引国际管理与专业人才入驻的宜居城市;开放并引进多层次人才;促进专业服务、家佣服务、国际学校等相关配套产业的发展等等。香港积极培植起来的开放灵活的市场机制、稳健高效的金融市场、多元化的投资产品、不断发展的配套服务,成为吸引以金融为代表的生产性服务在港集聚的重要制度、物质与环境基础。

其次,特区政府积极拓展新兴业务与市场为生产性服务集聚创造条件。回归以后,特区政府起初大力拓展本地债券市场、继而亚洲债券市场,随后开拓国际资金管理业务。CEPA 签署以后香港加大力度开拓内地金融市场,吸引内地大型企业赴港上市。2004 年人民币业务启动,从零售银行的存贷款业务发展到人民币债券、人民币贸易结算、人民币贸易融资,以及人民币国债等,香港的人民币离岸金融中心建设循序推进。近两年,特区政府又加强对中东、东欧、亚洲新兴市场的开拓,推进伊斯兰金融平台的建设,以及吸引俄罗斯等东欧企业赴港筹资,特区政府不断扩大香港金融业发展国际空间与领域,为更广阔市场范围的生产性服务在港集聚创造了条件。

最后,以内地为轴心的东亚产品内分工兴起促进内地对外金融联系加速发展,成为生产性服务在港集聚的源泉和动力。内地入世以后,凭借丰富的廉价劳动资源日益融入国际分工体系,在外向型经济发展过程中实现生

产贸易规模扩张以及资本、技术与财富积累,并日益跻身东亚产品内分工轴
心地位。快速发展的外向型经济对资金及其对外往来产生巨大需求,也对
国际资金流入产生强大吸引力,香港凭借独特的地缘优势以及优越的市场
环境,背靠内地成为提供国际资金融通服务的节点,急剧扩张的资金往来规
模及快速增长的金融服务需求,为金融及专业服务等生产性服务在港集聚
提供业务基础和动力源泉。

(二)金融开放促使香港构建起国际资金融通平台

和流通性服务业以本地企业为主有显著差别,香港金融业是高度国际
化的行业。

1.外资构成认可机构主要组成部分。香港实行银行三级发牌制度,包
含持牌银行、有限制牌照银行和接受存款公司在内的认可机构构成香港金
融业基础并占据重要地位。从香港认可机构注册地属性来看,本地金融机
构仅占相对较小的份额。2009 年香港拥有持牌银行 145 家,比 1998 年减
少 73 家。其中,境外注册银行 122 家,占比从 82% 上升至 84.1%,本港注
册银行减少至 23 家,比重由 18% 下滑至 15.9%。从有限制牌照银行来看,
总数逐年减少,但非持牌境外银行附属机构数量占据主导地位且比重有所
上升,从 1998 年 35 家占有限制牌照银行总数的 58.3% 上升到 2005 年的
21 家,占比 63.6%。2008 年受金融危机冲击有限制牌照银行数量继续减
少,2009 年非持牌境外银行附属机构减至 16 家,比重维持在 61.5% 的水
平。在接受存款公司中,持牌银行本港附属机构由 1998 年的 21 家减至
2009 年的 7 家,比重维持在 1/4 上下;非持牌境外银行附属机构由 28 家锐
减至 7 家,比重在 1/3 左右。如表 4—8。

表 4—8　本港及境外认可机构数量及比重

年份	持牌银行数量及比重(家,%)				
	本港注册	比重	境外注册	比重	持牌银行总数
1998	31	18.0	141	82.0	172
2001	29	19.7	118	80.3	147
2005	24	18.0	109	82.0	133
2009	23	15.9	122	84.1	145

续上表

年份	有限制牌照银行数量及比重(家,%)						
	持牌银行附属机构-本港	比重	持牌银行附属机构-境外	比重	非持牌境外银行附属机构	比重	有限制牌照银行总数
1998	2	3.3	13	21.7	35	58.3	60
2001	2	4.1	11	22.4	30	61.2	49
2005	0	0.0	8	24.2	21	63.6	33
2009	1	3.8	5	19.2	16	61.5	26
年份	接受存款公司数量及比重(家,%)						
	持牌银行附属机构-本港	比重	持牌银行附属机构-境外	比重	非持牌境外银行附属机构	比重	接受存款公司总数
1998	21	20.8	35	34.7	28	27.7	101
2001	15	27.8	5	9.3	21	38.9	54
2005	6	18.2	2	6.1	13	39.4	33
2009	7	25.0	4	14.3	7	25.0	28

资料来源:《香港金融管理局年报》,1999—2009 年各期。

　　2. 认可机构构建起服务于外部市场的国际资金融通平台。从所有认可机构客户和银行间同业市场在本港和境外的港元及外币存贷款情况来看,回归前后认可机构资金流向与结构产生显著变化。

表4—9　香港所有认可机构存贷款金额及构成

	1995 年(十亿港元)			1999 年(十亿港元)			2005 年(十亿港元)			2009 年(十亿港元)		
	港元	外币	总额	港元	外币	总额	港元	外币	总额	港元	外币	总额
资产:客户贷款	1237	2501	3739	1608	1206	2813	1797	515	2312	2401	887	3289
＊本港	1210	344	1554	1583	342	1924	1749	323	2072	2249	425	2674
＊境外	19	2110	2129	20	835	856	48	192	240	153	462	614
银行同业贷款	548	2721	3270	510	2414	2925	433	2457	2890	475	3282	3757
＊本港	435	301	736	359	177	536	227	182	410	231	315	546
＊境外	113	2420	2534	152	2237	2389	206	2275	2481	244	2967	3211
负债:客户存款	1172	1055	2226	1761	1417	3178	2132	1936	4068	3374	3007	6381
银行同业借款	638	4362	5000	539	2191	2731	412	1555	1967	470	2409	2879
＊本港	437	300	736	360	169	529	231	184	416	226	321	547

续上表

	1995 年(十亿港元)			1999 年(十亿港元)			2005 年(十亿港元)			2009 年(十亿港元)		
	港元	外币	总额	港元	外币	总额	港元	外币	总额	港元	外币	总额
*境外	201	4062	4263	179	2023	2202	180	1371	1551	244	2088	2332
	所有认可机构资产负债分析(十亿港元,%)											
	港元	外币	总额	港元	外币	总额	港元	外币	总额	港元	外币	总额
客户贷款-存款	65	1446	1513	-153	-211	-365	-335	-1421	-1756	-973	-2120	-3092
银行同业贷款-借款	-90	-1641	-1730	-29	223	194	21	902	923	5	873	878
*本港	-2	1	0	-1	8	7	-4	-2	-6	5	-6	-1
*境外	-88	-1642	-1729	-27	214	187	26	904	930	0	879	879
客户贷款中本港比重%	32.9	9.3	42.2	56.9	12.3	69.2	75.6	14.0	89.6	68.4	12.9	81.3
客户贷款中境外比重%	0.5	57.3	57.8	0.7	30.0	30.8	2.1	8.3	10.4	4.7	14.0	18.7
银行同业存款中本港比重%	8.7	6.0	14.7	13.2	6.2	19.4	11.7	9.4	21.2	7.8	11.1	19.0
银行同业存款中境外比重%	4.0	81.2	85.3	6.6	74.1	80.6	9.2	69.7	78.9	8.5	72.5	81.0
银行同业贷款中本港比重%	13.3	9.2	22.5	12.3	6.1	18.3	7.9	6.3	14.2	6.1	8.4	14.5
银行同业贷款中境外比重%	3.5	74.0	77.5	5.2	76.5	81.7	7.1	78.7	85.8	6.5	79.0	85.5

资料来源:《香港金融管理局年报》,1999—2009 年各期。

(1)资金流向的逆转。回归前,认可机构主要从银行同业的境外市场筹集外币,向本港客户提供外币贷款。如 1995 年,所有认可机构从银行同业境外市场净借款 16420 亿港元外币和 880 亿港元港币,向客户的净贷款额为 14460 亿外币和 650 亿元港币。回归以后,香港认可机构的资金流向逆转为主要从本港客户吸收港元和外币存款,而后通过银行同业市场向境外贷出外币资金。如 1999 年,认可机构从客户吸收净存款 1530 亿港元和 2110 亿外币,经银行同业市场向境外净贷出 2140 亿元外币。2009 年,认可机构从本地客户吸收净存款额倍增至 9730 亿港元和 21200 亿元外币,通过银行同业市场向境外净贷出 8790 亿元外币。

(2)客户贷款币种和地区结构的逆转。回归前,认可机构客户主要以外币形式向境外贷款,1995 年向境外外币贷款占客户总贷款的 57.3%,向境外贷款占比为57.8%。回归后,认可机构客户主要以本币形式向本港贷款,且比重不断攀升。1999年,客户向本港的本币贷款占总贷款的56.9%,向本港贷款占总贷款的69.2%。2009年,客户向本港的本币贷款占总贷款的比重升至68.4%,向本港贷款占比达81.3%。

(3)银行同业存贷款均以境外外币为主。1995年,银行同业存款中从境外筹集外币比重达81.2%,且从境外筹资占比85.3%。2009年,银行从境外筹集外币比重为72.5%,从境外筹资比重81%。从银行同业贷款来看,向境外外币贷款比重为74%,向境外贷款占77.5%。2009年分别为79%和85.5%。

由此可见,香港认可机构已由回归前通过银行同业市场从境外募集外币资金为主用于客户外币贷款,转变为吸收客户本外币存款,通过银行同业市场主要向境外提供外币贷款。规模庞大的外币存贷流量和境外流量使香港成为重要的国际资金融通平台。

3. 香港证券与期货市场成为国际资金投资中资企业的重要平台。CEPA实施以后,中资企业加快通过红筹和H股上市方式在港筹资,2005、2006及2008年,中资在香港证券及期货主板市场筹资比重在六成以上,创业板筹资在1/4左右。2006—2010年5月,红筹和H股成交量占据主板市场总量的55%以上,市值总额占到主板总市值的50%左右,中资企业成为香港证券及期货市场主要的投资和交易对象。如表3—24、25、26。

从证券及期货交易市场的投资者来看,现货市场由回归初以本地投资者为主,占63%回落至2008年占50%,回落13个百分点。外地投资者由1998年占31%上升至42%,上升11个百分点,现货市场的外地投资者中,英国及欧洲国家投资者占据主导地位,但比重显著回落,由2000年占47%降至2008年占34%,美国投资者2008年占比36%,投资比重比2000年上升7个百分点,亚洲投资者2000—2008年上升8个百分点,至26%的水平。从衍生品市场来看,交易所参与者比重大幅攀升,由2000年港交所成立后的33%升至2008年的53%;本地投资者比重显著下降,由2000年的50%减少至2008年的25%;外地投资者比重也有所下滑,由28%降至22%。衍生品市场外地投资者来看,欧美投资者比重都有所萎缩,美国投资者占比降至19%,亚洲投资者比重上升5个百分点,2008年占比升至24%。如表4—10。

表4—10 香港证券及期货交易现货与衍生品市场投资者构成

年份	市场投资者构成			外地投资者构成		
	现货市场(%)					
	交易所参与者	本地投资者	外地投资者	美国	英国—欧洲	亚洲
1998	5	63	31	—	—	—
2000	4	55	41	29	47	18
2002	3	58	39	22	49	22
2004	8	56	36	29	47	18
2006	4	53	43	29	42	22
2008	8	50	42	36	34	26
2008—1998年增减	+3	−13	+11	+7 *	−13 *	+8 *
年份	衍生品市场(%)					
	交易所参与者	本地投资者	外地投资者	美国	英国-欧洲	亚洲
1998	9	63	28	—	—	—
2000	33	50	17	27	49	19
2002	37	39	25	26	39	29
2004	35	36	29	26	52	16
2006	55	24	21	26	41	20
2008	53	25	22	19	40	24
2008—1998年增减	+49	−38	−6	−8 *	−9 *	+5 *

注:* 为2008年比2000年增减幅度。

数据来源:《香港交易所市场资料》,1999—2009年各期。

可见,在香港货币市场和资本市场这两个主要的金融市场中,香港已成为国际机构、投资者、资金汇聚与交流的开放性国际融通平台,内地因素成为香港吸聚国际金融资源的重要驱动力,也日益成为国际资金主要投资对象与目标。

(三)生产性服务成为外资集聚主要领域

除银行、保险等金融领域,投资控股、地产及各种商用服务也是外资集聚的重要领域。回归以来,香港投资控股、地产及各项商用服务吸收 FDI 流入存量由 1998 年的 5909 亿港元倍增至 2008 年的 42699 亿港元,占香港吸收 FDI 总存量的比重由 33.9% 升至 67.5%。吸收 FDI 流量也由 1998 年的 410 亿港元,增至 2008 年的 2324 亿港元,占当年总流量的 50.1%。如表 4—11。

表4—11　香港 FDI 流向生产性服务业的金额与比重

年份	FDI 存量及占存量总额比重(十亿港元,%)			
	投资控股、地产及各项商用服务	比重	生产性服务	比重
1998	590.9	33.9	914.7	52.5
2000	2145.9	60.4	2664.9	75.1
2002	1367	52.1	1869	71.3
2004	1987.8	56.4	2698.3	76.6
2006	3785.9	65.6	4722.8	81.8
2008	4269.9	67.5	5178	81.9
1998—2002 年均增长	23.3	—	19.6	—
2003—2008 年均增长	21.0	—	18.2	—
年份	FDI 流量及占流量总额比重(十亿港元,%)			
	投资控股、地产及各项商用服务	比重	生产性服务	比重
1998	41	35.8	69.6	60.8
2000	326.8	67.7	385.8	79.9
2002	83.3	110.3	49.4	65.4
2004	105.1	39.6	184.8	69.7
2006	145.1	41.5	233.2	66.6
2008	232.4	50.1	348.1	75.0

资料来源:《香港对外直接投资统计》,2000—2008 年各期。

　　从香港 FDI 流入领域来看,生产性服务是主要的投资领域,不管从 FDI 流入存量还是流量,所占比重都加速攀升。1998 年,香港 FDI 流入存量中 9147 亿港元、占 52.5% 流向生产性服务业;至 2009 年,生产性服务业吸收 FDI 存量 51780 亿港元,占比达 81.9%。从 FDI 流量来看,也由 1998 年占比约 60.8% 升至 2008 年的 75%，达 3481 亿港元。生产性服务业成为外资在港集聚的主要行业领域。

(四)金融及专业服务引领生产性服务集聚

在国际金融与专业服务资源汇集香港，并利用香港平台展开以内地因素为主要背景的国际资金融通过程中，生产性服务加速集聚。

从机构数量来看，2004—2009 年金融保险、专业及商用服务和地产业机构数量均有显著攀升，地产业机构数年均增长最快为 6%；专业及商用服务企业数占比最大，2004—2009 年均基本维持在生产性服务业总机构数的 47%。如表 4—12。

表 4—12　香港生产性服务业主要统计数字

年份	金融保险		专业及商用服务		地产		通信业 *		生产性服务	
	\multicolumn{10}{c}{机构数及占生产性服务业机构总数比重(家,%)}
年份	数量	比重	数量	比重	数量	比重	数量	比重	数量	比重
2004	14530	24.1	28532	47.3	8949	14.8	8274	13.7	60285	100.0
2006	15897	24.1	31009	46.9	10338	15.6	8849	13.4	66093	100.0
2008	16211	24.2	31555	47.0	10845	16.2	8479	12.6	67090	100.0
2009	17574	24.1	34420	47.1	11992	16.4	9026	12.4	73012	100.0
2004—2009 年均增长	3.9		3.8		6.0		1.8		3.9	
	\multicolumn{10}{c}{就业人数及占生产性服务业就业人数比重(人,%)}
年份	人数	比重	人数	比重	人数	比重	人数	比重	人数	比重
1998	168100	28.8	307400	52.7	73411	12.6	34546	5.9	583457	100.0
2000	169100	27.4	335800	54.4	74959	12.1	37655	6.1	617514	100.0
2002	176200	28.0	343500	54.4	77509	12.3	32371	5.1	629580	100.0
2004	169500	26.2	360600	55.8	85905	13.3	30706	4.7	646711	100.0
2006	186000	26.6	387000	55.4	93963	13.5	30986	4.4	697949	100.0
2008	206700	27.5	424800	56.5	90559	12.1	29459	3.9	751518	100.0
1998—2002 年均增长	1.2		2.8		1.4		-1.6		1.9	
2003—2008 年均增长	1.042		1.039		1.024		0.982		1.035	

续上表

年份	金融保险		专业及商用服务		地产		通信业 *		生产性服务	
	增加价值及占生产性服务业总增加价值比重(百万港元,%)									
	金额	比重	金额	比重	金额	比重	金额	比重	金额	比重
1998	119300	30.3	149300	37.9	101413	25.8	23550	6.0	393563	100.0
2000	149100	40.8	128200	35.1	63868	17.5	23978	6.6	365146	100.0
2002	141600	40.8	127100	36.6	52922	15.2	25684	7.4	347306	100.0
2004	152900	42.7	132500	37.0	52401	14.6	20358	5.7	358159	100.0
2006	226100	48.9	150000	32.5	62846	13.6	22979	5.0	461925	100.0
2008	251800	46.0	187200	34.2	84154	15.4	23778	4.3	546932	100.0
1998—2002 年均增长	4.4		−3.9		−15.0		2.2		−3.1	
2003—2008 年均增长	11.2		8.6		11.7		0.1		9.7	

注:* 2004—2009 年机构数是资讯与通讯业数据,1998—2008 年就业人员和增加价值是通信业数据。

数据来源:香港政府统计处。

从就业人员来看,除通信业 2003—2008 年间吸纳就业由 1998—2002 年间平均复增长 1.6% 转为正增长外,其他生产性服务业增速都有所回落,2003—2008 年间平均都增长 1% 左右。其中,专业及商用服务业吸纳就业最多,并由 1998 年吸纳生产性服务业总人数的 52.7% 升至 2008 年的 56.5%,上升 3.8 个百分点,其余生产性服务业吸纳就业比重都有小幅下降。

从各生产性服务业增加价值来看,金融保险业占据主导地位,增加价值由 1998 年的 1193 亿港元,占生产性服务业总增加价值的 30.3%,升至 2008 年 2518 亿港元,占比达 46%。从年均增速来看,1994—2002 年金融保险业年均增长 4.4%,2003—2008 年平均增速达 11.2%。其次,专业及商用服务业增加价值也由 1998 年的 1493 亿港元增至 2008 年的 1872 亿港元,年均增速由 1998—2002 年间负增长 3.9%,攀升至 2003—2008 年间的 8.6%;占生产性服务业总增加价值的比重从 1998 年的 37.9% 下滑至 2008 年的 34.2%。地产服务业增加价值因 1998—2002 年间出现 15% 的跌幅,由此使 2003—2008 年间平均增速达 11.7%,但从增加价值总额来看还未恢复到 1998 年水平,2003—2008 年间占生产性服务业总增加价值比重在 14% 左右。

总体来说,在金融和专业及商用服务高速发展带动下,香港生产性服务业在 CEPA 实施后取得快速增长,2004—2009 年机构数量年均增加 3.9%;就业人员从 1998 年的 58 万多人增至 2009 年的 75 万人,年均增长 1%;2003—2008 年增加价值增幅显著,从 1998—2003 年平均-3.1% 扭转为年均增长 9.7%,增加价值总额由 2002 年的 3473 亿港元增至 2008 年的 5469 亿港元。

(五)以金融为首的生产性服务成为首要增长动力

从生产性服务业在香港经济中的地位来看,生产性服务机构数和就业人数在所有行业的机构数和就业人数中均占比不到 1/4,但 2003 年以来,生产性服务业机构数和就业人数年均增长都是相对较快的,2004—2009 年机构数年均增加 3.9%,2003—2008 年就业人数年均增加 3.5%,都高于同期占主导地位的流通性服务业的增速。从生产性服务业增加价值占 GDP 比重来看,1998—2002 年比重有所下滑,2003—2008 年又快速上升,占比已高于 1998 年 32.3% 的水平,升至 GDP 的 34.9%,生产性服务业从增加价值角度看,已成为香港经济最主要部门。

从生产性服务的核心部门金融业来看,金融业机构数和吸纳就业人数占行业总水平都比较小,基本均维持在 5.5% 的水平,但金融业增加价值由 1998 年的 1193 亿港元增至 2009 年的 2518 亿港元,1998—2002 年间平均增速 4.4%,2003—2008 年更升至 11.2%,金融业高速增长使其增加价值占 GDP 比重由 1998 年的 9.8% 逐年攀升至 2008 年的 16.1%,金融业已成为仅次于进出口贸易的香港第二大产业部门。如表 4—7。

总体来说,以金融为首的生产性服务业已成为香港经济增长首要动力。

四、消费性服务业较快发展

在流通性服务和生产性服务引领香港经济增长,以及特区政府政策推动作用下,香港以个人和社会服务为主的消费性服务业获得较快发展。

(一)消费性服务业发展的原因

回归以来,香港消费性服务业发展是多种因素综合作用的结果。

第一,经济主导力量较快增长带动消费性服务需求攀升。1998—2002

年,受外部形势恶化影响,香港两大主导性行业均出现较大波动,流通性服务业就业人员年均减少0.5%;生产性服务业增加价值年均减少3.1%;流通性与生产性服务业共年均增加就业仅0.4%,增加价值年均负增长0.3%。CEPA签署后,随香港贸易、金融平台的运行与发展,2003—2008年流通性与生产性服务业合计年均增加就业2.8%,新增就业23万人;增加价值合计年均增长7.8%,新增价值3140亿港元。如表4—7。两大产业集聚增长使就业人数和产值攀升,不管是经营活动需要还是就业人员生活需要,一方面就业群体对消费性服务的需求上升,另一方面支付能力也有所增强,共同引致消费性服务供给增加。

第二,人口集聚加大对消费性服务的需求。香港两大主导性行业在国际资源集聚过程中繁衍发展,由此产生对港外人力资源的极大需求,1997—2008年,共有23万名外地专才到港工作。1998—2008年香港持外国护照总人口由48.6万人增至55.1万人,年均增长1.3%,其中,到港主要从事家佣工作的印尼人从1998年的4.8万人倍增至2008年的14.1万人,年均增速12.2%,2008年首度超越在港外籍人士中一直占据最大比重的菲律宾人(13.8万人),印尼人和菲律宾人共占据在港外籍人士总数的50.7%。[①] 香港外籍专才及家佣集聚是主导产业高度外向化及快速发展的现实反映。除此之外,由于人口自然出生率以及每年大量人口净流入,香港居住人口由2000年的671万人增至2009年的703万人。人口聚集对消费性服务业产生引致需求。

第三,人口老龄化的考验。由于生育率下降、人口寿命延长,香港人口老龄化问题日趋突出。1997年,香港65岁及以上老人所占比重为10.4%,年龄中位数为34.9岁。2001—2006年间,人口老龄化呈加速发展态势,老龄人口比重上升1.3个百分点,年龄中位数由36岁升至39岁,15岁以下人口比重减少至13.7%。2009年新公布人口统计资料显示,香港老龄化趋势有所减缓,老龄人口比重占13%,年龄中位数为40岁。人口老龄化对医疗、卫生、社会福利等社会公共服务产生巨大需求。如表4—13。

----

① 数据来源:《香港年报》,1997—2009年各期。

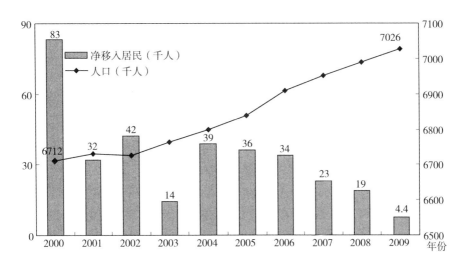

图4—1　2000—2009年香港人口及净移入居民数量

数据来源：香港入境处。

表4—13　香港人口年龄分布及年龄中位数

	1997 年	2001 年	2006 年	2009 年
15 岁以下(%)	18.1	16.5	13.7	12.5
15—64 岁(%)	71.5	72.3	73.9	74.5
65 岁及以上(%)	10.4	11.1	12.4	13
年龄中位数(岁)	34.9	36	39	40

资料来源：香港政府统计处。

　　第四,经济转型带来结构性失业的现实问题。香港工业化时期发展起来的制造业主要是劳动密集型加工制造业,曾是吸纳就业的重要部门。随内地开放香港制造业加速转移,这些教育水平低、缺乏专业技能的就业人员大量剩余。在科技进步推动产业向知识型、高增值方向转型的背景下,香港面临严峻的产业转出后低技能劳动力的结构性失业问题。1998—2008 年,香港制造业吸纳就业由 25 万人逐年所减至 14 万人,1998—2002 年平均每年减少 7.2%,2003—2008 年每年减少 3.8%。低技能劳动力的再教育、再培训、促进就业及福利保障需求等成为加强社会公共服务供给的又一重要因素。如表4—7。

　　第五,政府政策应对及加大公共服务供给。为维护经济稳定、保障民生,特区政府从多个角度促进就业,并加大公共服务供给力度。如推进基础设施建设、推动 CEPA 框架下的自由行、促进旅游业发展、提供社会服务就业机会等,从政府财政支出结构来看,教育、卫生和社会福利支出比重也不断攀升。1998—2008 年,政府经常公共开支额年均增长 1.9%,教育、卫生、社会福利三大开支项目合计比重由 50.6% 升至 53.3%;政府公共开支总额年均增长 2.2%,其中三大开支项所占比重由 1998 年的 39.9% 增至 46%。政府加大公共服务供给为社会公共服务发展提供了重要推动力量。如表4—14。

表4—14　香港政府公共开支金额及最大支出项所占比重

年份	经常公共开支额及最大支出项所占比重(百万港元,%)				
	总额	教育	卫生	社会福利	合计
1998	187857	21.8	15.3	13.5	50.6
2000	198619	22.3	15.4	13.8	51.5
2002	211728	22.2	15.3	14.8	52.3
2004	205426	22	14.7	15.5	52.2
2006	203200	22	14.7	16	52.7
2008	226900	22.4	14.3	16.6	53.3
1998—2008 年均增长或比重增减	1.9	+0.6	−1	+3.1	+2.7
年份	公共开支总额及最大支出项所占比重(百万港元,%)				
	总额	教育	卫生	社会福利	合计
1998	266448	18.2	11.8	9.9	39.9
2000	267507	19.2	12.2	10.5	41.9
2002	263520	20.8	12.6	12.3	45.7
2004	257137	21.2	12.5	12.9	46.6
2006	244900	21.5	13.3	13.9	48.7
2008	331000	23.3	10.8	11.9	46
1998—2008 年均增长或比重增减	2.2	+5.1	−1	+2	+6.1

资料来源:香港政府统计处。

第六,经济增长的税收效应提高政府公共服务供给能力。利得税、薪俸税和印花税是特区政府最主要的税收来源,1998 年三税收入占政府经营收入总额的45.5%。1998—2002 年,香港流通性服务和生产性服务相对衰退,导致主要税项利得税和印花税出现年均负增长,分别为-3.8% 和-7.5%。2003—2008 年,香港两大主导行业加速增长,利得税和薪俸税增速亦显著提升,分别为年均增长 16.4% 和 23.4%;加上薪俸税增速小幅上升,三税收入 2008 年占到政府经营收入总额的 62.3%,政府经营收入总额年均增长达 10%,2008 年经常收支盈余 235 亿港元。主导产业快速增长带来的税收效应使政府收入增加,继而支出能力增强。虽然审慎理财原则使特区政府需要控制公共支出规模与经济增长之间的适当比率,但收入增长充实财政储备相应提高了政府长期支出能力,面对社会公共服务需求的增长,政府得以更从容地推动社会公共服务发展并提高其供给水平。如表4—15。

表 4—15　香港政府最主要税项收入及占经营收入总额比重

（百万港元,%）

年份	利得税		薪俸税		印花税		三税比重合计	经营收入总额
	金额	比重	金额	比重	金额	比重		
1998	45252	25.6	25063	14.2	10189	5.8	45.5	176783
2000	42969	25.1	26303	15.4	10911	6.4	46.8	171320
2002	38799	25.3	29733	19.4	7458	4.9	49.6	153336
2004	58640	31.2	33990	18.1	15851	8.4	57.7	188004
2006	71919	30.7	38586	16.5	25077	10.7	57.8	234420
2008	104151	37.0	39008	13.9	32162	11.4	62.3	281485
2003—2008 年均增长或比重增减	-3.8	-0.3	4.4	+5.2	-7.5	-0.9	+4.0	-3.5
2003—2008 年均增长或比重增减	16.4	+9.1	6.9	-2.2	23.4	+5.0	+11.9	10.0

资料来源:香港政府统计处。

可见,香港主导性行业快速增长是包含个人及社会服务在内的消费性服务发展的核心动力,社会经济形势变化及政府的推动作用成为重要影响因素。

(二)跨国消费性服务业兴起

回归以后,为促进低技能劳动者就业,开发香港旅游资源的潜在优势,各届政府均将旅游业作为重要产业加以推动和支持;随高度外向的两大主导性产业的发展,商务旅行相应增长;香港回归、特别是 CEPA 签署以后,特区政府积极推动内地游客赴港旅游,随内地经济发展及居民消费水平的提高,内地"个人游"迅猛增长,带动以旅游业为代表的跨国消费性服务在港兴起。

1999—2009 年,香港接待外地游客人数由 1130 万人攀升至 2960 万人,年均增长 11.2%;其中度假游客比重不断攀升,由 1999 年的 49%升至 2009 年的 56%,上升 7 个百分点;度假、商务会议及探亲访友成为访港游客的主要目的,占到访港总游客比重由 91%升至 94%。在访港游客来源地方面,内地已成为香港主要客源地,2005 年接待内地游客 1250 万人,2009 年增至 1800 万人,年均增长率为 9.5%;所占比重由 2005 年的 53.5%上升到 2009 年的 60.8%,上升 7.3 个百分点。如表 4—16。

表 4—16　访港游客人数及主要目的游客和内地游客比重

年份	访港游客（百万人）	主要访港目的的游客比重%				内地游客	
		度假	商务/会议	探访亲友	合计	人数	比重%
1999	11.3	49	30	12	91		
2005	23.4	50	24	19	93	12.5	53.5
2006	25.3	52	24	18	94	13.6	53.9
2007	28.2	55	20	19	94	15.5	55.0
2008	29.5	55	21	19	95	16.9	57.3
2009	29.6	56	18	20	94	18	60.8
1999—2009 年均增速或比重增减	11.2	+7	-12	+8	+3	9.5 *	+7.3 *

注:* 为 2005—2009 年均增长或比重变动。

数据来源:香港入境事务处。

赴港旅游增多带动香港旅游业获得较快发展,1998—2008 年香港旅游业吸纳就业由 10.5 万人增至 19.7 万人,年均增速 7%,占总就业比重由 3.4% 升至 5.6%;旅游业增加价值由 252 亿港元增至 2008 年的 438 亿港元,1998—2002 年均增长 7.9%,2003—2008 年均增速为 9.8%,旅游业产值占 GDP 比重由 1998 年的 2.1% 逐步攀升至 2008 年的 2.8%。跨国消费性服务在港集聚成为旅游业发展基础与源泉。

表 4—17　香港旅游业就业人数与增加价值及其比重

年份	就业人数(人,%)		增加价值(百万港元,%)	
	人数	占总就业比重	金额	占 GDP 比重
1998	104900	3.4	25200	2.1
2000	108300	3.4	29200	2.3
2002	137500	4.3	34200	2.8
2004	153600	4.7	36900	3.0
2006	176300	5.2	45300	3.2
2008	197400	5.6	43800	2.8
1998—2002 年均增长或比重增减	7.0	+0.9	7.9	+0.7
2003—2008 年均增长或比重增减	7.1	+1.2	9.8	+0.5

资料来源:香港政府统计处。

(三)个人及社会服务较快发展

经济发展和人口集聚产生对个人及社会服务等消费性服务的巨大需求,政府推动社会公共服务发展促进消费性服务供给增加,回归、特别是 CEPA 实施以来,香港个人及社会服务业取得较快发展。

1998—2003 年,香港个人与社会服务业机构数年均增加 5.5%,高于所有行业 2% 的增长水平,个人与社会服务机构占总机构数比重从 9.6% 升至 2003 年的 11.3%;从吸纳就业来看,个人与社会服务业 1998 年就业人员 32.6 万人,2003 年增至 41.6 万人,年均增长 5%,高于所有行业 1% 的水平,个人与社会服务行业就业人员占总就业比重由 15.4% 升至 18.6%。如表 4—18。

表4—18　香港个人与社会服务业机构数、就业人数、增加价值及占行业比重

年份	机构数（千家,%）			就业人数（千人,%）		
	个人与社会服务	所有行业	比重	个人与社会服务	所有行业	比重
《香港标准行业分类1.1版统计》						
1998	25.0	261.8	9.6	326.4	2126.0	15.4
1999	27.9	296.9	9.4	336.5	2251.5	14.9
2000	29.0	297.1	9.8	354.5	2293.2	15.5
2001	31.3	295.9	10.6	385.1	2285.5	16.8
2002	34.0	310.3	10.9	402.6	2261.9	17.8
2003	32.7	289.0	11.3	416.5	2233.7	18.6
1998—2003 年均增长或比重增减	5.5	2.0	+1.8	5.0	1.0	+3.3
年份	《香港标准行业分类2.0版统计》					
2004	28.9	289.9	10.0	357.5	2302.1	15.5
2005	30.2	296.2	10.2	370.6	2348.7	15.8
2006	31.7	304.6	10.4	381.5	2405.3	15.9
2007	32.6	304.2	10.7	391.2	2455.9	15.9
2008	33.2	301.4	11.0	406.0	2468.9	16.4
2009	36.0	318.0	11.3	422.7	2504.7	16.9
2004—2009 年均增长或比重增减	4.4	1.9	+1.3	3.4	1.7	+1.3

年份	增加价值（十亿港元,%,1.1 版统计）		
	个人与社会服务	GDP	比重
1998	231.2	1218.3	19.0
2000	245.6	1245.0	19.7
2002	259.9	1223.2	21.2
2004	257.6	1244.8	20.7
2006	256.3	1423.3	18.0
2008	279.9	1567.9	17.9
1998—2002 年均增长比重增减	3.0	0.1	+2.3
2003—2008 年均增长比重增减	1.8	5.6	−3.6

资料来源:香港政府统计处。

2004—2009 年,香港个人和社会服务业机构数与就业人数增长均快于行业总体水平,机构数年均增加4.4%,就业人数年均增长3.4%,占所有行业比重分别上升1.3个百分点,2009年机构数占比11.3%,就业人数占比至16.9%。

从个人和社会服务业增加价值来看,回归后香港经济起伏较大,政府促进社会公共事业发展是个人与社会服务业相对于行业总体水平增长较快,1998—2002 年行业增加价值年均增速为3%,占GDP比重上升2.3个百分点。CEPA 签署以来,两大主导性行业驱动香港经济快速增长,2003—2008年个人与社会服务业增加价值虽获得1.8%的年均增速,但相对落后于GDP 5.6%的增速水平,个人和社会服务业增加价值所占比重在此期间下滑3.6个百分点。

总体来看,回归以来香港个人与社会服务业成为吸纳就业、促进社会稳定的重要经济部门。

五、贸易金融共同驱动香港世界城市发展

回归以后,香港在发挥地缘经济和区位优势,推动以市场为导向的发展过程中,东亚产品内分工体系的兴起与迅猛发展使香港日益融入其中,并占据重要地位、实现经济录高速增长。在融通国际商品、资金、人员流动过程中,以贸易为首的流通性服务业和以金融为首的生产性服务业共同驱动香港经济与社会运行发展,同时凝结日益广泛的国际经济联系,香港世界城市实现发展。

首先,香港通过国际商品流通、国际资金融通、国际人员流动联结国际经济关系。在自由港政策与市场环境下,东亚产品内分工兴起使香港在东亚中间产品为主的贸易网络中承担重要的中转角色;金融环境改善及区域内国际资金融通需求上升,使香港成为国际金融资源集聚地并构建起国际资金融通平台;香港回归、CEPA 签署,以及特区政府促进旅游业发展,使香港从消费环节凝聚更为广泛的国际经济关系。国际范围内,商品、资金、人员等以香港为基地频繁流动,促使国际经济联系在港凝结与集聚。

其次,贸易、金融及专业服务快速发展,香港凝结日益广泛的国际经济联系。CEPA 实施以来,在日益深入区域分工体系过程中,香港贸易、金融获得

快速发展。2003—2008 年间增加价值平均增长速度分别为 5.8% 和 11.2%，吸纳就业年均增长 1.7% 和 4.2%，所凝结的国际商品流通范围、国际资金流通范围不断扩大与深化，香港联结起日益广泛的国际经济联系。如表4—19。

表4—19　香港主要行业增加价值与就业增速及比重

年份	主要行业增加价值年均增速及占 GDP 比重(%)								
	流通性服务	生产性服务	合计	进出口贸易	金融业	合计	制造业	服务业	GDP(十亿港元)
1998	24.6	32.3	56.9	17.5	9.8	27.2	5.6	85.7	1218
2003	28.8	28.9	57.7	20.8	12.4	33.2	3.7	89.2	1192
2008	29.0	34.9	63.9	21.0	16.1	37.1	2.5	92.0	1568
1998—2002 年均增长	2.9	−3.1	−0.3	3.3	4.4	3.7	−7.0	0.8	0.1
2003—2008 年均增长	5.8	9.7	7.8	5.8	11.2	8.0	−2.7	6.3	5.6
年份	主要行业就业人数年均增速及占总就业比重(%)								
	流通性服务	生产性服务	合计	进出口贸易	金融业	合计	制造业		总就业(万人)
1998	30.9	18.7	49.5	15.7	5.4	21.0	8.0		313
2003	29.6	19.7	49.3	15.9	5.3	21.2	5.4		320
2008	30.1	21.3	51.5	15.7	5.9	21.6	4.0		352
1998—2002 年均增长	−0.5	1.9	0.4	0.5	1.2	0.7	−7.2		0.8
2003—2008 年均增长	2.3	3.5	2.8	1.7	4.2	2.3	−3.8		1.9

资料来源：香港政府统计处。

再次，以贸易为首的流通性服务业和以金融为首的生产性服务业共同驱动城市运行与增长，香港成为联结广泛国际经济联系的枢纽与节点。在贸易、金融及专业服务的引领下，香港流通性服务和生产性服务增长迅猛，2003—2008 年增加价值年均增速分别为 5.8% 和 9.7%，吸纳就业年均增长 2.3% 和 3.5%；两大服务业占据 GDP 比重 2008 年为 63.9%，占总就业比重为 51.5%，在城市经济中占据主导地位。工业化时期曾占据经济主导地位的制造业 2008 年增加价值占 GDP 比重已降至 2.5%，总就业比重减至

4%;以流通性服务和生产性服务为主的服务业增加价值占 GDP 比重2008年升至92%,香港成为高度服务化城市。在两大主导性服务业驱动城市经济运转与发展过程中,香港成为联结广泛国际经济联系的城市枢纽与节点,即世界城市。

最后,以金融为代表的生产性服务业强劲增长,占据经济比重不断攀升,香港渐由国际贸易中心转向国际金融中心。从香港生产性服务业和流通性服务业的发展比较来看,贸易仍然是最大经济部门,以贸易为首的流通性服务业仍在机构数、就业人员方面占据经济主导地位,2008年流通性服务业就业占总就业比重的30.1%,而以金融为首的生产性服务业就业比重为21.3%。但近年来,不管从机构数、就业人数增长还是增加价值增长,流通性服务业都相对落后于生产性服务业发展。2003—2008年流通性服务业增加价值和就业年均增长分别为5.8%和2.3%,同期生产性服务业年均增速分别为9.7%和3.5%。从生产性服务业就业人员比重来看并不占优,但近年比重显著上升,1998年占总就业18.7%,至2008年上升2.6个百分点至21.3%;从增加价值占比来看,2008年占 GDP 比重34.9%,已超越占比29%的流通性服务业成为最主要经济部门。香港渐由以流通性服务为主导的国际贸易中心,向以生产性服务为主导的国际金融中心转型发展。

第二节　香港世界城市的人口、就业与收入特征

在以贸易为首的流通性服务和金融为首的生产性服务驱动经济运转过程中,香港世界城市呈现出行业、职业、收入及社会分化特征。

一、人口集聚特征

随着跨国机构不断以香港为基地拓展以内地为主的市场,以及香港日益成为国际商品流动、国际资金融通平台,外籍人士集聚与往来流动成为香港世界城市鲜明的人口特征。

(一)外籍人士流入增多,以提供外籍家佣服务的居民增长为快

作为具有150多年殖民统治史的移民城市,外籍居民在香港占据一定比重。回归以来,随着香港日益成为国际商品资金融通平台,香港外籍居民

比重继续上升。

1998年,香港居民中持外国护照人数为48.6万人,占居民总人数①的7.4%。至2008年,外籍人士年均增长1.3%,为55.1万人,占居民总人数的7.9%,上升0.5个百分点。如表4—20。

表4—20　香港持外国护照人数及其比重

年份	外籍总数及占香港居民总人数比重(千人、%)		印尼、菲律宾籍人数及占外籍总人数比重(千人、%)			
	外籍总数	比重	印尼籍	比重	菲律宾籍	比重
1998	486	7.4	45	9.2	138	28.3
2000	513	7.6	64	12.4	145	28.2
2002	530	7.9	85	16.1	143	26.9
2004	524	7.7	106	20.2	130	24.8
2006	517	7.5	121	23.4	133	25.7
2008	551	7.9	141	25.6	138	25.1
1998—2008年均增长或比重增减	1.3	+0.5	12.2	+16.4	0.1	-3.2
女性人口比重(2006年数字)			92%		94%	

资料来源:香港政府统计处,《香港年刊》,1997—2008年各期;《2006年中期人口统计》。

国际业务在港聚集,对国际高端管理和专业人才需求增大。1997—2006年,在港美国籍和加拿大籍居民人数不断下滑,2006年以来,人数趋于攀升,由4.5万人增至2008年的4.9万人,他们在港以高层管理和专业技术人员为多。如图4—2。

国际管理与专业人员在港聚集,他们对家庭生活服务等需求引致家佣等服务人员国际流动增多。在流入香港的外籍人士中,印尼籍居民增长最快。1998年在港印尼籍居民4.5万人,占外籍人士比重仅9.2%;2008年攀升至14.1万人,占比25.6%,超过一直在港外籍人士中占比最高的菲律宾籍居民,1998—2008年均增加12.2%。在港菲律宾籍居民2000—2006

---

① 注:香港从1996年开始按"居住人口"法统计人口数量。

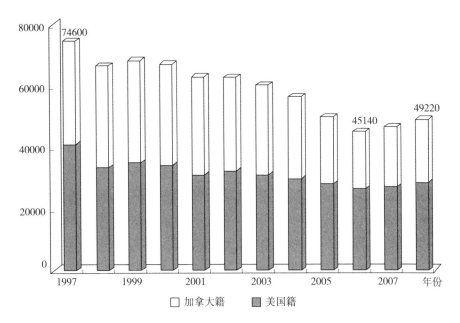

图4—2　1997—2008年在港美国籍和加拿大籍居民人数

资料来源:《香港年刊》,1997—2008年各期。

年逐年减少,2006年以来又趋于回升,占在港外籍居民比重由1998年的28.3%下滑到2008年的25.1%。截至2008年年底,印尼籍和菲律宾籍人士占在港外籍居民总数达50.7%。从性别特征来看,在港印尼籍和菲律宾籍居民以女性为绝对比重,2006年女性占该国籍在港人数分别为92%和94%,她们在港主要提供外籍家佣服务。

从香港外籍家佣人数来看,1996年为11.8万人,2006年增至18.7万人,年均增长4.7%。作为非技术服务的一个类别,外籍家佣服务占非技术服务比重由1996年的20.93%升至2006年的29.53%,上升8.61个百分点,占香港各类职业人员比重也由3.88%上升至5.56%。香港经济对外籍家佣的需求与消费比重不断攀升。如表4—21。

表 4—21　1996、2001、2006 年香港外籍家佣人数及其比重　　（%）

年份	1996	2001	2006	1996—2006 年均增长或比重增减
外籍家佣（人数）	118173	180598	187017	4.7
占非技术工人比重	20.93	28.42	29.53	+8.61
占各类职业人员比重%	3.88	5.55	5.56	+1.67

资料来源：香港政府统计处，《2006 年中期人口统计》。

外籍人士流入以及对内地专业人员的需求使香港成为高度国际化的城市社区，2006 年香港 664 万常住居民中，中国籍（非永久居民）和外籍人士共43.5 万人，占比 6.54%。其中，菲律宾籍、印尼籍和中国籍（非永久居民）居民人数最多，分别占常住居民总数的 1.73%、1.65% 和 1.21%，英国、日本、美国、加拿大、澳洲等发达地区国籍居民共 7 万人，占比 1.05%。如表 4—22。

表 4—22　2006 年除中国籍（永久居民）外的香港常住居民及所占比重（%）

国籍	人数	比重	国籍	人数	比重
菲律宾籍	114751	1.73	日本籍	13529	0.20
印尼籍	109546	1.65	美国籍	12108	0.18
中国籍（非永久居民）	80679	1.21	巴基斯坦籍、孟加拉籍和斯里兰卡籍	11754	0.18
英国籍	23582	0.35	加拿大籍	11017	0.17
印度籍	16882	0.25	澳洲籍	9859	0.15
尼泊尔籍	15579	0.23	其他国籍	39931	0.60
泰国籍	15523	0.23	合计	434809	6.54

资料来源：香港政府统计处，《2006 年中期人口统计》。

（二）流动居民中以高层管理人员及内地广东工作为主

国际商品流通和国际资金融通平台的运作使香港成为人员跨国、跨地区高度流动的城市，往来于粤港的经理及行政人员成为最主要的流动居民。

2006 年，香港流动居民总计 10.5 万人。其中，往来于粤港的经理及行政人员 2.2 万人，占流动居民总人数的 21.1%，辅助专业人员 1 万人，占总流动居民的 10%。如表 4—23。

表4—23 2006年香港流动居民工作地点及职业构成

	不同工作地点、不同职业流动居民占总流动居民人口比重(%)									流动居民总计(人)
	经理及行政人员	专业人员	辅助专业人员	文员	服务工作及工商店销售人员	非技术工人	工艺及有关人员	机台及机器操作员及装配员	合计	
香港(有固定地点)	6.9	1.1	4.0	2.4	1.9	0.8	1.5	1.1	19.8	20816
广东	21.1	1.6	10.0	3.3	3.4	1.9	6.4	3.2	51.0	53507
内地其他	4.2	0.7	1.8	0.6	1.0	0.1	0.4	0.1	8.9	9436
其他国家或地区	2.4	1.8	2.0	1.2	2.3	0.0	0.5	0.1	10.3	10929
合计	34.6	5.1	17.7	7.5	8.7	2.9	8.9	4.5	89.9	94688
流动居民总计(人)	37911	6450	20305	8656	10445	4263	10767	5297	104094	104747
	各工作地点流动居民中不同职业居民所占比重(%)									总计(%)
香港(有固定地点)	34.7	5.6	20.0	12.3	9.7	4.1	7.6	5.7	99.7	100.0
广东	41.3	3.0	19.6	6.5	6.7	3.8	12.6	6.2	99.8	100.0
内地其他	47.0	7.5	19.6	6.5	11.1	1.6	4.3	0.9	98.4	100.0
其他国家或地区	22.9	17.0	18.8	11.1	22.4	0.5	4.9	0.8	98.3	100.0
合计	38.3	5.7	19.6	8.3	9.6	3.2	9.8	4.9	99.5	100.0
流动居民总计(%)	36.2	6.2	19.4	8.3	10.0	4.1	10.3	5.1	99.4	100.0
	各类职业流动居民中不同工作地点居民所占比重(%)									总计(%)
香港(有固定地点)	19.1	18.2	20.5	29.5	19.3	19.8	14.8	22.3	19.9	19.9
广东	58.3	25.3	51.6	40.5	34.4	47.6	62.7	62.5	51.3	51.1
内地其他	11.7	10.9	9.1	7.1	10.0	3.5	3.7	1.6	8.9	9.0
其他国家或地区	6.6	28.7	10.1	14.0	23.4	1.2	5.0	1.7	10.3	10.4
合计	95.7	83.1	91.4	91.1	87.2	72.1	86.2	88.1	90.5	90.4
流动居民总计(%)	100.0	100.0	100.0	100.0	100.0	100.0	100.0	100.0	100.0	100.0

资料来源:香港政府统计处,《2006年中期人口统计》。

　　从各工作地点流动居民的职业划分来看,在香港有固定地点的工作人员以高层管理人员(34.7%)和辅助专业人员(20%)为主;在广东工作的人员以高层管理人员(41.3%)、辅助专业人员(19.6%)和制造业领域的工艺及有关人员(12.6%)为主;在以上海、北京为主的内地其他地区工作的人员中,47%为高层管理人员,19.6%为辅助专业人员;在以欧美为主的其他国家或地区工作的人员中,22.9%为高层管理人员,22.4%为服务工作及商店销售人员,辅助专业人员占到18.8%,专业人员占到17%。所有流动居民中,高层管理人员占到36.2%,辅助专业人员占到19.4%。

　　从不同职业流动居民的工作地点来看,均以在广东工作的比重为最高,其次为在港有固定工作地点。11.7%的高层管理人员在上海、北京等内地城市工作;28.7%的专业人员、10.1%辅助专业人员、14%的文员和23.4%的服务工作及商店销售人员在欧美等其他国家或地区工作。所有流动居民中,在广东工作的比重占51.1%,在香港固定地点工作的比重为19.9%,在其他国家或地区工作的占到10.4%。

二、行业的就业与职业特征

　　流通性服务业和生产性服务业的生产技术特征有显著差异,在两大主导行业发展过程中,主要行业的就业贡献和所提供职业呈现分化特征。

　　(一)以贸易为首的流通性服务就业贡献较大

　　进出口贸易在香港总就业中占比最高,1998—2002年均为15.7%,2003—2008年均水平升至16.1%。在贸易带动下,香港流通性服务就业比重由1998—2002年间30.1%升至2003—2008年间30.3%,就业年均增长速度由-0.54%转为正增长2.31%,高于2003—2008年间总就业1.93%的年均增速。

　　就业弹性是把就业人数和增加价值联系起来的分析指标,定义为增加值每增长1个百分点所带来的就业人数增长的百分点。1998—2002年间因流通性服务业就业人数减少,就业弹性为负值。2003—2008年,流通性服务业就业弹性为0.37,高于生产性服务业0.32的水平。由于流通性服务业占据总就业最大比重,2003—2008年间增速较快,就业弹性较生产性服务业和整体行业平均水平为高,香港流通性服务业就业贡献最大。如表4—24。

表4—24　香港主要行业就业比重与名义就业弹性

	1998—2002 年			2003—2008 年		
	就业比重 （%）	就业年均 增长 （%）	就业弹性	就业比重 （%）	就业年均 增长 （%）	就业弹性
流通性服务	30.1	-0.54	-0.17	30.3	2.31	0.37
生产性服务	19.2	1.92	-0.67	20.5	3.52	0.32
进出口贸易	15.7	0.52	0.15	16.1	1.67	0.26
金融业	5.4	1.18	0.26	5.5	4.22	0.33
个人与社会服务	16.1	5.38	1.88	15.9 *	3.23 *	1.57 *
整体行业	100.0	0.76	7.69	100.0	1.93	0.32

注：* 为2004—2008 年数据,仅个人与社会服务业2004—2008 年就业数据据《香港标准行业分类
2.0 版》统计。
数据来源：香港政府统计处。

从个人与社会服务业来看,占总就业比重在16% 左右,1998—2002 年
和2004—2008 年平均增速分别为5.38% 和3.23% ,就业弹性分别为1.88
和1.57,其对香港就业贡献也相对较大。

金融业占总就业比重相对较低,约为5.5% 。2003—2008 年间平均增
速由1998—2002 年间的1.18% 增至4.22% ,就业弹性为0.33,高于行业平
均水平。从生产性服务整体情况来看,占总就业比重有所上升,由19.2%
增加到20.5% ,就业年均增长率由1.92% 升至3.52% ,高于行业平均水平,
就业弹性0.32 与行业水平相当。因而,以金融为首的生产性服务对香港经
济的就业贡献逐步增大。

（二）生产性服务业以提供高低收入服务职业为主

从香港的职业分类来看,经理及行政人员和专业人员提供专业技术与
管理服务,收入水平较高,属于高收入服务职业;辅助专业人员主要提供辅
助技术服务,收入水平较管理人员和专业人员为低,属于中等收入服务职
业;文员、服务工作及商店销售人员和包含外籍家佣在内的非技术人员,主
要从事技术含量较低、劳动密集型服务工作,收入水平较低,属于低收入服
务职业;而像工艺及有关人员、机台机器操作员及装配员,主要在制造领域
工作,前者技术含量相对较高,后者属于劳动密集型工种。如表4—25。

表4—25 香港职业类别划分

职业类别	职业名称
高收入服务职业	经理及行政人员
	专业人员
中等收入服务职业	辅助专业人员
低收入服务职业	文员
	服务工作及商店销售人员
	非技术工人
	其中:外籍家佣
制造领域职业	工艺及有关人员
	机台机器操作员及装配员

生产性服务业是香港增长最为迅猛的行业,近年来其所提供职业的特征为:

第一,生产性服务业发展对经理、专业及服务专业人员、文书、销售及顾客服务人员等十大职业的需求为主,这十大职业占据所提供职业的绝对比重,2001年为92.4%,2006年为91.1%。[①] 如表4—26。

表4—26 2001、2006年香港金融保险、地产及商务服务业职业构成 (%)

类别	主要职业	2001年	2006年	2001年 2006年
高收入服务	企业经理	10.9	10.5	
	小型机构经理	5.3	5.3	
	法律、会计、商业及有关专业人员	4.6	5.9	
	资讯科技/电脑专业人员	3.9	3.6	高收入服务
	自然科学、数学及工程专业人员	2.8	2.7	27.5 28.0
中等收入服务	法律、会计、商业及有关辅助专业人员	21.3	21.6	中等收入服务
	自然科学、数学及工程辅助专业人员	5.4	4.7	26.8 26.3

---

① 注:《香港标准行业分类1.1版》按"金融、保险、地产和商用服务业"行业主类统计,未包含通讯业,故对生产性服务进行近似分析。

续上表

类别	主要职业	2001 年	2006 年	2001 年	2006 年
低收入服务	销售及服务业非技术工人	15.7	16.6	低收入服务 38.1	36.8
	文书工作文员	18.4	16.4		
	顾客服务人员	4.0	3.8		
合计				92.4	91.1

资料来源:香港政府统计处,《2001 年人口统计》《2006 年中期人口统计》。

第二,生产性服务业对高收入服务职业和低收入服务职业均有较大需求。2001 年,香港生产性服务业对企业经理、小型机构经理、法律、会计、商业、资讯科技/电脑、自然科学、教学及工程专业人员等五大高收入服务职业需求占比 27.5%,2006 年升至 28%。同时,对销售及服务业非技术工人、文书工作人员、顾客服务人员等低收入服务职业需求量最大,文书工作人员是第二大细分职业,2006 年占比为 16.4%;销售及服务业非技术工人是第三大细分职业,2001 年占比 15.7%,2006 年升至 16.6%;低收入服务职业所占比重由文书需求量下降而由 2001 年的占比 38.1% 减至 2006 年的 36.8%。

第三,细分职业中,生产性服务业发展对法律、会计、商业及有关专业和辅助专业人员的需求最多且增长最快。法律、会计等辅助专业人员是第一大细分职业,占生产性服务所提供职业的近 1/4,2006 年较 2001 年上升 0.3 个百分点至 21.6%;2001—2006 年,高收入服务职业——法律会计等专业人员占比升幅最大,上升 1.3 个百分点,所占比重由 2001 年的 4.6% 增至 5.9%。

第四,生产性服务业发展对管理层人员的需求占相当比重。企业经理是香港生产性服务业中第四大细分职业,2001 年占比为 10.9%,2006 年比重下降至 10.5%;小型机构经理所占比重基本维持在 5.3%。2001 年,管理人员占行业所提供职业比重共计 16.2%,2006 年减至 15.8%,生产性服务业发展对管理层人员的需求有所减少。

总体来说,香港生产性服务业对高低收入服务职业需求都占较高比重;随行业发展,对中高收入的法律会计等专业及辅助专业人员以及对低收入的销售服务人员需求趋于攀升;管理层人员所占比重有所下降。

（三）流通性服务业以提供低收入服务职业为主

流通性服务业在香港经济中占据主导地位,其生产经营特点决定,香港流通性服务业以提供低收入服务职业为主。

第一,流通性服务业对文书、销售人员、个人服务人员、司机等十大职业需求占绝对比重,2001 年占行业所提供职业的 93%,2006 年占到92.9%。① 如表4—27。

表4—27　2001、2006 年香港流通性服务业职业构成　　　　（%）

类别	主要职业	2001 年	2006 年	2001 年	2006 年
高收入服务	小型机构经理 企业经理	9.5 3.3	9.3 3.8	高收入服务 12.8	 13.1
中等收入服务	法律、会计、商业及有关辅助专业人员	7.7	8.4	中等收入服务 7.7	 8.4
低收入服务	文书工作文员 销售人员及模特儿 个人服务及保护服务人员 销售及服务业非技术工人 顾客服务人员	15.8 13.6 13.3 11.8 3.8	17.0 14.9 13.3 9.5 3.7	低收入服务 58.4	 58.5
制造领域工人	司机及流动式机器操作员 金属业及机械业工人	12.3 1.8	11.2 1.7	制造领域工人 14.1	 13.0
合计				93	92.9

注:统计数据包括批发零售、贸易、饮食及酒店、运输、仓库及通讯业。

数据来源:香港政府统计处,《2001 年人口统计》、《2006 年中期人口统计》。

第二,流通性服务业发展以提供低收入服务职业为主。文书、销售人员、个人服务人员为流通性服务业前三大细分职业,2001 年它们占到行业所提供职业比重共计42.7%,2006 年升至45.2%。加上第五大细分职业销售及服务业非技术工人和服务服务人员,流通性服务业所提供的低收入

---

① 《香港标准行业分类1.1 版》按“批发、零售、进出口贸易、饮食及酒店业”和“运输、仓库及通讯业”两个行业主类统计,这里流通性服务业包括两大行业主类,未分拆饮食及酒店业和通讯业,故为近似分析。

服务职业占比 2001 年为 58.4%,2006 年小幅升至 58.5%。

第三,随进出口贸易引领流通性服务业发展,旅游业带动商业零售等行业增长背景下,流通性服务业对企业经理、法律会计及有关辅助专业人员、文书和销售人员四类细分职业需求上升,2001 年四类职业占比分别为3.3%、7.7%、15.8% 和 13.6%,2006 年分别上升至 3.8%、8.4%、17% 和14.9%,其中对销售人员和文书的需求上升最显著,占比分别提高 1.3 和1.2 个百分点。

(四)个人与社会服务业以提供低收入服务职业为主

在流通性服务和生产性服务两大主导行业驱动,以及政府推动社会公共服务发展过程中,香港个人与社会服务业获得较快发展,由于行业属性特点,香港个人与社会服务业以提供低收入服务职业为主。

第一,销售及服务非技术工人、个人服务、教学研究辅助专业人员及专业人员等 10 大职业占据个人与社会服务业所提供职业的绝对比重,2001年,10 大职业占比 86.7%,2006 年有所下降,占比 84.9%。如表 4—28。

表 4—28　2001、2006 年香港社区、社会及个人服务业职业构成　　　(%)

类别	主要职业	2001 年	2006 年	2001 年　　2006 年	
高收入服务	教学专业人员 社会科学及其他专业人员	5.1 2.1	4.5 2.6	高收入服务 7.2	7.1
中等收入服务	教学辅助专业人员 生物科学及保健辅助专业人员 法律、会计、商业及有关辅助专业人员 社会服务及其他辅助专业人员	6.2 5.8 2.4 2.4	5.9 5.3 3.1 2.5	中等收入服务 16.8	16.9
低收入服务	销售及服务业非技术工人 个人服务及保护服务人员 文书工作文员	36.6 14.1 8.1	36.2 13.4 8.3	低收入服务 58.8	57.9
制造领域工人	金属业及机械业工人	4.0	3.0	制造领域工人 4.0	3.0
合计				86.7	84.9

资料来源:香港政府统计处,《2001 年人口统计》、《2006 年中期人口统计》。

第二,个人及社会服务业以提供低收入服务职业为主。销售及服务业非技术工人为第一大细分职业,2001 年占行业所提供职业的 36.6% ,2006 年回落至 36.2%。个人服务及保护服务人员是第二大细分职业,连同文书共三类低收入服务职业,2001 占到行业所提供职业比重的 58.8% ,2006 年降至 57.9%。

第三,由于科研、社会事业的发展,高收入类的社会科学及其专业人员,以及中等收入类的法律、会计及有关服务专业人员和社会服务及其他辅助专业人员,在行业中增长最快,所占比重分别上升 0.5、0.7 和 0.1 个百分点,2006 年占行业比重分别为 2.6%、3.1% 和 2.5%。

第四,由于对各领域辅助专业人员的需求,中等收入服务职业成为个人及社会服务业所能提供的第二大类职业。主要包括教学辅助专业人员、生物科学及保健辅助专业人员、法律会计及有关辅助专业人员和社会服务及其他辅助专业人员,其占行业所提供职业比重 2001 年为 16.8% ,2006 年升至 16.9%。

第五,个人及社会服务业所能提供的高收入服务职业较少,教学专业人员和社会科学及其他专业人员,是行业所能提供的主要高收入服务职业,两者合计占比 2001 年为 7.2% ,2006 年小幅下降至 7.1%。和生产性服务业 2006 年提供 28%、流通性服务业提供 13.1% 的高收入服务职业相比,个人及社会服务业所能提供的高收入服务职业比重较低。

(五)行业间呈现职业分化特征

对比生产性服务业、流通性服务业和个人及社会服务业前十大职业所提供职位数量,占香港经济主要比重的选定行业以提供低收入服务职位最主,2001 为 139.8 万人次,2006 年为 149.9 万人次。如表 4—29。

在高收入服务职业中,因流通性服务业就业比重大,其所提供高收入服务职位数量最多,2001 年占选定行业高收入服务职位总数的 43.4% ,生产性服务业位居其次,提供 40% 的高收入服务职位;2006 年分别为 43.3% 和 40.4%。中等收入服务职业中,2001 年生产性服务业所提供职位数最多,占 37.5% ,个人及社会服务业提供 37.3% ;2006 年,个人及社会服务业提供中等收入服务职位最多,占 37% ,生产性服务业提供 36.4%。低收入服务职业中,流通性服务业提供职位数最多,2001 年占 50.9% ,2006 年为 51% ;个人及社会服务业位居其次,分别提供 34.9% 和 35%。

从各行业所提供不同类职业职位数年均增长率来看,2001—2006 年间,生产性服务业提供的高收入服务职位数增长最快,年均增加 2.1%;流通性服务业提供的中等收入服务职位数增长最快,年均增加 3.1%;低收入服务职业中,个人及社会服务业所提供职位数增长最快,年均增加 1.5%。

表 4—29　2001、2006 年香港各行业前十大职业所提供职位数及占选定行业比重

	生产性服务	流通性服务	个人社会服务	合计	生产性服务	流通性服务	个人社会服务	合计
	2001 年各行业前十大职业所提供职位数量(千人次)				2001 年不同类职业中各行业所提供职位数量所占比重(%)			
高收入服务	144	156	60	360	40.0	43.4	16.6	100.0
中等收入服务	140	94	139	373	37.5	25.2	37.3	100.0
低收入服务	199	711	487	1398	14.2	50.9	34.9	100.0
制造领域工人		172	33	205	0.0	83.8	16.2	100.0
	2006 年各行业前十大职业所提供职位数量(千人次)				2006 年不同类职业中各行业所提供职位数量所占比重(%)			
高收入服务	160	172	64	396	40.4	43.3	16.3	100.0
中等收入服务	150	110	153	413	36.4	26.5	37.0	100.0
低收入服务	210	764	524	1499	14.0	51.0	35.0	100.0
制造领域工人		170	27	197	0.0	86.1	13.9	100.0
	2001—2006 年各行业所提供职位数量年均增长率(%)				2001—2006 年各行业所提供职位比重增减(%)			
高收入服务	2.1	1.9	1.5	1.9	0.4	0.0	-0.4	0.0
中等收入服务	1.4	3.1	1.9	2.0	-1.1	1.3	-0.3	0.0
低收入服务	1.1	1.4	1.5	1.4	-0.2	0.1	0.1	0.0
制造领域工人		-0.3	-3.7	-0.8	0.0	2.2	-2.2	0.0

资料来源:数据来源:香港政府统计处,《2001 年人口统计》、《2006 年中期人口统计》。

从各行业所提供职位数在选定行业不同类职业职位总数的比重变化来看,生产性服务业提供的高收入服务职位比重攀升 0.4 个百分点,个人及社会服务业所提供高收入服务职位所占比重下降 0.4 个百分点。中等收入服务职业中,流通性服务业所提供职位数比重上升 1.3 个百分点,其他两大行业所提供职位数比重均有所减少;低收入服务职业中,流通性服务业和个人及社会服务业所提供职位数比重均上升 0.1 个百分点,生产性服务业所提

供低收入服务职位比重减少0.2个百分点。

由此可见,三大类行业呈现职业分化特征,生产性服务业提供高收入服务职位相对增多,所提供低收入服务职位相对减少;流通性服务业提供中等和低收入服务职位相对较多;个人及社会服务业倾向于提供低收入服务职位,所提供高收入和中等收入服务职位都相对减少。由于香港国际资金融通平台的构建与规模化运作尚处于初期发展阶段,对高端人才需求增长较快,从而使生产性服务业所提供高收入服务职位增加相对较快,这在香港目前主要行业的职业分化特征中得到一定佐证。

三、行业的阶层分化

将主要行业就业人员按照不同收入水平层次进行划分,从各行业各收入层次就业分布来看,香港主要行业呈现高低收入阶层分化特征。

1.各收入层不同行业分别占据主导地位。生产性服务业在月收入4万港元以上收入层中就业人员最多,2001年和2006年均在7万人左右,其次是个人及社会服务业2001年有6.5万人,2006年为6.1万人。贸易等流通性服务业在低于2000、4000到2万港元各收入层就业人数均最多;个人及社会服务业在2000到4000、2万到4万收入层就业人数最多。如表4—30。

2.生产性服务业就业主要分布在中高收入层。从生产性服务业就业分布来看,2001年就业人员最集中的前四大收入层分别为:22.6%的就业人员月收入1万—1.5万港元;14.7%的就业人员月收入2万—3万;13.3%的就业人员收入4万港元以上;13.1%的员工月收入1.5万—2万港元,就业最集中的前四个收入层共有就业人员63.7%。2006年,四大收入层位序未发生变化,所吸纳就业人员比重均有所下降,合计就业比重为58.9%。

3.贸易等流通性服务业就业主要分布在中低收入层。从就业人员最集中的前四大收入层来看,2001年,24.4%的员工月收入在1万—1.5万港元;17%的员工收入在6000—8000港元;15.1%的员工月收入8000到1万;10.1%的员工收入4000—6000,合计共占贸易等流通性服务业总就业的66.6%。2006年,四大收入层位序未变,占员工总数分别为22%、17.4%、14.4%和11.4%,合计占65.2%。

4.仓库运输类流通性服务业就业主要分布在中等收入层。其中,2001

表4—30　2001,2006年香港主要行业各收入层人数、比重及年均增长率

每月主业收入（港元）	2001年人数（千人）				2001年各收入层人数比重（%）				2001—2006年各收入层人数年均增长（%）			
	生产性服务	流通性(1)	流通性(2)	个人社会服务	生产性服务	流通性(1)	流通性(2)	个人社会服务	生产性服务	流通性(1)	流通性(2)	个人社会服务
< $2000	4.6	20.0	3.8	14.5	0.9	2.3	1.0	1.7	3.9	3.2	2.3	8.4
$2000—3999	5.9	41.6	10.3	193.8	1.1	4.9	2.8	23.4	14.5	4.8	6.8	2.9
$4000—5999	27.3	86.2	22.1	78.0	5.2	10.1	6.0	9.4	11.0	4.0	6.8	3.8
$6000—7999	61.1	144.6	50.6	55.6	11.7	17.0	13.8	6.7	3.4	2.0	5.7	8.1
$8000—9999	54.3	128.9	60.4	57.9	10.4	15.1	16.5	7.0	2.1	0.4	1.5	5.3
$10000—14999	118.0	208.1	104.7	129.2	22.6	24.4	28.6	15.6	0.7	(0.7)	(0.2)	(1.3)
$15000—19999	68.6	83.7	52.4	76.2	13.1	9.8	14.3	9.2	(0.0)	0.6	(1.8)	1.2
$20000—29999	76.9	68.6	34.7	109.0	14.7	8.0	9.5	13.1	(0.4)	1.6	(1.6)	(2.1)
$30000—39999	35.7	26.3	11.5	48.5	6.8	3.1	3.1	5.8	1.3	4.0	(0.5)	(0.8)
$40000+	69.5	31.8	14.6	64.6	13.3	3.7	4.0	7.8	0.2	3.8	(0.4)	(1.3)
总计	522.8	852.6	366.3	829.7	100.0	100.0	100.0	100.0	1.8	1.4	1.3	1.8

续上表

每月主业收入（港元）	2006年人数（千人）				2006年各收入层人数比重（%）				2006年比2001年各收入层比重增减（%）			
	生产性服务	流通性(1)	流通性(2)	个人社会服务	生产性服务	流通性(1)	流通性(2)	个人社会服务	生产性服务	流通性(1)	流通性(2)	个人社会服务
< \$2000	5.6	23.4	4.3	21.6	1.0	2.6	1.1	2.4	0.1	0.2	0.1	0.6
\$2000—3999	11.6	52.7	14.3	223.6	2.0	5.8	3.7	24.7	0.9	0.9	0.8	1.3
\$4000—5999	46.0	104.8	30.7	93.8	8.1	11.4	7.9	10.4	2.8	1.3	1.8	1.0
\$6000—7999	72.0	159.4	66.7	82.2	12.6	17.4	17.0	9.1	0.9	0.4	3.2	2.4
\$8000—9999	60.3	131.5	65.1	74.9	10.6	14.4	16.6	8.3	0.2	(0.8)	0.1	1.3
\$10000—14999	122.4	201.2	103.6	121.2	21.4	22.0	26.5	13.4	(1.1)	(2.4)	(2.1)	(2.2)
\$15000—19999	68.5	86.4	47.9	81.0	12.0	9.4	12.2	9.0	(1.1)	(0.4)	(2.1)	(0.2)
\$20000—29999	75.2	74.3	32.1	98.1	13.2	8.1	8.2	10.8	(1.5)	0.1	(1.3)	(2.3)
\$30000—39999	38.1	31.9	11.2	46.7	6.7	3.5	2.9	5.2	(0.2)	0.4	(0.3)	(0.7)
\$40000+	70.3	38.2	14.3	60.7	12.3	4.2	3.7	6.7	(1.0)	0.4	(0.3)	(1.1)
总计	571.4	916.2	391.3	905.4	100.0	100.0	100.0	100.0	0	0	0	0

注：生产性服务指"金融、保险、地产及商用服务业"；流通性(1)指"批发、零售、进出口贸易、饮食及酒店业"；流通性(2)指"运输、仓库及通讯业"；个人社会服务指"社区、社会及个人服务业"；原始数据按《香港标准行业分类1.1》版统计。数据来源：香港政府统计处，《2001年人口统计》、《2006年中期人口统计》。

年前四大收入层分布是:28.6%的员工分布在1万—1.5万港元;16.5%的员工月收入8000—1万;14.3%的员工月收入1.5万—2万;13.8%的员工月收入6000—8000;合计占行业总就业73.2%。2006年,6000—8000收入层由2001年第四位升至第三位,员工数量占行业就业的17%;1.5万—2万港元收入层由2001年的第三位降为2006年的第四位,吸纳就业12.2%,2006年四大收入层共有就业人员72.3%。

5. 个人及社会服务业就业收入分化显著。2001年,前四大收入层分布为:23.4%的就业人员月收入在2000—4000;15.6%的就业人员月收入1万—1.5万;13.1%的就业人员月收入2万—3万;9.4%的就业人员月收入4000—6000,合计所占比重为61.5%。2006年,四大收入层位序未变,合计所占比重59.3%。

6. 各行业以低收入层次就业增长为快。2001—2006年,生产性服务业吸纳就业增长主要在2000—6000收入层,其中2000—4000收入层就业人员年均增加14.5%,增长最快;4000—6000收入层年均增加就业11%,位居其次。贸易类流通性服务业在中低收入层均有显著就业增加,其中增长最快的是2000—4000收入层,年均增加4.8%;其次是4000—6000和3万—4万收入层,就业年均增长率都为4%;渐次是4万以上收入层,年均增加就业人员3.8%。仓库运输类流通性服务业就业增速较快的是低收入层次,2000—4000、4000—6000收入层年均增加就业6.8%,6000—8000收入层就业年均增多5.7%。个人及社会服务业就业增加主要在少于2千港元收入层,年均增加8.4%;其次是6000—8000收入层,年均增速8.1%。

7. 高收入层次就业增长呈现行业分化。贸易类流通性服务业在3万—4万、4万以上收入层就业人数均有较快增长,年均增速分别为4%和3.8%;其次在1.5万—2万和2万—3万收入层也有增长。生产性服务业在3万—4万、4万以上高收入层有小幅增长,年均增速分别为1.3%和0.2%;在1.5万—2万和2万—3万收入层就业有小幅下降。仓库运输类流通性服务业在1万以上各收入层均出现就业萎缩;个人及社会服务业除1.5万—2万收入层就业年均增加1.2%之外,1万以上收入层均下滑显著,2万—3万收入层就业年均负增长2.1%,4万以上收入层年均负增长1.3%。

8.除贸易类流通性服务业,各行业中高收入层就业比重均出现下降。相对于2001年,2006年生产性服务业、仓库运输类流通性服务业和个人及社会服务业在1万以上各收入层的就业比重均有下降,生产性服务业除2万—4万收入层下降0.2个百分点外,其余四个收入层均下滑1个多百分点;比重上升主要为4000—6000收入层,增加2.8个百分点。仓库运输类流通性服务业在1万—1.5万、1.5万—2万收入层均萎缩2.1个百分点,就业主要流向6000—8000收入层。个人及社会服务业在1万—1.5万和2万—3万收入层均下滑2个百分点以上,就业主要流向6000—8000收入层。相对于其他行业高收入层就业比重均出现下滑,贸易类流通性服务业在2万—3万收入层上升0.1个百分点、3万—4万和4万以上收入层均上升0.4个百分点;就业比重下降主要是8000至2万收入层,其中1万—1.5万收入层比重萎缩2.4个百分点,4000—6000收入层就业比重上升较多,为1.3个百分点。

综上所述,21世纪以来,第一,各行业低收入层次就业比重均有攀升,低收入阶层比重增大。第二,生产性服务业和个人及社会服务业最高收入层就业人数最多,前者最高收入层就业比重虽有下滑,但仍有小幅增长,后者最高收入层就业比重及数量均有萎缩,两个行业低收入层次就业均有较快增长、比重上升显著,生产性服务业高低收入阶层分化最为显著,个人及社会服务业阶层分化次之。第三,贸易类流通性服务业最高和最低收入层就业均有上升,中间收入层占比萎缩,阶层分化逐步扩大。第四,仓库运输类服务业就业整体向偏低收入转移。因此,从各行业不同收入层次就业分布来看,香港各行业的阶层分化有不同程度的发展,共同特点是低收入阶层扩大。

四、职业的阶层分化

为验证不同职业的收入类别划分,以及考察不同职业各收入层次就业分布,先将香港各主要职业划分为四类:一是管理及技术类服务性职业,包括经理及行政人员、专业人员;二是辅助技术类服务性职业,包括辅助专业人员;三是非技术类服务性职业,包括文员、服务工作及商店销售人员、非技术工人;四是制造领域工人,包括工艺及有关人员和机台机器操作员及装配员。

从各类职业就业分布来看,香港主要职业同样呈现高低收入阶层分化特征。

(1)管理及技术类职业和非技术类职业分别在高和中低收入层占据主导地位。每月主业收入在 2 万港元以上以管理及技术类职业就业人员为最多;除此之外的各收入层,均以非技术类服务就业人员居多。2001 年,非技术类服务就业人员共 165 万人,2006 年升至 175 万人,均远多于其他类型职业就业人数。如表 4—31。

(2)管理及技术类职业就业人员主要分布在高收入区段。2001 年,管理及技术类职业就业最为密集的四个收入层分别为:31.5%的管理及技术人员月收入在 4 万港元以上;23.6%的管理及技术人员月收入在 2 万—3万港元;15.6%的人员月收入 3 万—4 万港元;11.7%的管理及技术人员月收入 1.5 万—2 万港元,四个收入层管理及技术人员占比合计 82.4%。2006 年,就业最为密集的四个收入层有所变动:排在前三的仍然是 4 万港元以上、2 万—3 万港元和 3 万—4 万港元三个收入层,分别占比 28.9%、22.8%和 15%;第四大收入层月收入减少至 1 万—1.5 万港元,占比13.2%。四个收入层所占就业比重合计 79.9%。

(3)辅助技术类职业集中在中高收入区段。2001 年,25.2%的辅助技术类就业人员月收入为 1 万—1.5 万港元,22.3%的就业人员收入 2万—3 万港元;20.7%的职员收入 1.5 万—2 万港元;三大收入层合计就业比重为 68.2%。2006 年,就业人数最集中的仍然是 1 万—1.5 万港元区段,占比25%;位列第二的收入层降低为 1.5 万—2 万港元,占 19.2%;19.1%的辅助技术类职员月收入 2 万—3 万港元,三大收入层合计就业比重 63.3%。

(4)非技术类就业人员主要分布于中低收入区段。2001 年,1 万—1.5万港元的非技术类职员最多,占比 22.4%;其次是 6000—8000 收入层,占比 17.7%;8000—9000 和 2000—4000 区段就业人员比重分别为 15.3%和15%;就业最密的四大收入层所占就业比重共 70.4%。2006 年,非技术类职员就业分布变动较大,就业最为密集的收入层降至 6000—8000 区段,就业比重为 19.2%;位列第二的是 1 万—1.5 万港元区段,占比 18.4%;2000—4000 区段就业比重位居第三,为 16.8%;4000—6000 和 8000—1 万两个区段就业比重均为 14.6%。

表4—31　2001、2006年香港不同职业各收入层人数、比重及年均增长率

每月主业收入（港元）	2001年人数（千人）				2001年各收入层人数比重（%）				2001—2006年各收入层人数年均增长（%）			
	管理及技术类	辅助技术类	非技术类	制造领域工人	管理及技术类	辅助技术类	非技术类	制造领域工人	管理及技术类	辅助技术类	非技术类	制造领域工人
< $2000	13	4	28	10	2.5	0.8	1.7	1.9	(5.0)	1.2	8.8	(6.7)
$2000—3999	2	6	248	22	0.3	1.1	15.0	3.9	7.1	7.7	3.5	(3.5)
$4000—5999	5	10	204	46	1.0	2.0	12.3	8.2	2.2	13.4	4.6	0.9
$6000—7999	6	21	293	77	1.1	4.2	17.7	13.8	11.1	8.4	2.8	1.3
$8000—9999	10	35	252	97	2.0	6.9	15.3	17.4	9.1	7.5	0.3	(0.4)
$10000—14999	57	126	370	189	10.7	25.2	22.4	33.8	5.8	1.5	(2.8)	(3.3)
$15000—19999	62	103	127	78	11.7	20.7	7.7	13.9	2.0	0.1	(0.5)	(6.1)
$20000—29999	125	111	93	33	23.6	22.3	5.6	5.9	0.8	(1.5)	(2.3)	(8.9)
$30000—39999	82	46	14	4	15.6	9.2	0.8	0.8	0.7	0.9	0.3	(4.9)
$40000+	167	36	5	2	31.5	7.3	0.3	0.3	(0.4)	1.1	6.0	(1.4)
总计	529	499	1654	560	100.0	100.0	100.0	100.0	1.4	1.7	1.2	(2.4)

续上表

每月主业收入（港元）	2006年人数（千人）				2006年各收入层人数比重（%）				2006年比2001年各收入层比重增减（%）			
	管理及技术类	辅助技术类	非技术类	制造领域工人	管理及技术类	辅助技术类	非技术类	制造领域工人	管理及技术类	辅助技术类	非技术类	制造领域工人
< $2000	10	4	43	7	1.8	0.7	2.5	1.5	(0.7)	(0.0)	0.8	(0.4)
$2000—3999	2	8	295	18	0.4	1.5	16.8	3.7	0.1	0.4	1.8	(0.2)
$4000—5999	6	19	255	48	1.0	3.5	14.6	9.7	0.0	1.4	2.2	1.5
$6000—7999	10	31	337	82	1.8	5.7	19.2	16.6	0.6	1.6	1.5	2.8
$8000—9999	16	50	256	95	2.8	9.1	14.6	19.3	0.9	2.2	(0.6)	1.9
$10000—14999	75	135	322	160	13.2	25.0	18.4	32.3	2.6	(0.2)	(4.0)	(1.5)
$15000—19999	69	104	124	57	12.1	19.2	7.1	11.5	0.4	(1.5)	(0.6)	(2.4)
$20000—29999	130	103	83	21	22.8	19.1	4.7	4.2	(0.7)	(3.2)	(0.9)	(1.7)
$30000—39999	85	48	14	3	15.0	8.9	0.8	0.7	(0.5)	(0.4)	(0.0)	(0.1)
$40000+	164	38	7	2	28.9	7.1	0.4	0.3	(2.6)	(0.2)	0.1	0.0
总计	567	542	1752	494	100.0	100.0	100.0	100.0	0.0	0.0	0.0	0.0

注：管理及技术类职业包括经理及行政人员、专业人员；辅助技术类职业包括辅助专业人员；非技术类职业包括文员、服务工作及商店销售人员、非技术工人；制造领域工人包括工艺及有关人员和机台机器操作员及装配员。数据来源：香港政府统计处，《2001年人口统计》、《2006年中期人口统计》。

（5）制造领域工人主要分布于中低收入区段。2001 年,制造领域工人最为集中的收入区段为 1 万—1.5 万港元,占比 33.8% ;位居其次的是 8000—1 万港元,就业比重 17.4% ;1.5 万—2 万港元和 6000—8000 港元两个收入段就业比重分别为 13.9% 和 13.8% ;就业最为集中的四个收入层共计就业比重 78.9% 。2006 年,就业最为密集的四个收入层依次为 1 万—1.5 万、8000—1 万、6000—8000 和 1.5 万—2 万港元,所占就业比重分别为 32.3%、19.3%、16.6% 和 11.5% ,合计比重为 79.7% 。

（6）就业人数增多的主要集中于中低收入区段。2001—2006 年,管理及技术类职业就业增长最快的是 6000—8000 和 8000—1 万港元收入层,年均增速分别为 11.1% 和 9.1% ;2000—4000 收入层就业增速位列第三,年均增加 7.1% 。辅助技术类职业就业增长最快的分别是 4000—6000、6000—8000 和 2000—4000 收入层,年均增速分别为 13.4%、8.4% 和 7.7% 。非技术类职业就业增长最快的是 2000 港元以下收入层和 4 万港元以上收入层,这两个极端收入层因原本就业人数少、基数较低,而使年均增速分别为 8.8% 和 6% ;增速位列第三的收入层是 4000—6000 港元区段,就业年均增加 4.6% 。制造业工业除 6000—8000 和 4000—6000 区段就业人数有 1.3% 和 0.9% 的年均增长,其他区段就业人数都加速萎缩。

（7）各类职业中高收入区段均增长缓慢或为负增长。2001—2006 年,管理及技术类职业 4 万港元以上区段就业人数年均减少 0.4% ;2 万—3 万和 3 万—4 万区段小幅增长为 0.8% 和 0.7% 。辅助技术类职业 4 万以上、3 万—4 万和 1.5 万—2 万收入层年均小幅增长 1.1%、0.9% 和 0.1% ,2 万—3 万收入层年均负增长 1.5% 。非技术类职业除 4 万以上区段年均增长 6% 的特殊情况外,3 万—4 万港元区段就业人数小幅年均增加 0.3% ,1 万—1.5 万、2 万—3 万和 1.5 万—2 万三个中高收入区段均出现不同程度的就业萎缩,年均负增长为 2.8%、2.3% 和 0.5% 。制造业工业在 8000 以上所有收入层就业均告萎缩。

（8）几乎所有职业中高收入区段就业比重均呈下降趋势。管理及技术类职业 4 万以上收入层所占比重下滑最为显著,下降 2.6 个百分点,就业主要流向 1 万—1.5 万收入区段,比重上升 2.6 个百分点;辅助技术类职业 1 万港元以上所有区段就业比重均下滑,2 万—3 万区段比重下降最大为 3.2

个百分点,就业主要流向8000—1万、6000—8000和4000—6000区段。非技术类职业除4万港元以上上升0.1个百分点,8000—4万所有收入区段就业比重均有下降,1万—1.5万港元区段比重下滑最多为4个百分点,就业主要流向4000—6000、2000—4000和6000—8000区段。制造业工人就业比重上升主要是6000—8000区段,升2.8个百分点。

综上所述,首先,从不同职业收入分布来看,管理及技术类职业主要分布于高收入区段,大致属于高收入服务;辅助技术类职业主要分布于中等收入区段,大致属于中等收入服务;非技术类职业主要分布于中低收入区段,大致属于低收入服务;制造领域工业主要分布于中低收入区段,大致属于中低收入职业。其次,各类职业就业均向更低收入层次聚集,低收入阶层比重增大。其中,就业比重最大的非技术类职业就业人员向最低收入层次集中,高低收入职业间阶层分化扩大。最后,高收入就业人员占比最多的管理及技术类职业中,高收入区段增长缓慢,最高收入区段有小幅萎缩,高收入职位集中于更少比重就业群体,更大比重就业人员集中于低收入区段,高低收入间阶层分化更趋显著。

五、收入分化特征

以贸易为代表的流通性服务业需要较小比重专业技术人员,收入相对较高,大量如文员、司机、装卸工人等岗位技术含量低,主要属于劳动密集型工作,收入相对较低。以金融为代表的生产性服务业一方面需要大量高层管理和专业技术人员,这类岗位对知识与技术水平要求高,竞争相对缓和,收入水平较高;另一方面需要大量技术含量较低的文员和服务人员等。这类岗位技术要求低,竞争激烈,收入水平相对较低。因此,在流通性服务业和生产性服务业驱动经济运转过程中,香港从不同层面呈现出收入分化特征。

(一)主要行业就业人员间收入差距拉大

从2004—2009年主要行业不同就业人员实质薪金年均增长率来看,金融保险业就业人士实质薪金年均增长最快,为3.2%;贸易批发零售业就业人士薪金增长位居其次,年均增长1.54%;专业及商业服务人员薪金年均增长0.61%。如表4—32。

表4—32　2004—2009年各行业就业人员实质薪金年均增长率

| | 流通性服务(%) | | 生产性服务(%) | | | 消费性服务(%) | | 所有选定行业% |
	贸易批发零售	运输仓库邮递	金融保险	地产	专业商业服务	住宿膳食	个人社会服务	
就业人士	1.54	-0.02	3.20	-2.30	0.61	0.16	-1.47	0.32
督导级及以下雇员	-0.41	-0.94	-0.41	-0.37	0.76	-1.04	0.78	-0.24
中层经理与专业雇员(甲)	-0.95	-1.52	0.58					-0.49
中层经理与专业雇员(乙)	-0.07	0.78	2.01					0.85

说明:①就业人士实质平均薪金指数(1999年第1季=100,第4季数据);②督导级及以下雇员(经理级与专业雇员除外)的实质工资指数(1992年9月=100,12月数据);③中层经理与专业雇员的实质薪金指数(甲)(1995年6月=100),薪金指数(甲)量度薪金率的总体变动情况;④中层经理与专业雇员的实质薪金指数(乙)(1995年6月=100),薪金指数(乙)是用来反映连续两年均留任同一职业及同一公司的中层经理级与专业雇员薪金率变动情况;⑤就业人士实质平均薪金指数和督导级及以下雇员(经理级与专业雇员除外)的实质工资指数据《香港标准行业分类2.0版》统计;中层经理与专业雇员的实质薪金指数(甲)、(乙)据《香港标准行业分类1.1版》统计;⑥中层经理与专业雇员的实质薪金指数(甲)、(乙)按"运输、仓库、通讯及旅行代理"主类统计;⑦据香港政府统计处以上数据计算。

从督导级及以下雇员实质薪金年均增长率来看,仅个人及社会服务业雇员和专业及商业服务业雇员实质薪金实现正增长,分别为0.78%和0.76%。

从中层经理与专业雇员薪金率总体变动来看,金融保险业经理和专业雇员实质薪金年均增长率为0.58%,流通性服务业经理和专业雇员实质薪金年均负增长在1%左右。

从留任两年以上中层经理和专业雇员薪金率变动情况来看,金融保险业经理和专业雇员实质薪金年均增长最快,为2.01%,运输仓库通讯业经理和专业雇员实质薪金年均增长0.78%,贸易批发零售业经理及专业雇员年均负增长0.07%。

从各职位层次来看,流通性服务业与生产性服务业职员之间的收入差距有所扩大。

(二)管理及技术人员与督导级及以下雇员间收入差距拉大

比较2004—2009年中层经理及专业雇员与督导级及以下雇员间实质

薪金增长率,在金融保险业和运输仓库业,留任两年以上中层经理和专业雇员实质薪金增长较快,督导级及以下雇员实质薪金均为负增长;贸易批发零售业留任两年的中层经理及专业雇员实质薪金负增长幅度要小于督导级及以下雇员水平。总体来看,资历较深的管理及技术人员与督导级及以下雇员间收入差距不断扩大。

(三)督导级及以下雇员间收入差距拉大

从督导级及以下雇员 1997—2008 年平均每月薪金变动来看,督导级及技术员级人员中,电子资料处理主任/系统分析元/程序编制员的每月薪金由 1997 年的近 2 万元升至 2008 年的 2.3 万元,年均增长 1.37%,增幅最大。会计主任、办公室主任、生产部监督等增幅逐渐下降,船务主任每月薪金增长最少,年均增长 0.28%。如表 4—33。

表 4—33　1997—2008 年香港选定职业平均每月薪金及年均增长

		1997 年(港元)	2002 年(港元)	2008 年(港元)	1997—2008 年均增长(%)
督导级及技术员级人员	电子资料处理主任/系统分析员/程序编制员	19615	20428	22772	1.37
	会计主任	18248	18401	20184	0.92
	办公室主任/行政主任	16990	18081	18496	0.78
	生产部监督	12850	13176	13632	0.54
	屋宇主任/屋宇事务主任	13321	12833	14057	0.49
	船务主任	17831	18132	18398	0.28
文员级及秘书级人员	出入口文件处理/船务文员	11051	11402	12565	1.17
	簿记员/会计文员	11068	11661	12039	0.77
	普通文员	9869	9863	10576	0.63
	售货员	9133	8381	9689	0.54
	接待员/电话接线生	10223	9761	10470	0.22
服务人员	保安及侦查活动业的保安员	7218	6824	7351	0.17
	厨师	12660	12551	12441	-0.16
	男/女侍应生	9076	8410	8331	-0.78
	初级厨师	8447	9135	6069	-2.96

续上表

		1997 年（港元）	2002 年（港元）	2008 年（港元）	1997—2008 年均增长（%）
其他非生产级工人	防虫及清洁服务业的一般清洁工	4974	5138	5337	0.64
	送货员	8814	8789	9344	0.53
	杂工	7331	7771	7715	0.47
	司机	11624	11777	12102	0.37
	洗碟工	6952	6614	6921	-0.04
	信差/办公室助理	8291	8021	8037	-0.28
	防虫及清洁服务业的厕所清洁工	-	6143	5170	-2.83 *

注：* 为 2002—2008 年均增速。数据来源：香港政府统计处。

在文员级及秘书级人员中，出入口文件处理/船务文员每月薪金由 1997 年的 1.1 万元增至 2008 年的 1.3 万元，年均增长 1.17%，相对较快；簿记员/会计文员、普通文员和售货员每月薪金水平和年均增长率依次降低。

在服务人员中，除保安及保安员每月薪金为正增长，由 1997 年的 7218 港元升至 2008 年的 7351 港元。厨师、男/女侍应生和初级厨师每月薪金都出现负增长。其中，初级厨师薪金降幅最为显著，由 1997 年的 8447 港元降至 2008 年的 6069 港元，年均下降 2.96%。

其他非生产级工人收入水平都相对较低。一般清洁工年均增长 0.64%，增幅相对较高，但收入水平 2008 年为 5337 港元，属于最低收入类工作。厕所清洁工 2002—2008 年每月薪金由 6143 港元跌至 5170 港元，年均下降 2.83%，跌幅最大，收入水平最低。此外，洗碟工、信差/办公室助理等技能水平低的职位 1997—2008 年间每月薪金都出现不同程度下降。

回归以来，低技能含量的督导级以下雇员收入增长较缓或者出现不同程度的负增长；技能含量相对较高的督导级人员收入水平增长较快，督导级人员与督导级以下雇员间收入差距也有所扩大。

可见，近年来，香港金融保险业高层管理人员与普通职员之间，生产性服务业就业人员与流通性服务业就业人员之间，督导级及以下雇员间收入差距都有所扩大，香港经济收入分化特征趋于显著。

六、香港世界城市的两极分化与政策含义

随着国际商品流通平台,特别是国际金融平台的构建与运作,流通性服务业和生产性服务业驱动香港世界城市运转与发展,主导产业及社会发展特征使香港呈现两极分化趋势,也隐含若干推动世界城市未来发展的政策含义。

(一)香港世界城市两极分化的现状与原因

两大行业驱动经济运转过程中,香港出现主要行业间所提供职业的分化、行业的阶层分化、职业的阶层分化以及不同层面的收入分化,一系列就业和收入差距的拉大使香港世界城市呈现两极分化发展趋势。

1.香港两极分化程度趋于扩大。家庭住户基尼系数主要衡量社会整体高低收入阶层之间的分化,在两大主导行业驱动香港世界城市运转过程中,香港高低收入间的阶层分化趋于显著。1996 年家庭住户基尼系数为0.518,2001 年增至 0.525,2006 年继续增加 0.008—0.533 的水平,香港两极分化程度不断扩大。如表4—34。

表4—34　1996、2001、2006 年香港家庭住户基尼系数

年份	1996	2001	2006	2006 比1996 年增减	2006 比2001 年增减
家庭住户基尼系数	0.518	0.525	0.533	0.015	0.008

资料来源:香港政府统计处,《2001 年人口统计》《2006 年中期人口统计》。

2.主导产业的发展特征是导致香港两极分化的根本原因。国际金融平台的运作对国际高端管理和技术人才,以及低技能就业群体均有较高需求;以金融为代表的生产性服务业就业高低收入差距较为显著;国际商品流通平台的运作相对来说需要高技术含量雇员少,对低技能就业群体需求占主导地位,以贸易为代表的流通性服务业就业高低收入差距较生产性服务业小。在流通性服务业仍占据主导地位,生产性服务业逐渐成为经济增长主力过程中,两大主导行业的发展特征表现为行业和职业基尼系数的分化。

从行业基尼系数来看,金融保险等生产性服务业基尼系数最大,在2003 年以来的快速发展阶段,2006 年比 2001 年基尼系数增加 0.012 至0.544。贸易类流通性服务业在快速发展过程中两极分化也趋于扩大,2006

年基尼系数比2001年扩大0.016,增至0.456,较生产性服务业的两极分化情况相对缓和。个人与社会服务业因包含人数占比较小的政界、学界等高收入阶层,和规模占绝对比重的公共社区服务等中低、甚至极低收入阶层,行业基尼系数也在较高水平,1996年为0.501,2001年为0.529,2006年升至0.532,高于行业整体水平。如表4—35。

从职业基尼系数来看,经理及行政人员两极分化最为严重,基尼系数2006年为0.528,比2001年上升0.007;专业人员基尼系数次之,2006年为0.466。其他诸如文员、非技术工人、工艺及有关人员等低技能职业,因收入水平总体较低,高低收入间差距并不显著,因而基尼系数较小,平均在0.26左右水平。

表4—35   1996、2001、2006年香港行业与职业基尼系数

年份	1996	2001	2006	2006年比1996年增减	2006年比2001年增减
行业基尼系数					
批发零售、贸易、饮食酒店	0.447	0.44	0.456	0.009	0.016
运输、仓库和通讯	0.397	0.405	0.404	0.007	-0.001
金融保险、地产及商用服务	0.552	0.532	0.544	-0.008	0.012
社区、社会及个人服务	0.501	0.529	0.532	0.031	0.003
总计	0.483	0.488	0.5	0.017	0.012
职业基尼系数					
经理及行政人员	0.556	0.521	0.528	-0.028	0.007
专业人员	0.476	0.454	0.466	-0.01	0.012
辅助专业人员	0.366	0.34	0.357	-0.009	0.017
文员	0.234	0.256	0.272	0.038	0.016
服务工作及商店销售人员	0.34	0.332	0.346	0.006	0.014
非技术工人	0.273	0.288	0.283	0.01	-0.005
工艺及有关人员	0.272	0.268	0.264	-0.008	-0.004
机台机器操作员及装配员	0.264	0.26	0.251	-0.013	-0.009
总计	0.483	0.488	0.5	0.017	0.012

资料来源:香港政府统计处,《2001年人口统计》、《2006年中期人口统计》。

（二）香港世界城市两极分化机制的政策含义

社会经济可持续发展是任何经济体良性循环的基本原则与宗旨,香港两大主导产业驱动世界城市运转并呈现两极分化趋势的发展特征决定,世界城市未来发展具有改进政策的空间与必要性。

第一,生产性服务业有重点发展的必要性和空间。生产性服务业发展对高低收入就业群体均有较大需求。首先,在香港中高收入职位中,生产性服务业所提供职位较多,对于中高收入职位贡献较高,生产性服务业发展有助于提高社会整体收入水平;其次,近年来香港生产性服务业发展对中低收入就业群体的需求显著快于对中高收入就业群体的需求,但相对于流通性服务业和个人与社会服务业,生产性服务业中低收入就业群体增长相对较慢,在中低收入就业群体中所占比重相对减小;最后,2001—2006年生产性服务对中高收入就业群体的需求增速放缓,这与国际金融中心建设与发展需要更多高层管理与技术人才的需求特征存在差距,香港国际金融中心建设仍有较大拓展余地。由此,从香港社会经济发展需要以及国际金融中心建设可能性来看,香港生产性服务业具有重点发展的必要性和空间。

第二,流通性服务业尚需要推进发展。首先,流通性服务业是香港就业贡献最大的经济部门;其次,与其他主要行业相比,流通性服务业在高收入服务职位贡献中仍占最大比重,2001—2006年所提供高收入服务职位比重未发生变化,所提供中等收入职位比重有所上升;最后,从流通性服务业自身发展来看,对中高收入就业群体需求呈上升趋势,高收入阶层所占比重有所上升。因而,流通性服务业对于香港就业稳定以及提升社会整体收入水平仍有较大贡献。

第三,促进主导产业高增值环节及与主导产业协同性强的新兴高增值产业发展是香港产业发展的基本方向。从各主导产业发展来看,中高收入就业群体比重均有不同程度下滑,香港社会整体收入水平提高相对乏力,促进主导产业高增值环节发展是提升整体收入水平的主要推进方向。除此之外,由于生产性服务业和流通性服务业的发展特征,高增值环节的发展往往带动低收入就业比重上升,因而培植对高技能就业需求比重高的新兴高增值产业却有必要。由于城市资源相对有限,以及产业集聚需要相应基础、条件和一定过程,新兴高增值产业的选择应与主导产业具有较强协同性,以使产业发展具有可行性和现实性。

第四,公民社会的建设与创新是香港有待突破的发展课题。两大主导产业驱动世界城市运转过程中,各行业低收入阶层比重都不断扩大,加上香港人口集聚压力与老龄化趋势,公民社会的建设压力不断加大。从世界各国两极分化发展趋势来看,各国均将公平和谐的公民社会作为重要的社会发展方向,但并未形成普遍适用的成功典范。产业集聚通过分工细化和规模经济能实现收益递增效应和自我累积循环发展,促进公民社会建设领域的分工细化、产业创新与规模经济发展是香港值得探索以及亟待突破的发展课题。

第三节　香港世界城市的空间特征

随着城市规划与建设的推进,香港逐渐形成包括香港岛、九龙和以新市镇为主体的新界在内的人口地理分布格局。在从工业城市向服务化城市转型,特别是流通性服务和生产性服务驱动城市运行过程中,香港世界城市呈现单中心层式空间结构与特征。

一、城市物理空间与结构的演进

香港山多、地少、人口密集,在经济屡次转型过程中,政府、社会和私营机构以市场导向为原则,合力推动填海造地、区域拓展、城市基建、交通设施和物业楼宇等的建设,逐步形成香港城市物理空间与结构。

（一）香港城市物理结构演进的组织机制

城市物理结构主要包括城市基建、住宅及工商业楼宇物业和交通基础设施。1843 年,港英政府设立总量地官,负责筹划城市和港口发展,这成为香港最早的城市规划与建设机构。在自由港建设发展过程中,香港逐步形成在市场发展需要前提下,由政府决策部门制定政策,职能部门负责执行,公营和私营机构为参与建设主体的推进城市物理结构演进的组织机制。

为适应城市建设分工细化、人口集聚带来区域拓展压力、城市老化带来重建需要,以及城市发展的策略性基建需求增长等形势变化,香港城市规划建设机构不断扩充、调整和重组。2007 年经特区政府在原有机构基础上合并重组,大致形成以发展局、运输及房屋局和环境局为主导的城市规划建设管理架构。

1.城市基建组织管理架构。为统筹推进城市拓展和大型基建项目建设,2007年特区政府成立发展局,下辖规划地政科和工务科,将相关职能的地政总署、土地注册处、规划署、土木工程拓展署、屋宇署、建筑署、渠务署、水务署和机电工程署共9个政府部门归并管理,综合协调处理城市基础建设事宜。发展局职责涉及规划、管理和落实基建发展和工务计划;规划用地,供应及管理土地;维修保障楼宇安全;落实市区更新政策;保障食水供应以及文物保育等。其中地政总署负责批出、测量土地等土地行政事务;土地注册处负责土地注册和资讯服务。规划署是法定机构"城市规划委员会"的执行机构,负责全港及地区有关城市规划事宜。土木工程拓展署辖下6个处,其中4个区域拓展处负责规划、制订和实施辖区内与主要基础设施及土地发展有关的工程计划;土木工程处负责港口、海岸工程及为土地拓展进行土地平整及填海工程的规划、可行性研究、设计及施工;土力工程处负责与安全和按照经济原则使用和发展土地有关的土力工程。屋宇署负责执行建筑物条例,保障安全、卫生及环保的建筑环境;建筑署负责发展和保养公共设施;渠务署提供污水和雨水处理排放服务;水务署保障城市可靠及清洁的用水;机电工程署提供城市电力、能源、机电系统等工程营运和规管服务。通过制定执行政策与跨部门协调,发展局偕同各政府职能部门与相关公营和私营建设机构主要提供香港城市基础设施。如图4—3。

2.楼宇物业建设管理架构。在楼宇物业建设管理架构中,房屋署2007年并入运输及房屋局,负责制定政府在提供公营和私营房屋方面的政策,监督公共房屋计划的推行、监管私人楼宇市场的运作,以及确保提供足够的土地和基础设施等。

香港房屋委员会是成立于1973年的法定机构,房屋署是其执行机构。房委会负责制定及推行公共房屋计划,经营管理部分分层工厂大厦以及附属商业设施和非住宅设施。

在提供廉价房屋市场上,成立于1948年的非营利机构香港房屋协会是重要参与者,房屋协会主要通过获得政府低价拨地为市民兴建廉价屋村。成立后,房屋协会已经发展多项房屋计划,包括出租屋、郊区公共房屋、住宅

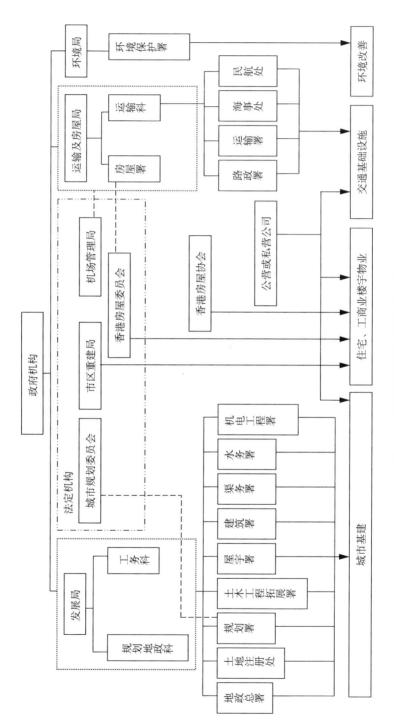

图4—3　香港城市规划建设组织架构

发售计划、夹心阶层住屋计划、市区改善计划以及"长者安居乐"住屋计划等。

2001年,市区重建局取代土地发展公司成为负责收回土地进行市区重建的法定机构。在按照《市区重建策略》制定重建计划过程中,市区重建局还主要和房屋协会合作,由房屋协会负责重建项目所需的物业收购和清拆工作、安置受影响的租客,以及建造和处置新建物业。房屋协会同时承担所有开支和财务结果,以推动市区重建进程。

在政府和社会机构提供廉价物业之外,香港一半以上人口居住在私人发展的楼宇,私人房地产商还是绝大部分工商业楼宇的建设供应者,他们构成香港房地产市场的主体。

在政府、社会机构和私人部门的共同参与下,住宅和工商业用楼宇构成香港城市物理结构的主要组成部分,其中住宅包括供以租住的公屋、在政府协助下自置的居屋,以及商业机构开发的私人屋苑等;工商业用楼宇包括写字楼、工业及办公楼宇、分层工厂大厦、商业楼宇等。

3. 交通基础设施建设管理架构。2007年,原环境运输及工务局的运输部门、经济发展及劳工局的民航及海事部门和房屋及规划地政局的房屋部门合并成为运输及房屋局,除负责房屋政策的房屋署,运输及房屋局辖下运输局专责香港对外对内海陆空交通和物流政策的制定与执行,以及兴建和改善交通运输基础设施。

运输局下辖4个政府职能部门,其中路政署负责香港公共道路系统工程的规划、设计和保养,并统筹新道路及铁路的建造。运输署负责执行《道路交通条例》及管理道路交通、规管公共交通服务和营运主要运输基建。海事处并不负责港口基本设施建设和经营,大部分港口设施由私营机构拥有、经营,海事处以及咨询机构香港港口发展局负责制定港口发展策略性规划。民航处负责航空系统规管。运输局和法定机构机场管理局在运输局政策指导下,负责机场基础设施规划、运营与管理。此外,港铁公司是政府拥有的以审慎商业原则运作、公开上市的铁路建造与营运企业,负责建造及经营地铁及九广铁路系统,以配合香港公共交通运输需求。

在运输局、机管局、港铁公司等政府机构与公营私营企业的建设运营下,香港形成高效运行的综合交通网络体系。

4.城市环境的维护与完善。2007年,特区政府新设环境局,负责监督环保政策的拟定和推行。下辖环境保护署,负责执行环保法例和推行环保政策,统筹并推行预防和管制污染的工作。如辖下环境基建科,负责规划、发展和管理策略性堆填区、废物转运站及化学废物处理中心等废物处理设施。

在自由市场原则下,随着城市的建设和发展,香港逐步形成由政府决策局、职能机构、公营和私营机构共同参与,应市场发展需要推进城市基础设施和楼宇物业建设、继而城市物理结构演进的组织结构与机构。

(二)香港城市规划的发展与特点

香港是奉行市场导向的自由港,城市并不在规划主导下发展。相反,城市规划应现实与市场需要产生,经多方磨合后成型,并按市场原则在政府职能部门组织下推进。城市规划的制定与执行为有序、系统拓展香港城市物理空间与结构提供了指引。

开埠以后,港英政府并没有专责城市规划的职能与机构,1843年设立的总量地官、1883年改组成的工务司署主要负责港口、电力、建筑、路政、水务等公共工程。

19世纪末20世纪初城市规划理念在英国兴起,城市规划家霍华德首创"花园城市"理念,即主张工商业发展的市镇与有足够休憩、社交活动空间的生活环境分开,通过便利交通使市镇与郊区联姻形成复合体。1907年巴特里特在《更好的城市》中描绘了通过便利交通使城市居民得以享受海滩、绿地和青山,制造业迁移到地势开阔的城市边缘,工人住房继续向外扩展的"美丽城市"图景。受英国城市规划思想影响,1922年香港私人公司——九龙塘及新界发展公司拟在邻近市中心的九龙塘铁路站附近,兴建一个设有学校及具备足够休憩空间,供有薪阶级居住的花园洋房住宅区。是年,港英政府制定《1922年城市规划提案》。香港城市策略规划进入萌芽发展阶段。

1939年,香港《城市规划条例》实施,受战争影响,城市建设与发展陷入停滞。二战后,工务司署着手城市重建,由于人口涌入带来市区拥挤问题,1946年,港英政府邀请英国城市规划专家亚拔高比就香港未来五十年发展方向提供建议,并设计城市发展蓝图,1948年的《亚拔高比报告书》成为香港首个城市策略规划方案。亚拔高比方案提出大香港理念,主张开拓综合发展的新区域,以减低市区人口密度和安置新移民;在发展区域选择方面,主张在不损害海港情况下填海造地,保持新界大部分地区自然生态作为城市腹地。方案以全港150万人为假设,由于二战后人口大量涌入,亚拔高比方案难以符合需要,但方案提出的"分区概念及预设人口密度、提供完备的运输网络(包括海底隧道)与及在新界发展多个卫星城市等"①规划理念和方法对香港策略规划发展产生深远影响。

20世纪60年代,面对移民大量涌入的现实问题,工务司署开始负责城市规划与建设事宜,专责城市规划的法定机构城市规划委员会提供咨询建议。结合二战后开辟的第一个工业区——观塘卫星城的规划建设试点经验,1963年香港开始制定《香港发展策略》,1967年进行"香港集体运输研究",1968年启动"长期道路研究",1970年提出"土地利用计划书",1973年正式公布新市镇计划,沙田、荃湾和屯门列为首批新市镇。1976年香港"整体运输研究"完成,1979年"香港发展纲略"出台,大埔、粉岭/上水和元朗等第二代新市镇也于20世纪70年代后期开工建设。

在逐步积累城市拓展经验以及内地开放带来经济形势变化的背景下,1984年《全港发展策略》出台,成为香港城市策略规划发展的重要突破。"全港发展策略"采用系统的方法设定目标和课题、认明限制、拟定方案、评审各种方案以选择最适合者,以及拟定明确的执行计划;方案制定还引入"土地用途与运输优化模型"、电脑模拟等先进技术与方法。

1986年"全港发展策略修订"启动,1989年完成"第二次整体运输研究","海港及机场发展策略"和"都会计划"纳入"全港发展策略修订"。1994年公布"铁路发展策略"发展大纲,1996年完成"全港发展策略"检讨,1998年"第三次整体运输研究"和"全港发展策略"检讨正式公布。这次检讨将"土地用途与运输"二重关系模型改变为"土地用途/交通运输/环境"的三重关系模型,成为香港首个全面评估环境基线状况,并进行独立"规划与环境评估"的策略性规划研究。此外,检讨还引入可持续发展概念。

在汲取过往策略规划经验与反思不足基础上,结合回归特别是21世纪

①　香港特区政府规划署:《香港2030规划远景与发展策略》。

以来世界、区域及香港社会经济发展的深刻变化，2007 年"香港 2030 规划远景与策略"研究完成，规划署也于当年和有关城市基建的其他 8 个职能部门归并由发展局统筹管辖，香港城市策略规划理念不断发展，城市规划建设的组织机制及统筹协调性得到加强。

纵观香港城市规划发展历程，其主要特点包括：

第一，规划应现实与市场发展需要而启动，具有现实性。从"亚拔高比报告书"，到"全港发展策略"及其检讨，以及"香港 2030 规划远景与策略"，香港城市策略规划在社会经济环境和形势产生实质性变化背景下启动，社会经济发展与城市资源供应间出现矛盾甚至有所激化成为推动规划发展的原动力。针对城市资源供给不足问题而展开的规划与建设，使香港城市规划无法流于空谈，而必须具有现实价值和可操作性。

第二，规划制定与出台经专家、业界及公众等多方咨询，具有民意基础。香港城市规划方案从启动到成型是多个流程、多方共同参与的过程。首先，规划部门需要在不断改进规划程序过程中制定具体方案；其次，从亚拔高比到专家顾问小组，规划由政府和非政府专业人士共同合作制定；最后，从早期主要听取业界意见建议，到"2030 远景规划与策略"展开大规模公众咨询，规划在政府与社会各界多轮互动过程中逐步制定。在政府与社会各界互动过程中制定城市规划，使规划出台具有较强民意基础。

第三，规划执行以市场导向为原则，执行动力提高、阻力减小。城市规划的执行涉及收回原有土地与物业进行重新建设开发的过程，政府首先在市场和民众可接受赔偿原则下征收土地和物业，然后按照"土地收回条例"依法征收；在开发建设过程中，除政府主导公共设施和公屋建设外，主要吸引市场力量依规划进行开发建设。以市场导向为原则，提高了城市规划建设的市场积极性和参与程度，减小社会阻力。

第四，强调综合系统规划，提高土地、空间和资源利用效率。从"亚拔高比报告书"开始，香港继承区域综合规划理念，城市规划涉及产业、人口、土地、楼宇物业、交通等多个系统的协调与匹配，一方面提高区域开发的科学性和合理性，充分发挥土地、空间和资源的开发价值；另一方面便于人员在区域内就业，减少人员跨区域流动、继而降低对交通设施的需求。

第五，城市规划分工明晰，执行效率较高。香港城市规划从启动到制定主要由规划部门主导,在与城市规划委员会、政府相关部门、专家、社会各界紧密合作,并形成广泛共识基础上完成。依据城市规划条例内的法定程序制定的"分区计划大纲图"和"发展审批地图"具有法律效力,正式制成法定文件后,政府各职能部门负责执行并协同推进,在充分考虑各系统的协调性和综合规划前提下,各职能部门建设协同性加强,规划执行效率提高。

第六,规划启动到实施经过较长时期的研究、咨询和讨价还价过程,带来潜在风险与问题。通过多方咨询并随环境与形势变化逐步调整规划,一定程度可以提高规划的适应性,但历时数年后,一方面,环境与形势的快速变化可能改变基线假设,由此使规划与社会经济发展需求产生错配的风险增大;另一方面,规划出台前,城市资源供给不足得不到改善,抑制社会经济发展的负面影响不断加大。

香港城市规划的产生与发展深刻影响城市物理空间拓展和结构演进。

(三)新市镇建设主导城市物理空间与结构的演进

香港是传统的转口贸易港,码头、货仓、办公楼宇、私人商厦、住宅等物业主要分布于维港两岸。二战后随着人口与资金涌入,香港开始工业化进程,工厂大厦、工业及办公楼宇等物业形态在港岛及九龙的华人居住区集聚,港岛及九龙成为城市中心。

随经济发展、人口增长,市区拥挤问题凸显。为应付人口增长、分散市区过于挤迫的人口,改善市民居住环境,在城市规划方案趋于成熟背景下,20世纪70年代初,香港启动新市镇发展计划。由于正处工业化发展时期,新市镇规划的理念是以工业区为核心布局,辅之以住宅、商业和公共设施,以及完善的对外连接交通网,目标是发展均衡和自给自足的新型卫星城市。

第一代新市镇建设启动于1973年,包括荃湾、沙田和屯门。其中,荃湾布局有大片工业区,香港9个货柜码头都设在荃湾的葵涌和青衣;沙田新市镇的工业以制造业、货仓和储物为主,主要分布在大围、火炭、石门和圆洲角四个地区;屯门的工业区分为两部分,普通工厂位于屯门区中央位置,另外还有一个"特殊工业区",包括内河货运码头和发电厂。1973年,香港"十年建屋计划"启动,房屋委员会改组成立。在公屋计划推动下,新市镇建设快速推进。如表4—36。

表4—36　香港的新市镇

名称	发展时间	发展面积（公顷）	规划人口	现时人口	核心布局
荃湾	20世纪70年代初	2835	817100	801800	工业区,货柜码头
沙田	20世纪70年代初	3591	735000	634100	工业区
屯门	20世纪70年代初	2253	595000	506000	工业区;内河货运码头;特殊工业区
大埔	20世纪70年代后期	2898	347000	267400	第一个工业村
粉岭/上水	20世纪70年代后期	768	290900	254500	工业村
元朗	20世纪70年代后期	561	196000	139500	第二个工业村
将军澳	20世纪80年代初	1738	450000	359100	第三个工业村
天水围	20世纪80年代初	430	306400	292300	社区
东涌	20世纪90年代中期	155	220000	80000	社区;机场配套

资料来源:香港特区政府土木工程拓展署。

第二代新市镇于20世纪70年代后期动工建设,包括大埔、粉岭/上水和元朗。三个新市镇都是在旧式墟镇基础上拓展而来,在大埔,政府通过填海工程兴建了全港第一个工业村,同时推进公共屋村建设;粉岭/上水的大型工业村安乐村从20世纪80年代中期开始发展,主要是拆迁原有村屋,兴建工厂大厦;在元朗,新市镇开辟发展了朗屏村及元朗工业村,是全港第二个工业村。

20世纪80年代初,香港政府启动第三代新市镇建设,包括将军澳、天水围和东涌,城市经济的转型,以及工业外迁使新市镇规划逐步产生转变。1982年将军澳建设规划中,将军澳市中心等主要区域分布为住宅区,小赤沙设有车厂,大赤沙北部设有全港第三个工业村——将军澳工业村。

天水围原址是一大片红树林池塘,起初由华润、长实等地产公司收购全部鱼塘,1982年由政府收购全部土地,以发展天水围新市镇。由于北部是香港湿地公园和自然保护区,天水围没有规划任何工业用地,而全部用来发展住宅、社区商业和公共设施。

20世纪90年代初,东涌新市镇规划开始启动,与以往新市镇规划主要由工业提供就业机会不同,随赤鱲角国际机场的兴建,东涌被规划为机场支援社区,主要布局住宅以及与机场配套的展览、物流等商业用地。如图4—4。

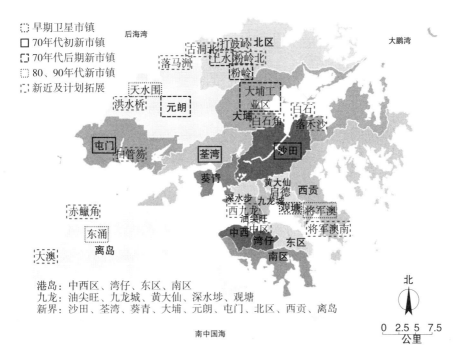

图4—4　香港新市镇及拓展区域

资料来源:香港特区政府土木工程与发展。

随人口增长速度放缓,香港大规模新市镇建设暂告段落。新市镇建设一定程度上缓解了市区人口压力,改善市民居住环境,也使城市物理空间与结构呈现多中心分布格局:

首先,除中心区外,城市扩张到新界及离岛的9个卫星聚集区;其次,按照工业市镇规划理念,各聚集区由区域内工业提供主要就业来源,聚集区是相对于中心区力求内部平衡和自给自足的新聚集中心;再次,在工业主导区域布局理念指导下,新市镇主要分布有工厂大厦、住宅、私人商厦等楼宇物业;最后,各新市镇和中心区通过地铁、轻轨、干线公路等完善的交通网络相互连接。

（四）回归以来城市物理空间及结构的更新

20世纪80、90年代,随制造业向内地迁移、转口贸易复兴,以及金融等生产性服务业加速发展,加上市区楼宇物业老化,香港以各区域工厂大厦为主要就业环境的城市多中心物理结构面临严峻挑战。回归后,面对环境和形势的变化,特区政府加快城市更新与发展。

第一,推进既有市镇建设,强化居住与社区功能。回归后,特区政府未启动大规模新市镇建设,主要对既有市镇进行扩充和延伸。东涌和大蠔第三期填海、元朗市镇扩展区、沙田市镇范围内平整的水泉澳、九肚及石门土地、屯门东部的小榄、大榄涌及扫管笏等均用作住宅发展。1997年特区政府提出每年兴建的公营和私营房屋单位不少于八万五千个、缩短轮候租住公屋的平均时间等政策目标,很多新落成的公屋单位就集中在既有市镇。此外,政府在马鞍山、天水围、将军澳、东涌、葵涌、元朗、粉岭/上水等市镇分别加强公共图书馆、体育馆、休憩用地等社区设施建设。

第二,加强各区域交通连接,便利人员跨区流动。2001年8月地铁将军澳支线通车;2003年12月通车的九广铁路西线主要连接西九龙和荃湾、元朗、天水围和屯门四个新市镇;马鞍山铁路连接马鞍山乌溪沙与沙田大围,于2004年12月通车;2009年沙田至中环铁路工程开工。公路方面,包括北大屿山至元朗十号干线、沙田T4号主干路的修建、屯门公路的重建及改善,吐露港公路、粉岭公路扩阔,将军澳—蓝田隧道、将军澳跨湾连接路、屯门至赤鱲角连接路及屯门西绕道的设计勘测等。

第三,推进市区重建,改造楼宇物业等既有城市物理结构的功能。从20世纪80年代中期开始,政府已逐步放宽使用工业楼宇的规划限制,将观塘、长沙湾、九龙湾、荃湾等旧工业区转变为次办公室/商业枢纽。2001年新成立的市区重建局采用四大业务策略（4Rs）,即重建发展（Redevelopment）、楼宇复修（Rehabilitation）、文物保育（Reservation）及旧区活化（Revitalization）,展开旧区、过剩工业土地及旧式工业楼宇等的更新与优化。主要运作模式是采用以地区而非个别地盘为基础的规划方向,界定

"行动区"及整体规划和发展目标,"行动区"内把大型的重建项目作为重点,复修邻近旧楼,保育具有特色及历史价值的建筑,以及活化区内购物、休闲和社区活动地点。截至2009年,市区重建区开展约50个重建项目,涉及中西区、湾仔、观塘、尖沙咀、红磡等都会区主要区域,以及荃湾新市镇,主要项目包括观塘市中心计划;荃湾市中心重建项目;改建荔枝角医院为"香港文化传承"等活化项目。

第四,针对性发展小型区域,优化城市物理结构与功能。虽然香港人口已没有20世纪七八十年代的强劲增长,但移民流入及流动人口增加同样带来城市拓展压力。为满足产业转型与发展需要,政府通过设立策略发展区和市区拓展区,有针对性地优化城市布局和结构。策略发展区包括配合跨境经济发展的新界古洞北、粉岭北、坪輋/打鼓岭"三合一新发展区"和洪水桥发展区。市区拓展区包括中环及湾仔填海计划,主要提供机场铁路、中环及湾仔绕道、东区走廊连接路等交通枢纽,以及香港会展中心扩建部分、休憩设施及海滨长廊,以便利中心商务区人员流动及优化商务环境;启德发展区一方面服务于中心商务区的扩展,另一方面带动旅游经济发展,发展区北部主要兴建住宅、商业及社区设施,南部则发展邮轮码头、多用途体育馆、跨境直升机场以及都会公园等;西九龙填海区包括大型屋苑、交通枢纽、文娱艺术区以及商业设施等,主要配合中心商务区发展以及带动创意产业集聚。此外薄扶林数码港、白石角科学园和九龙塘创新中心,主要服务于资讯科技、创新技术、研究设计等产业群组的发展;彩云道及佐敦谷和安达臣道发展区主要作为住宅区域,以分散市区人口。

第五,加强与外部区域的交通连接,提高人员、商品跨境流动的便利程度和效率。主要包括改善落马洲、文锦渡、沙头角及深圳湾现有四条跨境通道的通行效率,加开广九直通车,启用深圳湾公路大桥和上水至落马洲支线,兴建港珠澳大桥和广深港高速铁路香港段等。

回归以来,特区政府对城市物理空间及结构功能的改造提高了城市对内对外通达性,以及楼宇物业的使用灵活性,一定程度上为新形势下世界城市产业集聚与空间结构演变创造了条件。

二、产业的单中心空间集聚特征

随流通性服务业和生产性服务业渐趋主导香港城市经济运行,产业的空间集聚亦呈现单中心结构特征。

(一)经济用途楼宇的空间分布与物理构成

产业在空间形态上主要分布于经济用途的厂房、写字楼、商厦等建筑楼宇,2004年年底至2005年,香港特区政府规划署对2003年年底前所有工商业用建筑楼宇及其使用情况进行普查[①],为研究香港产业空间集聚形态提供了基础资料。

1.经济区域的划分。按照特区政府规划署对于经济区域的划分,主要将全港分为中心商务区(Central Business District,CBD)、都会次中心商务区(Non-CBD within Metro Area)和次都会区(Non-Metro Area)三类经济区域。

将全港划分为338个区块后,CBD主要包括港岛中西区的上环、中环,湾仔的金钟、铜锣湾,以及九龙油尖旺区尖沙咀的商务办公区域;都会次CBD地区主要包括港岛除CBD外的东区、南区、中西区和湾仔其他地区,以及九龙除尖沙咀外的观塘、黄大仙、九龙城、深水埗、葵青,以及油尖旺其他区域和荃湾东南部分地区;次都会区包括新界的西贡、沙田、大埔、北区、元朗、离岛,以及荃湾剩余地区。如图4—4,4—5。

2.经济用途楼宇类别划分。对于经济用途建筑楼宇的划分,主要包括:

(1)甲级办公室(Grade A Offices):主要指设计装修精良现代,活动式布局,空间感,厅堂豪华开阔,高效的中央空调系统、电梯系统,专业化管理,通常有绿化园艺设施。

(2)次甲级办公室(Non-Grade A Office):档次和设施低于甲级办公室的办公楼宇。

(3)分层工厂大厦(Flatted Factories):规划设计是用作制造及工业用途,包括办公室以及其他被允许的设施结构。

(4)特殊用途厂房(Specialized Factories):规划设计供特殊工业使用的厂房、车间。

(5)工业办公楼宇(Industrial/Office Buildings):楼层空间被设计或允许

---

① 香港特区政府规划署:"*Commercial and Industrial Floor Space Utilization Survey*"。

图4—5 香港经济区域划分

资料来源:香港特区政府规划署:"*Commercial and Industrial Floor Space Utilization Survey*"。

供工业或办公使用。

（6）私人商厦（Private Commercials,不含商店）:设计或允许供零售或商业使用、而非出于办公目的建造的楼宇。

各类办公楼宇因地理位置、设施配备、办公条件等差异,物业售价或租金有显著差异,但总体来说中心区域较外围区域物业价格为高;甲级办公室相较其他类型物业价格相对较高。

3.经济用途楼宇空间格局。从香港经济用途楼宇总楼层利用面积来看,2004年年底合计4000万平方米,分层工厂大厦提供工商业用楼层面积最多,超过2000万平方米,其次是次甲级办公室,利用面积约678万平方米。由于分层工厂大厦主要分布在都会次CBD地区,使该地区提供工商业用楼宇面积最多,为2467万平方米。如表4—37。

表4—37　香港经济用途楼宇的区域分布格局

	CBD	都会次CBD地区	次都会区	总计
	总楼层面积(百万平方米)			
甲级办公室	3.18	1.61	0.13	4.92
次甲级办公室	4.11	2.56	0.11	6.79
分层工厂大厦	0.00	16.53	3.87	20.41
特殊用途厂房	0.00	1.03	2.43	3.46
工业办公楼宇	0.00	0.75	0.07	0.82
私人商厦	0.99	2.19	0.51	3.69
合计	8.29	24.67	7.12	40.07
	各类楼宇的区域分布(%)			
甲级办公室	64.7	32.7	2.5	100.0
次甲级办公室	60.6	37.7	1.7	100.0
分层工厂大厦	0.0	81.0	19.0	100.0
特殊用途厂房	0.0	29.9	70.1	100.0
工业办公楼宇	0.0	91.7	8.3	100.0
私人商厦	26.9	59.2	13.8	100.0
合计	20.7	61.6	17.8	100.0
	各区域楼宇类型构成(%)			
甲级办公室	38.4	6.5	1.8	12.3
次甲级办公室	49.6	10.4	1.6	16.9
分层工厂大厦	0.0	67.0	54.4	50.9
特殊用途厂房	0.0	4.2	34.1	8.6
工业办公楼宇	0.0	3.0	0.9	2.0
私人商厦	12.0	8.9	7.2	9.2
合计	100.0	100.0	100.0	100.0

资料来源:2004年年底—2005年年初调研数据,包括2003年年底前所有工商业用建筑楼宇;香港特区政府规划署:"*Commercial and Industrial Floor Space Utilization Survey*"。

从各类楼宇的区域分布来看,甲级办公室共500万平方米,其中64.7%分布在CBD,32.7%分布在都会次CBD地区;次甲级办公室的60.6%分布在CBD,37.7%分布在都会次CBD地区。分层工厂大厦的81%和工业办公楼宇的91.7%分布在都会次CBD地区,其余分布在次都会区;

特殊用途厂房70.1%分布在次都会区,其余在都会次CBD地区。私人商厦59.2%分布在都会次CBD地区。

从各区域的楼宇构成来看,CBD没有任何工业用楼宇,总楼层面积829万平方米,其中占比最大的是次甲级办公室,占49.6%,其次是甲级办公室,占38.4%。都会次CBD地区主要分布分层工厂大厦,楼层面积比重达67%;次都会区的分层工厂大厦面积占54.4%,特殊用途厂房占34.1%,其余类型楼宇占比较小。

由此,香港经济用途楼宇的物理空间布局为:CBD分布甲级和次甲级办公室,都会非CBD地区分布众多的分层工厂大厦,以及部分甲级和次甲级办公室,次都会区分布工业用楼宇。

(二)主要产业的空间格局

在扮演国际商品流通平台和国际资金流通平台角色过程中,以进出口贸易为首的流通性服务业和以金融为首的生产性服务业集聚成为香港两大主导产业,并驱动个人及社会服务为主的消费性服务业以及整体经济运行发展。在香港既有物理空间格局基础上,三大主要产业依据各自特征与需求形成不同的空间分布。

1.三大行业是经济用途楼宇的主要使用者。经济用途建筑楼宇是各行业生产经营场所,从各行业使用楼宇物业的情况来看,2004年底,进出口贸易业使用楼层面积为1432万平方米,占总楼层面积的35.72%,占据最大比重。如表4—38。

表4—38　香港各行业办公场所使用情况及所占比重

	使用楼层面积(百万平方米)	使用楼层面积所占比重(%)
制造	7.02	17.51
仓库	0.23	0.56
运输	1.73	4.33
通信	0.19	0.47
批发	2.76	6.90
零售	2.14	5.34
进出口贸易	14.32	35.72

续上表

	使用楼层面积(百万平方米)	使用楼层面积所占比重(%)
金融保险、地产及商用服务	5.12	12.76
建筑	1.60	4.00
餐饮	0.78	1.94
酒店	0.07	0.17
社区、社会及个人服务	4.13	10.30
合计	40.09	100.00

资料来源:2004年年底—2005年年初调研数据,包括2003年年底前所有工商业用建筑楼宇;香港特区政府规划署:"*Commercial and Industrial Floor Space Utilization Survey*"。细分数据经加工计算,综合时与基础数据略有出入。

　　随制造业外迁,香港制造业产值比重21世纪以来已经不足5%,但从经营场地使用情况来看,仍然占据较大比重,共使用702万平方米,约占17.51%。

　　主导行业金融保险、地产及商用服务业使用楼层面积512万平方米,占总楼层面积的12.76%。社区、社会及个人服务业使用楼层面积为413万平方米,约占10.3%。

　　总体来说,两大主导产业及占社会经济重要组成部分的社区、社会及个人服务业是办公场地的主要使用者。

　　2. 进出口贸易业主要分布在都会次CBD地区的工厂大厦。进出口贸易业是香港第一大产业,是流通性服务业主要组成部分。从进出口贸易业的空间分布来看,2004年年底,进出口贸易业共使用楼层面积1432万平方米。其中,主要使用都会次CBD地区的分层工厂大厦作为办公经营场地,共使用747万平方米,占行业使用总场地面积的52.2%。再就是使用次都会区的分层工厂大厦,使用146万平方米,占行业总场地面积的10.2%。此外,进出口贸易业在CBD使用次甲级办公室116万平方米,甲级办公室113万平方米,分别占行业总场地面积的8.1%和7.9%。如表4—39。

　　从进出口贸易业使用的楼宇类别来看,使用分层工厂大厦占62.4%,次甲级办公室占15.2%,甲级办公室占13.2%。从进出口贸易业的区域分布来看,70.8%分布在都会次CBD地区,16.7%分布在CBD,仅12.5%分布在次都会区。

进出口贸易业的空间格局为:小部分租金承担能力强的进出口贸易企业分布在 CBD 的甲级与次甲级办公室;绝大部分进出口贸易企业分布在都会次 CBD 地区的分层工厂大厦;小部分进出口贸易企业使用次都会区的分层工厂大厦作为办公场地。

表4—39　香港进出口贸易业的空间分布格局

	CBD	都会次 CBD 地区	次都会区	总计
	总楼层面积(百万平方米)			
甲级办公室	1.13	0.72	0.05	1.89
次甲级办公室	1.16	1.01	0.01	2.18
分层工厂大厦	0.00	7.47	1.46	8.93
特殊用途厂房	0.00	0.23	0.22	0.45
工业办公楼宇	0.00	0.50	0.04	0.54
私人商厦	0.11	0.20	0.02	0.33
合计	2.39	10.14	1.80	14.32
	各类楼宇使用面积占行业总使用面积比重(%)			
甲级办公室	7.9	5.0	0.3	13.2
次甲级办公室	8.1	7.0	0.1	15.2
分层工厂大厦	0.0	52.2	10.2	62.4
特殊用途厂房	0.0	1.6	1.5	3.1
工业办公楼宇	0.0	3.5	0.3	3.8
私人商厦	0.7	1.4	0.1	2.3
合计	16.7	70.8	12.5	100.0

资料来源:2004 年年底—2005 年年初调研数据,包括 2003 年年底前所有工商业用建筑楼宇;香港特区政府规划署:"*Commercial and Industrial Floor Space Utilization Survey*"。细分数据经加工计算,综合时与基础数据略有出入。

3. 生产性服务业主要分布在 CBD 的甲级和次甲级办公室。回归以后,特别是 CEPA 签署以来,以金融为代表的生产性服务业相对来说是香港经济中增长速度最快的行业。从其空间分布来看,2004 年年底,生产性服务业共使用 511 万平方米办公楼宇。其中,CBD 的甲级办公室使用数量最多,为 134 万平方米,占行业总使用场地面积的 26.2%。再就是使用 CBD 的次甲级办公室,为131万平方米,占比25.7%。另外,生产性服务业还在都会次 CBD 地区使用91万平方米分层工厂大厦、42万平方米次甲级办公室,以及40万平方米甲级办公室,分别占总使用场地面积的17.8%、8.2%和7.7%。如表4—40。

表4—40　香港金融保险、地产及商用服务业的空间分布格局

	CBD	都会次 CBD 地区	次都会区	总计
总楼层面积(百万平方米)				
甲级办公室	1.34	0.40	0.01	1.75
次甲级办公室	1.31	0.42	0.03	1.76
分层工厂大厦	0.00	0.91	0.21	1.12
特殊用途厂房	0.00	0.02	0.05	0.08
工业办公楼宇	0.00	0.08	0.01	0.09
私人商厦	0.13	0.13	0.05	0.31
合计	2.78	1.96	0.37	5.11
各类楼宇使用面积占行业总使用面积比重(%)				
甲级办公室	26.2	7.7	0.3	34.2
次甲级办公室	25.7	8.2	0.5	34.4
分层工厂大厦	0.0	17.8	4.1	21.9
特殊用途厂房	0.0	0.4	1.0	1.5
工业办公楼宇	0.0	1.6	0.3	1.8
私人商厦	2.6	2.5	1.0	6.2
合计	54.5	38.3	7.2	100.0

资料来源:2004年年底—2005年年初调研数据,包括2003年年底前所有工商业用建筑楼宇;香港特区政府规划署:"*Commercial and Industrial Floor Space Utilization Survey*"。细分数据经加工计算,综合时与基础数据略有出入。

从生产性服务业使用的物业形态来看,次甲级办公室共使用176万平方米,占34.4%位居第一;甲级办公室共使用175万平方米,占34.2%;第三大物业形态是分层工厂大厦,使用比重约为21.9%。

从使用物业的区域分布来看,生产性服务业主要分布在 CBD,场地面积占行业总使用面积的54.5%;再就是分布在都会次 CBD 地区,场地面积比重为38.3%。

生产性服务业的空间格局为:大部分生产性服务企业分布在 CBD 的甲

级和次甲级办公室,小部分生产性服务企业分布在都会次 CBD 地区的分层工厂大厦、甲级和次甲级办公室。除此之外,其他地区及其他物业形态分布很少。

4.个人及社会服务业主要分布在都会次 CDB 地区的私人商厦。在流通性服务和生产性服务驱动整体经济运行过程中,个人及社会服务业成为重要组成部分。从香港个人及社会服务业空间布局来看,2004 年年底,行业总使用楼层面积 411 万平方米。其中,使用最多的办公场地是都会次 CBD 地区的私人商厦,使用 110 万平方米,占行业总使用面积的 26.6%。再就是 CBD 的次甲级办公室,使用 69 万平方米,占比 16.7%。都会区次 CBD 地区分层工厂大厦和次甲级办公室的使用比重分别为 13.3% 和 11.4%。如表 4—41。

从行业使用的物业形态来看,占比最高的是私人商厦(37.8%),再就是次甲级办公室(29.4%)和分层工厂大厦(18.1%)。从使用物业的区域分布来看,主要集中于都会次 CBD 地区,比重为 58.2%;再就是 CBD,占比 28.2%。

个人及社会服务业的空间格局为:绝大部分经营机构分布在都会次 CBD 的私人商厦、分层工厂大厦和次甲级办公室;部分租金负担能力强的经营机构聚集在 CBD 的次甲级办公室,CBD 的私人商厦和甲级办公室也有少量分布;次都会区的分层工厂大厦和私人商厦也聚集部分个人及社会服务经营机构。

表 4—41　香港社区、社会及个人服务业的空间分布格局

	CBD	都会次 CBD 地区	次都会区	总计
	总楼层面积(百万平方米)			
甲级办公室	0.21	0.12	0.03	0.36
次甲级办公室	0.69	0.47	0.06	1.21
分层工厂大厦	0.00	0.55	0.20	0.74
特殊用途厂房	0.00	0.16	0.07	0.23
工业办公楼宇	0.00	0.01	0.00	0.01
私人商厦	0.27	1.10	0.19	1.56
合计	1.16	2.41	0.54	4.11

续上表

	CBD	都会次 CBD 地区	次都会区	总计
	各类楼宇使用面积占行业总使用面积比重(%)			
甲级办公室	5.0	3.0	0.7	8.7
次甲级办公室	16.7	11.4	1.4	29.4
分层工厂大厦	0.0	13.3	4.8	18.1
特殊用途厂房	0.0	3.9	1.7	5.6
工业办公楼宇	0.0	0.3	0.0	0.4
私人商厦	6.5	26.6	4.7	37.8
合计	28.2	58.5	13.2	100.0

资料来源:2004 年年底—2005 年年初调研数据,包括 2003 年年底前所有工商业用建筑楼宇;香港特区政府规划署:"*Commercial and Industrial Floor Space Utilization Survey*"。细分数据经加工计算,综合时与基础数据略有出入。

(三)产业的单中心空间集聚格局

从经济区域的业态分布格局来看,香港形成以 CBD 为集聚中心,渐次向外辐射分布的空间集聚特征。

1. CBD 集聚生产性服务业和进出口贸易业。从 CBD 分布的业态来看,金融保险等生产性服务业使用甲级办公室面积占 CBD 总楼层面积的 16.2%,次甲级办公室面积比重 15.8%,是使用 CBD 办公场地最多的第一大业态,共使用楼层面积比重为 33.6%。进出口贸易业为仅居其次的第二大业态,使用甲级办公室面积占 CBD 总楼层面积的 13.6%,使用次甲级办公室面积比重为 13.9%,行业合计使用 CBD 总楼层面积的 28.8%。社区、社会及个人服务业在 CBD 占据总楼层面积8.3%的次甲级办公室,合计使用面积比重为 14%,为 CBD 第三大业态。此外,CBD 还分布有少量运输(6.6%)、零售(5.4%)、餐饮(3.2%)和批发(3.2%)等业态。如表 4—42。

表 4—42　香港 CBD 业态格局

	各类楼宇使用面积占 CBD 总楼层面积的比重(%)			
	甲级办公室	次甲级办公室	私人商厦	合计
制造	0.5	0.8	0.5	1.8

续上表

| | 各类楼宇使用面积占 CBD 总楼层面积的比重（%） | | | |
	甲级办公室	次甲级办公室	私人商厦	合计
仓库	0.0	0.0	0.0	0.0
运输	2.6	3.9	0.1	6.6
通信	0.2	0.2	0.0	0.4
批发	1.2	1.6	0.4	3.2
零售	1.0	2.4	2.0	5.4
进出口贸易	13.6	13.9	1.3	28.8
金融保险、地产及商用服务	16.2	15.8	1.6	33.6
建筑	0.6	1.6	0.2	2.5
餐饮	0.0	0.7	2.4	3.2
酒店	0.2	0.1	0.2	0.5
社区、社会及个人服务	2.5	8.3	3.2	14.0
合计	38.4	49.6	12.0	100.0

资料来源：2004 年年底—2005 年年初调研数据，包括 2003 年年底前所有工商业用建筑楼宇；香港特区政府规划署："*Commercial and Industrial Floor Space Utilization Survey*"。细分数据经加工计算，综合时与基础数据略有出入。

2. 都会次 CBD 地区集聚进出口贸易业。都会非 CBD 地区集聚最大的业态是进出口贸易业，行业使用分层工厂大厦面积占区域总楼层面积的 30.3%，行业合计占区域总楼层面积的 41.1%，占据区域业态主导地位。制造业使用分层工厂大厦面积比重为 15.1%，合计占用区域总楼层面积的 17.8%，成为都会非 CBD 地区第二大业态。此外，都会非 CBD 地区还分布有部分社区、社会及个人服务业（9.8%）、批发（8.1%）、金融保险等生产性服务业（7.9%）、零售（5.3%）、建筑（3.8%）和运输（3.7%）等业态。如表 4—43。

表 4—43 香港都市次 CBD 地区业态格局

| | 各类楼宇使用面积占都市次 CBD 地区总楼层面积的比重（%） | | | | | | |
	甲级办公室	次甲级办公室	分层工厂大厦	特殊用途厂房	工业办公楼宇	私人商厦	合计
制造	0.2	0.3	15.1	1.8	0.2	0.2	17.8
仓库	0.0	0.0	0.5	0.1	0.0	0.0	0.6

续上表

	各类楼宇使用面积占都市次 CBD 地区总楼层面积的比重（%）						
	甲级办公室	次甲级办公室	分层工厂大厦	特殊用途厂房	工业办公楼宇	私人商厦	合计
运输	0.2	0.5	2.4	0.3	0.1	0.1	3.7
通信	0.1	0.1	0.3	0.0	0.1	0.0	0.6
批发	0.4	0.7	6.1	0.2	0.1	0.6	8.1
零售	0.2	0.5	3.2	0.1	0.1	1.2	5.3
进出口贸易	2.9	4.1	30.3	0.9	2.0	0.8	41.1
金融保险、地产及商用服务	1.6	1.7	3.7	0.1	0.3	0.5	7.9
建筑	0.3	0.5	2.7	0.0	0.0	0.3	3.8
餐饮	0.1	0.1	0.3	0.0	0.0	0.7	1.2
酒店	0.0	0.0	0.0	0.0	0.0	0.1	0.1
社区、社会及个人服务	0.5	1.9	2.2	0.7	0.1	4.4	9.8
合计	6.5	10.4	67.0	4.2	3.0	8.9	100.0

资料来源:2004 年年底—2005 年年初调研数据,包括 2003 年年底前所有工商业用建筑楼宇;香港特区政府规划署:"*Commercial and Industrial Floor Space Utilization Survey*"。细分数据经加工计算,综合时与基础数据略有出入。

3. 次都会区主要分布制造业和进出口贸易业。在次都市区,制造业主要使用特殊用途厂房,所使用面积占区域总楼层面积的 22.1%,使用分层工厂大厦面积占区域总楼层面积的 12.4%,制造业合计使用区域楼层面积的 34.8%,为次都市区第一大业态。进出口贸易业使用分层工厂大厦面积占比 20.5%,合计在次都市区使用面积占 25.2%,为区域第二大业态。此外,次都市区还分布少量社区、社会及个人服务业(7.6%)、批发业(7.1%)、建筑业(6.2%)、零售业(5.3%)、金融保险等生产性服务业(5.2%),以及运输业(4%)等。如表4—44。

综上所述,在两大主导行业驱动香港经济运行过程中,在空间上形成 CBD 集聚金融等生产性服务业,以及负担较高租金成本的贸易等流通性服务业;都会次 CBD 地区在物业价格相对较低的分层工厂大厦集聚贸易等流通性服务业,以及部分制造业;次都会区主要集聚特殊工业以及负担较低租金成本的贸易等流通性服务业;产业集聚形成以 CBD 为中心、渐次向外扩散的单中心空间格局。

表4—44 香港次都市区业态格局

	各类楼宇使用面积占次都市区总楼层面积的比重%						
	甲级办公室	次甲级办公室	分层工厂大厦	特殊用途厂房	工业办公楼宇	私人商厦	合计
制造	0.2	0.0	12.4	22.1	0.0	0.1	34.8
仓库	0.0	0.0	0.5	0.7	0.0	0.0	1.2
运输	0.1	0.1	2.6	1.2	0.0	0.1	4.0
通信	0.0	0.0	0.1	0.1	0.0	0.0	0.3
批发	0.1	0.0	5.2	1.7	0.1	0.0	7.1
零售	0.0	0.1	2.8	1.1	0.0	1.3	5.3
进出口贸易	0.6	0.1	20.5	3.1	0.6	0.2	25.2
金融保险、地产及商用服务	0.2	0.4	2.9	0.7	0.2	0.7	5.2
建筑	0.1	0.0	3.5	2.3	0.1	0.2	6.2
餐饮	0.0	0.0	1.1	0.0	0.0	1.8	3.0
酒店	0.0	0.0	0.0	0.0	0.0	0.1	0.1
社区、社会及个人服务	0.4	0.8	2.8	1.0	0.0	2.7	7.6
合计	1.8	1.6	54.4	34.1	0.9	7.2	100.0

资料来源:2004 年年底—2005 年年初调研数据,包括 2003 年年底前所有工商业用建筑楼宇;香港特区政府规划署:"*Commercial and Industrial Floor Space Utilization Survey*"。细分数据经加工计算,综合时与基础数据略有出入。

三、工作人口的层式聚居特征

在产业趋向单中心空间集聚、且新市镇建设业已推动人口分散化背景下,香港工作人口呈现层式聚居特征。

(一)工作区与居住区相对分离

随生产性服务业和贸易等流通性服务业两大主导产业分别主要集聚于 CBD 和都会次 CBD 地区,九龙和港岛成为主要工作地区。2006 年工作人口分别为 100 万和 87 万人,占香港总工作人口的 29.7% 和 25.8%,新市镇亦分布有 81 万工作人口,占比 24.1%。如表 4—45。

　　在工作地区分布中,九龙的油尖旺工作人口最为集中,有 36 万人,占总工作人口的 12.8%。港岛的中西区、湾仔,分别集中 11.7% 和 9.1% 的工作人口。九龙的观塘和港岛的东区是老工业区所在地,工作人口也相对密集,占比分别为 8.9% 和 7.3%。以上五个区域聚集全港 49.9% 的工作人口。

表 4—45　2006 年香港居住与工作地区工作人口情况

工作地区分布(万人,%)			居住地区分布(万人,%)		
	人数	比重		人数	比重
港岛	87	25.8	港岛	66	19.7
九龙	100	29.7	九龙	95	28.4
新市镇	81	24.1	新市镇	159	47.1
新界其他地区	15	4.4	新界其他地区	16	4.8
合计	283	83.9	合计	336	99.9
五大工作区(万人,%)			五大居住区(万人,%)		
	人数	比重		人数	比重
九龙—油尖旺	36	12.8	新界—沙田	26	9.2
港岛—中西区	33	11.7	港岛—东区	25	8.9
港岛—湾仔	26	9.1	九龙—观塘	23	8.3
九龙—观塘	25	8.9	新界—屯门	21	7.5
港岛—东区	21	7.3	新界—元朗	21	7.4
合计	141	49.9	合计	117	41.3

资料来源:香港政府统计处,《2006 年中期人口统计》。

　　由于 20 世纪 70—90 年代大规模新市镇建设,以及回归以来不断推进人口聚居分散化,新市镇已经成为香港主要聚居区。2006 年,占比 47.1%、合计 159 万工作人口居住在新市镇。此外,95 万工作人口居住在九龙,66 万人居住在港岛,所占总工作人口比重分别为 28.4% 和 19.7%。五个最主要的人口聚居区分别是新市镇沙田、屯门和元朗,以及老城区港岛的东区和九龙的观塘。五个地区工作人口居住比重分别在 7%—9% 左右,合计居住工作人口 117 万,占比 41.3%。

　　从各区域工作和居住人口变动来看,2001—2006 年,各区域工作人口数量均有增加,其中到香港以外工作的人口增长最快,年均增加6.1%。港岛的居住人口数量显著减少,由2001年居住70万工作人口降至2006年居住66万,年均减少1%。新市镇居住人口增加最快,年均增加1.9%,人口密集度提高带动新市镇就业增长,工作人口年均增加0.5%。九龙工作人口和居住人口年均增幅相同,均为0.2%。从2001—2006年主要工作和居住区变动趋势来看,港岛工作人口加速聚集,居住人口趋向减少;九龙工作人口聚集速度和居住人口聚集速度相同;新市镇工作人口聚集速度慢于居住人口聚集速度。从城市整体角度看,工作区与居住区分离的趋势有所加强。如表4—46。

表4—46 2001、2006年香港工作人口和居住人口变动

	工作人口(万人,%)			居住人口(万人,%)		
	2001年	2006年	年均增长	2001年	2006年	年均增长
港岛	86	87	0.1	70	66	−1.0
九龙	99	100	0.2	94	95	0.2
新市镇	79	81	0.5	144	159	1.9
新界其他地区	14	15	0.8	17	16	−0.6
香港以外地方	9	13	6.1			
合计	288	295	0.5	325	336	0.7

资料来源:香港政府统计处,《2006年中期人口统计》。

相对于新市镇规划初期旨在实现内部均衡和自给自足式发展的初衷,主导产业及空间集聚形式的变迁反而使香港的工作区与居住区趋于分离。

(二)工作人口聚居区的层式分布

在工作区与居住区相对分离背景下,核心区的同地工作、同地居住人口比重最高,外围渐次之,香港工作人口聚居区趋向层式分布。

CBD主要位于港岛的中西区和湾仔,居住在港岛的工作人口60.4%在本地区工作,此外有14.6%前往维港对岸的九龙工作。居住在都会区九龙的工作人口47.9%在本地区工作,20.5%前往港岛,另有13.1%的工作人口去往邻近新市镇工作。居住在次都会区新市镇的工作人口38.3%留在新市镇工作,26.1%到距离较近的九龙工作,15.4%的工作人口前往港岛,

区外工作占据主导地位。居住在新市镇以外新界其他地方的工作人口,绝大部分在区域外工作。其中,27.6%前往较为邻近的新市镇,20.1%去往九龙,16.4%的工作人口到港岛,本地区就业比重仅占14.5%。此外,各区域分别还有4%左右的工作人口到香港以外地区工作,新市镇这类工作人口的比重相对最高。如表4—47。

从各工作区工作人员的居住地来源看,紧邻CBD的港岛的工作人员主要居住在本地区,占46.2%,居住在新市镇的占28.2%,居住在维港对岸九龙的比重为22.6%。都会区九龙的工作人口45.7%居住在本地区,比重最大,41.3%的工作人口居住在相邻新市镇。新市镇的工作人口绝大部分居住在新市镇,占比74.9%。在新市镇以外新界其他地区工作的人员58.6%居住在邻近新市镇。在香港以外工作的人员50.3%居住在新市镇,27.4%居住于九龙。

表4—47　2006年香港工作人口居住与工作地区分布

工作地区	居住地区				
	港岛	九龙	新市镇	新界其他地区	总计
	工作人口数量(万人)				
港岛	40.05	19.59	24.46	2.64	86.76
九龙	9.72	45.71	41.33	3.22	99.98
新市镇	3.42	12.47	60.66	4.43	80.98
新界其他地区	1.07	2.73	8.68	2.32	14.82
无固定地点	2.73	5.91	9.84	1.08	19.58
于家中工作	7.05	5.56	6.98	1.67	21.27
香港以外地方	2.25	3.48	6.39	0.58	12.70
总计	66.37	95.48	158.51	16.03	336.57
	各居住区工作人口的工作地点分布(%)				
港岛	60.4	20.5	15.4	16.4	25.8
九龙	14.6	47.9	26.1	20.1	29.7
新市镇	5.1	13.1	38.3	27.6	24.1
新界其他地区	1.6	2.9	5.5	14.5	4.4
无固定地点	4.1	6.2	6.2	6.8	5.8
于家中工作	10.6	5.8	4.4	10.4	6.3

续上表

工作地区	居住地区				
	港岛	九龙	新市镇	新界其他地区	总计
各居住区工作人口的工作地点分布(%)					
香港以外地方	3.4	3.6	4.0	3.6	3.8
总计	100.0	100.0	100.0	100.0	100.0
各工作区工作人口的居住地分布(%)					
港岛	46.2	22.6	28.2	3.0	100.0
九龙	9.7	45.7	41.3	3.2	100.0
新市镇	4.2	15.4	74.9	5.5	100.0
新界其他地区	7.2	18.4	58.6	15.7	100.0
无固定地点	14.0	30.2	50.3	5.5	100.0
于家中工作	33.1	26.2	32.8	7.8	100.0
香港以外地方	17.7	27.4	50.3	4.8	100.0
总计	19.7	28.4	47.1	4.8	100.0

资料来源:香港政府统计处,《2006年中期人口统计》。

　　从工作人口聚居总体情况看,紧邻CBD的核心都会区——港岛,是工作区和居住区集中程度最高的地区,本地居民绝大部分区域内就业,工作人员也大多数来自区内,在较远新市镇居住的比重相对较小;CBD较外围的都会区——九龙,工作区和居住区也较为集中,除区域内居住与工作的人口占较大比重外,到核心都会区港岛工作,在外围新市镇居住的比重相对较高;次都会区——新界,工作区和居住区较为分离,新市镇实现区内工作和居住的人口比重略高,新市镇外自给自足工作人口的比重很小,新市镇的大部分、新市镇外的绝大部分居民都要到区外工作,到相对邻近的九龙工作的人口比重高于前往港岛的比重。

　　由此可见,在主导行业趋于空间集中、居住区域相对扩散的背景下,工作人口聚居区趋向层式分布:都会核心区以港岛为聚居区,倚重最外围新市镇聚居区的程度较小;CBD较外围都会区以九龙为聚居区,同时倚重新市镇聚居区的程度提高;次都会区以新市镇为聚居区,居民以区外工作为主,前往相邻区域九龙的比重高于去往较远区域港岛的比重。

（三）各区域聚居特征的分化

聚居区的层式分布使各区域聚居工作人口的行业特征、职业特征和收入特征呈现分化趋势。

1.各区域聚居工作人口行业特征的分化。从各聚居区工作人口的行业分布来看，由于新界属于居住区，各行业的居住人数都较港岛和九龙多，2006年新界共居住175万工作人口，港岛和九龙分别为66万和95万。因进出口贸易等流通性服务业和个人及社会服务业是香港提供就业的最主要行业，各聚居区中，从事进出口贸易、批发零售、餐饮酒店工作和社区、社会及个人服务工作的人数占比均相对最高。港岛居住的两行业工作人口比重分别为25.2%和30.3%，九龙分别为29.4%和26.5%，新界为26.8%和25.9%，均高于其他行业工作人口的比重。如表4—48。

表4—48　2006年香港各区域聚居工作人口的行业分布

	港岛（万人,%）		九龙（万人,%）		新界（万人,%）	
	人数	比重	人数	比重	人数	比重
金融保险、地产及商用服务业	16	24.1	15	16.2	26	14.7
进出口贸易、批发零售、饮食酒店	17	25.2	28	29.4	47	26.8
运输、仓库及通信业	6	8.6	10	11.0	23	13.1
制造业	5	7.0	9	9.8	18	10.6
社区、社会及个人服务业	20	30.3	25	26.5	45	25.9
总计	66	100.0	95	100.0	175	100.0

资料来源：香港政府统计处，《2006年中期人口统计》。

比较各区域聚居工作人口的行业构成，相较于九龙和新界，港岛金融等生产性服务业和个人及社会服务业人员居住比重相对较高，贸易等流通性服务业及制造业人员居住比重相对最低。在全港400个区议会分区中，港岛的半山东、跑马地、大坑、卫城、大佛口是金融等生产性服务业工作人员居住最为集中的地区；九龙的骏马、双顺和何文田，港岛的司徒拔道、渣甸山是个人及社会服务业工作人员居住最密集地区。九龙相对来说进出口贸易、批发零售业人员居住比重最高，新界次之；九龙的尖沙咀东、大南、南昌北、佐敦和红磡是进出口贸易类工作人员居住最密集地区。新界的运输仓库和制造业就业人员居住比重相对较高,新界的东涌新市镇、兆翠、兆康、悦湖和长亨是运输仓库通信业人员聚居程度最高的地区,新界的太白田、祁德尊、荃威、荃湾郊区东以及九龙的美孚南制造业人员居住比重相对最高。如表4—49。

由此可见,与产业空间集聚结构相类似,从行业特征来看,各聚居区呈现单中心分布格局:港岛聚居区相对来说金融等生产性服务业和个人及社会服务业人员居住最为密集,九龙及新界渐次之;九龙进出口贸易类流通性服务业人员聚居程度最高,新界和港岛渐次之;新界运输仓库通信和制造业人员居住比重相对最高,九龙和港岛渐次之。

表4—49　2006年香港各工作人口聚居区的行业特征

	金融保险、地产及商用服务业	社区、社会及个人服务业		进出口贸易、批发零售、饮食酒店		运输、仓库及通信业	制造业
聚居区工作人口行业比重排序(%)							
港岛	24.1	30.3	九龙	29.4	新界	13.1	10.6
九龙	16.2	26.5	新界	26.8	九龙	11.0	9.8
新界	14.7	25.9	港岛	25.2	港岛	8.6	7.0
各行业聚居比重最高的五个地区							
1	半山东	骏马	1	尖沙咀东	1	东涌新市镇	大白田
2	跑马地	司徒拔道	2	大南	2	兆翠	美孚南
3	大坑	渣甸山	3	南昌北	3	兆康	祈德尊
4	卫城	双顺	4	佐敦	4	悦湖	荃威
5	大佛口	何文田	5	红磡	5	长亨	荃湾郊区东

注:港岛地区;九龙地区;新界地区。数据来源:香港政府统计处,《2006年中期人口统计》。

2.各区域聚居工作人口职业特征的分化。从各区域聚居工作人口的职业分布来看,新界各类职业居住人数均为最多;各聚居区工作人员职业构成中,非技术工人均占比最大。如表4—50。

表4—50　2006年香港各区域聚居工作人口的职业分布

	港岛(万人,%)		九龙(万人,%)		新界(万人,%)	
	人数	比重	人数	比重	人数	比重
经理及行政人员	11	16.3	10	10.4	15	8.8
专业人员	6	8.3	6	5.8	9	5.4
辅助专业人员	11	17.2	15	15.7	28	15.9
文员	10	15.6	16	16.8	30	17.4
服务工作人员	9	13.0	17	17.7	30	16.9
非技术工人	13	20.3	18	19.3	31	18.0
制造领域工人	6	9.0	14	14.2	30	17.1
总计	66	100.0	95	100.0	175	100.0

资料来源:香港政府统计处,《2006年中期人口统计》。

　　比较各区域聚居工作人员的职业构成,港岛的经理及行政人员、专业人员和非技术工人聚居比重都相对高于九龙,继而新界;港岛的辅助专业人员聚居比重相对高于新界,其次是九龙。港岛的卫城、乐活、宝马山和山顶,以及九龙的九龙塘是经理及行政人员聚居相对最密集的地区;九龙的骏马,港岛的大学、卫城以及新界的愉景湾和碧湖是专业人员居住相对最密集地区;港岛的司徒拔道、山顶、渣甸山、海湾,以及九龙的何文田是非技术工人居住相对最密集地区;港岛置富和美孚北,新界愉景、粉岭市和祖尧辅助专业人员居住相对最集中。相对于新界和港岛,九龙的服务工作人员聚居比重相对最高,九龙的双顺、油塘四山西和四山东、宝达,以及新界的广康是服务工作人员居住相对最集中地区。新界的文员、制造领域工人相对九龙和港岛来说,聚居比重相对最高。港岛的健康村、景怡,新界的广明、愉欣,以及九龙的富荣是文员居住最密集地区;新界的逸泽、天恒、南屏、宏逸和蝴蝶制造领域工人居住相对最集中。如表4—51。

表4—51　2006年各工作人口聚居区的职业特征

	经理及行政人员	专业人员	非技术工人	辅助专业人员		服务工作人员		文员	制造领域工人
	聚居区工作人口职业比重排序(%)								
港岛	16.3	8.3	20.3	港岛	17.2	九龙	17.7	新界 17.4	17.1

续上表

	经理及行政人员	专业人员	非技术工人		辅助专业人员		服务工作人员		文员	制造领域工人
聚居区工作人口职业比重排序(%)										
九龙	10.4	5.8	19.3	新界	15.9	新界	16.9	九龙	16.8	14.2
新界	8.8	5.4	18.0	九龙	15.7	港岛	13.0	港岛	15.6	9.0
各职业聚居比重最高的五个地区										
1	卫城	骏马	司徒拔道	1	置富	1	双顺	1	健康村	逸泽
2	乐活	大学	山顶	2	愉景	2	油塘四山西	2	景怡	天恒
3	宝马山	愉景湾	渣甸山	3	美孚北	3	广康	3	广明	南屏
4	九龙塘	卫城	海湾	4	粉岭市	4	宝达	4	愉欣	宏逸
5	山顶	碧湖	何文田	5	祖尧	5	油塘四山东	5	富荣	蝴蝶

注:港岛地区;九龙地区;新界地区。数据来源:香港政府统计处,《2006年中期人口统计》。

表4—52　2006年各工作人口聚居区的收入特征　(月收入,港元)

	40000+	2000—3999	20000—39999	<2000	4000—5999	6000—9999	10000—14999	15000—19999
聚居区工作人口收入层比重排序(%)								
港岛	12.5	12.3	港岛 16.8	九龙 2.1	10.6	新界 27.6	21.8	10.8
九龙	5.3	9.5	新界 13.9	新界 2.0	10.2	九龙 27.3	20.4	10.4
新界	4.4	8.7	九龙 13.89	港岛 1.8	7.6	港岛 20.6	17.9	9.9
各收入层聚居比重最高的五个地区								
1	卫城	渣甸山	1 将军澳市中心	1 翠屏南	南屏	1 山景	愉欣	宝康
2	山顶	司徒拔道	2 丽港	2 何文田	蝴蝶	2 翠林	蓝田	兆新
3	宝马山	九龙塘	3 第一城	3 长洲北	富昌	3 宝田	天盛	广明
4	乐活	乐活	4 海怡西	4 鸭脷洲邨	逸泽	4 宝达	兆翠	淘大
5	薄扶林	太子	5 碧湖	5 沙打	石篱	5 天耀	富恩	大埔中

注:港岛地区;九龙地区;新界地区。
数据来源:香港政府统计处,《2006年中期人口统计》。

　　各聚居区的职业特征为:港岛相对来说以经理及行政人员、专业人员、非技术工人和辅助专业人员聚居为主,九龙和新界渐次之;九龙服务工作人员聚居相对密集,新界和港岛渐次之;新界相对以文员和制造业领域工人聚居为主,九龙和港岛渐次之。

3.各区域聚居工作人口收入特征的分化。从各区域聚居工作人员的收入层分布来看,新界除月收入 4 万港元以上人数与港岛相同,均为 8 万人之外,所有收入层人数均为最多。在各区域,6000—1 万收入层的人数占比均为最大,其次是 1 万—1.5 万收入层。如表 4—53。

表 4—53　2006 年香港各区域聚居工作人口的收入分布

（月收入,港元）	港岛（万人,%）		九龙（万人,%）		新界（万人,%）	
	人数	比重	人数	比重	人数	比重
<2000	1	1.8	2	2.1	3	2.0
2000—3999	8	12.3	9	9.5	15	8.7
4000—5999	5	7.6	10	10.6	18	10.2
6000—9999	14	20.6	26	27.3	48	27.6
10000—14999	12	17.9	19	20.4	38	21.8
15000—19999	7	9.9	10	10.4	19	10.8
20000—39999	11	16.8	13	13.9	24	13.9
40000+	8	12.5	5	5.3	8	4.4
总计	66	100.0	95	100.0	175	100.0

资料来源:香港政府统计处,《2006 年中期人口统计》。

比较各区域聚居工作人员的收入构成,港岛在月收入 4 万港元以上、2000—4000 港元、2 万—4 万港元三个收入层人员居住比重都相对最高,九龙在前两个收入层聚居比重高于新界,新界 2 万—4 万港元收入层居住比重略高于新界。港岛的卫城、山顶、宝马山、乐活和薄扶林是 4 万港元以上人员聚居相对最集中的;港岛的渣甸山、司徒拔道、乐活,九龙的九龙塘、太子是 2000—4000 收入层人员居住相对最密集;新界的将军澳市中心、第一城、碧湖,九龙的丽港,港岛的海怡西是 2 万—4 万港元收入层居住相对最集中地区。在少于 2000 和 4000—6000 收入层,九龙的居住密集度相对最高,新界次之,港岛最小。九龙的翠屏南、何文田,新界的长洲北、沙打,港岛的鸭脷洲邨是少于 2000 收入层人口居住相对最集中的;新界的南屏、蝴蝶、逸泽和石篱,以及九龙的富昌 4000—6000 港元收入层人员居住比重相对最高。在 6000—2 万的三个收入层,新界的居住比重都相对最高,九龙次之,港岛最小。新界的山景、翠林、宝田、天耀,九龙的宝达 6000—1 万收入层人员居住相对最集中;新界的愉欣、天盛、兆翠和富恩,九龙的蓝田在 1 万—1.5 万收入层居住密集度相对最高;新界的宝康、兆新、广明和大埔中,以及九龙的淘大在 1.5 万—2 万港元收入层居住密集度相对最大。如表4—52。

各聚居区的收入特征为:港岛 2 万以上高收入层和 2000—4000 低收入层人员居住相对最密集,九龙在 4 万以上和 2000—4000 收入层较新界密集度高,在 2 万—4 万收入层较新界密集度低;九龙 2000 以下及 4000—6000 低收入层人员居住相对最密集,新界次之,港岛最小;新界在 6000—1万、1 万—1.5 万和 1.5 万—2 万中高收入层居住密集度都相对最高,九龙和港岛渐次之。

总体来说,港岛聚居区因金融等生产性服务业和社会服务业人员居住相对密集,经理及行政人员、专业人员、辅助专业人员以及高收入阶层聚居比重相应较高,他们对社区及个人服务业、外籍家佣等非技术人员的需求,使港岛非技术人员和低收入阶层居住密集度相应提高。九龙是人口密集的工作区,文员、辅助专业人员等中高收入人员选择到人口密度相对较低的新界居住,服务工作人员等低收入阶层经济负担能力较差,留在人口密度较大的旧城区居住。此外新界生活成本较低且接近制造业聚集区,新界的制造领域工人及低收入阶层居住密集度也相对较高。

四、香港世界城市的空间结构及其政策含义

经过工业化时代的发展,香港渐趋形成以多层工厂大厦为主的城市多中心物理结构。在两大主导产业日益驱动世界城市运转过程中,产业与人口集聚逐渐形成单中心层式空间结构。城市空间集聚形态的演变也表明若干政策含义。

(一)香港世界城市的空间结构

从产业在 CBD、都会次 CDB 地区和次都会区的分布格局,以及工作人口层式聚居特征来看,香港世界城市的空间形态表现为单中心层式空间结构。如图4—6。

第一,CBD 主要集聚生产性服务业、部分进出口贸易业,以及部分社会公共服务业;在紧邻 CBD 的港岛,聚居区以金融等生产性服务业和个人及社会服务业人员居住比重相对较高,且聚居区工作人员主要在区内流动,形成中心居住区。

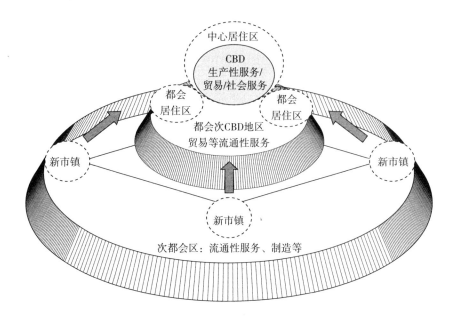

图4—6　香港世界城市的单中心层式空间结构

第二,都会次 CBD 地区主要集聚进出口贸易等流通性服务业,大多是用工业化时代遗留下来的分层工厂大厦作为办公经营场所;在都会区内距离 CBD 略远的老城区九龙,聚居区进出口贸易等流通性服务业工作人员居住相对密集,区内就业占据主要比重;因老城区人口密集,中高收入人群散居到周边新市镇,老城区工作人口以中低收入阶层为主,形成都会居住区。

第三,次都会区主要集聚流通性服务业和制造业;新市镇是次都会区人口主要集聚区,且以居住功能为主,除部分工作人员在新市镇内就业外,大部分居住者需要到区外工作,其中流向邻近地区九龙的比重较高,流向港岛的比重略低;新市镇运输仓储、制造业工作人员居住比重相对较高,是文员、制造业工人居住相对密集的地区;都会区中高收入阶层流入使新市镇中高收入阶层居住比重相对较高。

第四,以 CBD 为核心的都会区是产业与就业高度集中的区域,越向外围,产业与就业集聚程度渐次降低。

第五,以新市镇为核心的次都会区是聚居最集中地区,居住人口主要到都会区工作;地域越邻近,工作人口流入比重越高。

第六,CBD 以中心居住区为聚居支撑;都会次 CBD 地区以都会居住区为聚居支撑,此外较多倚重外围新市镇;新市镇主要为都会区提供聚居支撑。

总体来说,香港世界城市的单中心层式空间集聚结构为:产业向中心集聚;居住人口向外围扩散;产业集聚中心主要倚重紧邻的工作人员聚居区;越向外围越倚重外围的工作人员聚居区。

(二)香港世界城市空间集聚的政策含义

在城市既有物理空间结构基础上,香港世界城市向单中心层式空间结构集聚的政策含义为:

第一,产业空间集聚是实现集聚经济效应的内在要求和外在表现。基于要素流动、垂直关联、资本创造以及知识和技术外溢等效应,产业集聚可通过收益递增实现自我累积循环发展,并随集聚程度提高、收益递增效应增强、产业运行效率提高。金融、贸易等服务业要素可流动性强,垂直关联效应显著,缄默知识和黏性知识比重大,知识与技术外溢程度高,随交易成本下降,产业发展到一定程度并突破突变点后,将趋向更高程度空间集聚,空间集聚也是实现各类收益递增效应的重要条件。香港的生产性服务业高度集聚于 CBD,进出口贸易业向租金成本高昂的 CBD、人口高度密集的都会次 CBD 地区不断集聚,且利用大量非商用的工厂大厦作为经营场所,意味着产业空间集聚带来收益递增效应增加,使行业能较高程度消化拥挤、办公条件有限等交易成本。

第二,聚居区与工作区适当分离。随产业集聚规模扩大,所占用空间不断扩张,特定空间专业化趋势使聚居区和工作区分离成为必然。由于服务业对不同技能劳动者需求量大,人员通勤成本与效率对生产经营影响较为显著,因此,降低人员通勤成本、提高通勤效率有助于提高产业整体效率与效益;同时也意味着聚居区与工作区不应当过于分离,以免通勤成本上升、通勤效率下降。香港 CBD、都会次 CBD 地区均呈现工作区相对专业化的趋势,工作人口趋向于分散到工作区外居住,这在港岛表现最为显著。但是,不管在 CBD、还是在都会次 CBD 地区,都有不同规模邻近区域作为工作人员聚居区,以使中心区产业总体通勤成本相对下降。

第三,完善的交通连接可一定程度缓解物理分离与集聚间的矛盾。工作区内完善的交通连接可提高商务往来的便利程度和效率;较为邻近的工作区与聚居区之间改善交通连接,可减少对交通工具的需求量;距离较远的工作区域聚居区之间改善交通连接,可提高通勤效率,使工作区与聚居区的分离程度可以相对扩大。香港侧重发展多层次连接通道,包括楼宇物业之间的行人通道、地面交通、水运交通、空中交通以及地铁轨道交通等,提高了区域内及区域间人员流动的便利程度和效率,减少人员区域内流动对交通设施的需求。

第四,高密度发展具有经济性与可持续发展性。高密度发展有助于减小对土地、城市扩张和交通设施的需求,提高区域内人员流动和商务交往的效率。香港地域面积狭小、山多、地少,受特定地理条件限制,为满足经济与人口迅猛增长以及可持续发展的需求,香港较早形成高效利用土地与空间的高密度发展理念和模式。从"亚拔高比报告书"开始,香港就注重有限度开发理念,主要是城市拓展以不破坏海港、山林等自然资源为前提,"2030远景规划与策略"也明确指出"止步区",并将填海面积控制在全港总面积2%的限度之内。拓展空间的局限性使城市转向聚集发展,即通过提高楼宇物业发展密度和垂直发展模式,充分利用有限地域空间。与此同时,高密度发展也带来环境质素下降、拥挤和缺乏空间感等问题。为改善高密度发展带来的负面效应,"2030远景规划与策略"侧重于优化城市空间立体设计,以达到"平衡"和"和谐",而不是简单的"整齐"与"有序"。通过不断优化高密度发展模式,香港切实寻求狭小地域、自然环境、经济与人口高速增长和发展,以及经济效率与效益之间的现实平衡。

第五,市区重建是提高香港世界城市未来活力的关键。工业化时期大规模建设使城市迅猛发展,也带来当前城市老化问题。占经济最大比重的进出口贸易业主要分布于原为工业使用的分层工厂大厦;且这些陈旧工业楼宇在都会次 CBD 地区和次都会区分布密集。都会次 CBD 地区是发挥产业集聚经济效应的重要地区,一方面为 CBD 空间扩张提供余地;另一方面为集聚经济重要组成部分——关联产业发展提供空间。目前,集聚中心业已形成,另建集聚中心一是成本问题,二是重新集聚需要较长时间,三是集聚中心能否形成并非人为可控,优化现有集聚中心、继而改善都会次 CBD 地区成为必要选择。由于当前都会次 CBD 地区仍聚集较大比重城市经济,如何改造、重建、优化都会次 CBD 地区物理结构,不对现有集聚经济造成较大冲击,为更大规模、更高程度产业集聚开辟空间就变得至关重要。

第四节　香港世界城市的基本属性及其政策含义

随着东亚产品内分工体系的形成与发展,香港在自由市场原则下日益深刻融入区域分工体系,并助推内地渐趋占据东亚产品内分工体系轴心地位。日益广泛的国际商品联系、国际金融联系在港集聚,使流通性服务业和生产性服务业驱动社会经济高效运行,香港演进为单中心结构的通道型世界城市。

一、香港世界城市的基本属性

在集聚国际经济联系并驱动社会经济运转过程中,香港世界城市呈现的基本属性包括:

(一)香港世界城市的演进机制

香港世界城市是在区域分工体系深化发展过程中演进的。香港回归以后,受外部经济形势恶化的影响,特区政府主要从挖掘内部潜力入手,推动经济向高增值、知识化方向转型。中国内地入世,特别是 CEPA 的签署,使香港转向以内地为基础的外部经济拓展。随着 20 世纪 90 年代末、21 世纪初,内地凭借廉价劳动力资源丰富的优势大规模承接劳动密集型生产环节,促进东亚产品内分工体系趋于成型并快速发展,内地也跻身东亚产品内分工体系轴心地位。在内地对商品国际流通、资金国际流通需求大幅上升的背景下,香港在自由市场原则下,凭借开放的市场机制、优良的营商环境以及独特的地缘优势,成为助推内地参与东亚产品内分工体系的国际商品中转平台、国际资金融通平台,区域及世界分工体系的流通性服务联系、生产性服务联系趋于在港集聚,促使香港出口贸易等流通性服务业和金融等生产性服务业快速发展,并成为驱动社会经济运转的主导力量。如图4—7。

在流通性服务和生产性服务驱动香港经济运行过程中,香港呈现主导行业就业与职业贡献分化、行业的阶层分化、职业的阶层分化以及收入分化等两极分化趋势。从空间构成上,香港由物理空间的多中心结构演化为产业与社会布局的单中心层式结构。

　　深刻融入区域及世界分工体系并集聚流通性服务、生产性服务等国际经济联系,是香港世界城市演进的内在机制。

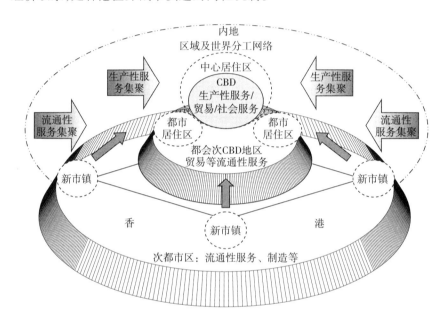

图4—7　香港世界城市演进机制

（二）香港是凝聚广泛国际经济联系的世界城市

　　香港世界城市地位的确定取决于其所处分工体系的属性,所扮演的角色及所发挥作用。

　　首先,香港所处东亚区域分工体系,是国际分工演化到产品内分工阶段的新兴国际产业分工形式。在短短十多年发展过程中,东亚产品内分工体系已经占据世界贸易重要比重,并呈现较快发展趋势。由于产品内分工是科学技术及产业革命发展到当前阶段的产物,代表国际分工的发展方向,因而,东亚产品内分工体系已跻身为国际分工体系重要组成部分,东亚与更广阔世界范围形成产品内分工基础上的密切联系。

　　其次,香港作为自由贸易港,通过中转零部件为主的商品流通,提供国际资金汇聚内地的资金融通平台,成为东亚产品内分工体系的重要组成部分,其所集聚经济联系随东亚产品内分工体系发展而扩张至更为广泛的世界范围,香港成为逻辑和现实意义上的世界城市。

最后,从香港与其他流通性服务和生产性服务集聚中心的比较来看,由于规模庞大的商品流动,香港是全球领先的航运中心,集装箱吞吐排名一直位列世界前三位;从全球金融中心指数来看,香港是仅次于伦敦和纽约的第三大国际金融中心。香港成为发展规模和程度都相对领先的世界城市。如图4—8、表4—54。

(单位:百万标准箱)

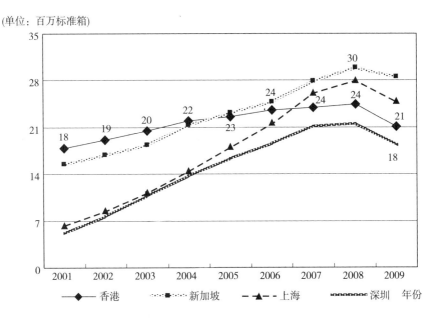

图4—8　世界四大航运中心集装箱吞吐排名

数据来源:香港特区政府海事处。

表4—54　全球金融中心指数(GFCI)排名榜

城市 \ 时间	2007.3	2007.9	2008.3	2008.9	2009.3	2009.9
伦敦	1	1	1	1	1	1
纽约	2	2	2	2	2	2

续上表

城市 ＼ 时间	2007.3	2007.9	2008.3	2008.9	2009.3	2009.9
香港	3	3	3	4	4	3
新加坡	4	4	4	3	3	4
深圳	n.a	n.a	n.a	n.a	n.a	5
苏黎世	5	5	5	5	5	6
东京	9	10	9	7	15	7
芝加哥	8	8	8	8	7	8
日内瓦	10	7	7	6	6	9
上海	24	30	31	34	35	10

资料来源：http://www.zyen.com/Activities/On-line_surveys/GFCI.htm。

(三)香港正由国际贸易中心向国际金融中心演进

首先,从所集聚流通性服务和生产性服务在香港经济中的地位来看,流通性服务仍然占据产值、就业的主要比重;但金融等生产性服务从发展速度来说相对领先,并日益占据社会经济重要组成部分。

其次,贸易等流通性服务的发展空间相对受限。香港外贸依存度已升至300%以上,中转贸易占据绝对比重,其中以内地商品中转为主。随内地开放程度提高,经济腹地向纵深发展,以及沿海港口的兴起等,香港作为内地商品中转平台的功能将面临相对衰落的考验。从2001—2008年香港与内地贸易额占内地总贸易额的比重来看,从初级产品到中间产业以及最终产品,香港在内地贸易往来中的地位都有显著下降,1998年香港与内地贸易总额占内地贸易总额的30%,2008年降至14%。尽管随内地贸易规模扩张,香港仍能集聚相应流通性服务以实现发展,但从所占份额的萎缩趋势来看,香港贸易等流通性服务发展空间相对受限。如图4—9。

最后,金融等生产性服务业发展空间较为广阔。随内地经济起步并快速发展,对金融等生产性服务的需求逐步上升,内地生产性服务也趋向规模扩张和分工细化,香港在中转国际资金投向内地过程中,国际金融平台的规模快速扩大、功能不断增强。当前,内地经济正处于工业深化及向后工业化

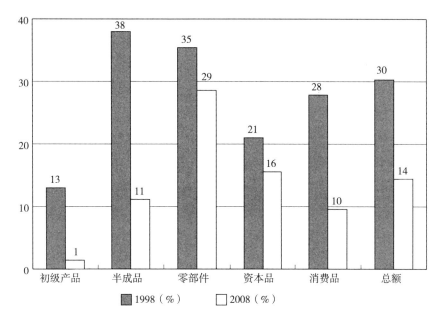

■ 1998（%）　□ 2008（%）

图4—9　香港与内地贸易额占内地总贸易额比重

注:内地从香港进口按香港向内地出口数据计算。

数据来源:UN COMTRADE BEC 数据库。

转型的发展阶段;金融市场远未放开;内地自身生产性服务的专业化发展,以及对外部资金及生产性服务的需求,将使区域及世界分工体系中以内地为核心的生产性服务联系继续向纵深快速发展,这给香港集聚更大范围、更深层次的生产性服务联系提供可能性。从香港生产性服务发展来看,诸多市场还有可拓展余地,对人力资源的开发还有较大空间,因此,香港生产性服务业发展空间相对广阔。

从当前流通性服务和生产性服务的发展状况看,香港属于国际贸易中心,同时国际金融中心功能在增强;从两大主导行业发展趋势来看,香港将由国际贸易中心向国际金融中心演进。

(四)香港是通道型世界城市

从香港世界城市在国际分工体系及世界城市体系中所处的等级地位来看,香港属于通道型世界城市。

首先,从香港国际商品流通平台来看,香港主要从事国际商品中转,商品并非本地生产、本地消费,香港仅提供商品流通通道,并通过间接联结商品生产国和消费国之间的贸易联系,凝结相应的国际经济联系。

其次,从香港国际资金融通平台的组织构建来看,主要由欧美发达国家机构组建与运作,是发达国家控制中心和制造中心向东亚,特别是内地的延伸与运作基地,香港本地资本占据较小份额。

再次,从所集聚生产性服务来看,占主导地位的并不是本地生产分工细化过程中延伸出来的生产性服务,而主要是集聚中心制造基地、控制中心向外拓展的生产性服务,以及外围制造基地、外围控制中心在分工细化过程中发展起来的生产性服务。香港提供了生产性服务派出中心向派驻中心延伸和拓展的通道。

最后,从生产性服务的服务方向来看,香港所集聚的生产性服务主要服务于国际资本及资金向内地的输出,同时满足内地对国际资金、技术等要素的需求,通道呈现显著的单向服务特征,这也是内地在新兴发展阶段,市场吸引力强大、以需求国际资源为主、资本与技术积累尚未达到以向外扩张为主时的必然结果。

由此,当前阶段,香港世界城市是单向特征显著的通道型世界城市。

(五)香港世界城市呈现就业与社会分化趋势

主导行业发展特征及香港社会经济形势变化促使世界城市就业与社会分化有所加深。

流通性服务业的发展需要较小部分高技能管理与劳动者,需要较大比重低技能劳动者;生产性服务业的发展需要较大比重技术含量高的国际管理人员、专业技术人员,以及技术含量较低的服务性劳动者;两大主导行业的运转对消费性服务的需求,以及社会经济转型和人口老龄化使政府致力于发展社会公共服务,个人及社会服务等消费性服务需要较小部分技术含量高的行政管理人员,以及较大比重的低技能服务人员。

在两大主导行业驱动香港经济运转过程中,流通性服务业就业贡献较大;生产性服务业提供高低收入职业,流通性服务业和个人及社会服务业主要提供低收入职业;各行业低收入阶层扩大,低收入职业就业人员比重上升,高技术含量工作与低技术含量工作之间收入差距拉大,行业、职业和家庭住户基尼系数均不同程度扩大,香港社会分化日益严峻。

（六）香港是单中心世界城市

在工业化使城市物理结构呈现多中心布局背景下,两大主导产业因集聚经济效应而趋向空间集中,成本负担能力强、对集聚程度要求高的生产性服务业、社会服务业及部分进出口贸易集聚于CBD;成本负担能力小、对集聚程度要求略低的进出口贸易等流通性服务业集聚于都会次CBD地区;对集聚程度要求更低的流通性服务业以及规模较小的制造业分布于次都会区,产业趋向单中心空间集聚。

由于产业集聚区的高度专业化以及对降低总体通勤成本的需要,工作区与聚居区相对分离,并且各层次工作区不同程度地由相邻区域提供工作人员聚居区,此外由外围区域提供工作人员聚居区,社会运转呈现单中心层式空间结构。

产业的单中心空间集聚与社会运转的单中心层式分布格局使香港成为单中心世界城市。

二、香港世界城市演进的政策含义

香港世界城市演进的历程及特点也为其未来发展指明方向。

（一）香港世界城市发展取决于区域分工体系的演进

香港世界城市的演进是凝聚区域分工体系中国际商品流通联系和国际资金融通联系的过程,东亚产品内分工体系的形成与快速发展为东亚区域内外形成广泛的国际商品与资金联系提供前提与基础,也为香港世界城市发展创造条件。随东亚各国经济发展水平提高、资本积累与实力增强,以及国际分工更趋细化,东亚区域内及与区域外国家的分工联系都将向纵深发展,进一步凝聚更为广泛的国际经济联系是香港促进世界城市发展的基本方向。由于区域分工体系深化发展是一个有赖技术创新、制度创新、分工创新等的复杂过程,一定程度上对香港凝聚国际分工联系、继而实现世界城市发展形成制约。

（二）市场基础设施和通达性是实现更高程度集聚的关键

首先,产业集聚有赖于降低运输成本和交易成本,以使更广范围的要素及关联环节空间集中,通过增强收益递增效应实现自我累积循环发展。其次,流通性服务和生产性服务的集聚,既要求交通运输的外部通达性,以方便人员、商品流通;还要求交通运输的内部通达性,以促进垂直关联效应、知识共享与外溢等集聚效应的发挥;更要求市场环境的通达性,即降低资金、信息等要素流动的制度门槛和交易成本,方便要素自由流动。最后,服务业发展、特别是金融业发展依赖于制度体系的规制,以构建稳健、透明的市场基础设施与环境,为资金、信息等要素高效、安全、有序流动提供保障。因此,完善市场基础设施、提高对内与对外的通达性,是扩大集聚范围、实现更高程度集聚经济效应的关键。

(三)香港世界城市发展需要社会重构

工业化时期,香港主要发展外向型劳动密集型加工业,就业大军以低技能劳动力为主。两大主导行业驱动社会经济运行过程中,一方面,占主导地位的流通性服务业对高技能劳动力需求较少,占较大比重的是低技能劳动力,由此,香港社会就业群体整体的知识与技能水平较低,不能满足经济向高增值方向发展时对高技能劳动力资源的需求;另一方面,随两大主导产业以及消费性服务业发展,香港两极分化加深,低技能、低收入阶层人数增多,贫富差距拉大,对于保障社会稳定和促进经济发展是巨大考验。因此,实现社会重构,提高高技能劳动群体比重,扩大中高收入阶层规模,为经济发展与社会稳定提供保障,是香港世界城市发展需要面对的现实问题。

(四)香港世界城市发展需要空间重构

在历史和产业集聚的现实选择过程中,香港形成以维港两岸 CBD 为中心的空间集聚结构,港岛东区,九龙观塘、油尖旺、九龙城等老城区,位于都会次 CBD 地区范围之内,是工作人口、低收入居住人口、层式工厂大厦高度密集的地区。其中观塘为老工业区所在地,工作人口密度每平方公里 2.2 万人,居住人口密度全港最高,达到每平方公里 2 万人,且以低收入阶层聚居为主。如表4—55。

都会次 CBD 地区作为 CBD 集聚中心重要的支撑和协同发展区域,陈旧与拥挤问题一定程度上降低其集聚经济效应。老城区的空间重构成为优化单中心空间集聚结构的必要选择。

由于老城区内的经济与就业仍然占据重要比重,且是低收入群体聚居区,他们对空间重构的承受和适应能力较差,空间重构成为香港世界城市发展的重大考验。

表4—55　2006年香港各地区工作人口和居住人口密度

		工作人口密度 （人/km²）	居住人口密度 （人/km²）		工作人口密度 （人/km²）	居住人口密度 （人/km²）
港岛	中西区	26469	8807	葵青	8465	8878
	湾仔	25911	6584	荃湾	2030	1961
	东区	11054	13494	屯门	1216	2516
	南区	1850	2910	元朗	727	1500
九龙	油尖旺	51917	17084	新界　北区	462	828
	深水埗	18548	14991	大埔	416	823
	九龙城	13921	14593	沙田	2298	3763
	黄大仙	7645	17830	西贡	465	1319
	观塘	22424	20696	离岛	466	293

注:*CBD*;都会次 CBD 地区;次都会区;以在港有固定工作地点人口计。
数据来源:香港政府统计处,《2006 年中期人口统计》。

（五）"引、疏、重构、优化集聚"是香港世界城市发展的现实选择

对于世界城市发展,香港面临的现实约束是:首先,流通性服务业仍然占据经济主要比重,提供重要的就业保障,集聚于老城区等都会次 CBD 地区;其次,生产性服务业还处于发展过程中,受到区域分工体系等外部因素制约,发展前景具有不确定性;再次,通过发展生产性服务业提高就业群体知识与技能水平、收入水平和地区竞争实力,对于香港未来发展具有较强现实性;最后,东亚区域内分工体系深化发展的趋势,以及香港也已具有的竞争优势,使香港进一步集聚生产性服务以实现世界城市发展具有较为广阔的前景。由此,在稳定、调整中实现发展是香港在约束条件下的现实选择。

具体来说,可以通过"引、疏、重构、优化集聚"以实现稳定和调整中的发展:第一,通过引导新兴地区、新兴产业发展吸引协助老城区低收入就业群体、相对落后生产经营环节从核心区域外移;第二,通过疏散拥挤地区的人口和落后产业,加速旧城区空间改造和重构,为新兴产业集聚创造环境和空间;第三,通过重构物理空间结构、加强内部外部通达性和完善市场基础设施,优化产业及就业空间集聚环境,实现更大范围产业集聚,扩大集聚经济效应,促进世界城市的重构与发展。

第三篇　产品内分工深化与
　　　　香港世界城市发展

第五章　产品内分工深化趋势下香港世界城市发展的政策选择

第一节　产品内分工深化发展的趋势

随东亚产品内分工的发展,其潜在矛盾不断积累,并日益使区域分工体系陷入发展困境。面对全球环境形势恶化的严峻考验,低碳约束下深化产品内分工成为世界各国特别是东亚国家和地区的现实选择。作为区域分工体系轴心和地区大国,内地在发展低碳经济和深化产品内分工方面负有不可推卸且更为重大的责任与义务。通过推动发展方式转变,内地致力于驱动低碳约束下产品内分工的深化发展。

一、东亚产品内分工的潜在矛盾与发展困境

东亚产品内分工实质上是东亚国家与发达国家在生产链条内部形成的垂直专业化分工。不平衡的分工地位和模式,以及东亚国家粗放的发展方式使潜在矛盾不断积累,并日益使东亚产品内分工体系陷入发展困境,实现产品内分工创新发展成为东亚各国走出困境的必然选择。

(一)东亚产品内分工的实质与潜在矛盾

在技术进步、欧美跨国公司推动以及20世纪末期东亚形势变迁背景下,东亚产品内分工体系兴起并快速发展,所形成的基本分工格局为:东亚提供原材料及零部件,中国加工生产,中国集中面向欧美市场,欧美提供资金技术和消费拉动力。分工细化到生产过程内部,使发达国家和东亚国家在生产链条展开新型国际分工。

从发达国家和东亚国家在生产链条的分工地位来看,欧美发达国家凭借强大的研发和资本实力,主要负责研发、售后服务、核心零部件等高附加值生产环节,东亚国家发挥既有资本与技术优势,主要参与模块零部件生产、销售等中低附加值环节的生产,中国凭借廉价劳动力资源主要从事组装加工生产。由此,东亚产品内分工的实质是基于发达国家和东亚国家资源禀赋差异基础上的生产链条内部的垂直专业化分工。如图5—1。

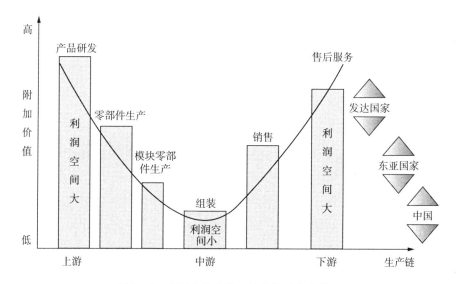

图5—1　东亚产品内分工的价值链分布格局

资料来源:马永驰、季琳莉:《从"微笑曲线"看"中国制造"背后的陷阱》,《统计与决策》,2005年第5期(下)

在生产链条的上游和下游,产品研发、售后服务等环节所生产的产品技术含量高,附加价值大,产品差异化显著,竞争相对缓和,产品利润空间大;零部件生产要求较高的生产技术标准和含量,销售对市场拓展技术等要求较高,中游环节产品附加价值、继而利润空间相对较大;模块零部件生产对标准化技术与生产有一定要求,由于技术含量下降、竞争程度上升,模块零部件生产的利润空间趋于下降;中游组装环节对生产技术要求较低,主要取决于廉价劳动力供应状况,产品附加值低且相对标准化,市场进入成本低导致竞争激烈,中游组装环节利润空间较小。因此,基于生产过程内部分工的生产链还是参与国之间利益分配的价值链。在东亚产品内分工体系所形成的价值链中,发达国家基于高附加值、高利润空间产品的生产获得更大收益;东亚生产技术较为领先的国家基于零部件等较高附加值、较高利润空间产品的生产而获得较大收益;中国因主要发挥劳动资源优势从事加工组装,生产低附加价值和低利润空间产品,获得收益相对较低。

基于垂直专业化分工基础上的价值链分布格局,东亚产品内分工体系的潜在矛盾逐步形成并不断积累:

第一,内需拉动相对乏力。由于东亚国家相对处于价值链低端,要素报酬水平低下,居民消费能力难以大幅提升,消费需求较难成为拉动经济增长的主要力量。2002—2008 年,东亚区域分工体系在深化相互间的中间产品分工与贸易过程中,区域内消费品出口占区域内总出口比重由 2002 年的 17.1% ,下滑到 2006 年的 12.8% 和 2008 年的 11.5%①,区域整体消费能力相对下降,这跟东亚深处价值链低端密切相关。

第二,对外部需求高度依赖。价值链低端环节国家要素报酬和消费能力下降的同时,价值链高端环节国家因要素报酬相对较高而具有较强消费能力,发达国家消费需求的增长为东亚国家生产和贸易发展提供重要拉动力量。因内部需求乏力、外部需求强劲,东亚区域分工体系发展日益依赖发达国家消费发动机的持续运转,特别是美国消费能力的提升。当美国将消费能力的提高构建在金融繁荣基础上时,区域经济增长动力愈来愈源自美国的过度消费。21 世纪中后期,欧美国家消费增长渐趋乏力并最终因金融泡沫破灭而迅速萎缩,东亚区域内贸易在 2005 年后开始慢于世界贸易增长,并在金融海啸爆发时,实体经济遭受重大冲击,对外部需求高度依赖使东亚区域分工体系发展较为脆弱。

第三,比较优势动态演进相对乏力。发达国家和新兴工业化国家曾通过比较优势动态演进实现产业升级和价值链攀升,这需要大规模资源投入和充分的市场培育,以助推新兴产业度过学习过程快速成长。长期处于产业链低端难以积聚培育新兴优势所需的资金、技术、高素质劳动力等资源,发达国家针对发展中国家的市场保护、以及东亚国家内部市场的有限性也无法为新兴优势成长提供充足市场空间,处于价值链低端使东亚国家实现比较优势动态演进相对乏力。

---

① 数据来源:UN COMTRADE BEC 数据库。

第四,对环境承载能力构成严重威胁。在外部需求拉动经济快速增长、东亚国家普遍缺乏节能技术与环境保护技术背景下,以中国为代表的东亚国家走上高投入、高消耗、高排放的发展路径,高昂的生态环境成本无法在价值链中得到补偿,东亚国家面临日益严峻的资源枯竭与生态环境危机,环境承载能力受到严重威胁。

第五,向外延伸低附加值生产环节缺乏现实性。从发达国家产业发展历程来看,向相对落后国家延伸低端产业链是实现技术和产业升级的重要方式。工业化发展及更多相对落后发展中国家融入全球化,给东亚复制发达国家模式实现产业升级提供机会,但东亚产品内分工体系发展很大程度上依赖于中国丰富的廉价劳动力和对资源环境的过度开发,全球脆弱的生态系统和有限的资源供给将难以承载东亚低附加值环节的向外延伸及东亚产品内分工模式的复制发展。

潜在矛盾的积累与深化日益考验东亚产品内分工体系的进一步发展。

(二)潜在矛盾产生的根源

从潜在矛盾形成发展的根源来看,首先,东亚国家资源禀赋基础为潜在矛盾产生提供可能性。从二战后20世纪50、60年代到80年代,东亚雁形分工格局的演进使东亚各国间形成梯度分布的要素禀赋结构,日本在区域内拥有最丰富的资本与技术资源;韩国、新加坡、中国台湾等在不同领域掌握先进科技;中国内地廉价劳动资源最为丰富,部分行业的资本技术优势正在形成;印尼、马来西亚等自然资源较为丰富等。在差异化要素禀赋基础上,东亚国家与发达国家展开生产工序基础上的垂直专业化分工,欧美发达国家占据价值链高端环节,日本、韩国、新加坡、中国台湾等主要占据价值链中高端环节;中国内地、印尼等相对处于价值链低端环节。资源禀赋基础差异为生产链分工格局形成创造条件,也为价值链格局下潜在矛盾产生提供可能。

其次,产业集聚的累积循环效应是导致潜在矛盾产生与发展的根本原因。东亚产品内分工体系是在产业集聚过程中形成的,产业集聚的循环累积效应使不同生产工序的专业化特征不断强化、分化并相对锁定,资金技术密集型生产工序趋向于向发达国家集聚,使发达国家资金技术资源更为丰富,资金技术密集型生产工序的收益递增效应更趋显著,资金技术密集型产品的竞争优势更加强化;劳动密集型生产工序趋向于向中国等劳动资源丰富的国家集聚,使劳动资源更加丰富,劳动密集型生产的规模经济效应更加显著,劳动密集型产品的竞争优势趋于强化。发达国家与东亚各国间基于垂直专业化竞争基础上的分工格局、继而利益分配模式被相对锁定,这成为潜在矛盾产生发展的根本原因。

最后,东亚国家,特别是中国内地的粗放发展方式一定程度助长了潜在矛盾的发展。由于经济发展的迫切需求,东亚国家在生产技术水平较低、节能技术和环境保护技术以及环境保护意识匮乏,特别是不平衡分工格局下难以累积先进技术的背景下,东亚相对落后国家、特别是中国内地长期囿于高投入、高消耗、高排放、低回报、低效率、对外依赖性强的粗放发展方式,这一定程度上纵容与助长了产业集聚的不平衡发展,继而导致畸形价值链格局的锁定。

(三)东亚产品内分工体系的发展困境

20 世纪后期以来的科技革命从生产组织、通信和运输等各方面促使产业链空间分布更趋分散化,东亚产品内分工体系在技术进步基础上演化发展而成,生产管理技术不会消亡,随科技革命的进一步兴起,分散化生产的分工趋势无疑将加强。

与此同时,东亚产品内分工体系的发展历程表明,产品内分工基础上的产业集聚,有助于实现规模经济效应,提高整体生产效率,使东亚各国在深入参与国际分工过程中实现经济与贸易快速增长。

在不平衡的价值链分工格局下,东亚产品内分工体系的发展也使潜在矛盾不断积累,并在 2008 年金融海啸中趋于激化。这次金融海啸由美国次级抵押贷款问题引发,逐步升级并蔓延,并演化为大萧条以来最严重的全球性金融危机。高度依赖发达国家消费市场的东亚国家在实体经济领域首当其冲,区域内贸易及进出口总贸易迅速大幅萎缩。2009 年,中国内地、香港对东亚区域内贸易额和总贸易额均出现 10% 以上的负增长,马来西亚、印尼、菲律宾、泰国甚至为 20% 左右负增长。如表 5—1。

表5—1　2007—2009年各国对东亚9国和地区及世界的贸易额增长率（%）

年份＼地区		中国内地	中国香港	印尼	马来西亚	菲律宾	泰国
东亚	2007	18.6	10.6	16.1	11.8	10.2	15.9
	2008	11.1	5.6	48.8	11.4	-0.4	14.2
	2009	-13.5	-11.4	-21.6	-18.1	-23.0	-17.8
世界	2007	23.6	9.3	16.5	10.4	6.9	14.7
	2008	17.8	6.1	41.2	10.2	1.0	19.2
	2009	-13.9	-10.7	-19.9	-20.5	-23.0	-19.3

资料来源：UN COMTRADE BEC 数据库。

金融危机的严重冲击深刻警示东亚产品内分工体系发展的脆弱性与现实问题，任由潜在矛盾的积累与深化将使技术进步基础上的区域分工体系陷入发展困境，创新产品内分工发展形式成为顺应科技革命趋势、应对潜在矛盾的根本出路。

二、发展低碳经济的硬约束

在东亚国家面临发展困境的同时，环境可承载力制约问题变得日益严峻，发展低碳经济成为世界各国，特别是以中国为代表的东亚国家的外部硬约束，创新低碳技术基础上深化产品内分工成为东亚国家实现可持续发展的必然选择。

（一）环境可承载力的现实考验

当前，全球气候变暖是人类面对的最为严峻和现实的可持续发展问题。

2007年，联合国政府间气候变化委员会（IPCC）第四次全球气候变化评估报告认为，气候变暖的事实不容置疑。全球气候变暖引起极端反常气候频繁，冰川积雪消融加快，全球海平面上升，直接威胁到人类的生存环境。

研究表明，大气二氧化碳浓度上升导致全球气候变暖。据世界气象组织测定，2008年大气中的二氧化碳浓度已经达到385.2ppm，相比之下，工业革命前的1800年估计仅为280ppm。如果按照目前的排放情况，到2050年温室气体在大气中的浓度将有可能达到550ppm。大部分科学家认为，大气中二氧化碳的浓度一旦超过450ppm,全球的气候变化将不可逆转。[①]

　　大气二氧化碳浓度上升的主要原因是传统能源消费模式下以二氧化碳为主的温室气体排放增加。IPCC第四次全球气候变化评估报告指出,工业革命以来,人类活动使得大气中温室气体浓度明显增加,未来100年全球地表温度可能升高$1.6—6.4℃$。研究表明,在温室气体排放构成中,石油、煤炭、天然气等碳基燃料燃烧产生的二氧化碳占温室气体总排放量的56.6%。人类经济发展越来越现实地面对环境可承载能力的考验。如图5—2。

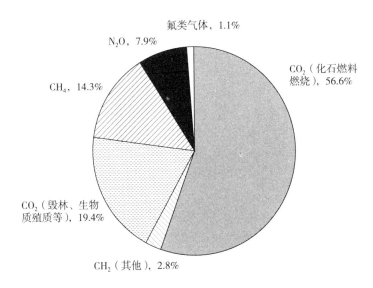

图5—2　温室气体排放构成

资料来源:湘财证券研究所。

　　据相关研究,作为东亚产品内分工体系中占据轴心地位的地区大国,中国已经于2006年超过美国成为全球第一大碳排放国,全球新增的碳排放量主要来自中国。2007年,中国温室气体排放量为76亿吨碳当量,超过美国4亿吨,居全球第一位。1990—2007年,中国碳排放年均增长4.7%,仅次

---

　　①　张宏仁:《从东方之珠到东方碳都——低碳经济下香港的生存发展机遇》,和平图书有限公司2010年版,第54页。

于东亚另一发展中国家印度尼西亚,印尼同期碳排放年均增加 12.7%,是全球碳排放年均增长最快的国家,也是第三大碳排放国,2007 年碳排放量 35 亿吨碳当量。如图 5—3。

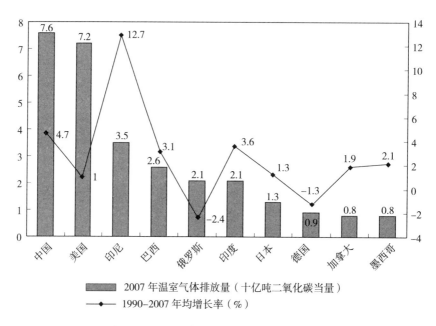

图 5—3   2007 年温室气体的主要排放国

资料来源:国际能源署;美国环境保护署;世界资源研究所;联合国气候变化框架公约;麦肯锡。

作为发展中大国以及新兴市场国家,中国、印尼等东亚国家远未完成工业化进程,经济发展的现实需要使环境可承载力问题变得更为严峻。

(二)粗放发展模式的不可持续性

从工业基础薄弱的相对落后国家到 2009 年经济总量超过日本成为世界第二大国,以及全球第一大碳排放国,中国作为东亚国家的典型代表,并没有摆脱粗放型发展模式。早在 20 世纪 80 年代十二大之际,中国就开始推动经济增长方式转变战略,但至今未取得突破性进展,究其根源在于:

首先,较快的经济增长和城市化进程对能源原材料消耗产生巨大需求。改革开放后,中国加快工业化和城市化进程,市场活力的增强使经济与城市发展突飞猛进。1978—2008 年,中国 GDP 由 3645 亿元迅猛增长至 30 万亿元;城镇人口由1.7亿人增至6.1亿人。如图5—4。城市规模的扩张对建筑、交通等产生巨大需求。1985—2008年,中国的建筑总面积由3.5亿平方米增至53亿平方米,年均增加12.5%。从汽车生产数量来看,1978—2008年由14.9万辆增加到934.6万辆,年均增加14.8%。建筑与生产规模扩大对基础原材料产生相应需求,1978—2008年,水泥产量由6524万吨增至14亿吨,年均增长10.8%,粗钢产量由3178万吨增至5亿吨,中国成为世界第一大粗钢生产国。如表5—2。

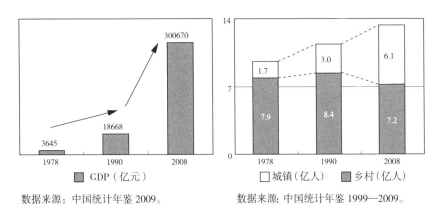

数据来源:中国统计年鉴2009。   数据来源:中国统计年鉴1999—2009。

图5—4 中国GDP增长和城市化发展

表5—2 中国1978—2008年建筑面积、汽车数量和基础原材料产量变化

年份	建筑面积（亿平方米）		汽车（万辆）	水泥（万吨）	粗钢（万吨）
1985	3.5	1978	14.9	6524	3178
2008	53	2008	934.6	140000	50091
1985—2008年均增长	12.5	1978—2008年均增长	14.8	10.8	9.6

资料来源:《中国统计年鉴》2009。

　　基于人民生活水平提升及消费需求增长产生的能源原材料消耗及碳排放,成为中国碳排放总量最主要的组成部分。2005年中国碳排放总量68亿吨碳当量中的55亿吨产生自消费需求增长。如图5—5。

　　其次,外向型发展模式使中国付出较大环境代价。改革开放以来,经济基础相对薄弱和经济体制改革任务艰巨使中国选择发挥劳动力资源优势、以市场换技术、循序开放的发展道路。随中国开放程度提高,外资大规模进入,并将高消耗、高排放生产环节转入中国,他们和国内企业一同,以发展劳动力和自然资源密集型产业及生产环节为主,出口低附加值产品,依靠外需并刺激投资共同拉动经济增长,使中国难以摆脱高投入、高消耗、低回报、低效率、对外依赖性强的粗放发展方式,并积累起日益严峻的生态环境与社会协调发展问题。在 2005 年中国 68 亿吨碳排放中,25 亿吨产自出口产品的生产,占总排放的 36.8%。如图 5—5。

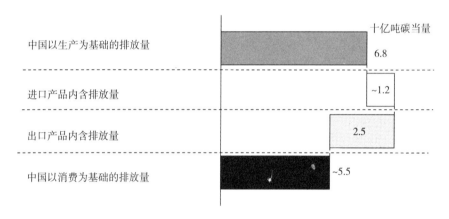

中国以生产为基础的排放量　　十亿吨碳当量 6.8

进口产品内含排放量　　～1.2

出口产品内含排放量　　2.5

中国以消费为基础的排放量　　～5.5

图 5—5　中国 2005 年碳排放量及其构成

资料来源:齐晔:《中国进出口贸易中的隐含碳估算》,转引自麦肯锡。

再次,生产技术落后、缺乏节能减排技术和有效的制度约束,使中国一直以高消耗、低效率生产方式推动经济增长。中国在资金技术匮乏基础上开始加速增长,劳动资源丰富、生产技术落后使中国主要凭借资源优势,通过加大要素投入实现规模扩张。由于缺乏深刻的环境意识,对环境保护、能源节约等缺乏有效的制度约束,一定程度上为高投入、高消耗、高排放的经济增长提供了生存空间,节能减排等方面的技术创新与积累也甚为有限,中国难以摆脱粗放型发展方式。从 2005 年中国 68 亿吨碳当量的温室气体排放来看,主要是以生产为基础的排放,其中,工业和废弃物处理占到 42%,电力和热力等能源消耗占到 37%,此外道路运输消耗占到 8%,粗放的生产方式成为导致高排放的直接原因。如图 5—6。

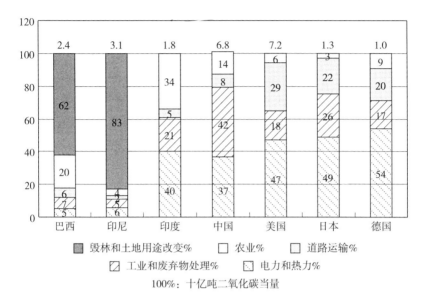

图5—6 2005年各国的温室气体排放量在各部门的分布

数据来源:国际能源署;美国环境保护署;世界资源研究所;联合国气候框架公约;麦肯锡。

最后,高消耗的能源消费模式不仅使环境而且使能源供应,继而国家能源安全承受巨大压力。石油、煤炭、天然气等碳基燃料仍然是目前主要的能源供应来源,粗放的能源消费方式直接加重碳基燃料消耗与温室气体排放,给生态环境带来直接威胁。目前,包括美国、日本、德国等经济发展大国和印度等人口大国,电力和热力等能源消耗都是导致碳排放首要因素,美国、日本、德国2005年电力和热力产生的碳排放分别占到国家总排放的47%、49%和54%。中国能源消耗因素仅次于低效工业生产方式,是导致碳排放的第二大原因。如图5—6。对于中国来说,目前能源构成主要是煤炭、石油等碳基燃料。2005年,煤炭需求量22亿吨,本国产量21亿吨,自给自足率在95%以上;原油需求量3亿吨,本国产量1.8亿吨,进口1.2亿吨,进口量约占全球石油产量的3%。在业已考虑各部门可持续的技术改进而不实行减排情景下,麦肯锡估计,2030年中国煤炭需求量将在44亿吨,其中国内供应量35亿—50亿吨;原油需求量在9亿吨,国内供应量1.9亿吨,7.1亿吨将依赖进口,进口量约占全球石油产量的 13%。① 高耗能型增长模式给环境可承载能力和国家能源安全带来严重挑战。

从技术冻结角度考察中国未来 20 年的碳排放,如果继续采用现有发展模式和生产技术,进一步的增长需求、城市化进程以及外向型发展,将使中国在 2030 年碳排放达到 229 亿吨碳当量②,相当于 2005 年水平的 3.4 倍,这对于中国及世界的环境承载力来说都是难以接受的。在中国北方,沙漠化正威胁耕地和草原;水资源的短缺在全国都已成为日益突出的现实问题;中国原油资源稀缺,粗放式增长使能源安全问题骤显,外部硬约束使粗放发展模式无以为继。

可见,高消耗社会生活消费模式、低效率生产方式,以及高投入、高排放的能源消费模式,是粗放式发展的内在构成机制,也是导致粗放式发展从环境可承载力角度难以为继的根本原因。

(三)低碳经济发展共识与发展动力

面对全球气候变暖的现实挑战,世界各国日益形成广泛共识,共同致力于温室气体减排,发展低碳经济。

1988 年,联合国政府间气候变化专门委员会成立,负责评估气候变化状况及其影响。1992 年,《联合国气候变化框架公约》通过,成为世界上第一个为全面控制二氧化碳等温室气体排放,以应对全球气候变暖给人类经济和社会带来不利影响的国际公约,也是国际社会在对付全球气候变化问题上进行国际合作的一个基本框架。1997 年《京都议定书》通过,并于 2005 年正式生效,对减排的温室气体种类、主要工业发达国家的减排时间表和幅度等进行了具体规定。2007 年"巴厘岛路线图"出台,主要对 2009 年前就应对气候变化问题的环保框架完成谈判制定计划。③ 2009 年国际气候大会哥本哈根会议召开,虽然大会最终以确定框架性协议告终,但不少与会国主动提出减排承诺,如中国承诺至 2020 年碳密度比 2005 年降低

---

① 麦肯锡:《中国的绿色革命》,2009 年版。
② 麦肯锡:《中国的绿色革命》,2009 年版。
③ 张宏仁:《从东方之珠到东方碳都——低碳经济下香港的生存发展机遇》,和平图书有限公司 2010 年版,第 49—56 页。

40%—45%,美国承诺至 2020 年比 2005 年减排 17%,即 1990 年基础上减排 4% 等。如表 5—3。

各国对温室气体减排的具体承诺以及不同程度的关注,使低碳经济成为世界各国必要而迫切的发展选择。

表 5—3　主要国家在哥本哈根会议减排承诺

国家	减排承诺
中国	至 2020 年碳密度比 2005 年降低 40%—45%
美国	至 2020 年比 2005 年减排 17%,即 1990 年基础上减排 4%
欧盟	至 2020 年在 1990 年基础上减排 20%
俄罗斯	目前温室气体排放较 1990 年低 30%
日本	至 2020 年在 1990 年基础上减排 25%
澳大利亚	在 2000 年基础上减排 25%
挪威	至 2020 年在 1990 年基础上减排 40%
巴西	至 2020 年在 BAU 基础上减排 42%
印度	至 2020 年碳密度比 2005 年降低 20%—25%
墨西哥	至 2050 年在 2000 年基础上减排 50%

资料来源:中投证券研究所。

在国际社会应对环境与气候的现实挑战而致力于协议减排,以及选择低碳经济的时候,越来越多的国家开始致力于挖掘低碳经济时代潜在的科技与产业发展机遇,培育新型竞争优势,为抢占未来新型国际分工格局有利地位积极准备。

所谓低碳经济,即在可持续发展理念指导下,尽可能地减少煤炭石油等高碳能源消耗,减少温室气体排放,达到经济社会发展与生态环境保护双赢的一种经济发展形态。低碳经济以低能源消耗、低环境污染、低碳排放为基础,新型生产方式的形成依赖于技术、组织、制度、产业、生活方式等全面系统的创新。发达国家在低碳技术方面虽有一定优势,但广泛的创新领域和空间仍待挖掘,这为发达国家和发展中国家在同一起跑线竞争创造前所未有的机遇。2009 年,美国众议院能源商务委员会以 33∶25 票通过《美国清洁能源与能源安全法案》,旨在推动美国经济向低碳化转型。美国也由消极对待《京都议定书》转向积极参与国际减排机制,以推动本国低碳技术创新,力图在低碳时代继续引领世界科技与产业发展潮流。英国、德国、日本、中国等发达与发展中国家亦积极推动本国低碳经济发展,以寻求生态经济时代的市场地位。低碳经济渐由外部约束转化为世界各国的发展动力。

(四)低碳约束下深化产品内分工成为现实选择

低碳时代的兴起,从实质上说,是以低碳技术为核心的新型劳动分工、生产分工以及产业分工逐步形成并集聚发展,分工包括新兴技术基础上的全新生产和全新产业,也包括既有产业与新技术结合的新型发展,以及既有产业的优化调整等。不管何种发展形式,其共同特征是分工细化,特别是研发等生产性服务的创新与日趋专业化,即产品内分工深化发展是低碳时代兴起的内在要求。

为扭转粗放型发展方式,确保减排承诺顺利实施,以及顺应低碳经济时代的发展要求,对于面临发展困境的东亚国家来说,在低碳约束条件下深化产品内分工成为现实选择。

三、低碳约束下产品内分工深化发展的方式

低碳时代的到来是基于低碳技术的生产与分工方式的实质性变革,是世界产业集聚格局深刻演进的过程。对于以中国为代表的东亚粗放式发展中国家,发展低碳经济显得尤为重要和迫切。基于东亚整体生产技术水平及分工格局,产业集聚发展演化的基本特征决定,低碳约束下产品内分工深化发展包含技术创新、分工创新、路径创新以及竞争模式创新等主要领域。

(一)低碳经济时代的技术创新与分工细化

社会生活模式、生产方式、能源消费模式是导致粗放式发展、继而高排放的根本原因,各领域的节能技术开发与应用成为实现低碳经济发展的内在要求。

在社会生活模式方面,包括系统节能型城市的构建,低碳建筑的推广,道路运输系统的优化,高排放交通工具的控制,家用电器的节能改进等。其中系统节能型城市构建占据主要地位,城市合理化的空间布局与建设模式,将减少对于土地、环境、空间的需求量,减少人员无序流动对道路交通设施及交通工具的需求,从而系统性地减少城市碳排放。城市规划与建设技术、

低碳建筑技术、清洁交通技术、清洁家电技术等成为有待突破的重要的技术创新领域。

在生产方式方面,包括高排放工业部门的能效改进、生产链系统性节能改进、节能生产技术的开发、副产品和废弃物的回收和再利用等。其中高排放工业部门的能效改进占据主要地位,钢铁、化工、水泥、煤炭等高排放工业部门是能源消耗和碳排放的主要部门,引进节能技术、优化生产技术流程、提高生产效率、科学管理气体及固体废弃物是减少碳排放重要的技术创新环节与领域。此外,生产链的系统性节能改进也具有重要意义,在分工日益细化到生产过程内部的发展阶段,减少高排放不仅仅涉及局部生产环节,还涉及分散化生产背景下所有生产环节间,以及生产与消费之间的协调与节能改进,优化分工格局、扩大规模经济效应、减少分工细化的能效损耗,实现从原材料开发、运输、生产、流通、消费等产业链系统的低碳化,是社会生产系统提高整体能效的内在要求。

在能源消费模式方面,包括清洁能源的开发、碳基能源的清洁使用等。其中,核能、风能、太阳能等清洁能源取代碳基能源是减少温室气体排放、保障可持续发展的理想出路。由于清洁能源开发有待重要的技术突破与创新,碳基能源的清洁使用成为现实选择,包括降低能源消耗、提高能效、减少温室气体排放等。

由此,发展低碳经济涉及广泛的技术创新与生产组织创新。从集聚经济的内在逻辑来看,新技术、新劳动、新生产、新产业的出现与发展是集聚与分工相互作用的产物。分工细化既是新技术、新劳动、新生产、新产业出现的结果,更是其发展的前提与基础,分工细化成为低碳经济发展的基本趋势。由于低碳经济发展对新兴技术与新型生产组织方式产生巨大需求,技术研发、资本运作、产品开发、管理咨询等生产性服务的创新将占据分工细化的主导地位,生产性服务专业化和产业化成为低碳约束下产品内分工深化发展的重要组成部分和领域。

(二)产品内分工的内向深化与外向深化

发展低碳经济的关键是转变粗放型发展方式,从社会生活模式、生产技术与组织方式、能源消费模式等各领域转向低碳和可持续发展,即一国内部的生产消费模式变革是首要及核心问题。

生产消费模式的变革依赖于产业集聚格局的演进。在当前科技发展水平和条件下,产业集聚格局演进的核心是以生产性服务为主导的分工细化。也就是说,一国内部生产消费模式的变革,是国内生产分工不断细化、新型产业集聚兴起、经济规模不断扩张的过程,并且生产性服务的专业化分工与规模化发展构成主要组成部分。低碳经济发展趋势下,产品内分工首要是一国内部的分工深化,即内向深化。

生产分工的细化以实现规模经济和收益递增为前提,以优化资源配置为内在要求,产品内分工内向深化通过集聚的累积循环效应,使国内市场扩张、高技术含量资源集聚,进而助推集聚与生产分工细化。但一国资源禀赋与市场规模相对于全球资源禀赋和市场规模来说相对有限,在更广阔的世界市场范围综合运用多种要素禀赋实现资源最优配置,扩大销售规模实现规模经济,是促进分工细化的必要方式和手段。由此,转变粗放发展方式需求下,产品内分工外向深化成为现实需要和客观结果。

内向深化是核心与目标,外向深化是方法与手段,在低碳经济发展要求与趋势下,产品内分工通过内向深化与外向深化实现更高程度和更深层次的发展。

(三)水平专业化竞争与双向渗透

在东亚区域分工体系的垂直专业化分工格局下,东亚各国主要发挥本国资源禀赋优势参与国际分工,资金、技术等外部要素流入以及产成品输出成为东亚国家参与分工的基本模式,并呈现外部资本拓展本国市场,本国资本寻求国际销售市场的单向资本流动路径。

东亚国家以深化内部分工为主的发展方式,使国内市场空间不断扩大、国内资源禀赋状况逐步改善,对其他国家产生市场拓展吸引力;其他国家内部市场容量增大、资源供给优化,给致力于外向拓展的东亚国家提供发展机遇和空间。在技术创新、生产性服务发展以及生产链条分工细化基础上,东亚国家通过规模经济基础上的产品差异化,发展垄断竞争,提高生产效率及价值收益,东亚国家相互之间由垂直专业化竞争转向水平专业化竞争。

所谓水平专业化竞争,是竞争双方在生产链条内部,提供的产品相似但有差别,两者要素密集度差异较小,但因分别在不同的规模经济基础上生产,从而具有不可替代性,或垄断性。水平专业化竞争方式下,规模经济建基于一定程度的技术优势,竞争相对缓和,竞争双方通过共同推动市场深化实现生产规模扩张和价值收益提升。发达国家在产业内展开水平竞争,是促使发达国家实现共赢、技术与产业升级及快速发展的重要方式;东亚国家在产品内分工基础上,通过推动低碳经济发展,实现水平专业化竞争,是东亚国家适应低碳经济发展需要、实现可持续发展的必由之路。

在水平专业化竞争格局下,东亚国家相互展开市场拓展,东亚国家亦展开向发达国家及世界市场的拓展,东亚国家间、东亚国家与发达国家间呈现资本、技术等要素双向流动路径与特征。

低碳约束下产品内分工深化过程是,东亚国家间水平专业化竞争形成及双向渗透的发展过程。

四、内地推动产品内分工深化发展的措施与进展

面对日益攀升的环境与可持续发展压力,作为占据东亚区域分工体系轴心地位的大国,以及粗放发展问题严峻的最大碳排放国,中国内地竭力推动低碳经济以及产品内分工深化发展。

(一)内地推动低碳约束下产品内分工深化发展的措施

2007 年十七大召开,会议以"科学发展观"为指引,全面部署节能减排、调整经济结构、转变经济发展方式等战略。

第一,创新型国家建设方面。包括加大对自主创新的投入,着力突破制约经济社会发展的关键技术;优化自主创新体系,促进科技成果向现实生产力转化;加大知识产权保护,营造自主创新的良好环境;加大教育科研投入,夯实科技创新的人才基础。

第二,转变经济发展方式方面。包括:(1)转变经济增长动力,从主要依靠投资、出口拉动向依靠消费、投资、出口协调拉动转变,坚持扩大国内需求尤其是消费需求的方针;(2)调整产业结构,从第二产业占主导,向依靠第一、第二、第三产业协同发展转变,构建现代产业体系,推动产业结构升级;(3)走新型工业化道路,淘汰落后产能,推进信息化与工业化融合,促进工业由大变强和重组整合,大力发展高新技术产业,发展信息、生物、新材料、航空航天和海洋等产业;(4)发展现代服务业,提高服务业的比重和水平,改变中国三次产业结构中服务业占比过低、水平较差的局面。

第三，统筹城乡发展方面。包括发展现代农业，繁荣农村经济；加速进行城镇化，降低城乡差别；加大农村金融服务建设；健全土地流转市场，增加农民财产性收入等。

第四，低碳经济发展方面。包括加强制度建设和约束，颁布《节约能源法》、《循环经济法》、《可再生能源法》，规范排放标准；实施节能减排，建立科学合理的能源资源利用开发体系；加大环境保护力度，构建友好型生态环境；加大可持续发展机制建设，利用市场机制增强可持续发展能力等。

第五，推动区域协调发展方面。包括：（1）实施区域发展总体战略，完善区域政策，调整经济布局，把各个地区的发展纳入到统一发展规划之中，减少各地为政、保护主义和人为壁垒；（2）加强各个地区的功能定位，突出主体功能区的建设与发展；（3）发挥集聚经济作用，促进区域发展；（4）促进大中小城市和小城镇协调发展。

第六，完善经济制度方面。包括：（1）坚持发展多种所有制经济共同发展，鼓励、支持、引导非公有制经济发展，形成各种所有制经济平等竞争、相互促进的格局；（2）推动国有企业改革，完善现代企业制度；（3）完善资源性产品以及资本等生产要素的价格形成机制；（4）提高国内市场通达性，如发展物流运输业，大规模进行铁路等基础设施建设；促进大区域的整合及协调发展等。

第七，完善市场机制方面。财政领域包括：改革中央和地方的财政收入分配方式，建立财权和事权匹配的财税体制等。金融领域包括：（1）国有商业银行的公司治理结构改造，提高管理效率和国际竞争力，防范和化解金融风险；（2）发展创业板市场和债券市场；（3）逐渐增强人民币汇率的弹性，同时渐次放开资本项目的管理内容，在时机条件成熟情况下完成人民币汇率的自由化改革，同时推进人民币国际化进程。

第八，深化对外开放。包括转变依靠外贸外资的经济增长模式，实现内外经济平衡；立足以质量取胜的方针，调整进出口结构，促进加工贸易转型升级，大力发展服务贸易；优化利用外资，加大对外投资力度；促进国际收支的基本平衡等。[①]

---

① 中国社科院世界政治与经济研究所：《中国十七大报告后的新发展策略与香港》，2010 年。

总体来说,内地主要从低碳规制、技术及产业创新、产业引导、提高体制活力、增强国内市场通达性、推进国际市场拓展等多方面推动低碳经济和产品内分工深化发展,为新兴技术基础上产业集聚格局重构创造条件和奠定基础。

(二)内地推动产品内分工深化发展的当前形势

实现低碳技术基础上产业集聚格局的重构有较长时间的发展过程,在内地推动产品内分工深化发展的当前阶段,正面对能源供应、抢占国际竞争地位等多领域的现实考验与竞争。

第一,能源原材料的国际竞争。在生产技术与方式尚无本质性变革形势下,内地经济规模扩张决定,经济发展对能源原材料供应产生巨大需求。中国地域面积广阔,但能源原材料供应并不平衡,特别是石油、天然气等能源供应相对不足,能源原材料全球地理分布特点及中国经济增长需要决定,能源原材料领域的国际竞争是内地深化产品内分工最早面临、也是形势最为严峻的问题。

第二,产业链国际分工地位的竞争。在东亚区域分工体系中,内地作为生产制造轴心,主要处于世界产业链和价值链低端。不利的国际分工地位使内地内需增长乏力、对外部需求依赖性强、技术升级缓慢、生态环境破坏严重。实现产业链延伸、细化生产分工、扩大规模经济效应、提高产业链国际分工地位,成为内地在参与水平专业化竞争过程中涉及的主要领域。

第三,金融及生产性服务业领域的竞争。实现产业链升级、抢占有利的国际分工地位,从本质上来讲,就是从生产制造领域向产品研发、会计、咨询、广告、营销等生产性服务业领域延伸。从国家层面讲,就是生产制造产业链的升级与金融及生产性服务业发展不可分割、相辅相成。从内地目前产业发展形势看,生产制造领域已积累较为庞大的规模,竞争实力有待提高;但金融、法律、会计、咨询等生产性服务领域相对于发达国家跨国公司来讲,竞争力差距非常悬殊。生产性服务业发展是产业链攀升的重要环节和前提,生产性服务业的发展与生产制造过程难以分割,内地在生产制造领域占据重要地位,且生产性服务业发展尚处于起步阶段,由此,在国内与国际展开金融及生产性服务业领域的竞争将是内地深化产品内分工、参与水平专业化竞争最为关键、也最有发展空间的领域。

（三）内地企业参与水平专业化竞争的进展

参与产业集聚、促进产品内分工深化发展的主体是企业,在深刻融入区域分工体系、参与垂直专业化分工与竞争过程中,内地企业的资本技术积累、市场竞争能力得到显著提升,随自身发展需要的增长,内地企业渐趋成为参与水平专业化竞争、促进产品内分工深化的重要微观力量。

1.专业化、内外双向发展逐渐成为内地企业发展壮大的战略选择。在深入开拓国内市场、进一步发展国际销售市场过程中,内地各行业领域均成长为规模庞大、实力强劲、占据较大市场份额、以多元化经营为主的领先企业或企业集团。企业实力增长以及国内市场空间限制,使企业越来越倾向于在更广阔世界市场范围优化资源配置和扩大销售规模,以提升规模经济收益。规模经济的发展通过收益递增使企业形成垄断竞争优势,从而增强国际竞争力;也要求企业投入庞大的资金与要素资源,以及提高管理运作能力与水平;在当前生产与组织管理技术发展阶段,规模经济日益在更为细化的生产环节集聚发展;由此,在企业资源有限前提下,专业化及形成核心竞争力成为当今跨国企业参与国际竞争的首要选择。随内地企业发展需要的增长、以及国际拓展的深入,专业化将渐趋成为内地企业的现实选择。由于内地正致力于推动低碳背景下产品内分工的深化发展,国内生产分工细化以及市场容量扩张为企业开辟更为广阔的市场发展空间,本国经营不存在跨国运作成本问题,内地市场容量扩大使本国市场成为企业实现规模经济和提升竞争实力的首要选择与基础。由此,专业化、内外双向发展是当前阶段内地企业发展壮大的重要战略选择。

表5—4　2008年年末中国非金融类对外直接投资存量前20家
企业2009年世界与中国500强位次及业务发展

营业收入,亿元

		世界	中国	营业收入	业务领域
1	中国石油天然气集团公司	13	2	12730	石油石化生产销售
2	中国石油化工集团公司	9	1	14624	石油石化生产销售

		世界	中国	营业收入	业务领域
3	中国铝业公司	499	42	1291	铝、铜、稀有稀土等开采加工销售;工程技术;贸易
4	华润(集团)有限公司	——	46	1218	消费品、电力、地产、医药、水泥、燃气、金融
5	中国远洋运输(集团)总公司	327	18	1906	航运与物流(海洋运输、物流、码头、货代);工业(修船、造船、集装箱制造、房地产);金融;贸易
6	中国海洋石油总公司	318	17	1948	海洋石油勘探开发生产销售;海油工程;金融;新能源
7	中粮集团有限公司	335	19	1885	食品生产销售;生物化工;地产;酒店经营;金融;包装
8	中国中化集团公司	170	10	3090	农业;能源;化工;金融;地产
9	中国中信集团公司	415	29	1545	金融;房地产及基础设施;工程承包;资源与能源;制造业;信息产业;商贸与服务
10	招商局集团有限公司	——	164	377	交通运输及基础设施;金融;房地产
11	中国中钢集团公司	372	24	1684	资源开发;贸易物流;装备制造与工程技术服务
12	中国海运(集团)总公司	——	71	749	海洋运输物流;金融投资;信息技术;船舶、集装箱制造
13	中国航空集团公司	——	32	1511	航空运输物流;飞机维修;机场管理;金融;基本建设;传媒广告
14	中国五矿集团公司	331	21	1853	金属;金融;房地产;物流
15	中国化工集团公司	——	45	1220	化工原料材料及化学品;橡胶制品;化工装备
16	中国建筑工程总公司	——	16	2072	建筑承包设计;地产;机械租赁;贸易
17	中国移动通信集团公司	99	5	4519	移动通信运营
18	中国华能集团公司	425	31	1514	电力生产销售;金融;煤炭;交通;新能源;环保产业
19	中国联合网络通信集团有限公司	——	20	1880	宽带通信和信息服务

续上表

		世界	中国	营业收入	业务领域
20	深业（集团）有限公司	——	——	——	房地产；基础建设；物流运输

资料来源：世界与中国500强排名，引自汇通网；企业遴选源自《2008年中国对外直接投资统计公报》；各企业业务领域引自企业年报和企业网站。

2. 内地企业渐趋强化水平专业化竞争。2009年，内地企业入围世界500强共34家，比2008年的25家增加9家，它们绝大部分是内地企业中海外拓展的领先企业。2008年年末中国非金融类对外直接投资存量最多的20家企业中，12家属于2009年度世界500强企业。除招商局集团、中国海运集团和深业集团，其余17家企业均位列2009年度中国500强企业的前50位。从目前海外拓展领先的企业集团来看，多元化经营模式基本占据主导地位，但从世界500强排名最靠前的前三家内地企业来看，2009年位列世界第9位的中国石油化工集团、第13位的中国石油天然气集团公司，以及第99位的中国移动通信集团公司，业务经营均相对专业化，中国石化和中国石油主营业务均为石油石化生产销售，中国移动主营业务是移动通信运营。内地企业正逐步强化水平专业化竞争。

3. 2009年以来内地企业国际并购呈现强化水平专业化竞争的趋势。金融海啸爆发以来，国际并购门槛大为下降，内地企业在实力和发展需要均显著增长背景下，积极展开企业跨国并购，大型并购活动主要在能源、制造和金融领域。

（1）能源矿产领域为主导。2009年，以中国石油、中国石化、中海油、中国五矿等为首的能源矿产企业大力展开国际并购，主要包括中国石油于5月收购新加坡吉宝45.5%石油股份（10.2亿美元）、9月收购加拿大阿萨巴斯卡油砂公司（17.3亿美元）、11月收购哈萨克斯坦曼格什套油气公司（33亿美元），中国石化于6月收购瑞士阿达克斯石油公司普通股（72亿美元）、9月收购英国Emerald Energy（8.75亿美元），中国五矿收购澳洲OZ Minerals部分资产（12亿美元），宝钢于10月收购英美资源集团（10亿英镑）和11月收购澳大利亚阿奎拉资源有限公司15%股权（2.9亿澳元）等。此外，中投也积极参与能源领域并购，于

3 月收购美国爱伊斯电力公司 15% 股权(15.8 亿美元)、7 月收购加拿大泰克资源 17.2% 股份(15 亿美元)。

(2)制造领域并购的新进展。相对于以往制造业领域并购主要集中在发达国家及其产业链的外围,2009 年以来,以吉利、北汽为首的汽车制造企业将制造业并购拓展至发达国家一线品牌。2010 年 3 月,继 2009 年收购澳大利亚自动变速器公司 DSI 以后,吉利收购福特旗下沃尔沃品牌;2009 年 12 月,北汽成功收购瑞典萨博汽车相关知识产权。在飞机制造领域,中航工业西飞公司也于 2009 年年末收购奥地利飞机零部件制造商 FACC,涉及金额 1 亿欧元。

(3)金融领域拓展不断推进。2008 年,金融类收购 97 亿美元,占比 32.1%;直接投资到金融业境外企业流量 140.5 亿美元,同比增长 741%,其中流向银行业 132 亿美元。2009 年在全球金融业危机蔓延背景下,中投继续向摩根士丹利追加 12 亿美元投资,招商银行、海通证券等则在香港市场展开收购。

表5—5　近年内地大型国际并购

时间	收购方	收购目标	收购金额	行业
2004.12	联想	IBM 的 PC 业务	12.5 亿美元	电子制造
2007.6	中投	百仕通集团 9.3% 股权	30 亿美元	金融
2007.8	国开行	英国巴克莱银行 3% 股权		金融
2007.10	工行	南非标准银行 20% 股权	55 亿美元	金融
2008.12	中投	摩根士丹利 9.9% 股权	55.8 亿美元	金融
2009.3	吉利汽车	澳大利亚自动变速器公司 DSI		汽车制造
2009.3	中投	美国爱伊斯电力公司 15% 股权	15.8 亿美元	电力
2009.4	中国五矿	澳洲 OZ Minerals 部分资产	12 亿美元	矿产
2009.5	中国石油	新加坡吉宝 45.5% 石油股份	10.2 亿美元	能源
2009.6	中国石化	瑞士阿达克斯石油公司普通股	72 亿美元	能源
2009.6	中国石油联合 BP	伊拉克鲁迈拉油田,获得技术服务合同		能源
2009.6	中投	向摩根士丹利投资	12 亿美元	金融
2009.7	中海油、中石化	美国马拉松石油公司持有的安哥拉石油区块 20% 权益	13 亿美元	

续上表

时间	收购方	收购目标	收购金额	行业
2009.7	中投	加拿大泰克资源17.2%股份	15亿美元	矿产
2009.8	中国中化	英国Emerald Energy石油公司	8.75亿美元	能源
2009.9	中海油	墨西哥4块勘探区块部分权益		能源
2009.9	中国石油	加拿大阿萨巴斯卡油砂公司项目	17.3亿美元	能源
2009.10	腾中重工	通用旗下悍马品牌	失败	汽车制造
2009.10	宝钢	英美资源集团	10亿英镑	钢铁
2009.11	中国石油	哈萨克斯坦曼格什套油气公司	33亿美元	能源
2009.11	宝钢	澳大利亚阿奎拉资源有限公司15%股权	2.9亿澳元	钢铁
2009.12	中航工业西飞	奥地利飞机零部件制造商FACC	1亿欧元	飞机制造
2009.12	北汽	瑞典萨博汽车相关知识产权		汽车制造
2009.12	顺德日新	智利铁矿		矿产能源
2009.12	中化集团	澳大利亚新农公司	25亿美元	化工
2010.3	吉利汽车	福特旗下沃尔沃品牌		汽车制造
2010.5	吉恩镍业与GBK	皇家矿业	2亿加元	矿产

资料来源：全球石油网：《盘点2009年中国10大并购事件》，《上海国资》2010年第1期；《揭秘2009年央企十大收购并购案》，新华网，2010年4月12日。

2009年来，内地企业加速在能源矿产、制造业和金融领域展开全球并购表明，内地企业正加快通过国际资源整合扩大规模经济效应、提升核心竞争力，强化水平专业化竞争。

第二节　珠三角区域经济演进及其腹地作用

广东是内地首要省份，1979—2008年地区生产总值年均增长13.7%，占全国比重从5.2%升至11.9%；贸易总额年均增长21.5%，占全国比重从6.6%升至26.7%。[①] 广州、深圳、珠海、佛山、东莞、惠州、中山、江门、肇庆

---

① 数据来源：《中国统计年鉴》2009。

等珠三角九市①,一直以来都是广东省经济重心,2008 年地区生产总值占到全省 79.4%,贸易总额占 96.2%。② 在改革开放循序推进的背景下,珠三角历经区域分化、协同增长的发展过程,并日益演进为全球加工制造集聚中心。珠三角产业集聚模式及其与香港的地域联系,使珠三角成为香港重要的经济腹地,区域整合的启动使腹地作用面临转型与变迁。

一、珠三角区域化发展历程及当前分布

改革开放前,珠三角一直以广州为经济和贸易中心。秦汉时代,番禺(广州)已发展为全国十多个都会之一,是"海上丝绸之路"的起点。隋唐时代开京杭大运河,广州崛起为世界著名大港和全国性贸易城市。由于水网沼泽密布、农业发展缓慢,贸易产品并不由本区域生产而多为海外输入等原因,广州经济与贸易的繁荣相对独立于珠三角整个区域的发展。

明清时代,特别是葡萄牙抢占澳门并使其成为世界性贸易港后,珠三角商品经济在广州和澳门的贸易驱动下开始兴起。以广州和佛山为中心,按照由密到疏的分布出现诸多专业农业中心和手工业中心。这些圩市以靠近广佛的南海、番禺和顺德分布最密。这时,珠三角形成沿此东西发展轴和广州—澳门南北发展轴的"T"型空间格局。鸦片战争以后,澳门走向衰落,香港开始崛起,广州—澳门南北轴东移形成广州—香港轴线,珠三角"T"型空间格局并未有重大改变。③

新中国成立至改革开放前,中国内地实行自给自足的计划经济,加上外交关系恶化,珠三角对外联系大幅萎缩,广州—香港南北轴趋于衰落。作为华南重镇和广东省会,广州国有经济和国内贸易不断发展。在国有和集体经济带动下,珠三角形成以广州为轴心,向东辐射至东莞、惠州,向西至佛

---

① 1985 年,国务院从对外开放、促进经济发展的目的出发,在保存县级行政单位完整性基础上,将珠江三角洲经济区确定为当时的 4 市 13 县(1987 年扩大为 7 市 21 县),成为小珠江三角洲。1994 年广东省从区域经济一体化要求出发,提出"珠三角经济区"概念并编制发展规划,包括广州市、深圳市、佛山市、珠海市、江门市、中山市、东莞市和惠州市的惠城区、惠阳区、惠东县、博罗县,肇庆市的端州区、鼎湖区、四会县和高要市等 9 个地级市的全部和部分。

② 数据来源:《中国统计年鉴》2009,《广东统计年鉴》2009。

③ 李正廉:《中国珠三角地区制造业发展研究》,复旦大学 2009 年学位论文。

山、肇庆,向南至江门、中山的扩散型空间格局。1980 年,广州地区生产总值和外贸出口额占珠三角九市近半壁江山,比重分别为 44% 和 35.7%;佛山、江门、东莞毗邻广州,经济和贸易规模次之;而紧邻港澳的深圳和珠海依然是偏远渔村,经济和出口规模均仅占珠三角的 2% 左右。如图 5—7。

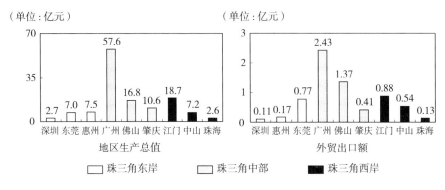

图 5—7　1980 年珠三角 9 市 GDP 和外贸出口额

数据来源:《广东省统计年鉴》2005、2009。

改革开放以后,珠三角经历了三个发展时期:

第一,起步阶段(1979—1991 年)。此时期我国改革开放的探索开始在局部地区试点推进,加工装配业务、经济特区政策、引进外资政策、允许私营经济发展等一系列政策法规相继颁布与实施,率先成为改革试验田的珠三角经济开始起步。由于对改革目标、路径等认识远未清晰,再加上经济基础薄弱与市场机制刚开始发育,珠三角除深圳特区增长迅猛外,其他城市的增长并不突出。

第二,高速增长及逐步回落阶段(1992 年—20 世纪末)。邓小平南巡坚定了我国向市场经济体制转轨的改革方向与目标,也使外商投资信心大增。随着引进外资政策的完善和各项体制改革的推进,珠三角成为外资推动下发展加工贸易的聚集地,珠三角各市经济与外贸亦进入高速增长时期,并随着亚洲金融危机的爆发与蔓延而逐步回落。

第三,稳步增长阶段(21 世纪以来)。亚洲金融危机以后,国际产业布局开始变迁,特别是中国对社会主义市场经济体制的认识和建设趋于成熟以及正式加入 WTO,使劳动密集型生产环节集聚中国从而重构全球产业链成为现实。顺应这一潮流,珠三角作为全球重要的加工制造基地实现新一轮较快增长,并在美国次贷危机引发全球衰退过程中增速放缓。

在此过程中,珠三角形成深圳—东莞—惠州、广州—佛山—肇庆、珠海—中山—江门三个经济区域分化发展的局面:

(1)珠三角东岸:外向程度最高区域。珠三角东岸的深圳、东莞和惠州原是珠三角经济与外贸发展最为落后地区,改革开放后,因毗邻香港且政策开放度最高而通过承接香港等地产业转移一跃成为珠三角经济重心。深东惠三市 2008 年出口总额比 1980 年分别增长 16337 倍、852 倍和 1058 倍。如图 5—8。2008 年贸易总额占 GDP 比重为 267%、213% 和 160%,如图5—9,外向程度位列珠三角之最。

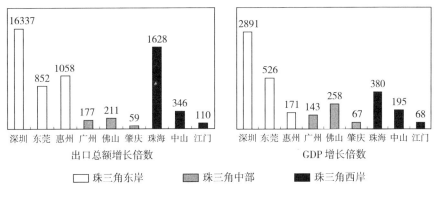

图 5—8　1980—2008 年珠三角 9 市出口总额与 GDP 增长倍数

数据来源:《广东省统计年鉴》2005、2009。

(2)珠三角中部:外向程度最低的经济中心。长久以来,广州、佛山、肇庆一直是广东经济中心,良好的经济基础以及距离港澳较远使三市更倾于内源型发展模式。1980—2008 年,三市在珠三角各市中出口总额增速最慢,2008 年贸易总额占 GDP 比重最低。由于起点较高,三市 1980—2008 年GDP 增速较珠三角各市偏低,但广州和佛山 GDP 规模仍分别以 8216 亿元和 4333 亿元排至区内第一和第三位。如图 5—9。

(3)珠三角西岸:经济规模偏小的外向型地区。改革开放前,珠三角西岸的经济基础和外贸形势都优于东岸,特别是江门,曾是仅次于广州的珠三角第二大城市。珠海成为经济特区以后,受澳门辐射作用影响,珠三角西岸

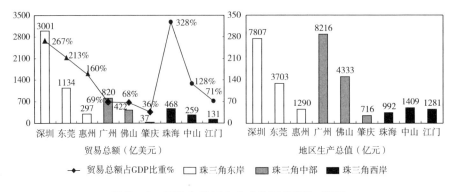

图5—9　2008年珠三角9市贸易总额与GDP

数据来源:《广东省统计年鉴》2005、2009。

的珠海、中山和江门相继走上外向型发展道路,1980—2008年三市出口总额增长1628倍、346倍和110倍,2008年贸易总额占GDP比重分别达328%、128%和71%,如图5—8、5—9。由于经济发展水平的差异,澳门对区域经济的拉动作用远落后于香港,因而,珠三角西岸城市虽然在外向经济发展过程中取得了较快增长,但GDP总量在珠三角各市中仍相对较小。如图5—9。

二、珠三角区域分化的原因及特征

在三十年发展历程中,若干因素促使珠三角经济呈现东、中、西三个区域分化发展的局面。

（一）珠三角区域分化的原因

特殊的政策背景、既有基础条件及国际分工变迁使珠三角区域分化相对发展。

1.改革与开放政策的循序推进。中国的改革开放遵循试点先行、由体制外到体制内、由增量带存量、由局部到整体、分阶段逐步推进的基本逻辑。深圳与珠海曾是珠三角最为落后但也是计划体制约束最为薄弱的地区,1980年两市被列为经济特区;1985年包括四市一县的珠三角开放区成立,1986年外商投资法正式颁布。就在国内市场经济体制改革艰难起步过程中,深、珠及邻近地区凭借毗邻港澳的优势在体制放松前提下一举成为外资进入首选地,并在承接外资产业转移过程中走上外向性颇强的工业化道路,其经济与外贸增速在改革开放绝大部分时间内一直领跑整个珠三角地区。而处于珠三角纵深的广州、佛山、江门等地则是国有和集体经济较为发达的核心区域,相较深珠,这些地区的活力直到体制改革与对外开放趋于深化和全面化阶段才得以加快释放。1988年允许私营经济发展被列入宪法,1993年开始国有集体经济的企业制度改革,2001年中国加入世界贸易组织。到20世纪90年代中期,特别是21世纪以来,广、佛终于在市场体制渐趋成熟的基础上发挥经济基础雄厚的既有优势,成为珠三角稳步增长的主导力量,2006年以来,广(州)佛(山)经济圈已经超越深(圳)东(莞)经济圈和珠三角西岸,成为珠三角内地区生产总值和工业总产值增长最快的地区。改革与开放政策的循序推进成为导致珠三角区域分化的首要原因。

2. 地理位置和交通连接的影响。深圳和珠海原是偏僻渔村,但分处珠三角东西岸两端、邻近国际航线,并分别与香港和澳门接壤。改革开放启动后,珠三角东岸和西岸分别以深圳和珠海为中心,发展对外加工贸易,建立起与香港、澳门紧密的经济联系。由于香港是亚太重要的经济、金融、贸易、航运中心,珠三角东岸依托香港更显著地获得这种地缘经济优势,再加上区内相对发达的铁路、高速公路、港口、机场设施与条件,珠三角东岸在吸收全省一半左右外资的过程中增长最为迅猛,也构建起外向程度最高的经济结构。相较东岸,珠三角西岸受澳门的辐射拉动作用较小;从交通基础设施来看,西岸的铁路、高速公路、港口、机场建设也比较滞后,珠海至今未通铁路,连接珠三角两岸的现仅有虎门大桥,西岸内部及与中东部的连接通道都较为薄弱。因而,尽管珠海外向程度很高,经济发展速度也较快,但带动中山、江门的发展有限,且西岸受中东部带动作用较小,珠三角西岸整体经济仍处于较低发展水平。广州深处珠三角北端,离出海口较远,但毗邻庞大的珠江内河水系,以及拥有发达的综合交通运输体系,使以广州为核心的珠三角中部与华南及内地市场联系紧密,与珠三角两岸相比外向程度显著降低。21世纪以来,随着内地对外开放的全面铺开,以及南沙港等重大交通基础设施的建设,珠三角中部构建起更为便捷的连接国际市场的通道,广佛肇通过融入全球产业链加快了经济发展步伐。由此,地理位置及交通基础设施的差异对珠三角区域分化产生了重要影响。

3.经济基础的作用。改革开放前,广州、佛山、江门原是珠三角经济中心,1980年GDP总量占珠三角九市的71.2%,出口总额占68.7%,广州以国有经济为主导,佛山、江门的集体经济较为发达。雄厚的初始基础和相应的企业构成使珠三角中部地区三十年来经济增长幅度相较东西两岸要小,但经济总量仍居珠三角前列,广州国有经济2008年占到工业企业总资产的47.2%,佛山经过大量的集体经济转制和私营经济发展已成为私营经济占主导的地区。珠三角东西两岸因初始基础较为薄弱,在享受"特区"的优惠政策过程中,经济与外贸增速很高。由于不少国有企业以深圳、珠海为桥头堡,发展对外经济;外资与港澳台资金更充分利用珠三角两岸的政策优势发展加工制造,因此,深圳、珠海、惠州、江门的国有经济仍占较大比重,工业企业构成则显著地以外资与港澳台投资为主。如图5—10。

4.国际分工格局的变迁。20世纪60、70年代,国际产业分工的特点是发达国家通过对外投资的方式将劳动密集型产业转移到发展中国家,中国香港、台湾等四小龙地区在这一轮产业转移中实现经济腾飞。70、80年代,中国内地开始改革开放,劳动密集型产业进一步向中国内地转移,珠三角东西两岸在此过程中受益匪浅。随着网络信息技术的成熟与应用使跨国公司通过外包非核心生产环节、专注核心生产环节实现更大规模的经济管理与控制,全球化被快速推动。亚洲金融危机之后,来自欧美、东亚的跨国公司日益将劳动密集型生产环节转移或外包到中国,自身主要掌握技术研发、产品创新、市场销售等资金技术密集型生产环节。这个趋势在中国入世后显著地表现出来,不仅是外资或港澳台资企业更多地参与全球产业链,中国的私营、国有经济以承接外包的方式更高程度地融入全球产业链,珠三角中部近年加速外向化是当前产品内分工发展背景下的产物。

(二)珠三角区域分化的特征

不同的发展基础、背景和影响因素使珠三角东、中、西地区呈现各具特色的发展形态,其基本特征包括:

1.微观基础的分化:东西两岸以外资、港澳台经济为主,中部内资经济占主导。从各区域工业总产值构成来看,珠三角东岸的外向程度最高,港澳台及外资企业工业产值占到了总产值的3/4。由于总体经济规模较大,深圳的私营经济占比不大,但私营企业主营业务收入2008年位列珠三角各市

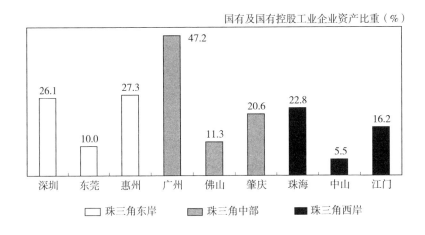

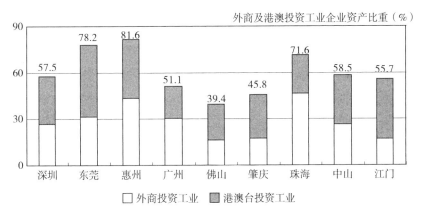

图5—10　2008年珠三角9市工业企业资产构成

数据来源:《广东省统计年鉴》2005、2009。

第二位,达到1581亿元。珠三角西岸的港澳台及外资企业工业总产值比重
也达六成,占近四成的内资企业中以中山、江门的私营经济发展最为突出。
珠三角中部以内资企业为主,2008年工业总产值比重占到52%,其中广州
国有经济比重最大;佛山则以私营经济为主导,2008年私营企业主营业务
收入为2517亿元,位列珠三角各市之首。如表5—6、图5—11。从工业企
业规模来看,深圳、广州、珠海等区域核心城市的工业企业均以大企业为主,
工业产值比重超过40%;东岸的东莞、惠州主要是中型工业企业,产值比重
超过四成;中部的佛山、肇庆则以小型工业企业为主,产值比重在五成左右;

西部的中山、江门中小工业企业产值比重占到八成以上,两类企业基本平分秋色。如表5—6。

表5—6　2008年内外资在各区域工业总产值所占比重　　　　　　　(%)

	珠三角东岸	珠三角中部	珠三角西岸
内资企业	25.3	52.0	38.1
港、澳、台商投资企业	35.1	21.9	30.1
外商投资企业	39.6	26.2	31.8

资料来源:《广东统计年鉴》2009。

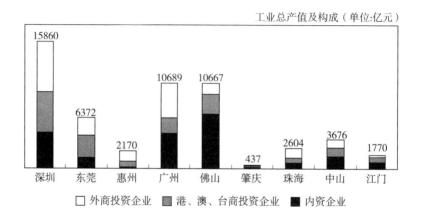

工业总产值及构成（单位:亿元）

□ 外商投资企业　　▨ 港、澳、台商投资企业　　■ 内资企业

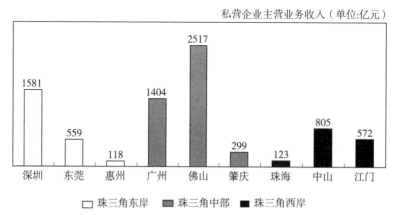

私营企业主营业务收入（单位:亿元）

□ 珠三角东岸　　▨ 珠三角中部　　■ 珠三角西岸

图5—11　2008年珠三角9市工业总产值和私营企业主营业务收入

数据来源:《广东省统计年鉴》2005、2009。

表5—7　2008年珠三角9市大中小型企业工业总产值及比重(亿元,%)

	深圳	东莞	惠州	广州	佛山	肇庆	珠海	中山	江门
大型企业	7652	1715	925	4431	2733	163	1189	534	493
中型企业	5370	2889	1091	3211	3204	283	677	1642	956
小型企业	2832	2029	584	2873	4721	518	631	1591	1260
大型企业比重	48.3	25.9	35.6	42.1	25.6	16.9	47.6	14.2	18.2
中型企业比重	33.9	43.6	41.9	30.5	30.1	29.4	27.1	43.6	35.3
小型企业比重	17.9	30.6	22.5	27.3	44.3	53.7	25.3	42.2	46.5

资料来源:《广东统计年鉴》2009。

2. 主导工业结构的分化:东岸以外向型的电子设备制造为主,中部偏重内向的机械及设备制造,西岸主导工业有所差异。作为全球重要的电子设备制造基地,经过三十年发展,深圳、东莞、惠州、珠海均形成以通信设备、计算机及其他电子设备制造业为主的工业结构,特别是深圳、惠州,该产业占到规模以上工业总产值的半壁江山。广州、佛山、肇庆凭借与华南、内地市场的紧密联系,侧重发展交通运输设备制造、电气机械及器材制造、金属与非金属制造等重工产品制造业,产品大多满足内地市场需求。珠三角西岸的江门与中山因初始基础更多受珠三角中部地区影响,以及珠海对其辐射力有限,因而在机械器材、金属和交通设备制造业方面发展突出,与珠海以电子设备制造业为主有较大差异。如表5—8。

表5—8　2008年珠三角各市规模以上工业中第一、二大产业产值比重（%）

城市		第一大产业	比重	第二大产业	比重
东岸	深圳	通信设备、计算机及其他电子设备制造业	57.5	电气机械及器材制造业	7.6
	东莞	通信设备、计算机及其他电子设备制造业	26.7	电气机械及器材制造业	11.0
	惠州	通信设备、计算机及其他电子设备制造业	48.0	化学原料及化学品制造业	12.6

续上表

	城市	第一大产业	比重	第二大产业	比重
中部	广州	交通运输设备制造业	21.6	化学原料及化制品制造业	10.6
	佛山	电气机械及器材制造业	21.8	非金属矿物制品业	8.6
	肇庆	有色金属冶炼及压延加工业	14.9	金属制品业	13.9
西岸	珠海	通信设备、计算机及其他电子设备制造业	31.5	电气机械及器材制造业	21.4
	中山	电气机械及器材制造业	22.3	通信设备、计算机及其他电子设备制造业	9.7
	江门	金属制品业	14.4	交通运输设备制造业	11.8

资料来源:《广东统计年鉴》2009。

3.经济增长方式的分化:东岸以外贸拉动为主,中部以消费投资拉动为主、西岸以外贸投资拉动为主。通过吸收广东省最多的外资发展加工贸易,珠三角东岸以外贸为主拉动经济增长,投资与消费对经济增长的贡献相对较低,与珠三角中部与西岸的投资消费贡献相比也处于最低水平。珠三角西岸在珠海的外向型经济主导下对外依存度逐步攀升,2000年以来固定资产投资拉动经济增长的作用显著加强,相比东岸和中部地区的投资贡献最大。珠三角中部核心城市2001年以来外向性有所加强,社会消费品零售总额和固定资产投资占GDP的比重从2000年的41%、32%回落到2008的34%和27%,经济增长主要由消费、投资拉动转而两者贡献略有下降,但相较东西两岸,中部地区仍倾向于消费、投资拉动增长。如图5—12。

4.经济发展水平的分化:东岸增速最快,中部规模最大,西岸规模最小。从1980—2008年,东岸地区生产总值增长739倍,出口总额增长2393倍,远超过珠三角中部和西部地区;2000—2008年规模以上工业总产值也增长6.1倍,工业规模和增速均位列珠三角之首。

因初始基础较为雄厚以及侧重内向型发展,珠三角中部生产总值与出口总额增长倍数较小,但地区生产总值规模一直占珠三角首位。

珠三角西岸受珠海开放程度高的影响而出口增速较高,但经济基础薄弱以及后期地区协同发展能力较差,地区生产总值规模一直处于珠三角最低水平。如图5—13。

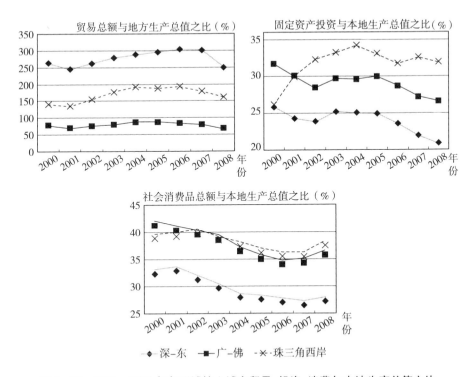

图 5—12　2001—2008 年各区域核心城市贸易、投资、消费与本地生产总值之比

数据来源:《广东统计年鉴》2009。

三、珠三角的协同增长及发展前景

21 世纪,特别是中国内地入世以来,受政策、市场环境变迁等因素影响,珠三角各区域在分化发展的同时,增长模式与速度渐趋协同。

（一）21 世纪以来珠三角协同增长的基础

21 世纪以来,造成珠三角各区域分化发展的因素发生重大转变构成当前各区域发展渐趋协同的基础。

首先,改革开放的政策差异趋于消失。十六大以来,中国特色市场经济体制基本成型,包括国有经济在内的多种所有制经济共同成为市场竞争主体,统一的商品要素市场体系基本构建,入世使日益广泛的地区享受到同等的开放条件和环境。在此过程中,原先仅为特区城市独有的体制灵活性和

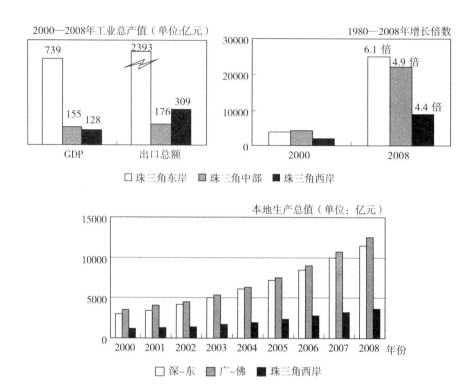

图5—13　1980—2008年珠三角各区域GDP、出口总额及工业总产值变动情况

数据来源:《广东省统计年鉴》2005、2009。

开放特殊性渐趋消失,珠三角中西部城市在国有集体经济转制取得实质性进展后,以内资主导的经济拥有了与东岸外资主导型经济同样的灵活性,以及与深圳、珠海同样的世界市场准入许可与待遇,珠三角各区域开始在同一开放市场中平等竞争。

其次,工业化发展阶段的趋同。改革开放前,广州、佛山、江门已具备一定工业化基础,而深圳、东莞、珠海等地的工业化则尚未起步。经过三十年加速发展,除西岸经济规模仍相对较小之外,珠三角东西两岸已基本与中部地区共同进入同等工业化发展阶段,并且,东岸核心城市的经济规模和工业发展水平快赶上甚至在某些领域已超越中部地区核心城市。

最后,珠三角各区域被同时卷入新一轮全球产业调整与转移。20世纪80、90年代,内地开放地区与东亚国家均凭借廉价劳动力与资源优势成为发达国家垂直产业链的生产制造基地,两者具有较强竞争性。21 世纪以来,生产管理技术的突破与应用以及东亚市场环境的变化使全球产业出现新一轮调整与转移。以东亚为零部件供应方、中国为加工制造基地、欧美为核心技术研发方和主要市场的产品内分工格局渐趋成型。内地市场的全面开放以及全球产业的加速调整使珠三角各区域被同等程度并日益深化地融入全球产业调整潮流。

　　由此,在具备类似发展基础、条件和市场环境前提下,珠三角各区域与 20 世纪 80 和 90 年代年均出口增速和年均地区生产总值增速差距较大不同,21 世纪以来,各区域的出口和 GDP 年均增速渐趋一致,珠三角东、中、西岸出口年均增速分别为 20%、18.6% 和 21%,GDP 年均增速分别为 17%、16.5% 和 15%,各区域增速差异仅两个百分点左右。如图 5—14。

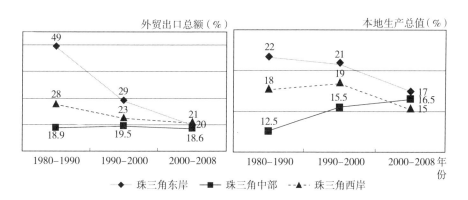

图 5—14　1980—2008 年珠三角各区域出口总额及本地生产总值年均增长率

数据来源:《广东省统计年鉴》2005、2009。

(二)珠三角协同增长的表现

　　在 21 世纪国际产业分工不断深化的同时,这种以东亚为生产中心、欧美为消费中心的分工模式固有的结构性矛盾也逐渐积累,世界经济持续增长越来越依赖于美国消费能力的提高。当美国的过度消费最终因金融泡沫破灭而迅速萎缩时,珠三角各区域均受到经济周期波动的深刻影响。2004 年以来,珠三角东岸、中部和西岸均出现贸易规模不断扩大、但增速逐渐趋缓的局面。其中,外向程度最大的东岸城市深圳—东莞受全球金融风暴影响最为显著,2008 年贸易增速下滑至 4.8%。如图 5—15。

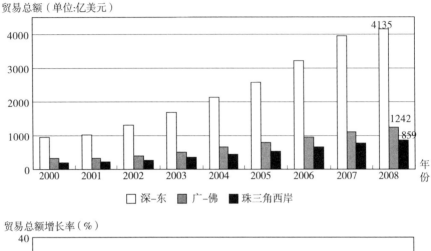

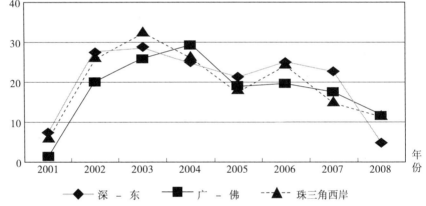

图5—15　2001—2008年珠三角各区域核心城市贸易总额及其增长率

数据来源:《广东省统计年鉴》2005、2009。

外贸形势不容乐观抑制了投资需求的增长。2004年以来,珠三角各区域固定资产投资增速均不断下滑,尽管经济发展与财富积累已经使各区域社会消费品零售总额增速加快,但均无法扭转各区域工业总产值和地区生产总值增速的下滑。其中,各区域有所差异的是,外向程度最低的中部核心城市广州—佛山的投资增速下滑幅度最小、消费增长最快,因而工业总产值和地区生产总值增速减缓幅度较小;而深圳—东莞因受贸易萎缩影响最大,故消费增长幅度最小,投资、工业总产值和地区生产总值增速下滑最为显著。如图5—16。

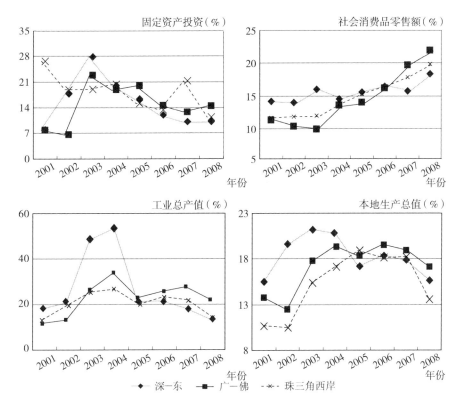

图5—16 2001—2008年珠三角各区域核心城市经济指标增长率

数据来源:《广东统计年鉴》2009。

(三)协同增长背景下的发展前景

珠三角各区域渐趋协同的发展特征,以及欧美金融风暴直接冲击实体经济所暴露出的发展问题,深刻影响珠三角未来发展走向。

1. 发展历程差异形成区域分工。珠三角各地区不同的发展历程决定各具特色的微观基础和产业结构,也使各地区初步形成围绕中心城市发展的空间集聚与分工结构。2008年珠三角第一产业产值主要分布在广州(24%)、肇庆(23%)和珠海(15%)等地,第二、三产业产值则主要分布在深圳、东莞、广州和佛山四市,其中,四市二产产值占珠三角整体的79%,三产产值占到85%;从服务业来看,珠三角58%的金融业产值来自深圳,50%的交通运输、仓储与邮政服务业产值来自广州。珠三角形成以深圳为中心的东岸和以广州为龙头的中部并驾齐驱的发展态势,并且中心城市的定位和功能有所差异。如图5—17。

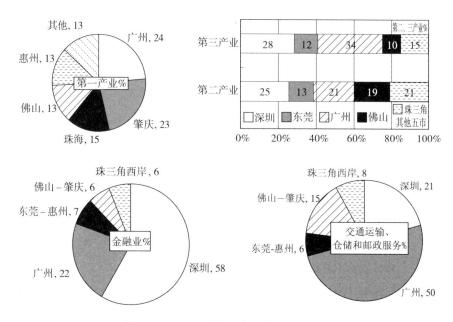

图5—17　2008年珠三角各产业产值分布

数据来源:《广东统计年鉴》2009。

2.发展阶段接近加剧区域竞争。经过三十年的加速发展,珠三角东中西岸的工业化水平已相对较高,特别是珠三角东岸和中部发展规模与实力较为接近。企业规模与实力以及社会财富积累到达一定程度,随着交通基础设置的完善,区域间要素与商品流动性加强,各区域间竞争将趋于加剧。

3.企业实力增强成为水平专业化竞争主体。经过多年发展,珠三角各区域均崛起一批具有竞争实力的大中型企业。如佛山以私营经济和乡镇企业为主,美的、科隆、健力宝、东鹏陶瓷和佛山照明等成为国内外著名品牌;东莞以精密零件为主的模具业在全球占据重要地位,其中大量企业由外省民工创办,他们曾在港台模具企业务工,学习掌握国际化生产与管理技能之后自主创业,并成为重要的手机类精密模具和汽车零部件制造商;而华为、中兴、比亚迪等民营制造企业和鸿海等台资企业带动高科技企业在深圳集聚发展。各区域不同发展历程,使各区域主导企业的服务市场有所差异,随企业规模扩大和实力上升,通过市场扩张、细化分工提高竞争实力成为珠三角各区域企业实现发展的现实需要,珠三角企业日趋成为强化内外市场拓展的水平专业化竞争主体。

4.环境形势变迁使粗放发展方式难以为继。21世纪以来,随开放程度的提高,珠三角日益通过劳动密集型产业与环节的生产与出口参与全球产业链,劳动资源密集型加工贸易的加速发展使珠三角走上高度依赖外需、高投入、高消耗、高排放的发展路径,环境形势的变化难以支撑更大规模的粗放式发展。

(1)需求结构不可持续。深处价值链低端使劳动要素报酬水平低下,居民消费能力提高有限,消费需求难以成为拉动经济增长的主要力量。相比珠三角东岸,中部城市通过拓展国内市场,掌握更多产品开发、销售等经营环节,要素报酬继而地区消费能力的积累都要超过东岸城市。随全球化结构性矛盾的发展,发达国家消费需求增长有限,再加上国际竞争趋于激烈化,珠三角难以仅靠外需拉动实现可持续发展。(2)用工短缺与工资上涨。随着国家"三农政策"和城镇化建设的推进,农民可以就近找到工作机会,愿意出外打工的农民工减少,导致"民工荒"问题更为突出。以往,"民工荒"很大程度上是缺少掌握熟练技能的农民工,2009年国际市场止跌回升之际,珠三角企业出现较为普遍的"有订单—招工难"、或者用工成本显著提高等问题。(3)土地成本上升。以往,珠三角为发展经济,大量征收土地作为工业区。随着土地管理制度的改革,政府提高了征地补偿标准,以确保被征地农民的利益;以及规定工业用地出让价格不能低于当地基准地价等,土地成本相应上升。党的十七届三中全会确定全国耕地面积不能低于18亿亩的政策,也使地方政府不能像过去那样大规模改造农地,企业设厂的土地成本增加。(4)缺电问题持续多年。由于用电需求增长迅猛以及电煤、油价上涨,2004年以来,珠三角缺电问题日益严峻;2008年因季节性枯水影响,广东省近9000座小水电站被迫停业,使广东遭遇30年来最严重的缺电局面,面对高峰限电,高耗能企业只能错峰用电,生产经营受到很大影响。市场、劳动、土地、能源形势的变迁使珠三角粗放式发展劳动密集型加工制造业难以为继。

面临严峻考验,转变发展方式、实现低碳基础上的产业升级与价值链攀升,成为珠三角可持续发展的必由之路。

在珠三角区域发展基础、需要及环境形势变化背景下,以低碳和水平专业化竞争为基础的区域融合成为珠三角未来发展趋势。第一，较强的工业基础与转变发展方式的需要使珠三角致力于促进低碳约束下的生产分工细化、特别是生产性服务业的发展；第二，企业既有发展基础及提升竞争力的需要使水平专业化竞争渐趋上升为主要竞争方式；第三，市场规模扩大及企业对于拓展市场的需求使企业成为推动区域间相互渗透进而融合的主体。

四、珠三角的区域整合进程

在珠三角发展矛盾与问题不断积累过程中，珠三角各级政府已启动区域整合进程以促进发展方式转变。2005 年，珠三角提出通过加快产业转移推进区域整合继而产业转型升级的思路，因各地方利益的冲突，政策实行 3 年之后效果并不明显。2007 年下半年，人民币持续升值、原材料涨价、工资成本上升、招工难、出口贸易受抑、《劳动合同法》和"两税合一"新政颁布等，珠三角各区域经济备受冲击。内外市场环境的严峻形势，以及以往发展模式遭遇的困境促使各地方达成妥协和一致，特别是汪洋主政广东之后，珠三角各区域的产业和区域整合被加速推进。

（一）规划政策引导

早在 1995 年，广东省建委出于平衡地区发展、减少城市间恶性竞争的目的，组织编制了珠三角城市群第一版规划——《珠江三角洲经济区城市群规划——协调与可持续发展（1995—2010）》。该规划的编制一定程度上优化了区域空间结构，缓和了区域矛盾。2003 年广东省组织开展《珠江三角洲城镇群协调发展规划（2004—2020）》的编制。该规划从空间、产业、基础设施、区域管治、机制等多个方面展开设计，提出"强化中心，打造'脊梁'；提升西部，优化东部；拓展内陆，培育滨海；扶持外圈、整合内圈；保育生态，改善环境"的空间发展总体战略。2006 年粤港两地联合启动《大珠江三角洲城镇群协调发展规划研究》，提出要通过"共同制定城市与区域发展战略、协调资源开发利用、环境保护与城镇交通发展、促进区域和人居环境改善、促进区域间功能互补"等举措把大珠江三角洲建设成世界最具发展活力的城镇群之一。[①] 至此，珠三角的区域协调尚未与发展方式转型相互

---

①　李珽：《珠江三角洲核心区域城镇空间形态演变 1979—2008》，中山大学 2009 年学位论文。

挂钩。

2008年12月,《珠江三角洲地区改革发展规划纲要(2008—2020年)》正式公布。《纲要》从国家战略角度赋予珠三角加快转变经济发展方式的历史重任,并从产业发展、基础设施建设等各方面提出具体目标与路径。为配合地区产业升级与经济转型,《纲要》明确指出,要按照主体功能区定位,优化珠江三角洲地区空间布局,以广州、深圳为中心,以珠江口东岸、西岸为重点,推进珠江三角洲地区区域经济一体化,带动环珠三角地区加快发展,形成资源要素优化配置、地区优势充分发挥的协调发展新格局。《纲要》从国家层面确定珠三角区域整合的基调与蓝图,成为促进珠三角区域整合的指导性纲领与助推器。

(二)交通基础设施建设与连接

经过多年建设,目前珠三角形成以广州为中心,铁路、公路、水运、民航等多种运输方式相配合,沟通广东省和全国的综合运输交通网络。其中,截至2008年底,珠三角公路通车里程约5.3万公里,高速公路2100公里,包括广深、广开、京珠、西部沿海高速等;铁路运营里程580公里,主要以京广、京九、广深、广茂为干线铁路骨架;港口货物吞吐量和集装箱吞吐量分别约为8亿吨和3900万标箱,形成了以广州港、深圳港、珠海港为主要港口,惠州港、虎门港、中山港、江门港为重要港口的分层次港口群发展格局;机场旅客吞吐量和货邮吞吐量分别为5641万人次和130万吨,主要以白云机场为枢纽,深圳机场为干线,珠海、佛山机场等为支线机场。[1]

从各区域间的交通连接来看,中部与西岸的铁路交通尚未开通;东西两岸的连接仅有虎门大桥,且交通流量几近饱和;中部与东岸的连接主要以广深高速和铁路为主,运输负荷亦相对较重。

金融危机的严峻考验,以及珠三角规划纲要的出台使广东省决定从交通基础设施一体化入手,由易到难推进珠三角区域经济一体化和发展方式转型。2009年12月,《珠江三角洲地区交通基础设施一体化规划》由广东省政府常务会议原则审议通过并已上报国家发改委。根据《规划》,到2020年,全面实现珠三角交通运输一体化并与港澳及环珠三角紧密相连。其中,

---

[1]　广东省发改委:《珠江三角洲地区交通基础设施一体化规划》,2009年12月。

城际轨道交通营运里程约达1480公里,铁路运营里程约达1715公里;高速公路通车里程约达3500公里;港口货物吞吐能力约达14亿吨,集装箱吞吐能力约达7200万标箱,民航机场吞吐能力约达1.5亿人次。① 目前,武广、厦深、贵广、南广、广深港等干线铁路及广珠、广佛、穗莞深、佛肇、深惠、广清等城际轨道交通正开工建设。如图5—18。

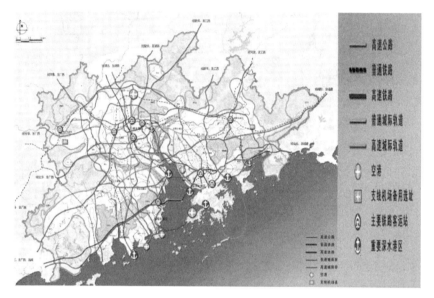

图5—18　珠三角交通体系规划图(《珠江三角洲区域协
调规划(2004—2020)》)

　　根据《规划》,珠三角将加强东、中、西各经济圈内部、之间以及与港澳、环珠、泛珠之间的交通互联,继而打通珠三角内部以及与包括环珠、泛珠、东盟等的外部市场的商品与要素流动渠道。比如,深莞惠未来五年要建设11条高速公路实现路网互通,广州要新建10条地铁实现广佛同城化。连接珠三角东西两岸的除在建的港珠澳大桥外,虎门二桥及东延线、连接广州番禺和东莞麻涌的莲花山大桥及西延线、含南沙港连接线的深中过江通道也即将开工。其中,深中通道是公路铁路两用通道,它将连接机荷高速直通上

---

① 广东省发改委:《珠江三角洲地区交通基础设施一体化规划》,2009年第12期。

海,以及经厦深、广深、广珠铁路接连泛亚铁路,显然,其沟通珠三角两岸及其与华东、泛亚间货运物流的功能将远甚于港珠澳大桥。

（三）推进产业区域转移

2005年3月,广东省出台推进产业转移的试行意见。2008年,随着"双转移"政策的提出,广东产业转移园建设进入新的发展时期。

截至2008年年底,广东省共有70多个产业转移工业园,其中29个经省政府认定为省级产业转移工业园。省产业转移工业园一是基本建立健全了管理机构和管理制度,落实了管理人员,大部分省产业转移工业园道路、供水、供电、排水等基础设施建设取得了较大进展。二是对当地经济带动和农村劳动力转移就业的吸纳作用逐步显现。2008年年底,省产业转移工业园已动工建设项目611个,投资额542.2亿元,实现工业总产值302.66亿元,利税27.72亿元,分别是2007年的4.67倍和5.33倍;园区用工约16.42万人,其中吸纳本地劳动力9.96万人,占60.66%,省产业转移工业园已成为承接劳动力转移就业的重要载体。三是形成了一批以省产业转移工业园为依托、有较强产业特色的中小规模产业集群。四是通过合作共建,提升了省产业转移工业园的合作层次,增强了园区品牌效应和吸引力。①

从产业转移模式来看,大致包括三种:第一种是扩张性转移,就是在新址采用新生产线、新技术,然后将旧厂改造为研发中心等,如佛山的陶瓷业转移。第二种是寻找新的投资商机,以规避珠三角的激烈竞争。第三种是出于成本考虑撤离珠三角。从参与转移的企业性质来看,深圳、东莞主要以港澳台企业居多,佛山主要是民营企业,中山则国有企业比较多。

从产业转移流向来看,珠三角东岸的深圳、东莞主要将电子、信息、机械制造、服装、家具等产业转移至河源、梅州、韶关、汕头等粤东、粤北地区;中部的广州、佛山主要将机械、家电、家具制造等转移至云浮、清远、茂名等粤北、粤西地区;中山、江门和珠海主要将纺织、家具、电器、机械制造等转移到粤西、粤北地区。如表5—9。产业区域转移的推进在更大范围内整合了珠三角及泛珠地区间的产业与地区合作,为珠三角产业升级创造出空间和可

---

① 《全省去年双转移考评:广州产业转移88分深圳86分》,《广州日报》2009年6月8日。

行路径。

表5—9　珠三角产业转移园分布及流向

转移自	转移至	合计
深圳	河源(6:钟表制造、电子及通讯设备)	12
	湛江(1:电子、玩具)	
	潮州(1:机械制造、新材料)	
	梅州(1:电子信息、电气及自动化)	
	汕头(1);韶关(1);汕尾(1)	
东莞	惠州(3:鞋业、家用电器、服装、家具)	12
	韶关(3:电子,精密机械装备)	
	梅州(3:汽车、五金机械)	
	茂名(1:毛纺织业、农林产品深加工)	
	阳江(1:电子电器、服装)	
	汕尾(1:电子信息、生物技术)	
广州	茂名(3:电子电器、纺织服装)	17
	肇庆(1);湛江(1);阳江(1);揭阳(1);汕尾(1);韶关(2);梅州(7)	
佛山	清远(8:机械制造、医药)	15
	云浮(3:轻工机械、电子通讯、机械制造、家具)	
	肇庆(2:打火机制造、家具)	
	湛江(1:小家电制造和加工)	
	阳江(1:五金机械、家具)	
中山	阳江(2:纺织服装、食品医药、电子信息、日用电器)	10
	肇庆(2:家具、金属制品)	
	河源(1:电子通讯及器材、机械模具)	
	清远(1);韶关(3);梅州(1)	
江门	清远(1)	1
珠海	茂名(2);湛江(1);揭阳(1)	4

注:括号中为转移至目标地的产业转移园个数及若为省级产业转移园则所转移的产业。
资料来源:《广东产业转移工业园调查》,《中国工业地产》2008年第12期。

(四)加快区域合作

一体化的关键是要打破行政区划壁垒,在珠三角形成一个有利于经济社会资源合理有效配置的体制环境,珠三角各市为贯彻落实《珠江三角洲地区改革发展规划纲要(2008—2020)》关于推进珠三角一体化的要求,相继启动紧密合作区建设以助推区域融合。

2009年2月27日,深圳、东莞、惠州三市率先召开党政领导联席会议,签订《推进珠江口东岸地区紧密合作框架协议》。《协议》以资源共享、错位发展、加快一体化为目标,决定建立每半年一次的三市党政领导联席会议制度,就三市重大合作事宜进行沟通协调,并成立专责小组负责贯彻落实,主要就发展规划、产业发展、区域创新、交通运输、能源保障、水资源及城市防洪、信息网络等十个领域展开重点合作。[①]

紧随其后,4月17日,珠海、中山、江门签署《推进珠中江区域紧密合作框架协议》。6月17日,广州、佛山、肇庆三地党政领导签署《广佛肇经济圈建设合作框架协议》。两个协议均构建包括领导机构、联席会议、专责小组在内的合作机制,合作重点主要包括规划统领、交通运输、产业协作、科技交流与创新、对接港澳及区域合作、环境共治等。其中,广佛肇合作协议还构建了新闻发布和发展研讨机制。[②]

从区域整合步伐较快的珠三角东岸来看,东莞和惠州是珠三角电子信息业强市,2008年两市电子信息业总产值近5000亿元,分列全省第二、三位。东莞有完整的电子信息产业链和强大的配套能力,在资金、技术、人才方面具有较强优势;惠州是首批国家电子信息产业制造基地之一,曾培育了TCL、德赛、华阳、侨兴等一批拥有自主品牌的知名企业。区域一体化的推进使两市开始强强联合,东莞松山湖科技园内的广东华南工业设计院等5家科研中心和行业协会、步步高、奇声电子、勤尚光电,以及惠州TCL、德赛等共17个单位和企业共同迁入劳动土地成本更低的东莞(惠州)产业转移园,整合产业链、发挥集聚经济效应,大力发展光电、通讯、汽车电子等低能耗、低污染、高附加值的产业,在技术与产业升级基础上共同打造惠莞电子信息产业基地。除此之外,2010年3月,深莞惠一体化经贸合作会议还指

---

①　《〈推进珠江口东岸地区紧密合作框架协议〉签订》,新华网2009年2月27日。

②　《推进珠中江区域紧密合作框架协议》,中广网2009年4月17日;《广佛肇经济圈建设合作框架协议》,《广州日报》2009年6月17日。

出,三市将首先加强工业规划的统筹协调,推进产业结构调整,共同打造世界一流的电子信息产业基地、具有世界先进水平的特大型石油化工基地、全国领先的高端服务业基地;其次会推动共同市场建设,促进商贸市场互通;最后将加大招商引资信息沟通力度,探索三地联合招商模式,共同打造各类交互合作平台,推进三地经贸融合发展。珠三角东、中、西三个区域合作协议的签署与实施,为各区域内部经济整合提供了行政支持和体制保障,也为区域产业升级创造了条件和机遇。

（五）城市差异化升级战略

为应对危机和力促发展方式转变,珠三角各市在推动区域整合过程中还从自身条件出发,启动产业发展规划,以寻求差异化的产业升级与地区转型之路。

1. 广州:重工业化。作为珠三角经济、政治、文化中心,广州具有显著的省会城市优势。2009 年 9 月 27 日,《广州城市总体发展战略规划》公布,广州将凭借相对雄厚的重工业基础和丰富的教育、科研、人文资源,抓住广东经济进入工业化中后期对重化工业和科技创新等需求攀升的趋势,侧重走重工业化发展道路。战略核心包括两个方面:一是以重化工和先进制造为基础的"强制造业中心",二是应制造业发展需要而形成的"强服务中心"。从区域分布来看,中心城区将建设为服务业集聚核,周边城镇规划为三个产业集聚带,一是包括空港、花都、从化的北部产业集聚带,二是包括黄埔—萝岗—新塘、增城、科学城的东部产业集聚带,三是包括番禺、南沙临港的南部产业集聚带,三个产业带将合理布局汽车、石化、钢铁、船舶、电子信息、生物医药、重型装备等先进制造业。[①]

2. 深圳:高科技化。为扭转金融危机前后的衰落趋势、抢占新兴技术兴起和生产方式转型之先机,以及力助国家发展方式转型,深圳加速了向国家创新型城市转型的布局与运作。2008 年 9 月 21 日,《深圳国家创新型城市总体规划(2008—2015)》正式颁布。2009 年 5 月 26 日,《深圳市综合配套改革总体方案》获国务院批准。2009 年 6 月 24 日,《深圳市现代产业体系总体规划(2009—2015)》出台。深圳在城市定位、体制保障、产业规划等多

---

① 《广州城市总体发展战略规划》,《南方都市报》2009 年 9 月 28 日。

方面明确了高科技化的发展方向与路径,核心内容包括围绕高新技术研发与应用衍生出来的先进制造业和现代服务业。具体包括:第一,通信、计算机及外设、软件、数字视听、集成电路、新型平板、LED、3G 在内的电子信息产业;第二,下一代互联网(NGI)、下一代网(NGN)、生物医药、新材料新能源、海洋经济在内的高新技术产业;第三,电子工业专用设备、新能源汽车、航空航天设备、精细化工在内的先进制造业;第四,现代金融与生产性服务业等。2009 年 9 月 16 日、12 月 28 日、12 月 30 日,《深圳生物产业振兴发展规划》《深圳互联网产业振兴发展规划》《深圳新能源产业振兴发展规划》相继颁布。深圳明确将把生物、互联网、新能源作为未来三大支柱产业,从2009—2015 年投入 105 亿财政资金,力争到 2015 年三大产业形成 6500 亿元产值规模。

3. 佛山等:产业链高级化。2008 年,佛山已超越广州成为珠三角第二大工业城市,不少优势产品在全国乃至世界都占据重要地位。面对新的发展形势,民营经济占 60% 的佛山侧重制造业技术与产业链升级及相关生产性服务业发展的战略。其中,制造业高级化主要涉及:第一,将智能家用电器、新型显示器件、数字化成套机械装备、新型金属材料、现代陶瓷打造为主导制造业,并推向国际化;第二,以既有制造能力为基础,顺应珠三角重工业化及高科技化发展趋势,拓展汽车及零配件、化工、太阳能、新光源、新材料和医药保健品等新兴制造业;第三,改造并延长纺织服装、家具、饮料食品等传统优势产业的产业链,增加价值回报。以加工贸易见长的东莞,及同样具有一定工业基础的中山、江门发展思路与佛山类似,即走发挥既有优势、延伸产业链、寻找新产业机会的发展道路,如东莞重点发展电子信息、电气机械、纺织服装、商贸物流等支柱产业,强化金融、会展、文化创意、科技服务等服务支撑,稳定提升食品饮料、制鞋玩具、造纸等特色优势产业,大力培育发展生物医药、新能源、新材料等新兴战略性产业。

4. 惠州、肇庆:依托区域整合和产业转移促进产业升级。惠州和肇庆分属珠三角东中部经济圈工业和经济发展水平较低的城市,"双转移"及深莞惠、广佛肇经济圈建设为两城市产业跨越式发展创造了机遇。惠州一是承接东莞的电子信息业转移侧重打造广、莞、深、惠"电子资讯走廊"的重要一极,二是顺应广东,特别是东岸地区工业化发展对重化工产品需求上升的趋势,着重发展石化、装备制造和汽车零配件等制造业。肇庆则主要依托广州、佛山的产业转移园,在配套广佛产业高级化过程中确立发展地位,其重点发展配套广佛的汽车零部件、机械设备、电子专用设备、家具等制造,以及配套周边电子信息产业发展的电子元器件制造等。

5.珠海:挖掘地缘优势再造产业链。珠海是珠三角工业发展水平最低的城市之一。港珠澳大桥、连接珠三角中部及东岸的交通基础设施的修建,高栏港区6200多公顷填海造地的获批,《横琴总体发展规划》的正式出台等,使珠海的地缘经济优势迅速扩大。在缺乏既有产业支撑基础上,珠海主要依托区域产业发展需要及地缘区位优势规划产业发展,一是发挥外向性优势,发展电子信息、软件、家用电器等产业;二是应广州等地重化工业化发展需要及发挥高栏港优势,发展石化、钢铁、造船和能源四大临海重化工业;三是探索重化工业低碳化发展模式,发展再生资源回收业和循环经济等。如表5—10。

表5—10　珠三角各市产业发展方向

城市	规划发展产业		政策依据(发布时间)
	工业与制造业	服务业及其他	
广州	汽车,石化,钢铁,船舶,电子信息,生物医药,重型装备制造	金融、物流、创新科技、文化创意、总部经济等生产性服务业	《广州城市总体发展规划》(2009.9.27)
深圳	电子信息,互联网,生物医药,新材料与新能源,海洋工程、装备、汽车、航空航天等制造,精细化工	现代金融、物流、商贸、科技服务、商务会展、服务外包、文化创意、信息服务、专门专业、总部经济等生产性服务业	《深圳国家创新型城市总体规划(2008—2015)》(2008.9.21)《深圳市现代产业体系总体规划(2009—2015)》(2009.6.24)《深圳市LED产业发展规划(2009—2015)》(2009.3.7)《深圳生物产业振兴发展规划(2009—2015)》(2009.9.16)《深圳互联网产业振兴发展规划(2009—2015)》(2009.12.28)《深圳新能源产业振兴发展规划(2009—2015)》(2009.12.30)

续上表

城市	规划发展产业		政策依据（发布时间）
	工业与制造业	服务业及其他	
佛山	白色家电,电子信息,机械装备,金属材料加工和制品,现代陶瓷;汽车及配件,太阳能,新光源,新材料,医药保健品,环保产品;纺织服装,家具,食品饮料,化工	总部经济,金融,现代物流,会展及商务,工业设计创意,现代信息服务,科技服务与教育培训等生产性服务业 现代农业	《佛山市现代产业体系建设规划(2009—2020)》(2010.3.15)
东莞	信息产业,装备制造、电气机械、器材、机械设备制造,石化,生物医药,新能源,新材料,环保产业,纺织服装,家具,玩具,五金模具,造纸及纸制品,食品饮料制造	金融,物流,会展,中介及信息,科技,文化创意,总部经济,商贸,服务外包等生产性服务业,旅游,社区服务等 现代农业	《东莞市产业结构调整规划(2008—2017)》(2009.1.13) 《东莞市电子信息产业发展战略规划》(2010.2.23)
中山	家电,灯饰,服装,化工,金属制品,电气机械,汽车配件、船舶等装备制造,风电等新能源及清洁动力,软件与信息产业	金融、科技等生产性服务业	广东省中山市经贸局(2009.5.27)
江门	机电,纺织服装,食品,建材;造纸及纸制品,石化,汽车零配件;电子信息,新材料,新能源,生物医药;钢铁,造船,钻石珠宝,中医药;能源	金融、科技等生产性服务业	《关于印发江门市工业产业发展"十一五"规划的通知》(2006.12.30)

续上表

城市	规划发展产业		政策依据（发布时间）
	工业与制造业	服务业及其他	
惠州	石油化工,装备制造,汽车零配件,电子信息,光机电一体,新能源,新材料,制鞋,纺织服装,建材	物流、会展、金融、房地产等生产性服务业 现代农业	《珠江三角洲地区产业布局一体化(惠州)规划》(2009.12.1)
肇庆	金属加工,新型建材,林浆纸一体化,林业,服装制鞋,食品饮料;汽车零部件制造、电子专用设备、机械设备、核电装备制造;电子元器件制造等电子信息业,生物医药,新材料	现代物流,商务会展,金融,信息服务,文化创意等生产性服务业,旅游业,动漫、影视等文化产业	《肇庆贯彻落实〈珠三角规划纲要〉的实施意见》(2009.4.28)
珠海	电子信息,家用电器,石油化工,生物医药及医疗器械,软件,印刷及办公自动化耗材制造,海洋工程制造,航空航天制造,游艇制造,循环经济	金融、物流等生产性服务业	《珠海市石油化工产业集群发展规划》(2008.9.22) 《珠海生物医药产业集群发展规划》(2009.9.30) 《国家软件产业基地(珠海)产业发展规划》(2009.2.13) 《珠海市循环经济发展规划(2008—2020)》(2009.10.24) 《珠海航空产业园发展规划(2009—2025)》(2009.12.24) 《再生资源回收业发展规划(送审稿)》(2009.9.15) 《珠海市游艇产业规划(送审稿)》(2009.8.6)

注:据上述政策文件整理所得。

　　总体来说,21世纪头十年的后期以来珠三角政府层面的整合涉及技术创新、产业调整、提高通达性等多个领域,整合的实质就是:第一,打通交通脉络,提高区域通达性;第二,将高消耗制造业外移,带动周边工业化;第三,鼓励高端制造业和服务业集聚珠三角;第四,加强吸引香港生产性服务业输入,以助推珠三角产业升级。如图5—19。

　　政府层面的整合虽然距离市场整合、企业整合、产业链攀升、产业升级

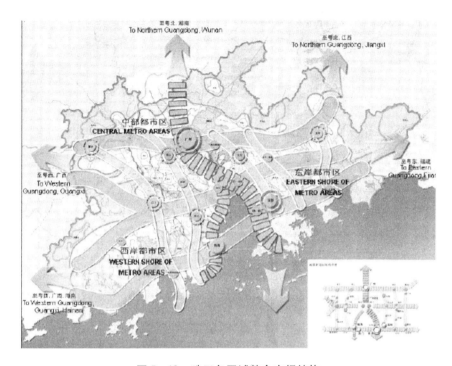

图 5—19　珠三角区域整合空间结构

资料来源:《珠三角城镇体系规划》文本。

还有相当漫长的距离,但整合基本符合珠三角产品内分工深化的发展要求与趋势,对于调整产业集聚方式、为集聚重构创造条件等将产生深远影响并发挥一定作用。

五、珠三角区域经济演进的腹地作用

　　开埠以前,香港曾是番禺辖下的小渔村;开埠以后,广州—香港南北发展轴成为珠三角 T 型空间格局的重要组成部分;新中国成立与对外相对封闭使南北发展轴迅速衰落;改革开放又重新使粤港联系获得巨大发展。总体来说,珠三角产业集聚模式与路径是使其成为香港核心腹地的根本原因。

　　20 世纪 70 年代末,内地实行改革开放,工业化与现代化建设缺乏资金与技术,使香港成为内地引进资金技术的窗口,与香港毗邻的深圳、珠海等珠三角城市相继开辟为经济特区和对外开放区。

邓小平南巡之前,内地对改革开放的路向选择还未明晰,珠三角工业基础薄弱、市场设施匮乏,珠三角虽然成为内地吸引外资、特别是香港资金最多的地区,但港资流入珠三角的规模仍然非常小。

1992年之后,内地改革开放政策明朗化。珠三角作为内地与外部市场连接的窗口与通道,在政策高地作用下,成为国际资金、廉价劳动力与加工制造业集聚中心。强大的市场吸引力以及地域临近,使港资大量进驻珠三角,既成为推动珠三角加工制造业集聚的主力,又成为被吸聚的对象。集聚中心的形成与发展驱动珠三角日益演化为香港的核心经济腹地。

第一,珠三角加工制造集聚模式对国际资金、技术、管理产生巨大需求,香港凭借自由开放市场制度、优越的营商环境,以及毗邻珠三角等优势,成为国外生产要素流向珠三角的管理运作平台与基地。

2009年,在港经营的地区总部中,28.4%的机构仅以广东为业务拓展地区;38.1%兼顾拓展广东和内地其他地区;以广东作为地域责任范围的地区总部数占比达66.3%。在港经营的地区办事处中,30.9%的机构仅拓展广东地区;32.2%的机构兼顾内地其他地区,合计占到香港地区办事处总数的63.1%。如表5—11。

表5—11　香港跨国机构中以广东为地域责任范围的机构比重　　（%）

	地区总部			地区办事处	
	2005年	2009年		2005年	2009年
仅广东	25.0	28.4	仅广东	30.3	30.9
广东与其他	41.4	38.1	广东与其他	41.5	32.2
合计	66.3	66.5	合计	71.9	63.1

资料来源:香港政府统计处。

第二,珠三角加工制造业集聚优势显著,对港资进驻产生较强吸引力。随着外资及廉价劳动力向珠三角集聚,加工制造业集聚经济优势不断扩大,对加工制造类投资产生趋于强化的集聚吸引。工业化时期,香港加工制造业获得较快发展,珠三角集聚中心的形成使香港加工制造业加速向珠三角流动。广东成为港资流入主要地区,港资也成为广东外资的首要力量。2000年,香港流向广东的资金占到流向内地资金总额的48.1%;港资占到广东所有外资比重的60.9%。随内地扩大开放,新加工制造集聚中心兴起对香港资金分流产生影响,但广东仍是香港资金的重要流入地,香港仍是广东主要的外资来源地,2008年比重分别为25.7%和55%。如表5—12。

表5—12 香港流入广东FDI占流入内地及广东所有FDI比重

	香港流向广东(亿美元)	香港流向内地(亿美元)	流向广东占流入内地比重(%)	广东所有FDI流入(亿美元)	港资占广东所有FDI比重(%)
1978—2008年	1311	3370*	38.9	2137	61.4
2000年	74	155	48.1	122	60.9
2008年	105	410	25.7	192	55.0

注:*为1985—2008年数据,初期流入资金较少,作为估算。
数据来源:香港政府统计处;《中国统计年鉴》2009;《广东统计年鉴》2009。

第三,珠三角外向型加工制造业集聚,驻广港资企业成为广东发展外向加工制造业的重要力量。通过前店后厂的分工模式,香港制造业投资主要在广东进行加工制造,利用香港贸易港优势开展进出口贸易,港资成为广东发展外向型经济的重要力量。2008年,广东的港资企业出口额1028亿美元,占广东所有外资企业出口额的40.2%;占广东总出口额的25.4%;从贸易总额来看,比重分别为24%和15.4%。如表5—13。

表5—13 2008年广东的港资企业贸易额与广东所有外资及整体贸易额比较

	广东的港资企业(亿美元)	广东所有外资企业(亿美元)	港资企业占外资企业比重(%)	广东整体(亿美元)	港资企业占广东整体比重(%)
出口	1028	2556	40.2	4042	25.4
进口	26	1832	1.4	2793	0.9
贸易总额	1054	4388	24.0	6835	15.4

资料来源:《广东统计年鉴》2009。

第四,珠三角外向型加工贸易发展,为香港提供重要的商品贸易来源。珠三角外向型加工制造业集聚,使其对进出口贸易产生巨大需求。香港毗邻珠三角,优越的自由港环境和条件,以及外资以香港为基地展开前店后厂式运作,使珠三角成为香港进出口贸易的重要商品来源。2003 年,香港总进口的 23.1% 来自于广东对其的出口;2008 年,随珠三角日益深刻融入产品内分工链条,广东向香港出口占到香港总进口的比重上升至 34.1%。如表 5—14。

表 5—14　2003、2008 年广东向香港出口占香港总进口比重

	广东向香港出口（亿美元）	香港总进口（亿美元）	广东向香港出口占香港总进口比重（%）
2003 年	539	2332	23.1
2008 年	1339	3930	34.1

资料来源:《广东统计年鉴》2009;UN COMTRADE BEC 数据库。

第五,珠三角加工制造业集聚及发展,使珠三角成为香港工作人员流入的重要地区。2006 年,香港工作的流动居民中,51% 在广东工作,其中以经理及行政人员为主,占香港总流动居民的 21%;辅助专业人员占 10%;工艺及有关人员占 6.4%。如表 4—23。

第六,珠三角经济发展对资金需求上升,使珠三角成为香港融资平台重要的服务对象。随加工制造业的集聚继而整体经济发展,珠三角对于资金的需求不断上升,基于毗邻香港融资平台的便利条件。截至 2009 年,约有 80 家广东企业在港上市,约占香港上市中资企业总数的近 1/3,总融资额超过 1900 亿港元,总市值超过 8510 亿港元,占香港上市中资企业总市值近 10%。①

第七,珠三角经济发展及企业实力上升增强外部市场拓展需求,香港成为珠三角对外投资的主要平台。外向型加工制造业发展需要庞大的国际市场需求支撑,拓展国际销售市场成为产业集聚发展的重要环节。作为制度完善、设施完备的自由贸易港,香港成为珠三角企业拓展国际商品市场的重要平台。随珠三角企业实力上升,越来越多企业展开国际投资,香港生产性服务业、流通性服务业等领域的发展潜力使珠三角企业加大对港投资。此外,基于香港良好的金融基础设施和环境,以及与外部市场自由开放便利的

---

① 《香港成为广东“走出去”主平台》,《广州日报》2010 年 3 月 23 日。

联系条件,珠三角企业也以香港为平台,展开对外投资。2010年初,广东经核准在港投资设立企业1100多家,协议投资总额66亿美元,占广东对外投资总量的六成,投资涉及贸易、运输、生产、旅游、工程、劳务、咨询等多个领域,不少企业通过在港设立公司实现对境外的再投资。①

珠三角加工制造业集聚及其基础上的经济发展,通过以香港为平台的国际资金引进、加工制造环节集聚、原料零部件等中间产品输入和制成品输出,助推香港加工制造业疏散、流通性服务与生产性服务集聚,继而世界城市的运转与发展;基于香港与珠三角之间地理邻近、通达性高于内地其他地区,珠三角是香港流通性服务和生产性服务集聚的重要支撑力量,珠三角成为香港核心经济腹地。

随着珠三角粗放型发展模式渐趋陷入困境,以及低碳和水平专业化竞争基础上的区域融合逐步兴起,珠三角将成为产品内分工深化发展的重要基地。珠三角发展模式及产业集聚方式的转变使珠三角与香港之间的腹地经济联系相应变迁,珠三角各级政府积极推进区域整合,无疑将加速这一进程。

第三节　香港世界城市发展的政策选择

凭借独特的地缘优势和开放的自由市场制度,香港成为全球重要的世界城市,也出现人口老龄化、两极分化、市区老化等问题和考验。面对发展困境和环境硬约束,以中国为代表的东亚国家将转向低碳基础上的水平专业化分工,继而推动产品内分工深化发展。东亚产品内分工深化发展给香港世界城市发展提供重要机遇。

一、产品内分工深化发展对于香港的政策含义

产品内分工深化就是以低碳技术创新为核心,通过分工细化、特别是生产性服务专业化,以及分工内向深化和外向深化,重构社会生产生活模式,国家之间呈现水平专业化竞争与相互渗透趋势。以中国为主的东亚国家基

---

① 《香港成为广东“走出去”主平台》,《广州日报》2010年3月24日。

于既有产品内分工基础及发展需要,成为产品内分工深化发展的重要载体。香港紧邻内地,是世界上自由度最高的经济体之一,在助推内地深入参与东亚产品内分工体系过程中,构建起与东亚及世界市场间紧密的经贸关系网络,拥有先进、与国际接轨的金融基础设施与体系,形成流通性服务和生产性服务集聚基础,在立体城市建设方面具有丰富经验,产品内分工深化发展对于香港的政策含义是:

(一)东亚产品内分工深化发展带来广阔市场空间

在低碳经济硬约束背景下,东亚国家需要在既有分工基础上,创新低碳技术、促进生产性服务业发展、展开水平专业化竞争。在生产分工更趋细化背景下,东亚国家将展开更大规模、更高程度、更深层次的国际商品贸易往来;与此同时,东亚国家内部的商品流通市场和生产性服务市场不断扩大,东亚国家与世界市场的商品、资金、技术等要素流通更趋频繁。其中,内地作为劳动力资源丰富的国家,在转变发展方式、促进生产性服务发展、延伸产业链的过程中,通过产品内分工内向深化继续发挥重要的生产制造角色,国内商品流通、国际商品流通、生产性服务市场的扩张规模和范围都更为可观。内地及东亚产品内分工深化发展使流通性服务和生产性服务的需求继续上升。

(二)内地需要国际拓展平台

内地在深化国内分工的同时,也面对拓展国际市场、外向深化产品内分工的迫切需求。从本地经营转向多国经营,总体来讲是一个企业布局分散化的过程,经营规模的扩大、经营复杂程度的提高使企业需要更多生产性服务支撑,如金融、法律、会计、咨询、信息服务等,而且跨国经营涉及不同国家、地区的法律制度、商务环境与习惯、语言人文环境等,企业所需的生产性服务具有跨区域、系统性、专业性特征。对于初期个别企业展开国际拓展来讲,企业可以从国际市场或东道国市场获取相应的生产性服务,并支付必要成本。国际生产性服务市场并不专门服务于本国市场,对于本国企业获取服务来讲,因距离、沟通等因素影响,企业需要支付的总成本相对较高。

随本国企业国际拓展水平提高,符合本国需要的生产性服务需求继而供给不断增多。生产性服务业发展具有典型的集聚经济效应,即当生产性服务需求不断增多,达到规模经济效应要求的临界值,生产性服务产品的边际成本趋于下降,生产性服务业将在循环累积效应作用下不断集聚,最终形成具有国际竞争力的生产性服务聚集中心。也就是说,随着一国国际拓展水平的提升,形成服务于本国资本输出的生产性服务业聚集中心是一国国际化发展的应有成果,像伦敦、纽约等服务于本国市场和国际市场的金融及生产性服务聚集中心就曾经历这样的发展过程。

生产性服务业聚集取决于两个条件:第一,是否有足够市场需求,以达到生产性服务业集聚所需的规模经济水平;第二,是否能够使市场需求完成累积过程以实现规模经济。由此,新兴生产性服务中心在尚未实现规模经济效应时,所提供的生产性服务不具有成本优势,成熟市场提供的生产性服务因具有较强竞争力而吸引市场需求,使新兴生产性服务中心难以完成累积过程而产生自我维系的国际竞争力,也无法实现规模经济效应以降低服务于本国资本输出的生产性服务产品的价格,继而使本国企业只能按较高价格水平获得国际市场的生产性服务供给。因此,在生产性服务国际竞争激烈背景下,新兴生产性服务中心的形成并不是必然的。在难以形成服务于本国资本输出的生产性服务中心背景下,一国深化国际拓展很大程度上受到外部市场制约,即必须以较高成本获得生产性服务产品供给。作为发展中大国,随着经济规模扩大和国家综合实力上升,形成服务于本国市场及不断增长的资本输出需要的生产性服务聚集中心,关乎国家经济安全和未来可持续发展,培育新兴生产性服务中心具有重要的战略意义与价值。

受国际竞争等因素影响,对于相对落后国家来说,保护与支持生产性服务市场的累积过程,是促使新兴生产性服务中心由幼稚走向成熟的必要条件。

然而,对于处于国际化拓展初期的国家来说,一方面,受规模与实力限制,有能力展开跨国经营的企业相对有限;另一方面,企业缺乏国际拓展经验,需要支付的学习、信息搜集等交易成本更高,进一步制约企业国际拓展能力。因此,国际化发展初期,企业国际拓展的需求受到很大抑制,这使生产性服务中心兴起缺乏必需的市场需求支撑,新兴生产性服务中心的培育更无从谈起。

由于国际化初期企业国际拓展需求受到制约,既有企业自身的原因,也有外部市场原因。另外,当一国国际拓展企业增多时,每个企业从国际市场或东道国市场获得生产性服务,不仅单个企业,而且一国整体都要支付规模庞大的总成本。因此,通过构建服务于本国企业国际拓展的生产性服务平台:第一,可为本国企业提供更为专业化的服务,降低单个企业跨国经营成本;第二,使更多企业有能力参与国际范围的资源优化配置;第三,在促进企业国际拓展继而生产性服务需求增长过程中,激励服务于本国资本输出的生产性服务供给增加,继而相应生产性服务业发展;第四,为新兴生产性服务中心的形成奠定基础和积累发展经验。总之,在国家投入和推动作用下构建国际拓展平台,是相对落后国家国际化拓展初期面临的现实选择。

在以中国为轴心的东亚区域生产网络发展基础上,中国与东亚等新兴市场国家、发达国家间的水平专业化竞争将不断展开与深化,但就目前而言,国际拓展仍处于初期发展阶段。构建国际拓展平台,降低企业国际拓展成本,推动国际化发展,积累生产性服务业集聚基础,将有助于国家水平专业化竞争的展开与深化。

(三)内地低碳城市建设任务艰巨

内地地域面积广阔、人口众多,三十多年改革开放工业化和城市化都取得显著成效,经济规模跻身全球领先国家,城市规模也蔚为壮观。尽管内地城市随规划技术和环境意识提升,不断优化空间布局、发展高层建筑和完善交通系统等,但基本延续平面扩张的粗放发展模式。第一,在巨大城市化压力下,铺陈的城市扩张模式对土地、空间产生强劲需求,城市不断侵蚀农村土地和空间环境;第二,平面城市使人口在空间上更为分散,在城市产业集聚发展背景下,对交通设施和交通工具产生巨大需求,也加剧城市交通拥挤状况;第三,城市建筑的技术水平、技术标准和建筑质量不高,能源与材料耗费严重,建筑老化速度较快;第四,城市缺乏系统规划,产业集聚空间、居住空间以及交通设施匹配性差,加剧人口流动的效率损耗;第五,城市建设部门协调性较差,拆毁重建现象甚为普遍。粗放的城市扩张模式极大降低土地、空间及资源的使用效率,造成浪费及对生态环境构成巨大压力,也使城市人口低效占用城市资源,阻碍城市化进一步推进。对于仍有7.2亿农村人口的内地来说,推进低碳城市化任重道远。

二、香港的政策选择

面对产品内分工深化发展的市场空间与机遇,从香港世界城市发展现实需要出发,香港的政策选择包括:

(一)构建"双贴近、双向"生产性服务平台

1.构建"双向"生产性服务平台的原因。东亚产品内分工深化发展过程中,各国通过内向深化和外向深化实行水平专业化竞争,国内市场空间扩张对其他国家产生拓展吸引力,其他国家市场空间扩张增强拓展动力,东亚国家间基于各自及相互的市场扩张与渗透,提高总体市场规模、分工程度与经济发展水平。内地作为东亚地区的发展中大国,市场深化程度与扩大规模都更为可观,对其他国家的拓展吸引力更趋强劲;同时,内地企业规模扩张与实力增强,使其对国际拓展、继而国际拓展平台的需求日趋上升。

在东亚产品内分工发展阶段,香港成为国际资金拓展内地的资金融通平台,生产性服务集聚形成显著规模经济效应,金融等生产性服务基础设施日趋完善,香港继续发挥国际资金拓展内地的平台作用具有坚实基础和显著优势;与此同时,这也为香港发展服务于内地企业国际拓展的生产性服务平台创造有利条件。

从香港主导产业的作用来看,生产性服务业发展对于经济增长、促进就业、提高收入水平等意义重大。因此,巩固既有生产性服务平台,发展服务于内地企业国际拓展的新型平台,提供满足国际资本向内地渗透、内地资本向国际扩张需求的"双向"服务,成为香港促进生产性服务业发展的首要选择。

2."双贴近"发展方式的选择。新型平台构建需要香港提供"双向"服务,特别是服务于内地资本向外扩张,"双贴近"成为香港培育"双向"服务平台的重要方式。

第一,香港尚存在新型平台构建的缺陷及不足。国际拓展是一个布局分散化的过程,以香港为国际拓展平台,本身与分散的目标拓展市场之间存在时空差距。另外,香港业已集聚的生产性服务更多地为外部资本流入内地提供专业化服务,而在为国内资本向国际市场输出提供专业性服务方面并未形成积累或优势。因此,香港新型平台的构建虽已具备较为充分的基础与条件,但也亟待培育与推进。

第二,优越的地理位置及现代交通通讯技术发展为克服时空缺陷提供可能。香港地处国际海运主航道,是中国通向东南亚市场的门户,先进的海港、空港建设及密集的航线航班资源为人员、商品流动提供便利。香港是信息自由、资讯发达的城市,拥有与国际金融、资讯市场对接的优良基础设施及丰富的建设经验。以金融为核心的生产性服务业集聚主要体现为人员、信息、资金、技术等要素的流动,并以无形资源流动为主。因而,依托于现代交通通信技术,香港有可能构建辐射广阔目标市场的生产性服务基础设施和网络渠道,以克服时空因素带来的困扰。

第三,新兴市场国家以香港为基地拓展内地市场为香港贴近新兴市场提供机遇。2007年香港发行首支伊斯兰基金,以开发伊斯兰金融市场。2010年以来,俄罗斯能源类企业加快赴港筹资进程:1月,利比亚主权基金成功认购全球铝业排名第一、俄罗斯工业巨头"俄罗斯铝业"在香港股市的首次公开募股;3月,俄罗斯最大钼生产商SMR宣布已启动由中银国际保荐的赴港上市进程;4月,俄罗斯外贸银行(VTB)股票资本市场主管透露,2012年前将有5家俄罗斯企业登陆香港市场,主要是能源、贵金属及矿业企业。基于内地强大的市场吸引力,随东亚、东欧等新兴市场国家企业发展壮大,它们以香港为基地掀起新一轮向内地市场渗透的高潮。俄罗斯能源矿产资源丰富,诸多能源类企业资金供给不足,它们对吸引中国资金投入能源开发和扩大能源销售表现出极大兴趣,内地资金实力较为雄厚的民营企业拟通过香港资本市场拓展俄罗斯能源矿产领域,中国与新兴市场国家企业以香港为舞台实现资本合作存在现实需求。俄罗斯等新兴市场国家企业赴港筹资及资本运作,促进新上市企业及新兴市场专业资讯服务的供给,继而拉近香港与新兴市场间的距离。

第四,贴近新兴市场是香港培育"双向"服务的必要途径。香港加强与新型市场联系、汇集新兴市场企业及新兴市场资讯,继而贴近新兴市场,为内地企业向新兴市场拓展提供新的途径与方式,将对内地企业产生吸引力;内地企业更多到香港捕捉新兴市场合作机遇,将促进香港服务于国内资本输出的专业化服务的发展,由此使服务业聚集趋于"双向化"。

凭借贴近内地市场吸引新兴/国际市场企业、继而贴近新兴/国际市场;通过贴近新兴/国际市场吸引内地企业在港获取生产性服务,继而培育服务于内地资本输出的生产性服务业;通过专业化生产性服务产品的生产与供给,服务于内地企业走向新兴/国际市场;通过与内地企业更广泛深入的合作,进一步贴近内地市场,由此形成自我增强的循环累积效应,促使香港主要依靠市场机制形成新型平台功能,减少政府强力推动造成的盲目性和资源损耗,"双贴近"成为香港新型平台构建的主要方式。

3. 发展"双贴近、双向"生产性服务平台的政策措施。香港新型平台功能的形成是一个循序发展的过程,前提与基础是国内外市场发展需要,即内地企业与外部企业对专业化生产性服务的需求不断增长。在中国内地水平专业化竞争渐趋启动、外部市场对国内市场拓展表现出较高兴趣背景下,有必要结合多方力量推动香港新型平台的构建与培育。

第一,形成香港新型平台发展共识。香港新型平台功能的形成有赖于展开相关基础设施建设,扩大向新兴市场的推介与渗透,提供内外企业资金融通和人员流动便利,构建资讯流通渠道和网络等,在一国两制框架下,这需要各方形成共识与分工,并协同、配合推进。

第二,推动人民币离岸金融中心建设。内外企业双向拓展对人民币国际化产生现实需求,在人民币实现资本项下可自由兑换还有较长路程要走的背景下,加强香港人民币离岸金融中心建设,有助于提供内外企业双向拓展过程中的资金融通便利,促进香港专业化生产性服务供给与集聚,助推人民币国际化进程。

第三,拓展东亚等亚洲、拉美等新兴市场,使香港成为新兴市场信息、在华资本运作等集聚中心。贴近新兴市场是香港吸引内地企业来港获取国际拓展服务的重要前提,也是切实节约内地企业国际拓展成本的价值所在,因此,贴近新兴市场是香港新型平台构建的重要内容之一。相关措施包括,加强香港对新兴市场的推介;促进香港生产性服务企业向新兴市场拓展;构建与新兴市场间的资本、信息、人员等流动机制与网络;吸引新兴市场企业到港进行资本运作等。

第四,吸引内地民营企业到港获取国际拓展服务。由于经营实力相对薄弱、信息服务更加匮乏,民营企业在中国海外拓展队伍中份额很小,2008年民营企业占海外拓展企业总数的9.4%。民营企业具有经营灵活、决策迅速,特别是"国家身份"影响相对较小,而且,随着资本积累与财富增长,民营企业对专业化、国际化发展的需求与能力不断上升,为内地民营企业提供国际拓展服务,吸引他们在港展开国际拓展,一方面可切实降低民营企业国际拓展门槛,另一方面能促进相关国际拓展服务需求的上升。相关措施包括,放宽内地民营企业赴港限制;构建公共信息平台,降低企业搜寻信息成本等;促进香港生产性服务企业到内地建立服务机构;促进内地生产性服务企业在港发展等。

第五,发挥内地投资银行、证券公司、银行等生产性服务企业作用。内地经济发展时间较短,金融等生产性服务业发展水平相对较低,成长于金融分业经营环境下的内地金融企业,对国际金融市场混业竞争还有一段适应的时间与过程。但是,内地生产性服务企业与内地企业业务联系紧密,对内地市场及内地企业有深刻了解和认识。并且,随着国家国际化拓展水平提高,内地生产性服务企业一方面有本地市场优势,另一方面需要成长壮大为适合国家参与水平专业化竞争需要的专业服务提供者。因此,香港在新型平台构建过程中,既需要也应当积极发挥内地金融等生产性服务企业的作用,为其生存发展创造有利的政策及制度环境。内地金融等生产性服务企业也应到香港开放、高效的金融及生产性服务市场参与竞争,加强历练。

第六,建立服务于内外企业拓展的信息沟通机制。经过三十多年改革开放,中国仍属于市场经济有待完善的发展中国家,经济运行机制尚未成熟,诸多领域还需深化改革,国内市场受政策变动影响仍然显著。由此,需要构建以政府相关部门、行业协会、重要企业为信息提供方,以在港金融等生产性服务企业为主体的信息沟通机制,为香港新型平台功能发展提供软件支撑。

第七,加强人才引进与教育培训。香港新型平台主要提供双向专业化、生产性服务,特别是服务于内地资本输出的生产性服务,在相关专业化服务产品供给有限情况下,发展服务产品有赖于知识积累和创新,这一方面需要人才支持,另一方面需要知识沉淀与传承。因此香港一方面需要提高人才流动便利性,大力引进国际化、内地化的专业人才,保障人才供给;另一方面需要推进相关教育培训产业构建与发展,为新型平台功能培育提供人力资源支持与知识储备。

(二)促进进出口贸易等流通性服务业细化分工

从区域分工背景来看,东亚产品内分工深化发展将使东亚区域内贸易规模不断扩大、中间产品贸易比重继续上升,给香港发挥自由贸易港优势,促进流通性服务业集聚提供较大发展空间。

从内地发展形势来看,随内地开放程度提高及港口设施与条件不断完善,中转贸易分流日趋显著,香港本港的国际商品流通份额将相对下滑。同时,内地市场分工细化使内部商品流通规模扩大、程度加深,拓展内地商品流通市场成为现实选择。

从香港的现实发展需要来看,首先,作为传统的自由贸易港,香港的港口物流设施完善,进出口贸易等流通性服务集聚基础雄厚,香港具有发展流通性服务的显著优势;其次,进出口贸易等流通性服务业仍然是香港最主要增长部门和提供就业部门,对于经济发展与社会稳定具有重要意义;再次,集聚诸多流通性服务业低端环节,加剧城市拥挤问题,不利于就业群体提高收入水平,逐步减少流通性服务业低端环节在港集聚对于提高整体产业和就业群体质素都十分重要;最后,租金承受水平相对较低的中低端流通性服务业大量聚集于都会次 CBD 地区的层式工厂大厦,对市区重建、都会次 CBD 地区提升空间功能带来一定负面影响,疏散都会次 CBD 地区的低端流通性服务业成为世界城市发展的必要选择。

由此,香港需要促进流通性服务业细化分工、优化流通性服务业集聚模式,以继续推动进出口贸易等流通性服务业发展,保障社会经济稳定运行与转型。具体措施包括:

第一,发展离岸贸易,扩大香港进出口贸易等流通性服务输出,抓住内地商品流通内向发展和外向发展的市场机遇;

第二,加大高附加值商品流通比重,降低低附加值商品流通比重,促进流通性服务高端环节在港集聚,提升产业质素和收益;

第三,优化空间布局,引导流通性服务业、特别是中低端流通性服务环节向包括机场、港珠澳大桥、边境地区、或者区域内地理位置更优越的国际商品流通交通枢纽集聚,释放其对港口、空间资源的占用,为提高港航业效益、优化市区空间功能开辟道路。

（三）推动粤港澳都会区建设

在珠三角加工制造业集聚过程中,粤港形成多元、紧密的内在经济联系,珠三角成为香港核心经济腹地。面对粗放发展方式难以为继的现实考验,珠三角各级政府加快推进区域整合。珠三角新的产业集聚方式兴起以及香港的发展需要使粤港澳都会区建设有待推进。

首先,香港地域面积有限、土地成本高昂,经济高速发展已经带来较为严峻的拥挤问题。虽然特区政府通过中心区活化保育和新市镇建设不断提高城市空间利用效率,但面对新兴服务业发展带来更大规模的人口聚集,香港需要通过促进人口区域流动和优化空间布局缓解中心区压力。

其次,随着内地经济形势变迁,香港既有贸易功能相对下降,转移夕阳服务行业,培植新兴生产性服务业,对于香港经济竞争力的提升倍加重要。珠三角作为全国制造业产业集聚中心,拥有丰富的港口资源,可成为香港贸易服务业的承接地;珠三角深化分工与生产性服务业专业化发展形成新型产业集聚,成为香港资本拓展的重要地区与领域;粤港澳产业重新布局,有助于优化区域资源配置,扩大规模经济效应,提升粤港澳整体竞争力。

再次,香港所依托的珠三角腹地,是国内经济发展实力最为雄厚的地区,珠三角制造业升级及日益发展的国际拓展都对金融、咨询等生产性服务产生现实需求,构成香港新兴生产性服务业发展的重要需求来源。

最后,提高通达性是促进产业集聚的重要手段和途径,珠三角紧邻香港,便于物理连接以提高通达性,促进区域连接和都会区建设,将有助于粤港澳基于分工基础的产业集聚,扩大集聚经济效应,深化珠三角腹地功能,增强对香港世界城市发展的支撑作用。

从香港2030年远景规划来看,都会区建设已成为香港的重要战略选择,都会区涉及都会核心区向深圳罗湖、福田延伸的以教育及知识经济为主的中线发展轴,向珠海延伸、以物流、旅游为主的南线发展轴,以及与深圳边境对接的北线发展轴;此外,向粤东、珠三角中部、珠三角西岸等均设有区域运输走廊,以便利区内商品、要素流通。如图5—20。

为推动都会区建设,除交通连接的物理通达性之外,还有必要加强市场开放等制度通达性建设,便利资金、技术、人员等区内流动,降低要素流动与优化配置的交易成本。

图 5—20　香港 2030 规划远景空间布局

资料来源：香港特区政府规划署：《香港 2030 远景规划与发展策略》。

（四）推进市区重建、创新发展低碳城市规划建设新兴产业

随着低碳化发展的推进，内地对于低碳城市规划建设技术具有较大的潜在需求。香港的城市空间规划理念和技术在地域面积限制和保护生态环境理念约束下，以市场机制为基础逐步发展演化而来。高密度空间集聚式发展对于提高土地、空间、交通设施等利用效率具有显著意义，但也存在空间压迫、空气污染等城市问题。基于对低碳经济的深化认识，以及城市可拓展空间的有限性，香港将侧重于市区重建以改善城市空间布局。在空间约束前提下优化空间功能，这对于香港来说，也是巨大的技术、市场与社会考验和挑战。香港经验的形成将为世界城市发展创造有利的空间条件；使香港在低碳城市建设方面取得成效；最为重要的是，可以作为向内地技术与服务输出的新兴业务领域，从而带动香港高增值、知识型新兴产业集聚发展。

推动低碳城市规划建设行业发展的政策措施包括：

第一，加强低碳城市规划建设技术研发和创新，形成技术积累。

第二，推进市区重建，促进低碳城市规划建设技术的应用、推广和产业化。

第三，偕同房地产商，发展低碳建筑，降低城市建筑的碳消耗。

第四，加强部门协同，创新低碳城市建设的组织制度形式。

第五，促进相关教育科研机构和部门发展，为新兴产业发展提供人力资源储备。

（五）主要辅助性政策

产品内分工深化发展给香港世界城市提供广阔的发展空间和机会，也带来人力资源配备、两极分化应对等问题与挑战，辅助性配套政策的实施，对于香港世界城市建设与发展具有重要现实意义。

第一，推动教育发展、优化人力资源供给。新发展机遇背景下，"双向"生产性服务平台的构建、流通性服务的升级、新兴产业的孕育，以及区域经济融合等发展领域，都对高技能人力资源产生巨大需求，发展教育产业，提高知识型人才供应成为香港重要的战略选择。教育发展主要包括基础人才的培养教育、专业人才与非专业人才的培训、新兴教育领域的开拓、新型教育组织形式的探索等。为应对国际化平台对跨国、多元人才的需求，香港需要加强人才引进，为人才自由流动创造有利环境与条件。

　　第二,发展公民社会、保障社会稳定。香港已积累较为严峻的两极分化问题,人口老龄化也导致医疗负担沉重,对审慎理财政策带来考验。未来新型生产性服务平台发展在人员结构方面,将一定程度上表现为高收入的专业服务人员和中低收入服务人员间的两极分化,由此加剧社会分化。因此,创新发展公共服务业,促进公民社会发展,对于保障经济发展与社会稳定意义重大。主要包括:(1)通过扩大高收入就业群体规模提高其对经济发展的拉动作用,促进相关医疗、居住等高端消费性服务及公共服务的供给;(2)促进公民社会消费性服务产业分工细化,如促进老龄社会相关服务业发展等,创造就业,完善公共服务,缓解社会矛盾与压力;(3)改造社区服务设施,如将社区附近闲置工厂楼宇等改造为康乐、娱乐或社会服务业场所,优化社区功能,促进社区就业;(4)促进养老基金等基金业发展,为公共服务业发展提供多元化资金支持等。

　　第三,完善自由市场制度和营商环境。香港世界城市形成发展依赖于自由市场制度所提供的软环境的高度通达性;优越的营商环境降低市场交易成本,促进区域及世界范围的生产性服务和流通性服务在港集聚。未来新型生产性服务平台构建、高端流通性服务集聚需要更高程度通达性,巩固与完善自由市场制度、优化营商环境成为香港世界城市发展的必要选择。包括:完善低税制,夯实税基;加强金融基础设施、金融环境和制度建设,推进与国际及新兴金融市场的物理与制度连接,优化金融监管,营造稳健、安全、高效的金融市场环境等;优化注册审批制度,提高规管效率;促进电子政务发展,提高行政效率等。

结束语:总结与展望

本研究所做的工作,就是基于国际分工—世界城市理论框架,对香港经济历史演进及未来发展进行历史与逻辑连贯统一的梳理与解读。理论工具的创新和应用为理论发展及香港实证研究开启广泛而深远的可拓展空间。

一、思路与观点的进一步梳理

本研究所要展现的就是在一张网中解读香港这个节点的历史演进、结构特征与发展取向。逻辑思路的构建来源于现实和理论两个层面的支撑;而基于统计分析的香港实证研究一方面对香港问题形成系统回答,另一方面使理论框架得到验证。

(一)现实支撑

用世界城市视角研究香港经济及其转型问题的原因构成整体分析框架的现实支撑。

首先,从世界城市视角考察香港具有现实性。香港从开埠伊始,就实行自由开放的市场经济制度,在深刻融入国际经济联系过程中,城市日益兴起并不断发展,同时成为凝聚国际经济联系的节点,即某种形式的世界城市,从世界城市视角考察香港具有现实基础和可操作性。

其次,世界城市研究尚未就世界城市一般理论展开系统分析。从 Hall(1966)提出世界城市概念与特征,到 Friedmann(1986)提出"世界城市假说",Sassen(1991)分析"全球城市",再到 Castells(1996)的"流动空间"理论,以及近年来拉夫堡学派等进行理论拓展与实证检验等,西方世界城市研

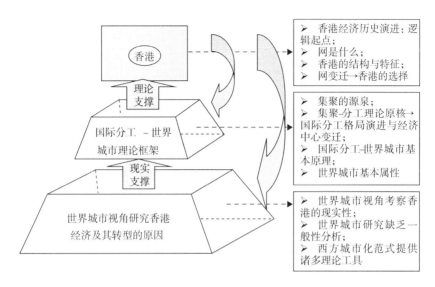

香港经济历史演进：逻辑起点；
网是什么；
香港的结构与特征；
网变迁→香港的选择

集聚的源泉；
集聚-分工理论原核→国际分工格局演进与经济中心变迁；
国际分工-世界城市基本原理；
世界城市基本属性

世界城市视角考察香港的现实性；
世界城市研究缺乏一般性分析；
西方城市化范式提供诸多理论工具

图6—1　香港世界城市研究逻辑框架

究总体来说主要基于"世界城市特殊"展开剖析与论证，对于世界城市兴衰沉浮的根源、实质、基本属性、表现形式等"世界城市一般"的理论研究尚未全面展开，这为世界城市理论延伸提供了可拓展空间。

最后，西方经济理论中关于城市化分析范式提供重要的理论工具和方法论基础，但尚待延伸至世界城市的系统研究。西方城市化分析范式延续两条理论脉络，第一，从斯密、马克思、马歇尔、杨格等的观点，到发展经济学关于城市聚集空间的分析、新增长理论对于收益递增来源的挖掘，再到杨小凯等学者对分工内生分析的贡献、新制度经济学对交易成本理论的解析等，它们基本延续"分工—集聚→城市化"分析范式。"分工—集聚→城市化"范式的核心思想是分工不断细化，规模经济和收益递增作用愈发显著，产业与人口趋于聚集并促使城市兴起与发展。该范式总体来说将城市回归到一个集聚点展开研究，对点与外部环境、点与点之间的联系等问题难以解析，属于针对孤立点的研究；但相关理论对收益递增来源进行了详尽深入的挖掘与分析。第二，从古典的区位理论，到区域经济学、城市经济学，再到空间经济学，它们基本延续"集聚—分工→城市化"分析范式。"集聚—分工→城市化"范式的核心思想是，分工在集聚过程中形成，集聚的过程就是城市空间形成的过程,也是不同城市基于同一逻辑进行专业化分工的过程,还是不同区域、不同空间、不同城市形成分工联系的过程。特别是空间经济学的发展,为分工形成的微观基础和现实机制提供了形式化的系统解析,使城市成为分工网络中的节点,为考察分工网络、节点,以及节点与节点、节点与网络相互间关系提供了理论基础和方法论工具。总体来说,西方城市化分析范式对世界城市问题有所涉及,但并未将主要工具与方法系统应用于"世界城市一般"的理论分析。

由此,本研究的现实支撑就在于,将西方城市化分析范式中成熟的理论工具与方法应用于"世界城市一般"的理论分析,构建"世界城市一般"的分析框架,再将其应用于香港世界城市的特殊性研究。

(二)理论支撑

在世界城市研究提出基本命题、西方城市化分析范式提供理论工具基础上,本研究从集聚—分工理论原核出发,构建国际分工—世界城市分析框架,作为香港世界城市实证研究的理论支撑。理论支撑分为四个逻辑层次。

首先,对集聚的动力源泉进行解析,指出金融外部性和技术外部性带来的收益递增是集聚的基础和向心力来源。

其次,解析集聚—分工理论原核,推导国际分工格局演进与经济中心变迁,构成基础与一般性分析。从集聚—分工的理论原核来看,集聚在收益递增决定的向心力和拥挤程度决定的离心力相互作用过程中从突变点加速启动、经支撑点瓦解,劳动/生产分工向产业分工演化的突变点取决于规模经济和交易成本;产业分工向空间分工演化的突变点取决于运输成本、收益递增和生产的可流动性;逆向演化取决于拥挤程度和潜在集聚中心吸引;存在于一定空间的产业分工向劳动/生产分工演进的突变点取决于学习积累效应、创新和规模经济。基于集聚—分工理论原核,生产将在集聚—裂变过程中不断细化,分工呈现历史演进特点:从产业间分工向产业内分工、继而向产品内分工不断发展。从国际分工格局的历史变迁来看,同样呈现历轮科技产业革命推动集聚—分工加速突变,国际分工格局从国际产业间分工为主导,逐渐向国际产业内分工占主导,继而向国际产品内分工兴起的历史发展过程。在集聚—分工相互作用、国际分工不断演进过程中,集聚点,即经济中心兴衰沉浮的基本特点是：(1)经济中心崛起与维系取决于本地是否能持续成为新劳动分工、新生产分工、新产业分工的集聚中心；(2)当生产/产业分工在本地集聚的基础瓦解时，经济中心衰落成为必然；(3)劳动/生产分工创新中心、特别是新生产分工集聚中心因起初收益递增效应微弱，趋向于本地发展，并因先行积累而具有率先成为集聚中心的优势，原有经济中心如不能通过既有规模经济优势吸引新兴产业集聚，有可能在新兴集聚中心发展过程中被取代；(4)后发地区只有实现新劳动/生产/产业分工基础上的集聚才有可能崛起；过度开放反而抑制本地经济集聚和发展。

再次，将理论原核基础上的一般性分析扩展到世界城市基本原理的层面。第一，指出跨区域集聚的机制，即空间集聚在运输成本、收益递增、生产的可流动性决定的突变点开始，在拥挤程度、交易成本决定的支撑点趋于瓦解。第二，由于范围越大收益递增效应越显著、需要克服的运输成本越大、生产可流动性越差，由此集聚总是先从区域或国内开始，而后向国际范围扩张，世界城市在集聚突破国内范围、开始凝聚国际经济联系时形成，经历单中心结构向多中心结构的演进过程，最终在集聚基础瓦解背景下衰落。第三，指出世界城市是多种经济活动的集聚空间，城市资源和空间有限决定城市趋向专业化发展，主导产业的属性决定世界城市的功能，继而决定相应的就业、收入、社会分化与空间布局特征。第四，集聚—分工的相互作用使国际分工网络同时也是世界城市网络，世界城市在整个网络中所凝聚国际经济联系的范围、作用，决定世界城市的"世界性"和等级地位。第五，从国际分工演进中世界城市的历史变迁来看，各历史阶段均有其代表性世界城市，各世界城市的属性、功能、作用、地位甚至自身也经历演进兴衰的过程。

最后，进一步具体归纳世界城市的基本属性。包括世界城市的内涵与实质；世界城市的类别；世界城市的测度方法，以及世界城市形成发展的影响因素等。

通过从集聚—分工一般，扩展到世界城市一般，再具体到世界城市属性，所构建的国际分工—世界城市理论框架为香港特例研究提供坚实理论支撑。

（三）网中的香港

在现实和理论两个层面的支撑基础之上，本研究基于大量统计资料对香港世界城市特例展开实证分析，从而系统解析国际分工网络中香港世界城市的运行特点与发展前景。

首先，运用国际分工—世界城市理论框架，对香港经济历史变迁进行梳理，为后续研究提供历史与逻辑起点。香港的发展历程也表明，开埠以后，香港就深刻融入国际分工体系，通过凝聚国际经济联系呈现世界城市特性；由于自身角色和所发挥作用的差别，经历了19世纪40年代到20世纪40年代转口港发展时期属于地区性、通道型世界城市，20世纪50—70年代工业化发展时期属于次级外围制造型世界城市，20世纪80—90年代末服务化发展时期属于区域性、次级通道型世界城市。

其次，全面解析东亚产品内分工格局中香港世界城市的特征与属性。第一，20世纪90年代末以来，香港世界城市变迁所处的"网"即东亚产品内分工体系。在技术进步、东亚经济基础和政策调整、跨国公司推动等因素作用下，东亚产品内分工演化为现实的并日益占据国际分工重要地位的新型国际分工形式，其基本特点是：区域内贸易规模不断扩张、中国成为东亚区域内贸易枢纽、中间产品贸易占据区域内贸易主要组成部分，东亚所形成的是以层级生产网络为特征的产品内分工格局。第二，香港的参与方式与角色。由于回归后香港采取的主要政策是维护和完善自由市场制度，以市场为导向、内地侧重利用香港平台以及内地经济的兴起，使香港深刻融入东亚产品内分工体系，并通过主要为内地提供贸易平台、跨国机构集聚平台、外资中转平台和国际筹资平台，服务于内地日益占据东亚产品内分工体系轴心地位；香港平台作用的实质就在于，在内地市场机制尚未健全、流通体系不够完善、市场效率有待提高阶段，成为沟通并促进内地参与国际分工体系的通道或平台。第三，香港的产业、就业和社会结构特征。通过发挥平台作用，香港日益集聚以贸易为代表的流通性服务业和以金融为代表的生产性服务业，两大主导产业驱动社会经济运转，香港成为理论与现实意义上的世界城市；由于流通性服务业仍然占据主导地位，生产性服务业跻身增长主力，香港正由国际贸易中心向国际金融中心转型发展。在两大主导行业驱动经济运转过程中，香港呈现人口集聚及社会分化特征，其政策含义在于：

生产性服务业需重点发展;流通性服务业尚需推进;主导产业高增值环节与协同性强高增值产业有待发展;公民社会发展任务艰巨。第四,香港的空间结构特征。虽然应现实和市场需要产生的城市规划推动城市呈现以都会区为主体,包括各新市镇的多中心物理空间格局,但产业呈现单中心空间集聚特征。从主要产业空间分布来看:进出口贸易主要在都会次 CBD 的工厂大厦;生产性服务主要在 CBD 的甲级与次甲级办公室;个人及社会服务主要在都会次 CBD 地区的私人商厦;从经济区域的业态分布来看:CBD 聚集生产性服务和进出口贸易;都会次 CBD 地区聚集贸易业;次都会区分布制造和贸易。从工作人口分布来看,呈现层式聚居特征:(1)工作区和居住区相对分离,CBD 及周边为主要工作区;老城区和新市镇为主要居住区;(2)聚居区层式分布,核心区的同地工作、同地居住比重最高,外围渐次之;(3)各区域聚居特征的分化,港岛主要是生产性服务和个人及社会服务人员聚居,高低收入阶层分化显著;九龙旧城区主要是服务业、低收入人员聚居;新界主要是中低收入人员聚居。香港空间集聚特征的政策含义包括:产业空间集聚是实现集聚经济效应的内在要求和外在表现;工作区与居住区适当分离;交通连接的作用;高密度发展模式的可取性;香港需要着力于市区重建等。第五,基于对网中香港的解析,总结香港世界城市的基本属性。香港是由国际贸易中心向国际金融中心演进的单中心结构、通道型世界城市。香港世界城市演进的政策含义在于:香港世界城市发展取决于区域分工体系的发展;市场基础设施和通达性是实现更高程度集聚的关键;香港世界城市发展需要社会重构和空间重构;以及"引、疏、重构、优化集聚"是香港世界城市发展的现实选择等。

最后,基于对"网"发展趋势的判断提出香港实现世界城市发展的政策取向。第一,"网"的变迁。由于东亚产品内分工的潜在矛盾、低碳经济发展的硬约束,产品内分工将走向以低碳技术为基础的深化发展方向;低碳约束下产品内分工深化发展的基本方式是:低碳时代的技术创新和分工细化;产品内分工内向深化和外向深化;国家之间的水平专业化竞争和双向渗透。当前,内地已着手推动低碳约束下产品内分工深化发展进程。从东亚产品内分工体系的重要加工制造区域、香港的核心腹地——珠三角的发展来看,经历区域分化和协同增长的发展历程,并日益呈现以低碳和水平专业化竞争为基础的区域融合趋势；政府层面也已启动相应整合：打通交通脉络、提高区域通达性；将高消耗制造业外移，带动周边工业化；鼓励高端制造业和服务业集聚珠三角；加强吸引香港生产性服务输入等。珠三角加工制造业集聚方式通过助推香港制造业疏散、助推流通性服务和生产性服务在港集聚使珠三角成为香港核心经济腹地。第二，"网"变迁对于香港的政策含义，主要包括东亚产品内分工体系的流通性服务和生产性服务需求将继续上升；内地需要国际拓展平台；内地低碳城市建设任务艰巨等。第三，香港的选择。面对东亚产品内分工体系深化发展趋势，结合香港的自身特点与需要，香港世界城市发展的政策选择包括构建"双贴近、双向"生产性服务平台；促进贸易等流通性服务业细化分工；推动粤港澳都会区建设；推进市区重建、创新发展低碳城市建设新兴产业；以及教育、公民社会构建、完善自由市场制度和营商环境等辅助性政策。

综上所述，本研究的主要特点在于：通过理论框架的创新，为实证检验提供方法论支持；香港特例的实证经验反过来为理论提供佐证，香港社会经济发展的内在逻辑相应得到逻辑一贯的系统解析。

二、关于理论框架的补充说明

本研究通过在集聚—分工理论原核基础上构建国际分工—世界城市理论框架，展开对香港问题的解析。理论框架的构建基于西方经济理论和方法论的应用，具有创新性；理论框架对于集聚—分工一般原理的剖析不仅有继续完善的必要，也具有一定应用价值。

首先，理论框架构建的新意。从理论框架构建的方法论来源来看，一是空间经济学关于运输成本、收益递增、生产的可流动性和拥挤程度共同决定空间布局的思想；二是新古典、新兴古典、发展经济学、新制度经济学等理论脉络关于分工和收益递增来源的思想；三是世界城市研究所提出的主要命题。垄断竞争模型将收益递增因素纳入西方主流的形式化分析，空间经济学进一步将运输成本、交易成本等纳入模型，从而使集聚模型一方面回归主流，另一方面对现实具有更强解释力。在集聚模型所提供的较为成熟的理论与方法论基础上，本研究第一是继承这些理论工具与方法，第二是将其延伸到集聚—分工一般性问题的分析,第三是延伸到世界城市一般和具体问题的分析。理论框架的构建一方面根基于西方主流的理论工具与方法,另一方面应用于新领域和问题的一般性分析,从而使理论框架既具有坚实基础,又具有创新性。

其次,完善理论框架的必要性。第一,本研究基于西方主流与新兴的工具和方法构建理论框架,由于研究重点是香港世界城市特例,因而对于成熟工具与方法主要采用直接应用的方式,对于理论工具的可靠性、适用方式等未展开深入分析。第二,集聚—分工理论原核涉及劳动、生产、产业、空间等多种分工形式的演化与相互作用,由于主要将其作为解析世界城市一般原理的铺垫,因而理论原核的分析主要涉及框架性的基本概念和逻辑,其逻辑细节的展开与论证还有较大拓展余地。第三,本研究展开过程中,集聚—分工理论原核、世界城市基本原理的解析都结合分工、国际分工和世界城市历史演进与变迁,即在历史与逻辑相统一的过程中剖析理论观点、梳理历史脉络。受研究重点和时间限制,对于历史实证的分析不够详尽与深入。由此,本研究所构建的理论框架在各个层面仍有继续完善的重要性和必要性。

最后,理论框架具有较为广泛的应用价值。本研究在集聚—分工一般、世界城市一般的基础上解析香港世界城市特殊,不仅使香港香港世界城市研究具有坚实的理论支撑,而且为其他特殊问题的解析提供了方法论。第一,从历史发展来看,世界城市不仅包括纽约、伦敦等正蓬勃发展的全球城市,而且包括佛罗伦萨、威尼斯等业已衰落的世界城市,还包括上海、莫斯科等悄待兴起的世界城市,本研究所提供的理论框架可以为梳理各世界城市兴衰沉浮的逻辑、判断其基本属性、进行政策选择等提供方法论;第二,城市是一国经济发展的主要空间载体,本研究关于产业空间集聚的观点可以延伸至城市兴衰沉浮及发展选择的分析;第三,本研究基于集聚—分工基本逻辑,剖析了劳动/生产分工向产业分工演化、产业/空间分工向劳动/生产分工演化的机制,它们可以应用于产业兴衰,新技术、新劳动、新产业培育,集聚或经济中心发展政策选择等领域和问题的分析。

三、香港经济研究方向的展望

本研究用逻辑一贯的方式梳理了香港世界城市发展的内在机制、基本特征与未来政策取向,研究体系涉及面广泛,受篇幅与时间限制,诸多领域和问题难以详尽展开;对于香港的系统梳理以及理论框架的构建,为拓展香港经济研究指明方向。

首先,深化对外部形势的研判。香港是自由开放的城市经济体,经济发展与演进很大程度上取决于外部环境与形势的变迁,加强对外部形势的研判是拓展香港问题研究的重要领域,主要内容包括:对区域经济发展阶段与趋势的分析;对区域分工与合作前景的分析;对内地经济发展、政策调整及影响的分析;对内地外部经济往来形势的判断;对潜在竞争城市的研究;对国际经济、政治格局变迁及其影响的分析等。

其次,深化对香港内部问题的研究。本研究系统梳理了香港经济运行的内在逻辑和基本特点,一方面,相关内容的探讨还有待进一步深入;另一方面,研究衍生出更多需要继续关注的问题。如香港人民币离岸金融中心建设问题,主导产业优化发展问题,高增值产业发展选择问题,区域拓展问题、公民社会构建问题,自由制度和营商环境优化问题,教育与人才供应问题,城市空间结构优化问题,社会政治局势发展及其影响问题等。

最后,加强系统性研究。香港是体量较小的城市经济体,但从外部经济联系到内部经济联系,经济运行的系统性和逻辑性非常强;而且体量小也为系统研究香港社会经济提供了更现实的可操作性。因此,从整体角度研究香港、在系统视角观察局部问题和具体问题,对于香港问题的判断和研究具有更为重要的意义。

四、香港问题研究意义的再认识

回归以后,香港问题研究热度锐减,理论或系统研究更为薄弱,重新认识研究香港问题的意义确有必要。

首先,香港体量虽小,但作为区域经济枢纽和节点,凝聚或折射出区域、特别是内地的经济发展阶段与趋势,及其与国际分工之间的内在联系,研究香港,可以管窥区域及内地发展形势。

其次,亚洲是东方文明的发源和传承地,香港是唯一一个将西方制度嵌入中华文明的地区,也是东亚区域内唯一一个秉承西方自由开放制度的地区,香港文明发展的特殊性、经济制度的特殊性将使其在亚洲区域内扮演日益独特的角色,研究香港,对于考察东方文明及制度发展、挖掘香港的作用都具有重要的价值。

再次,内地经济、政治与社会制度改革的历史任务远未完成,经济领域问题的积累、社会政治领域观点的分歧、思想意识领域多元化的趋势等,都将使内地改革与发展变得日益复杂。作为一国两制背景下着力推动自由民主建设与发展的地区,香港将日益演化为思想观点争论交锋的场所和地点,研究香港,有助于考察和解读香港及内地社会政治发展趋势。

最后,香港是一国两制的践行者,在内地社会主义建设依然任重道远的时代,香港的经济发展、政治与社会稳定,对于国家安全、对于祖国统一、对于应对台湾问题、对于发展一国两制都意义深远,研究香港,不可回避并日益重要。

参考文献

一、基础理论部分

1. 安虎森：《空间经济学原理》，经济科学出版社 2005 年版。

2. ［德］阿尔弗雷德·韦伯：《工业区位论》，商务印书馆 1997 年版。

3. ［美］阿瑟·奥莎利文：《城市经济学》，北京大学出版社 2008 年版。

4. ［美］保罗·克鲁格曼：《地理和贸易》，北京大学出版社、中国人民大学出版社 2000 年版。

5. ［美］保罗·克鲁格曼：《发展、地理学与经济理论》，北京大学出版社、中国人民大学出版社 2000 年版。

6. ［美］保罗·克鲁格曼：《克鲁格曼国际贸易新理论》，中国社会科学出版社 2001 年版。

7. ［美］保罗·诺克斯等：《城市化》，科学出版社 2009 年版。

8. 蔡来兴：《国际经济中心城市的崛起》，上海人民出版社 1995 年版。

9. 曹红阳：《中国的世界城市发展道路研究——以北京市为例》，东北师范大学 2007 年学位论文。

10. 陈建军：《要素流动、产业转移和区域经济一体化》，浙江大学出版社 2009 年版。

11. 褚劲风：《试论全球城市的基本特征》，《人文地理》1996 年第 6 期。

12. 戴维·A·史密斯：《东亚全球性城市的实证与概念分析》，《国际社会科学杂志》（中文版）2005 年第 8 期。

13. 高鉴国：《新马克思主义城市理论》，商务印书馆 2007 年版。

14. 房庆方、蔡瀛、宋劲松、罗小虹、房予：《打造粤港澳全球城市区域》，《生态文明视角下的城乡规划——2008 中国城市规划年会论文集》2008

年版。

15. ［美］兰克维奇:《纽约简史》,上海人民出版社2005年版。

16. 胡细银:《英国城市发展的理论与实践及对深圳的借鉴》,北京大学出版社2004年版。

17. 黄叶芳、梁怡、沈建法:《全球化与城市国际化:国际城市的一项实证研究》,《世界地理研究》2007年第6期。

18. ［英］P·霍尔:《世界大城市》,中国建筑工业出版社1982年版。

19. 李俊辰:《伦敦金融城——金融之都的腾飞》,清华大学出版社2007年版。

20. 李国平:《世界城市格局演化与北京建设世界城市的基本定位》,《现代城市研究》2000年第1期。

21. 李健:《从全球生产网络到大都市区生产空间组织》,华东师范大学2008年学位论文。

22. 李思民、全球化:《经济转型和香港城市形态的转化》,《地理学报》(增刊)1997年第6期。

23. 梁琦:《产业集聚论》,商务印书馆2004年版。

24. 梁琦:《分工、集聚与增长》,商务印书馆2009年版。

25. 刘俊杰、王述英:《全球性城市的产业转型及我国的启示》,《太平洋学报》2007年第1期。

26. 刘俊杰:《分工、结构演进与城市化》,经济科学出版社2008年版。

27. 卢锋:《产品内分工》,《经济学》(季刊)2004年第10期。

28. ［美］曼纽尔·卡斯泰尔:《信息化城市》,江苏人民出版社2001年版。

29. 曼纽尔·卡斯特:《网络社会的崛起》,社会科学文献出版社2003年版。

30. 宁越敏:《新的国际劳动分工——世界城市和我国中心城市的发展》,《城市问题》1991年第3期。

31. 宁越敏:《世界城市崛起的规律及上海发展的若干问题探讨》,《现代城市研究》1995年第4期。

32. 宁越敏:《从劳动分工到城市形态——评艾伦·斯科特的区位论》,

《城市问题》1995 年第 3 期。

33. 宁敏越、李健:《上海城市功能的转型:从全球生产系统角度的透视》,《世界地理研究》2007 年第 12 期。

34. 乔尔·科特金:《全球城市史》,社会科学文献出版社 2006 年版。

35. 〔美〕乔治·J·兰克维奇:《纽约简史》,上海人民出版社 2005 年版。

36. 饶会林:《现代城市经济学概论》,上海交通大学出版社 2008 年版。

37. 〔美〕沙森:《全球城市:纽约、伦敦、东京》,上海社会科学院出版社 2005 年版。

38. 沈金箴:《东京世界城市的形成发展及其对北京的启示》,《经济地理》2003 年第 7 期。

39. 石崧:《从劳动空间分工到大都市区空间组织》,华东师范大学 2005 年学位论文。

40. 苏雪串:《西方世界城市理论的发展和演变》,《现代城市研究》2006 年第 12 期。

41. 苏雪串:《经济活动的空间分散与世界城市的产业集聚》,《全国经济地理研究会第十二届学术年会暨"全球化与中国区域发展"研讨会论文集》,2008 年。

42. 孙群朗:《美国城市郊区化研究》,商务印书馆 2005 年版。

43. 唐路、薛德升、许学强:《1990 年代以来国内大都市区研究回顾与展望》,《城市规划》2006 年第 1 期。

44. 〔日〕藤田昌久等:《集聚经济学:城市、产业区位与区域增长》,西南财经大学出版社 2004 年版。

45. 〔日〕藤田昌久等:《空间经济学:城市、区域与国际贸易》,中国人民大学出版社 2005 年版。

46. 童明:《产业结构变迁与城市发展趋向》,《城市规划汇刊》1998 年第 4 期。

47. 屠启宇等:《金字塔尖的城市:国际大都市发展报告》,上海人民出版社 2007 年版。

48. 〔美〕瓦尔特·艾萨德:《区域科学导论》,高等教育出版社 1991

年版。

49. 王成至、金彩红:《世界城市的经济形态与空间布局》,《世界经济研究》2003 年第 7 期。

50. 王旭:《美国城市发展模式:从城市化到大都市区化》,清华大学出版社 2006 年版。

51. 魏达志等:《城市群与城市国际化》,海天出版社 2005 年版。

52. 魏后凯:《现代区域经济学》,经济管理出版社 2007 年版。

53. 魏后凯:《大都市区新型产业分工与冲突管理——基于产业链分工的视角》,《中国工业经济》2007 年第 2 期。

54. 魏开、许学强:《城市空间生产批判——新马克思主义空间研究范式述评》,《城市问题》2009 年第 4 期。

55. [美]威廉·阿朗索:《区位和土地利用——地租的一般理论》,商务印书馆 2007 年版。

56. 武前波、宁越敏:《国际城市理论分析与中国的国际城市建设》,《经济学研究》2008 年第 7 期。

57. 谢守红、宁越敏:《世界城市研究综述》,《地理科学进展》2004 年第 9 期。

58. 谢守红:《西方世界城市理论的发展与启示》,《开发研究》2008 年第 1 期。

59. 胥建华、何丹:《上海参与世界城市竞争的思考:外资、产业结构与劳动分工》,《现代城市研究》2008 年第 5 期。

60. 许学强、林先扬、周春山:《国外大都市区研究历史回顾及其启示》,《城市规划学刊》2007 年第 2 期。

61. 杨汝万:《全球化背景下的亚太城市》,科学出版社 2004 年版。

62. 姚为群:《生产性服务——服务经济形成与服务贸易发展的原动力》,《世界经济研究》1999 年第 3 期。

63. 姚为群:《全球城市的经济成因》,上海人民出版社 2003 年版。

64. 印德尔米特·吉尔、霍米·卡拉斯:《东亚复兴——关于经济增长的观点》,中信出版社 2008 年版。

65. 余丹林、魏也华:《国际城市、国际城市区域以及国际化城市研究》,

《国外城市规划》2003 年第 1 期。

66. ［德］约翰·冯·杜能:《孤立国同农业和国民经济的关系》,商务印书馆 1986 年版。

67. 张毓峰、胡雯:《劳动空间分工:一个概念性理论框架》,《经济社会体制比较》2009 年第 5 期。

68. 郑伯红、陈存友:《世界城市理论研究综述》,《长沙铁道学院学宝》(社会科学版)2007 年第 6 期。

69. 周振华等:《世界城市——国际经验与上海发展》,上海社会科学出版社 2004 年版。

70. 周振华:《全球化、全球城市网络与全球城市的逻辑关系》,中国社会科学出版社 2006 年版。

71. 周振华:《崛起中的全球城市》,上海人民出版社 2007 年版。

72. Allen J. Scott. *Global City - Regions*［C］. Oxford：Oxford University Press,2001.

73. B. Derudder,P. J. Taylor,P. Ni,A. De Vos,M. Hoyler,H. Hanssens,D. Bassens, J. Huang, F. Witlox and X. Yang. *Pathways of Change*：*Shifting Connectivities in the World City Network*,2000 - 2008［EB/OL］. http://lboro. ac. uk/ ,2009. 6. 25.

74. Ben Derudder,Peter Taylor. *The Cliquishness of World Cities*［J］. *Global Networks*,2005(1). 71–91.

75. Cohen R. . *The New International Division of Labour*. Multinationa Corporations and Urban Hierarchy, in Dear M. and Scott A. eds. Urbanization and Urban Planning in Capitalist Society［M］. London:Methuen, 1981. 287 –315.

76. David R. Meyer. World Cities as Financial Centres［A］. Fu–chen Lo, Yue–man Yeung. *Globalization and the World of Large Cities*［C］. New York：United Nations University Press,1998. 410–432.

77. Davis,Donald R. Intra–industry Trade：A Heckscher- Ohlin- Ricardo Approach［J］. *Journal of International Economics*,1995(39)：201–226.

78. Davis,Donald R. & Weinstein,David E. An Account of Global Factor

Trade[J]. *American Economic Review*,2001(91): 1423-1453.

79. Eliana. C. Rossi, Peter. J. Taylor. 'Gateway Cities' in Economic Globalisation: How Banks are Using Brazilian Cities [J]. *Tijdschrift voor Economische en Sociale Geografie*,2006(5),Vol. 97,515-534.

80. Friedmann J. ,The world city hypothesis[J]. *Development and Change*, 1986:17. 69-83.

81. Friedmann J. ,Intercity Networks in A Globalizing Era[A]. Allen J. Scott. *Global City – Regions* [C]. Oxford: Oxford University Press, 2001. 119-136.

82. Fu-chen Lo,Yue-man Yeung. *Emerging World Cities in Pacific Asia* [M]. New York: United Nations University Press,1996.

83. Fu-chen Lo,Yue-man Yeung. *Globalization and the World of Large Cities*[C]. New York: United Nations University Press,1998.

84. H. Hanssens,B. Derudder,P. J. Taylor,M. Hoyler,P. Ni,J. Huang,X. Yang, F. Witlox. *The Changing Geography of Globalized Service Provision*, 2000-2008[EB/OL]. http://lboro. ac. uk,2010. 1. 4.

85. Joe R. Feagin,Michael Peter Smith. *Cities and the New International Division of Labor: An Overview* [A]. Michael Peter Smith,Joe R. Feagin. *The Capitalist City*[C]. Oxford: Basil Blackwell,1987. 3-34.

86. Jonathan V. Beaverstock,Richard G. Smith,Peter J. Taylor. *World–City Network: A New Metageography?* [J]. Annals of the Association of Amercian Geographers,2000,90(1),123-134.

87. J. R. Short,C. Breitbach,S. Buckman and J. Essex. From World Cities to Gateway Cities[J]. City,2000 (3). 317-340.

88. J. V. Beaverstock,P. J. Taylor. A Roster of World Cities [J]. *Cities*, 1999(6),Vol. 16. 445-458.

89. J. V. Beaverstock, R. G. Smith, P. J. Taylor, D. R. F. Walker, H. Lorimer. *Globalization and World Cities: Some Measurement Methodogies* [EB/OL]. http://lboro. ac. uk,2000(2).

90. M. J. Burger, R. Wall and G. A. van der Knaap. *Measuring Urban*

Competition on the Basis of Flows between Cities: *Some Evidence from the World City Network*[EB/OL]. http://lboro. ac. uk,2008. 6. 18.

91. Michael Peter Smith, Joe R. Feagin. *The Capitalist City*[C]. Oxford: Basil Blackwell,1987.

92. Michael Peter Smith, Richard Tardanico. Urban Theory Reconsidered: Production, Reproduction and Collective Action[A]. Michael Peter Smith, Joe R. Feagin. *The Capitalist City*[C]. Oxford: Basil Blackwell,1987. 87-110.

93. Michael E. Porter. Regions and the New Economics of Competition[A]. Allen J. Scott. *Global City – Regions*[C]. Oxford: Oxford University Press, 2001. 139-157.

94. Norman J. Glickman. Cities and the New International Division[A]. Michael Peter Smith, Joe R. Feagin. *The Capitalist City*[C]. Oxford: Basil Blackwell,1987. 66-86.

95. Peter Hall. The Global City[J]. *International Social Science Journal*, 1996,48(1). 15-23.

96. Peter Hall. Globalization and the World Cities[A]. Fu – chen Lo, Yue-man Yeung. *Globalization and the World of Large Cities*[C]. New York: United Nations University Press,1998. 17-36.

97. Peter Hall. Global City-Regions in the Twenty-first Century[A]. Allen J. Scott. *Global City – Regions*[C]. Oxford: Oxford University Press, 2001. 59-77.

98. Peter J Taylor, Michael Hoyler, David R F Walker, Mark J Szegner. A New Mapping of the World for the New Millennium[J]. *The Geographical Journal*,2001(9),Vol. 167,No. 3,213-222.

99. P. J. Taylor. Hierarchical Tendencies amongst World Cities: A Global Research Proposal[J]. *Cities*,1997(6),Vol. 14,323-332.

100. P. J. Taylor, D. R. F. Walker, G. Catalano and M. Hoyler. Diversity and Power in the World City Network[J]. *Cities*,2002,19 (4),231-241.

101. P. J. Taylor. Regionality in the World City Network[A]. *UNESCO*. Oxford: Blackwell Publishing Ltd. ,2004. 361-372.

102. P. J. Taylor. *Shanghai, Hong Kong, Taipei and Beijing within the World City Network*: *Positions, Trends and Prospects* [EB/OL]. http://lboro. ac. uk, 2006. 9. 22.

103. P. J. Taylor. *World Cities in Globalization* [EB/OL]. http://lboro. ac. uk, 2008. 4. 28.

104. P. J. Taylor, etc. *Measuring the World City Network*: *New Results and Developments* [EB/OL]. http://lboro. ac. uk, 2009. 3. 2.

105. Peter J Taylor. Space and Sustainability: An Exploratory Essay on the Production of Social Spaces Through City-work [J]. *The Geographical Journal*, 2007(9), Vol. 173, No. 3, 197–206.

106. Peter Rimmer. Transport and Telecommunications among World Cities [A]. Fu-chen Lo, Yue-man Yeung. *Globalization and the World of Large Cities* [C]. New York: United Nations University Press, 1998. 433–470.

107. Robert Musil. Global Capital Control and City Hierarchies: An Attempt to Reposition Vienna in A World City Network [J]. *Cities*, 2009 (7), Vol. 26. 255–265.

108. Roland J. Fuchs, Gavin W. Jones, Ernesto M. Pernia. *Urbanization and Urban Policies in Pacific Asia* [M]. Boulder: Westview Press, 1987.

109. Saskia Sassen. Global Financial Centers [J]. *Foreign Affairs*, 1999 (1–2), Vol. 78, No. 1, 75–87.

110. Saskia Sassen. Global Cities and Global City-Regions: A Comparison [A]. Allen J. Scott. *Global City-Regions* [C]. Oxford: Oxford University Press, 2001. 78–95.

111. S. Sassen. Locating Cities on Global Circuits [A]. S Sassen. *Global Networks, Linked Cities* [C]. New York, London: Routledge, 2002. 1–36.

112. Short, JR, Kim, Y, Kuss, M and Wells, H. The Dirty Little Secret of World City Research [J]. *International Journal of Regional and Urban Research*, 1996(20): 697–717.

113. W. Breitung and M. Günter. Local and Social Change in a Global City: The Case of Hong Kong [A]. F. Wu. *Globalization and the Chinese City* [C].

London：Routledge，2006. 85－107.

114. W. Jacobs, H. R. A. Koster, P. V. Hall. *The Location and Global Network Structure of Maritime Advanced Producer Services*［OB/EL］. http://www. lboro. ac. uk，2010. 4. 29.

二、产品内分工部分

1. 北京大学中国经济研究中心课题组:《中国出口贸易中的垂直专门化与中美贸易》,《世界经济》2006 年第 5 期。

2. 卜国琴:《全球生产网络与中国产业升级研究》,暨南大学 2007 年学位论文。

3. 常蕊:《中国垂直专业化程度的测算和国际比较》,对外经济贸易大学 2007 年学位论文。

4. 陈德球:《产品内贸易:理论分析与经验检验》,兰州商学院 2006 年学位论文。

5. 陈鹏、郑翼村:《"微笑曲线"理论对我国产业结构高度化的启示》,《市场论坛》2006 年第 11 期。

6. 陈旭:《产业内贸易与产业升级互动机制研究》,福建师范大学 2007 年学位论文。

7. 陈勇:《区域生产网络:东亚经济体的新分工形式》,《世界经济研究》2006 年第 2 期。

8. 邓歆:《垂直专业化分工对我国产业的影响及对策分析》,对外经济贸易大学 2007 年学位论文。

9. 范爱军、林琳:《中国工业品的国际竞争力》,《世界经济》2006 年第 11 期。

10. 范爱军、高敬峰:《产品内分工视角小的中国制造业比较优势分析》,《国际经贸探索》2008 年第 3 期。

11. 方远平、闫小培:《1990 年代以来我国沿海中心城市服务业特征与趋势比较研究——以北京、上海与广州为例》,《经济地理》2004 年第 9 期。

12. 方远平、毕斗斗:《国内外服务业分类探讨》,《国际经贸探索》2008 年第 1 期。

13. 高敬峰:《国外产品内分工理论研究综述》,《经济纵横》2007 年第 2 期。

14. 高越:《垂直专业化分工:分工基础、分工利益与中国的实践》,天津财经学院 2004 年学位论文。

15. 高越、高峰:《垂直专业化分工及我国的分工地位》,《国际贸易问题》2005 年第 3 期。

16. 胡春力:《垂直分工与东南亚金融危机》,《宏观经济研究》1999 年第 1 期。

17. 胡晓鹏:《模块化整合标准化:产业模块化研究》,《中国工业经济》2005 年第 9 期。

18. 胡昭玲:《国际垂直专业化对发展中国家的影响与启示》,《经济经纬》2006 年第 5 期。

19. 胡昭玲:《国际垂直专业化分工与贸易:研究综述》,《南开经济研究》2006 年第 5 期。

20. 胡昭玲:《国际垂直专业化与贸易理论的相关拓展》,《经济评论》2007 年第 2 期。

21. 胡昭玲:《国际垂直专业化对中国工业竞争力的影响分析》,《财经研究》2007 年第 4 期。

22. 胡昭玲:《产品内国际分工对中国工业生产率的影响分析》,《中国工业经济》2007 年第 6 期。

23. 胡昭玲:《产业内贸易与垂直专业化贸易比较及启示》,《国际经贸探索》2007 年第 6 期。

24. 黄春媛、佟家栋:《国际垂直专业化的"产中学"效应:创新发明与生产区位分离》,《现代财经》2007 年第 12 期。

25. 黄晶:《垂直专业化理论的基本内涵研究》,《工业技术经济》2008 年第 6 期。

26. 黄晶、林学军、李景海:《垂直专业化下珠三角创新型城市群建设》,《经济问题探索》2008 年第 10 期。

27. 黄培、陈俊芳、林明勇:《纵向一体化与非一体化生产方式的产业竞争博弈模型》,《管理工程学报》2007 年第 2 期。

28. 黄薇:《垂直专业化分工与技术转移》,东南大学2006年学位论文。

29. 黄卫平、朱文晖:《温特制:美国新经济与全球产业重组的微观基础》,《美国研究》2004年第2期。

30. 黄先海、韦畅:《中国制造业出口垂直专业化程度的测度与分析》,《管理世界》2007年第4期。

31. 华德亚、董有德:《跨国公司产品内分工与我国的产业升级》,《国际经贸探索》2007年第8期。

32. 兰勇、杜红梅:《论我国加工贸易升级的内涵与路径》,《科技进步与对策》2006年第7期。

33. 李宏生:《中国参与垂直专业化国际分工的现状分析》,《沿海企业与科技》;林季红:《国际生产非一体化论析》,《厦门大学学报》(哲学社会科学版)2008年第5期。

34. 李东红、周国祥:《论跨国公司的垂直专业化发展》,《经济问题探索》2003年第1期。

35. 廖涵:《论我国加工贸易的中间品进口替代》,《管理世界》2003年第1期。

36. 柳成洋等:《服务业分类研究》,《世界标准化与质量管理》2008年第6期。

37. 刘剑平、孙云华:《垂直专业化分工与中国对东亚经济体的贸易逆差——兼及中国对美国贸易顺差的比较分析》,《世界经济研究》2005年第7期。

38. 刘均霆:《产业内贸易研究的新发展:文献综述》,《经济研究导刊》2008年第3期。

39. 刘晓昶、刘志彪:《论跨国公司的垂直专业化发展趋势——兼论中国企业的竞争战略》,《江海学刊》2001年第4期。

40. 刘宇瑞:《从圆圈理论的角度分析国际垂直专业化》,对外经济贸易大学2006年学位论文。

41. 刘志彪、刘晓永:《垂直专业化:经济全球化中的贸易和生产模式》,《经济理论与经济管理》2001年第10期。

42. 刘志彪、张杰:《全球代工体系下发展中国家俘获型网络的形成、突破与对策》,《中国工业经济》2007 年第 5 期。

43. 卢锋:《产品内分工:一个分析框架》,《北京大学中国经济研究中心讨论稿》2004 年。

44. 卢锋:《产品内分工》,《经济学》(季刊)2004 年第 10 期。

45. 卢锋:《产品内分工、服务外包与当代物流业发展——评〈第三方物流企业发展的经济学分析——宝供物流企业集团案例〉》;张宏斌:《第三方物流企业发展的经济学分析》,《中国制度变迁的案例研究》(广东卷),第六集。

46. 卢锋:《当代服务外包的经济学观察:产品内分工的分析视角》,《世界经济》2007 年第 8 期。

47. 吕政等:《中国生产性服务业发展的战略选择——基于产业互动的研究视角》,《中国工业经济》2006 年第 8 期。

48. 马风涛:《论国际垂直专业化分工与贸易的最新发展》,《技术经济与管理研究》2007 年第 5 期。

49. 马涛:《中间产品贸易、垂直专业化生产与 FDI 的关系:基于我国数据的协整分析》,《国际贸易问题》2008 年第 6 期。

50. 马永驰、季琳莉:《从"微笑曲线"看"中国制造"背后的陷阱》,《统计与决策》2005 年第 5 期。

51. 马征、李芬:《从产业间贸易到产业内贸易——我国贸易结构演变的实证分析》,《国际贸易问题》2006 年第 3 期。

52. 潘悦:《在全球化产业链条中加速升级换代——我国加工贸易的产业升级状况分析》,《中国工业经济》2002 年第 2 期。

53. 平新乔:《垂直专门化、产业内贸易与中美贸易关系》,《世界经济》2006 年第 5 期。

54. 平新乔:《产业内贸易理论与中美贸易关系》,《国际经济评论》2005 年第 5 期。

55. 钱学锋、黄汉民:《垂直专业化、公司内贸易与中美贸易不平衡》,《财贸经济》2008 年第 3 期。

56. 邱斌、唐保庆、孙少勤:《FDI、生产非一体化与美中贸易逆差》,《世界经济》2007 年第 5 期。

57. 任志成、张二震:《国际分工演进与跨国就业转移》,《福建论坛·人文社会科学版》2006 年第 4 期。

58. 茹玉骢:《嵌入型产业集聚与垂直专业化》,浙江大学 2003 年学位论文。

59. 佘雪峰:《产品内分工视野下国际贸易理论研究综述》,《重庆科技学院学宝》(社会科学版)2007 年第 1 期。

60. 申玉铭等:《国内外生产性服务业空间集聚的研究进展》,《地理研究》2009 年第 11 期。

61. 盛斌、马涛:《中国工业部门垂直专业化与国内技术含量的关系研究》,《世界经济研究》2008 年第 8 期。

62. 盛文军、廖晓燕:《垂直专业化贸易、公司内贸易与产业内贸易:兼论中国企业的竞争战略选择》,《世界经济》2002 年第 2 期。

63. 史本叶:《垂直专业化与产品内贸易研究》,吉林大学 2008 年学位论文。

64. 史明珠、王建华:《对我国垂直专业化贸易影响因素的实证研究》,《国际商务——对外经济贸易大学学报》2006 年第 5 期。

65. 史明珠:《垂直专业化对中国产业技术进步效应的理论和实证研究》,湖南大学 2006 年学位论文。

66. 孙文远:《产品内分工刍议》,《国际贸易问题》2006 年第 6 期。

67. 田文:《产品内贸易的定义、计量及比较分析》,《财贸经济》2005 年第 5 期。

68. 谭裕华、冯邦彦:《比较优势与集聚:一个文献综述》,《财贸研究》2008 年第 2 期。

69. 汪斌、邓艳梅:《中日贸易中工业制品比较优势及国际分工类型》,《世界经济》2003 年第 4 期。

70. 汪斌、侯茂章:《经济全球化条件下的全球价值链理论研究》,《国际贸易问题》2007 年第 3 期。

71. 王春宇:《分工、专业化与产业集群研究》,辽宁大学 2006 年学位论文。

72. 王峰:《垂直专业化分工、外部需求与东亚区域内贸易扩张》,《世界经济与政治论坛》2008 年第 3 期。

73. 王建华、陈永鹏、徐华亮:《国际垂直专业化分工测度研究——以中国纺织服装业为例》,《工业技术经济》2007 年第 10 期。

74. 王荣艳:《东亚地区生产者服务贸易结构变迁研究——基于"雁阵"模式的实证分析》,《亚太经济》2010 年第 3 期。

75. 王维薇:《产品内分工与我国双顺差问题研究》,天津财经大学 2008 年学位论文。

76. 王溪若:《我国产业内贸易与产业升级关系研究》,江西财经大学 2002 年学位论文。

77. 王岳平、王亚平、王云平、李淑华:《产业技术升级与产业结构调整关系研究》,《宏观经济研究》2005 年第 5 期。

78. 王中华、代中强:《国际垂直专业化与工资收入差据:一个文献综述》,《世界经济与政治论坛》2008 年第 3 期。

79. 魏浩:《产品内分工与发展中国家的经济发展战略》,《中国国情国力》2008 年第 8 期。

80. 韦倩青:《美国直接投资对中国与新加坡双边产业内贸易的影响研究》,《经济问题探索》2007 年第 2 期。

81. 吴建新、刘德学:《全球价值链治理研究综述》,《国际经贸探索》2007 年第 8 期。

82. 徐康宁、王剑:《要素禀赋、地理因素与新国际分工》,《中国社会科学》2006 年第 6 期。

83. 方远平、闫小培:《大都市服务业区位理论与实证研究》,商务印书馆 2008 年版。

84. 杨正位:《全球化时代的产业转移是美对华贸易逆差的根本原因》,《中国金融》2005 年第 14 期。

85. 杨治平、顾艳辉:《产品内垂直专业化国际分工探讨》,《当代经理人》2006 年第 21 期。

86. 姚洪心、万顺福:《国际市场格局演化中的贸易竞争与联盟——一种新兴的研究框架和推论》,《世界政治与经济》2006 年第 6 期。

87. 尹翔硕、俞娟、吴昊:《进口贸易与经济增长——关于中国的实证》,

《世界经济文汇》2005 年第 4 期。

88. 袁奇:《当代国际分工格局下中国产业发展战略研究》,西南财经大学 2006 年学位论文。

89. 喻春娇:《产品内分工对当代国际贸易发展的影响分析》,《国际贸易问题》2008 年第 6 期。

90. 曾铮、张亚斌:《价值链的经济学分析及其政策借鉴》,《中国工业经济》2005 年第 5 期。

91. 曾铮、王鹏:《产品内分工理论的历史沿承及其范式嬗变》,《首都经济贸易大学学报》2007 年第 1 期。

92. 曾铮、王鹏:《产品内分工理论与价值链理论的渗透与耦合》,《财贸经济》2007 年第 3 期。

93. 张辉:《全球价值链理论与我国产业发展研究》,《中国工业经济》2004 年第 5 期。

94. 张纪:《产品内国际分工:动因、机制与效应研究》,上海社会科学院 2007 年版。

95. 张纪:《产品内国际分工的内在动因——理论模型与基于中国省际面板数据的实证研究》,《数量经济技术经济研究》2007 年第 12 期。

96. 张文宣:《全球价值链理论及其实践应用》,西北大学 2008 年学位论文。

97. 张小蒂、孙景蔚:《基于垂直专业化分工的中国产业国际竞争力分析》,《世界经济》2006 年第 5 期。

98. 张蕴如:《加工贸易与开放式产业结构升级探析》,《国际经贸探索》2001 年第 3 期。

99. 张幼文:《要素流动与全球经济失衡的历史影响》,《国际经济评论》2006 年第 3、4 期。

100. 张云、李湘黔、廖进中:《基于产品内分工的中国出口贸易扩张实证分析》,《财经理论与实践》2007 年第 11 期。

101. 赵林海、李宏生:《我国垂直专业化程度的测度与产业升级策略:一个新角度》,《西安电子科技大学学宝》(社会科学版)2008 年第 9 期。

102. 赵伟、马征:《垂直专业化贸易:理论模型与基于中国数据的实证》,《技术经济》2006 年第 8 期。

103. 钟韵、闫小培:《改革开放以来香港生产性服务业业对广州同行业的影响》,《地理研究》2006 年第 1 期。

104. 钟韵、闫小培:《西方地理学界关于生产性服务业作用研究述评》,《人文地理》2005 年第 3 期。

105. 朱勇:《中美垂直专业化贸易的测算与比较》,《山西财经大学学报》2008 年第 8 期。

106. 庄惠明、王珍珍:《国际垂直专业化分工理论研究述评》,《福建师范大学学报》(哲学社会科学版)2007 年第 6 期。

107. Adelman, M. A.. The Concept and Statistical Measurement of Vertical Integration [A]. in G. J. Stigler ed. *Business Concentration and Price Policy* [M]. Princeton: Princeton University Press, 1955.

108. Ando, Mitsuyo and Fukunari Kimura. The Formation of International Production and Distribution Networks in East Asia [R]. in NBER Forthingcoming Book, 2004.

109. Antras, Pol and Elhanan Helpman. Global Sorucing [J]. *Journal of Political Economy*, 2004, 112: 552-580.

110. Arndt, Sven W. *Globalization and the open economy* [J]. *North American Journal of Economics and Finance*, 1997, Vol. 8, No. 1: 71-79.

111. Arndt, Sven W. and Kierzkowski, Henryk. *Fragmentation: New Production Patterns in the World Economy* [M]. Oxford: Oxford University Press, 2001.

112. Arndt, S.. *Global Production Networks and Regional Integration* [R]. Claremont Mckenna College Working Paper, 2003-12.

113. Athukorala, Prema - chandra and Yamashita, Nobuake. Production Fragmentation and Trade Integration: East Asia in a Global Context [J]. *The North American Journal of Economics and Finance*, 2006, 17(3): 233-256.

114. Balassa. Bela. *Trade, Liberalization among Industrial Countries* [M]. New York: McGraw-Hill, 1967.

115. Balassa, Bela. Intra-Industry Specalization: A Cross-Country Analysis

[J]. *European Economic Review* 30, No. 1, 1986 (2): 27-42.

116. Baldwin Richard, Rikard Forslid, Philippe Martin, Gianmarco Ottaviano and Frederic Robert – Nicoud. *Economic Geography and Public Policy* [M]. Princeton: Princeton University Press, 2003.

117. Deardorff, Alan V.. Fragmentation across cones [A], Arndt, Sven W. and Kierzkowski, Henryk (ed.): *Fragmentation: New Production Patterns in the World Economy* [M]. Oxford: Oxford University Press, 2001: 35-51.

118. Dixit, Avinash K & Stiglitz, Joseph E.. Monopolistic Competition and Optimum Product Diversity [J]. *American Economic Review*, 1977, vol. 67 (3): 297-308.

119. Dixit, Avinash K. and Grossman, Gene M.. Trade and protection with multistage production [J]. *The Review of Economic Studies*, 1982, Vol. 49, Issue 4, Oct: 583-594.

120. Feenstra, Robert C. and Gordon H. Hanson. Productivity Measurement and the Impact of Trade and Technology on Wages: Estimates for the U. S. , 1972-1990 [R]. NBER Working paper No. 6052. 1997 (6).

121、Feenstra, R. C. Integration of Trade and Disintegration of Production in the Global Economy [J]. *The Journal of Economic Perspectives*, 1998, 12 (4): 31-50.

122. Findlay, R. An Austrian Model of International Trade and Interest Rate qualization [J]. *Journal of Political Economy*, 1978, 86: 989-1008.

123. Finger, J. M.. Tariff provisions for offshore assembly and the exports of developing countries [J]. *The Economic Journal*, 1975 (6), Vol. 85, Issue 338: 365-371.

124. Francis Ng & Alexander Yeats. Major Trade Trends In East Asia: What are their Implications for Regional Cooperation and Growth? [R]. World Bank Policy Research Working Paper 3084, 2003 (6).

125. Fukunari Kimura and Mistsuyo Ando. The Economic Analysisof International Production/Distribution Networks in East Asia and Latin America: The Implication of Regional Trade Arrangements [J]. *Business and Politics*, 2005

(7).

126. Gene M. Grossman, Elhanan Helpman. *Outsourcing in a global economy*[R]. NBER Working Paper 8728, January 2002.

127. Gereffi, G.. International Trade and Industrial Upgrading in the Apparel Commodity Chain[J]. *Journal of International Economics*, 1999. vol. 48:37-70.

128. Greenaway, D., R. Hine, and Milner. Vertical and Horizontal Intra - Industry Trade: A Cross Industry Analysis for the United Kingdom[J]. *Economic Journal*, 1995(11), Vol. 105:1505-1518.

129. Grubel and Lloyd. *Intra-industry trade: the theory and measurement of international trade in differentiated products*[M]. New York: New York: Wiley, 1975.

130. Harm Zebregs, Intraregional Trade in Emerging Asia[R]. IMF Policy Discussion Paper, 2004(4).

131. Helleiner, G. K. "Manufactured exports from less-developed countries and multinational firms", *The Economic Journal*, Vol. 83, Issue 329, Mar., 1973, pp. 21-47.

132. Hummels, D., Jun Ishii and Kei-Mu Yi, The Nature and Growth of Vertical Specialization in World Trade[J]. *Journal of I nternational Economics*, 2001, vol. 54:1-53.

133. Hummels, D.. *Toward a geography of Trade Costs*[M]. Chicago: University of Chicago, 1999.

134. Jones, Ronald W. andKierzkowski, Henryk. The role of services in production and international trade: A theoretical framework[A]. In Jones, Ronald W. and Krueger, Anne O. (ed.,) *The Political Economy of International Trade: Essays in Honor of Robert E. Baldwin*[M]. Basil Blackwell, 1990: 31-48.

135. Jones, R. W., Kierzkowski, H., &Lurong, C. What does the evidence tell U. S. about fragmentation and outsourcing[J]. *International Review of Economics and Finance*, 2004, 14(3):305-316.

136. Kei – Mu Yi. Can vertical specialization explain the growth ofworld trade? [J]. *Journal of political Economy*, 2003(1), Vol. 111.

137. Krugman Paul. Increasing returns, monopolistic competition and international trade [J]. *Journal of International Ecnomics*, 1979 (4), vol. 9: 469–479.

138. Krugman Paul. Trade, Accumulation and UnevenDevelopment [J]. *Journal of Development Economics* 8: 146–161.

139. Krugman Paul. Increasing Returns and Economic Geography [J]. *Journal of Political Economy* 1991,99(3):484–499.

140. Krugman, Paul and A. J. Venables. Globalization and the Inequality of Nations[J]. *Quarterly Journal of Economics* 1995,110(4):857–880.

141. Kyoji Fukao, Hikari Ishido, and Keiko Ito. Vertical intra – Industry Trade and Foreign Direct Investment in East Asia[J]. J. *Japanese International Economies*, 17,2003.

142. Lemoine, F. and Deniz Unal–Kesenci. *China in the International Segmentation of Production Processes*[R]. CEP Working Paper,2002.

143. Li Kun–wang and Song Li–gang. China's Trade Expansion Benefits the Asia Pacific Economies [OE/BL]. *China Economist*, Source: Ministry of Commerce,2006(7),19.

144. Lily Y. Kiminami, Akira Kiminami. *Intra–Asia trade and foreign direct investment*[R]. Papers in Regional Science 78,1999:229–242.

145. Linder, Staffan Burenstam. *An Essay on Trade and Transformation* [M]. New York: John Wiley and Sons,1961.

146. Markuson. James, R., James R. Melvin. Factor Movements and Commodity Trade as Complements [J]. *Journal of International Economics*, 1983,13:341–356.

147. Markuson, and Sversson. Trade in Goods and Factors With International Differences in Technology[J]. *International Economic Review*,1985 (1), Vol. 26:175–192.

148. Markusen, James R. and Venables, Anthony J. The Theory of

Endowment, Intra – Industry, and Multinational Trade [R]. NBER working paper, 1996, No. 5529.

149. Mitsuyo Ando. *Fragmentaton and vertical intra-industry trade in East Asia* [R]. be presented at Claremont Regional Workshop with Particular Reference to Asia, 2005.

150. Mitsuyo Ando, Fukunari Kimura. Fragmentation in East Asia: Further Evidence[A]. P–B Ruffini and J–K Kim eds. *Corporate Strategies in the Age of Regional Integration*[M]. Edward Elgar. 2007.

151. Murphy, R., Shleifer, A., Vishny, R. Industrialization and the Big Push[J]. *Journal of Political Economy* 1989, 97:1003–1026.

152. Peter A. Petri. Is East Asia becoming more interdependent? [A]. *Journal of Asian Economics* 2006, 17:381–394.

153. Prema–chandra Athukorala. Product Fragmentation and Trade Patterns in East Asia[R]. Working Paper No. 2003/21.

154. Prema – chandra Athukorala, Nobuaki Yamashita. Production fragmentation and trade integration: East Asia in a global context[J]. *North American Journal of Economics and Finance*, 2006.

155. Puga Diego and Anthony J. Venables. The Spread of Industry: Spatial Agglomeration in Economic Development [J]. *Journal of the Japanese and International Economics*, 1996, 10:440–464.

156. Puga Diego. The Rise and Fall of Regional Inequalities[J]. *European Economic Review*, 1999, 43(2):303–334.

157. Punnarach. *Can We Count on Intra – regional Trade as a Source of Growth?* [R]. Monetary Policy Group August 2003, BOT Symposium 2003.

158. Salvatore Baldone, Fabio Sdogati and Lucia Tajoli. *Patterns and Determinants of International Fragmentation of Production: Evidence from Outward Processing* [R]. Oxford University Developments Studies Working Paper, 1999.

159. Takashi Isogai, Hirofumi Morishita, Rasmus Rüffer (ECB). *Analysis of Intra– and Inter–regional Trade in East Asia: Comparative Advantage Structures*

and Dynamic Interdependency in Trade Flows［R］. International Department Working Paper Series 02－E－1,July 8,2002.

160. Tzong-shion Yu. Can East Asia rise again?［J］. *Journal of Asian Economics*,2003:715-729.

161. Venables, Anthony J. Equilibrium Locations of Vertically Linked Industries［J］. *International Economic Review*, 1996,37:341-359.

162. Viner, Jacob. *The Customs Union Issue*［M］. New York:Carnegie Endowment for International Peace,1950.

三、香港部分

1. 巴曙松:《CEPA:推动香港经济第三次转型》,《股市动态分析》2004年第1期。

2. 包娟:《香港银行在中国内地投资布局研究》,暨南大学2006年学位论文。

3. 蔡翰辉:《CEAP对内地与香港服务业的影响——以会计业与管理咨询业为主》,暨南大学2004年学位论文。

4. 蔡燕芳:《中国大陆与香港两地税制对跨国企业的投资取向影响——中国入世前后比较》,暨南大学2001年学位论文。

5.《从国企股强势看香港股市的内地化与国际化》,《中银经济月刊》2006年第2期。

6. 陈炳泉等:《香港基础设施融资模式比较研究》,《建筑经济》2008年第10期。

7. 陈多长:《房地产业作为支柱产业的例证:香港的经验》,《财贸经济》2008年第3期。

8. 陈广汉、李广众:《香港经济增长的总需求分析》,《经济学家》2001年第4期。

9. 陈广汉、向实:《香港金融业与内地经济发展》,《广东社会科学》2007年第5期。

10. 陈广汉、张应武:《香港经济转型:现状及未来的路向》,《珠江经济》2007年第7期。

11. 陈广汉:《香港回归后的经济转型和发展研究》,北京大学出版社2009年版。

12. 陈建、王博:《论 CEPA 实施后的香港经济》,《教学与研究》2007年第1期。

13. 陈建华:《香港金融的发展及其未来走势》,经济管理出版社2001年版。

14. 陈可焜:《香港经济论丛》,厦门大学出版社2000年版。

15. 陈可焜:《第三次经济转型的轮廓》,《开放导报》2000年第5期。

16. 陈可焜:《香港经济复苏并非坦途》,《开放潮》2001年第8期。

17. 陈丽君等:《内地金融发展与香港金融》,广东人民出版社2001年版。

18. 陈启宗:《新世界、新秩序:香港新定位》,《信报财经月刊》2009年第4期。

19. 陈晞:《金融危机下香港联系汇率制的可持续性与变革路径研究》,《金融发展研究》2009年第2期。

20. 陈小凡:《人民币—港币一体化:纳入内生性约束的货币区动态决策分析》,西南财经大学2005年学位论文。

21. 陈永:《香港与新加坡经济竞争力的比较》,《嘉应大学学报》(哲学社会科学版)2000年第8期。

22. 戴道华:《人民币汇改后的香港联系汇率》,《中银经济月刊》2005年第7期。

23. 戴道华:《关于香港产业多元化的探讨》,《中银经济月刊》2005年第10期。

24. 戴道华:《香港经济衰退与经济转型》,《中银经济月刊》2009年第6期。

25. 邓小鹏等:《PPP 模式在香港基础设施建设中的应用研究及其启示》,《经济建筑》2006年第9期。

26. 杜曙光等:《香港工业北移的效应研究——横向产业理论的新视角》,《福建论坛·人文社会科学版》2007年第4期。

27. 段樵:《香港的竞争优势何在?——东亚金融风暴后对香港经济发

展方向的思考》,《改革》1999 年第 4 期。

28.段樵、伍凤仪:《东亚金融风暴对香港服务业经济的冲击》,《世界经济研究》1999 年第 1 期。

29.范小云、邵新建:《港元、人民币一体化研究》,《世界经济》2009 年第 3 期。

30.冯邦彦:《香港与新加坡产业结构及经济政策的比较研究》,《学术研究》2001 年第 7 期。

31.冯邦彦:《香港产业结构研究》,经济管理出版社 2002 年版。

32.冯邦彦:《香港华资财团:1841—1997》,东方出版中心 2008 年版。

33.冯邦彦:《香港英资财团》,东方出版社 2008 年版。

34.冯国经:《香港面临第三次转型》,《信报》1999 年 11 月 18 日。

35.冯家彬、郑赤琰:《配套开发七大行业有可为》,《信报财经月刊》2009 年第 7 期。

36.冯敏佳:《CEPA 背景下中国内地和香港货币合作问题研究》,苏州大学 2008 年学位论文。

37.封小云:《香港经济转型:结构演变及发展前景》,《学术研究》2007 年第 7 期。

38.葛和平:《香港产业转移对两地经济的影响及合作策略》,河海大学 2005 年学位论文。

39.顾宝炎、许秋菊:《香港服务贸易的演进》,《国际经贸探索》2007 年第 3 期。

40.顾翠红、魏清泉:《香港土地开发强度规划控制的方法及其借鉴》,《中国土地科学》2006 年第 8 期。

41.关浣非:《经济结构变化与香港经济增长》,《世界经济研究》2000 年第 5 期。

42.关浣非:《经济结构变化与都市经济增长》,吉林人民出版社 2000 年版。

43.郭国灿:《第二次北进:香港经济转型的策略选择》,《特区经济》1999 年第 1 期。

44.郭国灿:《回归十年香港经济的若干问题》,《特区实践与理论》2007

年第 4 期。

45. 郭国灿:《香港的中资财团》,三联书店(香港)有限公司 2009 年版。

46. 郭锐光:《香港创业板研究》,暨南大学 2004 年学位论文。

47. 国世平:《香港经济的转型及未来繁荣》,人民出版社 1999 年版。

48. 国世平:《金融创新:香港经验》,社会科学文献出版社 2005 年版。

49. 韩彪:《深圳与香港物流业竞争力分析》,《中国流通经济》2006 年第 10 期。

50. 李春景、杜祖基、曾国屏:《知识密集型服务业与香港产业结构高级化问题》,《科学学研究》2006 年第 10 期。

51. 何佩然:《地换山移:香港海港及土地发展一百六十年》,商务印书馆(香港)有限公司 2004 年版。

52. 何太平、罗俊伟:《金融危机之后香港产业结构的调整》,《武汉大学学报(哲学社会科学版)》1999 年第 6 期。

53. 黄安余:《香港就业结构转化特征与政策》,《特区经济》2006 年第 11 期。

54. 黄国林:《香港经济边缘化问题研究》,暨南大学 2007 年学位论文。

55. 恒生银行经济研究部:《香港:国际金融中心的市场策略》,《沪港经济》2007 年第 3 期。

56. 胡兆量:《香港与世界级金融中心的差距及发展优势》,《城市问题》2007 年第 5 期。

57. 《回归十年来的香港经济与香港中资企业》,《内部资料》2007 年。

58. 李琳:《香港城市国际化的特点、经验及启示》,《城市问题》1994 年第 2 期。

59. 李梦梅等:《香港经济概论》,广东高等教育出版社 1995 年版。

60. 李胜博:《20 世纪 40—90 年代香港金融市场的发展和演变分析》,吉林大学 2008 年学位论文。

61. 李廷振:《从香港看国际性大都市产业结构的演变规律》,《经济前沿》2001 年第 5 期。

62. 李小兵:《人民币与港币一体化的理论与应用途径研究》,四川大学 2005 年学位论文。

63. 李元春:《香港与内地之间的经贸关系研究》,华东师范大学 2005 年学位论文。

64. 李征:《论香港社会保障模式的形成原因及启示》,《理论探讨》2006 年第 6 期。

65. 梁冠迟:《人民币与港币一体化问题研究》,暨南大学 2005 年学位论文。

66. 梁晓:《香港金融中心和两极分化》,《商务周刊》2007 年第 8 期。

67. 廖美香:《内地开放资本账香港潜力无穷,成为亚太区支付枢纽更见优势》,《信报财经月刊》2009 年第 4 期。

68. 廖原:《论香港人民币离岸金融中心》,西南财经大学 2004 年学位论文。

69. 林俊泓:《珠三角融合与香港物流业的持续发展》,《中银财经述评》2006 年 11 月 24 日。

70. 林拾根:《香港经济转型与税收改革研究》,华侨大学 2004 年学位论文。

71. 林细莲:《浅析 CEPA 对香港就业的影响》,《科技经济市场》2006 年第 7 期。

72. 刘邦驰、汤暑葵:《中国香港特区与新加坡新公共支出管理的特点及其启示》,《郑州航空工业管理学院学报》2006 年第 6 期。

73. 刘昆轶:《经济全球化进程中城市产业结构重组及其在区域城市体系中职能演化——上海城市案例》,同济大学 2008 年学位论文。

74. 刘雪琴:《两地经贸合作对香港国际贸易中心地位的影响》,《中国投资》2007 年第 7 期。

75. 刘先丰:《利用香港市场推进人民币国际化的路径选择及相关风险因素评估》,天津财经大学 2008 年学位论文。

76. 刘晓文:《纳斯达克和香港创业板制度设计特点的比较研究及其意义》,江西财经大学 2002 年学位论文。

77. 刘山在:《香港经济运行和管理体制》,中国财政经济出版社 2002 年版。

78. 柳泽华:《内地与香港商品贸易影响因素研究》,中南大学 2007 年学位论文。

79. 刘兆佳等:《社会发展的趋势与挑战——香港与台湾的经验》,香港中文大学、香港亚太研究所 2006 年学位论文。

80. 刘遵义:《转型中的香港经济》,《信报财经月刊》2009 年第 4 期。

81. 刘镇辉:《本港楼市升温后何去何从?》,《中银财经述评》2009 年 6 月 22 日。

82. 卢受采、卢冬青:《香港经济史》,人民出版社 2004 年版。

83. 鲁敏:《论香港在新世纪的经济结构转型及其对策》,暨南大学 2002 年学位论文。

84. 毛艳华:《CEPA 与香港经济结构转型研究》,《中国软科学》2004 年第 6 期。

85. 毛艳华:《香港经济转型的三大难题》,《学术研究》2007 年第 4 期。

86. 梅新育:《弱美元对香港经济的影响》2008 年第 3 期。

87. 莫世祥:《香港回归 10 年的经济轨迹透析》,《深圳大学学报(人文社会科学版)》2007 年第 5 期。

88. 穆怀鹏:《香港经济与金融:回归后的调整与发展》,中国金融出版社 2003 年版。

89. 乌兰木伦:《迈向二十一世纪的香港经济》,三联书店(香港)有限公司 1997 年版。

90. 彭淑芬:《香港:向哪儿"转"》,《世界知识》2006 年第 11 期。

91. 沙振林:《香港与内地经济整合中的香港财政政策》,《财政研究》2005 年第 9 期。

92. 苏志欣:《中国自主创新之路与香港创业板的发展》,《中银经济月刊》2006 年第 6 期。

93. 苏志欣:《香港的贸易转型与中介地位问题》,《中银经济月刊》2006 年第 9 期。

94. 孙妙月:《香港对内地出口消失之谜:基于消费双向转换视角的分析》,《世界经济情况》2008 年第 6 期。

95. 孙涛、张晓晶:《跨境资金流动的实证分析——以"香港路经"为例》,《金融研究》2006 年第 8 期。

96.屠海鸣:《"三驾马车"推动香港经济持续增长》,《沪港经济》2006年第1期。

97.覃晓雪:《CEPA背景下中国内地与香港的金融合作》,南京理工大学2004年学位论文。

98.屠海鸣:《开征消费税使香港经济朝高端发展》,《沪港经济》2006年第12期。

99.王冬梅:《香港人民币离岸金融中心的建立及其对内地货币政策的影响》,兰州大学2006年学位论文。

100.王浩、李钧:《京港地区吸引跨国公司地区总部聚集比较研究》,《北京社会科学》2007年第2期。

101.王晓红:《香港经济的国际竞争力及对中国经济增长的贡献》,《当代经济管理》2008年第4期。

102.王兴化、王小敏:《香港产业结构调整的目标、方式与障碍》,《当代亚太》2001年第5期。

103.王莹莹:《香港对内地直接投资及其经济效应分析》,湖南大学2008年学位论文。

104.魏燕慎:《21世纪香港面临的机遇与挑战》,《当代亚太》2007年第8期。

105.吴静页:《香港经济转型:在阵痛中前行》,《大经贸》2007年第1期。

106.吴献金、王莹莹:《中国内地吸引香港直接投资的因素分析》,《湖南大学学报》(社会科学版)2008年第5期。

107.吴幼珉:《香港的经济问题》,《信报财经月刊》2009年第1期。

108.吴昭亮:《试论改革开放后香港在中日经济交流中的中介作用(1978—2000)》,暨南大学2002年学位论文。

109.《香港的国际竞争力会继续下跌吗?》,《港澳经济》1999年第9期。

110.《香港集装箱枢纽港发展新思路》,《水路运输文摘》2006年第6期。

111.香港金融与内地产业:在互动中共创繁荣——兼论香港风险投资中心的形成》,《经济研究参考》1999年第3期。

112.《香港面临第三次转型》,《新经济》2002 年第 2 期。

113.《香港新经济的特征及发展前景》,http://gbcode. hktdc. com/gb/info. hktdc. com,2000 年 4 月 10 日。

114. 谢百三、蔡文洁:《香港房地产市场累及全港经济的教训及警示》,《价格理论与实践》2006 年第 2 期。

115. 谢国樑:《对强化香港金融中心地位的几点思考》,《中银财经述评》2006 年 5 月 2 日。

116. 谢国樑:《细数香港金融中心十年》,《中银经济月刊》2007 年第 5 期。

117. 谢国樑:《香港经济形势回顾与前景瞻望》,《中银经济月刊》2007 年第 6 期。

118. 许承明、胡荣华:《中国内地与香港进出口贸易模型》,《预测》2001 年第 1 期。

119. 徐志刚等:《香港金融制度与经济》,上海三联书店 2000 年版。

120. 阎丽鸿:《论香港国际金融中心地位的形成与发展》,湖南大学 2001 年学位论文。

121. 阳明明:《中国内地经香港港中转的物流市场研究》,中山大学 2005 年学位论文。

122. 杨汝万:《1997—2007 年间香港与内地一体化进程》,《经济前沿》2007 年第 7 期。

123. 杨汝岱:《香港转口贸易及其对中美贸易平衡的影响》,《经济科学》2008 年第 2 期。

124. 杨英:《香港经济新论》,暨南大学 2002 年学位论文。

125. 叶修强:《全球集装箱港王者之争》,《中国水运》2007 年第 2 期。

126. 叶元:《我国内地与香港服务贸易的比较研究》,《江汉大学学报(社会科学版)》2007 年第 12 期。

127. 印德尔米特·吉尔、霍米·卡拉斯:《东亚复兴:关于经济增长的观点》,中信出版社 2008 年版。

128. 尹亚红:《香港人民币现金流通规模的估计:1998—2006》,《经济评论》2009 年第 2 期。

129. 应坚:《香港货币政策与金融监管政策》,中国财政经济出版社2004 年版。

130. 应坚:《香港经济应以知识服务业为主导》,《中银经济月刊》2006年第 5 期。

131. 于宝东:《香港经济周期波动研究——兼论香港产业结构调整》,武汉大学 2005 年学位论文。

132. 余佩琨:《中国内地与香港的经贸互补关系研究——兼论 CEPA 对两地经贸互补关系的影响》,浙江大学 2006 年学位论文。

133. 余佩琨:《内地与香港之间经济合作的发展路径分析》,《国际经济合作》2007 年第 2 期。

134. 俞肇熊、云丽虹:《香港国际金融中心的比较优势——兼论上海金融中心所面临的挑战和机遇》,《世界经济研究》2009 年第 1 期。

135. 袁易明:《制度性整合:香港与内地经济关系的未来形态》,《深圳大学学报(人文社会科学版)》2007 年第 5 期。

136. 曾澍基:《香港政治经济学》,广角镜出版社 1985 年版。

137. 赵长茂:《香港经济的转型及出路》,《改革与理论》1997 年第12 期。

138. 张光南:《香港对外贸易与经济增长和产业结构升级——"一国两制"和改革开放的成功结合与实践》,《国际经贸探索》2009 年第 1 期。

139. 张宏任:《从东方之珠到东方碳都》,和平图书有限公司 2009年版。

140. 张俊才:《赶超香港,上海欲做"总部经济"首席》,《中国经济周刊》2007 年第 7 期。

141. 张厚义:《香港经济结构调整的动向与启示》,《发展研究》1999 年第 10 期。

142. 张鹏、李荣霖:《外国直接投资与双边贸易关系中的国别差异》,《国际贸易问题》2007 年第 1 期。

143. 张仁寿:《CEPA 条件下香港金融和物流业发展新趋势》,《亚太经济》2006 年第 4 期。

144. 张天桂:《内地与香港 CEPA 经济效应的实证分析》,《国际贸易问题》2005 年第 11 期。

145. 张燕生等:《香港在国家经济发展中的地位和作用》,《国际贸易》2007 年第 12 期。

146. 张颖:《未来金融中心之议》,《中银财经述评》2006 年 2 月 1 日。

147. 张颖:《中国开放境外金融投资的影响、需注意的问题与风险防范》,《中银财经述评》2006 年 4 月 22 日。

148. 张应武:《回归后的香港经济:回顾与展望》,《国际经贸探索》2007 年第 11 期。

149. 张应武:《全要素生产率及其对香港经济影响的实证研究》,《亚太经济》2008 年第 5 期。

150. 章玉贵:《香港的比较优势、发展瓶颈与经济复兴》,《商业研究》2006 年第 14 期。

151. 钟坚:《香港回归十年经济发展分析》,《广东社会科学》2007 年第 4 期。

152. 钟坚:《香港的"深层次矛盾和问题"》,《同舟共进》2007 年第 7 期。

153. 钟若愚、陶青页:《人口因素对经济增长影响的实证分析》,《统计与决策》2008 年第 13 期。

154. 周精灵、刘丹:《香港公屋制度对我国廉租住房制度的启示》,《长春大学学报》2007 年第 1 期。

155. 周民源:《创业板市场与香港经济转型》,《中国金融》2000 年第 11 期。

156. 周民源:《关于香港经济结构转型问题的几点思考》,《南方金融》2000 年第 12 期。

157. 周凡茹:《从香港与内地的贸易关系看香港经济的明天》,《时代经贸》2008 年第 4 期。

158. 祝金甫、李晶:《汇率市场波动下的大陆与香港经济互动研究》,《国际经济合作》2008 年第 6 期。

159. 朱文晖:《走向竞合——珠三角与长三角经济发展比较》,清华大学出版社 2003 年版。

160.邹建华、李江涛:《香港人民币离岸金融市场建设初探》,《求索》2008 年第 4 期。

四、珠三角部分

1. 曹小曙、柳意云、闫小培:《泛珠江三角洲的经济地理格局与区域发展展望》,《中国发展》2004 年第 3 期。

2. 曹小曙:《全球化背景下穗深港巨型城市走廊发展演化及其意义》,South China Review,2008 年第 4 期。

3. 陈德宁、刘豪兴、张书琛:《费孝通"珠江模式"的转型路向研究》,《广东商学院学报》2007 年第 3 期。

4. 陈鸿宇:《关于构建粤港区域产业分工新模式的思考》,《特区理论与实践》2007 年第 4 期。

5. 陈军才、白淑云:《粤港澳经济一体化的实证分析》,《南方经济》2006 年第 12 期。

6. 陈日新、陈向阳:《区域增长极形成机制研究——以我国珠三角地区与香港为例》,《山西财经大学学报》2008 年第 8 期。

7. 陈文鸿:《港深穗三地关系剧变:深圳出路何在?》,《深圳特区科技·创业月刊》2003 年第 12 期。

8. 陈燕芬:《港珠区域分工与产业集聚机制的实证研究》,广东外语外贸大学 2007 年学位论文。

9. 陈仲球:《论穗港经济轴的形成和发展》,South China Review,2008 年第 6 期。

10.《传统产业外迁新兴产业进驻"放雀引凤"深圳转身》,《人民日报》2007 年 12 月 3 日。

11.《打造珠三角大都市圈国际 CBD》,《深圳特区报》2009 年 2 月 22 日。

12. 邓春玉:《基于空间联系的环珠三角产业圈构建研究》,《现代城市研究》2009 年第 7 期。

13.《东莞电子信息产业发展战略规划发布》,《高工在线新闻中心》2010 年 3 月 3 日。

14. 戴亚平:《广东服务业区域竞争力的实证研究》,暨南大学 2007 年学位论文。

15. 段樵:《由香港到港珠都会区——兼论香港的经济发展方向》,《改革》1999 年第 2 期。

16.《发展战略性新兴产业抢占制高点》,《深视新闻》2010 年 3 月 9 日。

17. 方向阳:《穗深港服务业结构的比较研究》,华南师范大学 2005 年学位论文。

18. 冯邦彦:《香港国际竞争力的提升与粤港经济合作的升级》,《国际经贸探索》2000 年第 3 期。

19. 冯邦彦、叶穗瑜:《中国加入 WTO 后广东与香港区域经济合作前景》,《特区经济》2001 年第 6 期。

20. 冯邦彦:《CEPA 框架下港、深、穗的合作与分工》,《特区经济》2005 年第 10 期。

21. 冯邦彦、李媛媛:《"'十一五'时期粤港经济合作研讨会"综述》,《学术研究》2006 年第 9 期。

22. 冯邦彦、段晋苑:《边界效应与港深跨境区域合作》,《特区经济》2007 年第 1 期。

23. 封小云、丘杉:《深港、粤港经济衔接研讨会纪要》,《特区与港澳经济》1994 年第 3 期。

24. 封小云、杨道匡:《澳门在泛珠三角区域经济一体化中的定位与战略选择》,《广东社会科学》2005 年第 1 期。

25.《佛山产业新定位:世界级现代制造基地》,http://www.examda.com,2010 年 3 月 16 日。

26. 佛山市经济贸易局:《佛山市实施"三三三"产业发展战略和企业"五阶段"发展战略的系列政策解读》,2007 年 7 月 26 日。

27.《"改编"地下金融是深港合作重头戏》,《证券时报》2008 年 1 月 3 日。

28. 龚唯平:《CEPA 框架下粤港区域经济一体化趋势及对策》,《特区经济》2006 年第 5 期。

29.《广东产业转移工业园调查》,中国工业地产网,2008 年 12 月

24 日。

30.《广东腾笼换鸟路线图》,http://www.jrj.com,2008 年 4 月 2 日。

31.《广东省扎实推进珠三角交通基础设施一体化进程》,新华社,2010 年 1 月 29 日。

32.《广东珠海出台循环经济发展规划》,《中国高新技术产业导报》2009 年 8 月 17 日。

33.《〈广佛肇经济圈合作框架协议〉签订》,《南方都市报》2009 年 6 月 23 日。

34.《广深港高铁:打造珠三角一小时经济圈》,《商务时报》2008 年 10 月 25 日。

35.《广州未来产业布局图〈广州城市总体发展战略规划〉》,《南方都市报》2009 年 9 月 30 日。

36.国家发展改革委对外经济研究所课题组:《香港服务业对提升内地制造业竞争力的作用》,《中国经贸导刊》2006 年第 21 期。

37.何问陶、王金全:《珠江三角洲各市产业结构模式的比较分析》,《南方经济》2001 年第 1 期。

38.《航空产业发展规划获批珠海拟建现代化航空新城》,《南方日报》2007 年 12 月 27 日。

39.《河源产业转移项目深圳企业占了 85%》,《深圳特区报》2010 年 2 月 8 日。

40.《〈横琴总体发展规划〉说明会在澳门香港举行》,中国新闻网,2009 年 10 月 29 日。

41.胡筱舟:《深圳高新技术产业化研究》,西南财经大学 2002 年学位论文。

42.华晓红、汤碧:《香港:CAFTA 框架泛珠三角与东盟经济合作的平台》,《亚太经济》2006 年第 4 期。

43.贾艳慧、王俊松:《港珠澳大桥建成后对珠江三角洲外向型经济的影响》,《广西社会科学》2008 年第 9 期。

44.《江门:珠三角"工业飞地"的诞生》,http://news.dichan.sina.com.cn,2009 年 7 月 21 日。

45. 金心异:《"珠三角模式"的前世今生》,《21 世纪经济报道》2008 年
9 月 8 日。

46. 金心异等:《香港+深圳:升级中国引擎》,中山大学出版社 2008
年版。

47. 匡萍:《深圳工业转型与高科技工业园区的保护问题研究》,浙江大
学 2003 年学位论文。

48. 李国平、王立明、杨开忠:《深圳与珠江三角洲区域经济联系的测度
及分析》,《经济地理》2001 年第 1 期。

49. 李嘉晓:《我国区域金融中心发展研究》,西北农林科技大学 2007
年学位论文。

50. 李江帆:《粤港在珠三角经济合作中的产业定位探讨》,《珠江经济》
2006 年第 3 期。

51. 李捷:《珠江三角洲城市群经济结构优化探讨》,《国际经贸探索》
2006 年第 9 期。

52. 李珽:《珠江三角洲核心区域城镇空间形态演变 1979—2008》,中山
大学 2009 年学位论文。

53. 李晓莉:《大珠三角城市群空间结构的演变》,《城市规划学刊》2008
年第 2 期。

54. 李永清:《深港合作进程及未来新突破》,《特区理论与实践》2007
年第 3 期。

55. 李正廉:《中国珠三角地区制造业发展研究》,复旦大学 2009 年学
位论文。

56.《"两制双城"上升为国家战略》,《中国证券报》2008 年 3 月 11 日。

57. 梁穗征:《深港金融关系述评》,《亚太经济》1987 年第 6 期。

58. 林民盾:《横向产业理论研究——兼析香港工业北移》,福建师范大
学 2006 年学位论文。

59. 林志锴、雷强:《珠江三角洲与香港经济合作的思路》,《特区经济》
2001 年第 10 期。

60. 刘德平:《大珠江三角洲城市群协调发展研究》,华中农业大学 2006
年学位论文。

61. 刘薰词:《"惠州模式"的经济学解析》,《惠州学院学报(社会科学版)》2009 年第 8 期。

62. 刘艳丽:《深圳在泛珠三角经济圈中的角色定位》,东北财经大学 2006 年学位论文。

63. 罗必良:《粤港经济合作的模式选择》,《广东社会科学》2001 年第 2 期。

64. 罗海平:《"粤港澳特别合作区"战略的理论基础与框架构想》,《海南金融》2008 年第 7 期。

65. 梅伟霞:《珠江三角洲城市群的演进与整合》,《探求》2005 年第 6 期。

66. 莫大喜:《珠三角都市连绵区生成机制浅析》,《特区经济》2007 年第 2 期。

67. 莫世祥:《深港合作的回顾与前瞻》,《深圳大学学报(人文社会科学版)》1999 年第 8 期。

68.《内整合外联合珠三角迈上新台阶》,《南方日报》2009 年 1 月 9 日。

69. 钱淑芳:《珠三角地区的产业集群》,《现代经济》2007 年第 6 期。

70. 邱俊:《产业结构"离经"与优化升级——珠三角经济发展现象研析》,SouthChinaReview,2008 年第 2、3 期。

71.《全省去年双转移考评:广州产业转移 88 分深圳 86 分》,《广州日报》2009 年 6 月 8 日。

72.《上海向外,深港向内——学者激辩金融中心错位竞合》,《第一财经日报》2009 年 5 月 16 日。

73.《深港 VS 上海:两个金融中心能否"珠联璧合"》,《中国经济时报》2009 年 5 月 19 日。

74.《深港共建国际都会恰逢其时》,《深圳特区报》2009 年 3 月 4 日。

75.《深港共建国际服务贸易型特区》,《深圳特区报》2008 年 1 月 28 日。

76.《深港河套地区开发学术研讨会综述》,《特区经济》2004 年第 4 期。

77.《深港合作不能"画地为牢"》,《中国经济时报》2009 年 5 月 27 日。

78.《深港合作从大蓝图走进操作阶段》,《深圳商报》2009 年 2 月

23 日。

79.《深港合作达成六项共识》,《中国经济时报》2008 年 11 月 17 日。

80.《深港合作之手握紧》,《瞭望新闻周刊》2007 年 8 月 27 日。

81.《深港西部通道:经济发展新亮点》,《现代物流报》2007 年 7 月 13 日。

82.《深港一体化奠定法律基础》,《中国房地产报》2007 年 12 月 3 日。

83.《深港一体化在下一代将成为现实》,《深圳商报》2008 年 3 月 28 日。

84.《深港应建立货币流动规范机制》,《证券时报》2008 年 4 月 10 日。

85.《深港智库共享建创新圈总部基地》,《南方日报》2008 年 9 月 1 日。

86.《深莞惠推进三地经贸一体化》,《香港文汇报》2010 年 3 月 12 日。

87.沈元章:《深港两地经济关系的回顾与展望》,《经济科学》1986 年第 5 期。

88.沈元章:《深港两地行业协会的比较研究》,《特区经济》1986 年第 6 期。

89.《深圳—潮州产业转移工业园协议昨签订》,《潮州日报》2009 年 2 月 20 日。

90.《深圳公布互联网和新能源产业发展规划》,人民网,2010 年 1 月 14 日。

91.《深圳河源联手投资 25 亿共建产业转移园》,《21 世纪经济报道》2009 年 1 月 22 日。

92.《深圳三大产业规模料劲增》,《信报》2010 年 2 月 12 日。

93.《深圳汕尾共建产业转移工业园》,《深圳特区报》2009 年 12 月 24 日。

94.《深圳私募业欲上层楼》,《深圳特区报》2010 年 3 月 22 日。

95.《深圳市鼓励金融创新布局新兴产业》,《深圳特区报》2010 年 1 月 26 日。

96.宋运肇:《深化深港金融合作的若干思路》,《开放导报》2007 年第 2 期。

97.宿军杰:《珠三角与香港区域创新系统合作研究》,广东外语外贸大学 2007 年学位论文。

98.《穗港深"三角区域金融中心"猜想》,《广州报道》2009 年 5 月 27 日。

99. 谭刚:《世界级大都市:深港合作目标》,《开放导报》2007 年第 2 期。

100. 谭刚:《深港合作的发展历程与总体评述》,《中央社会主义学院学报》2008 年第 4 期。

101. 谭刚:《深圳的国家战略定位与国际化城市发展路径选择》,《特区实践与理论》2009 年第 2 期。

102.《探索设立深港石油期交所》,《深圳商报》2008 年 1 月 29 日。

103.《探讨新型深港合作关系》,《深圳特区报》2008 年 10 月 26 日。

104. 唐国兴、段杰:《深港生产性服务业合作发展》,《经济地理》2008 年第 7 期。

105. 汤山文:《论深港经济合作的寻优选择》,四川大学 2007 年学位论文。

106.《〈推进珠江口东岸地区紧密合作框架协议〉签订》,新华网,2009 年 2 月 27 日。

107.《推进珠中江区域紧密合作框架协议》,中广网,2009 年 4 月 17 日。

108.《拓宽深港合作领域实现互补共赢》,《深圳特区报》2008 年 1 月 11 日。

109. 王滨:《粤港金融合作的基础条件分析》,暨南大学 2005 年学位论文。

110. 王军:《国际大都市总部经济发展实践的理论逻辑及其应用》,《理论学刊》2007 年第 12 期。

111. 王珊:《深圳经济开发区与区域经济发展的理论及实证研究》,湘潭大学 2006 年学位论文。

112. 王月琴、张鹏、胡华征:《基于全球价值链的广东产业升级与产业转移的思考》,《科技管理研究》2009 年第 11 期。

113. 汪洋:《外界曲解了"腾笼换鸟"本意》,http://www.chinareviewnews.com,2009 年 4 月 25 日。

114.《汪洋一声令下 珠三角九市一体总动员》,http://cnhubei.com,2009 年 4 月 10 日。

115. 魏达志:《一体化视野下的深港关系》,《开放导刊》2003 年第 3 期。

116. 魏达志:《深港城市定位中的若干关键问题》,《开放导刊》2003 年第 10 期。

117. 魏达志:《深港特大型城市的形成机理与战略价值》,《深圳大学学报(人文社会科学版)》2007 年第 9 期。

118. 魏达志:《深港国际大都会的形成基础与发展路径》,《特区经济》2008 年第 4 期。

119.《为深港金融业提供后台服务》,《深圳特区报》2007 年 8 月 7 日。

120. 翁海颖、封小云:《香港与"珠三角"的产业合作及区域创新布局》,《经济前沿》2009 年第 3 期。

121.《我市多部门联合对市政协今年一号提案作出答复:构建深港一小时生活圈切实可行》,《深圳特区报》2008 年 10 月 31 日。

122.《吴敬琏:广东要借力香港提升服务业》,《大经贸》2008 年第 7 期。

123.《香港人士建议深港合建世界级期货中心》,《第一财经日报》2007 年 12 月 20 日。

124.《香港新方向:泛珠三角是大后方》,《证券时报》2007 年 10 月 11 日。

125.《香港知名人士热议前后海片区建设:建成深港合作创新开发区》,《深圳商报》2009 年 2 月 26 日。

126. 徐江:《香港与珠江三角洲空间关系的转变》,《国际城市规划》2008 年第 1 期。

127. 许学强、李郇:《改革开放 30 年珠江三角洲城镇化的回顾与展望》,《经济地理》2009 年第 1 期。

128. 颜莉虹:《浅析珠三角经济发展态势》,《漳州职业技术学院学报》2008 年第 1 期。

129.《"一核三带五区"引领东莞产业发展》,《东莞时报》2009 年 2 月 19 日。

130.《一体化迎来"三圈演义"时代》,《广东建设报》2009 年 6 月

23 日。

131.《与会专家热议中山对接珠三角发展新思路》,《中山日报》2009年 1 月 15 日。

132.俞静:《珠江三角洲产业集群和城市化互动发展的实证研究》,浙江工业大学 2007 年学位论文。

133.余佩琨:《内地与香港之间经济合作的发展路径分析》,《国际经济合作》2007 年第 2 期。

134.袁持平、吴肯浩:《粤港澳直接投资便利化研究》,《珠江经济》2006年第 3 期。

135.《粤港澳亲兄弟,互利共赢谋发展》,《亚太经济时报》2008 年 6 月22 日。

136.《粤投万亿通高速,2012 年到珠海仅 50 分钟》,《羊城晚报》2010年 1 月 11 日。

137.云利珍、杨美琳:《香港与广东经济增长互动性简析》,《经济前沿》2001 年第 5 期。

138.曾庆泳、陈忠暖:《基于 GIS 空间分析法的广东省经济发展区域差异》,《经济地理》2007 年第 7 期。

139.张德生:《泛珠三角经济分层次发展实证分析》,华南热带农业大学 2006 年学位论文。

140.张磊页:《深圳的经济发展及产业结构调整》,厦门大学 2001 年学位论文。

141.张文中:《挑战:香港深圳经济一体化——国世平访谈》,《开放时代》2001 年第 8 期。

142.张晓静:《深圳多功能自由贸易区的模式选择与制度设计》,《国际商务》,《对外经济贸易大学学报》2008 年第 2 期。

143.赵培华:《外商直接投资对广东对外贸易影响的实证研究》,暨南大学 2006 年学位论文。

144.甄峰、顾朝林、王洪、黄朝永:《高技术引导下的深港一体化研究》,《经济地理》2000 年第 11 期。

145.《政协"一号提案":深港"跨境新城区"设想》,《21 世纪经济报道》

2008 年 4 月 9 日。

146.中国城市规划设计院:《珠江三角洲区域交通协调发展研究》2007年 3 月。

147.中国城市规划设计院:《珠江三角洲区域协调规划》2009 年 9 月。

148.《中国第三个国家级新区珠海横琴新区挂牌》,新华网,2009 年 12月 17 日。

149.《中央确定五大中心城市》,《信报》2010 年 2 月 9 日。

150.钟华:《论泛珠三角区域经济合作中香港的角色》,暨南大学 2005年学位论文。

151.钟坚:《深圳与香港经济合作关系的模式定位》,《特区理论与实践》2001 年第 5 期。

152.钟坚、陶青:《深港经济关系的回顾与前瞻》,《特区实践与理论》2007 年第 4 期。

153.《中山将出台十项产业升级规划扶持资金逾七千万元》,新华网,2009 年 5 月 27 日。

154.钟韵:《粤港合作新阶段香港服务业发展前景分析》,《广东社会科学》2008 年第 2 期。

155.周聿峨、曾路:《竞争与合作——粤港澳地缘经济关系发展趋势》,《科技管理研究》2006 年第 1 期。

156.周余辉、李郇:《CEPA 效应下香港与泛珠三角一体化的实证分析》,《南方经济》2006 年第 9 期。

157.周运源:《粤港澳自由贸易区设想的提出》,SouthChinaReview,2008年第 6 期。

158.周运源、李潇:《论新时期区域经济发展中的粤港经济合作问题》,《广东经济》2008 年第 7 期。

159.《珠海规划游艇产业发展蓝图》,2009 年 8 月 7 日。

160.《珠海航空产业发展规划获广东省政府批准》,《羊城晚报》2008年 1 月 19 日。

161.《〈珠海航空产业园发展规划〉审议并原则通过》,中广网,2009 年12 月 24 日。

162.《珠海将填海 6200 公顷遭敌 7 处计划发展高新技术产业、临港工业及城区建设等》,《珠海特区报》2008 年 4 月 11 日。

163.《珠海市委市政府多项措施加快产业集群发展》,中广网,2008 年 3 月 3 日。

164.《珠海〈再生资源回收行业发展规划〉出炉》,中国再生资源交易网,2009 年 9 月 15 日。

165.《珠三角部分劳动密集型企业将转移到东盟国家》,中国新闻网,2010 年 1 月 14 日。

166.《珠三角城际轨道规划有了新突破》,《21 世纪经济报道》2009 年 8 月 17 日。

167.《珠三角轨道交通发展对香港意义何在》,http://www.chinareviewnews.com,2009 年 7 月 10 日。

168.《珠三角东西两岸将新增两大通道》,《南方日报》2009 年 2 月 18 日。

169.《珠三角进入"城市群竞争时代"》,新华社,2010 年 1 月 6 日。

170.《珠三角 99% 企业缺工严重企业倒闭速度加快》,《中国经济时报》2010 年 1 月 11 日。

171.《珠三角:以广深为中心规划线路 20 条》,《深圳新闻网》2008 年 7 月 7 日。

172.《珠三角一体化可从东西两"半珠"着手?》,《广州日报》2009 年 2 月 16 日。

173.朱文晖、王玉清:《大珠三角整合新突破》,《南风窗》2009 年 3 月 11 日。

174.《专家称资本市场互通是重要突破点》,《中国证券报》2007 年 12 月 19 日。

175.《11 条高速路连通深莞惠》,《广州日报》2009 年 5 月 17 日。

176.《2010 年广东模具业经历蜕变向高端转型》,http://www.dgkp.gov.cn/showart_4572.htm,2010 年 3 月 4 日。

后　记

博士后工作两年，偶遇香港。

曾经随波逐流地认为，香港是一个没落的贵妇人，拥挤不堪，缺乏自我，前景惨淡。但当我选择沉溺于浩如烟海的统计，用脚步去丈量这个城市的土地时，香港的生命力与执著越来越清晰地浮现在我眼前，也使我第一次体会自由制度的精巧。这是一个充满希望的城市，只要尊重自己、尊重他人、尊重社会、尊重自然的信念没有被抛却！两年的执著与努力，就是想给出一份关于香港的解读。

煎熬大脑很辛苦，也终于感觉到回味良久的快乐。

这两年，想要致谢的人太多，李果——当年招商局博士后站负责人——的信任、支持、宽容和帮助，帮我开启招商局的大门；招商局给我带来幸运，生命中的奇迹孕育诞生；当我为推迟进站犯愁时，社科院苑郑高老师在电话那头用熟悉的京音告诉我："没关系，多么幸福的事情啊，加油！"我感觉到的是释然、亲切和力量。

踏足招商局之前，先行拜读导师秦晓董事长的著作《制度变迁中的实践与思考》，其中关于学习及学习方法的见解在我脑海留下深刻印迹；阅读秦董关于新制度经济学的文献综述，猛然领悟：又遇到治学严谨的导师，幸——向大家学习，不幸——需要花费多少力气才能写一篇这样的文献综述！为此，导师的治学与思想时刻鞭笞我前行，酸甜苦辣会让我受益终生。社科院亚太所所长李向阳导师对我有太多宽容，对己的严格都不忍心强加于我；李老师关于中国经济发展与结构调整的见解犀利而独到，虽然是慢慢领会导师的逻辑，却给我许多指引，帮助我看中国、看世界。时任集团战略研究部总经理、现任招商证券首席经济学家丁安华导师给我的指导最为直接和关键,当他和我一同焦急于开题毫无头绪时,丁总建议我选择世界城市视角,并给我讲述很多关于香港的亲身体会和看法,非常感谢他给我指出这么富有意义的研究方向。

集团业务开发部是我最先接触的业务部门,在余利明总经理带领下,我得以参与"前海计划",并在第一线感受香港及粤港、深港合作,余总的敬业、睿智让我敬佩不已;在与胡勇、戴正楠、刘翔、张贤、应会民和李贵哲等领导与同事并肩攻克PPT的过程中,我加速学习并第一次感受到团队的高效与力量。

战略研究部及博士后站是我在招商局的家,非常感谢王宏总经理能帮助我思考,在工作、研究、学习、生活等多方面,王总都真诚相待,用丰富的知识、严谨的逻辑坦然与我们交流他的观点与看法,我感受到的是尊重、动力和点滴累积的收获。感谢周舟总对我的信任、包容甚至袒护,对我来说是莫大的幸运;吴少华总的严谨认真,以及对制度设计的智慧让我学到很多。赵金涛博士是非常真诚的同事和朋友,犀利的思维让我感受到深度,中肯的建议推动我不断进步,还有每每的劳烦他也欣然相助。感谢马晓楠、余红和梁凯恩女士,让我感受到朋友的亲情,以及得到微笑着的无私帮助。吴凡、徐佳娜、张蓓蓓、李杰、贺竹磬、赵勇、潘圆圆、邓贺赢等是我并肩前进的战友,彼此勉励、真诚交流,感谢拥有这笔友谊的财富。

在展开研究过程中,最想感谢的是原任香港特区政府经济顾问的郭国全先生。他带我走进香港人的香港,从中环的空间结构设计,到香港人对绿色的理解,到推荐参观层式工厂大厦、工业区和新市镇,他真诚、友善、悉心的引领让我有勇气和力量以全新的视角和方法考察香港。从他的信心满满,我看到香港人的生命活力和进取精神。感谢香港理工大学朱文晖教授和他太太王玉清女士对我的亲切招待,朱老师勤奋拼搏,身兼政府智囊、媒体评论等多项社会公职,为香港经济发展献计献策,他也以深入研究和切身体会告知我一个富于朝气和希望的香港。感谢博士生导师周新城教授,他严谨的治学态度和系统的思维方法深刻影响我人生的每一步。感谢招商局集团傅育宁董事长、招商国际卞亦眉副总经理、中国人民大学黄卫平教授、广州社会科学院的黎友焕教授、社科院张明副研究员、社科院王佳菲助理研究员、社科院徐奇渊博士后、光大集团周八骏先生、交通银行香港分行刘伟业先生等在课题研究方面提供的指导和帮助,许多独到的见解对我启发颇深。甚为感谢深圳大学王峰女士,没有她教会我使用 UN COMTRADE BEC 数据库,以及对东亚产品内分工体系的系统分析,我无法展开香港问题最核心环节的研究。还有中国人民大学的王兆宇博士和北京大学的弟弟王子奇,帮我复印邮寄那么多文献资料,让我可以利用人大、北大图书馆的庞大资源。认识香港浸会大会的何捧捧小姐也让人非常开心,她帮我以内地赴港学生的视角解读香港。远在千里之外的张旭老师、卢尚义老师、赵景峰老师、刘静夫妇、王聪、刘涛、于瑞卓等人的无私帮助与牵挂让我心存感激。

最后,内心无比歉意但最为挚爱和感激的是我的家人,妈妈是我永远的榜样,拼搏不已、绝不放弃,让我学会坚韧与执著;公公婆婆全力挑起家庭重担,给予我最大的宽容、理解、袒护和支持,让我继续享受孩子般的幸福;爸爸总是默默关注、欣赏、鼓励着我,不再有严厉,他知道,女儿很努力。最深怀歉意的是对丈夫和儿子,不能尽好人妻、人母的职责,却默默坚守支持着我:丈夫王超悉心陪伴照料我人生每一步,由衷感谢他给我安宁醇厚的幸福感觉,让我有不懈努力的勇气与力量;儿子王放之从孕育生命之时,就陪伴妈妈灯下苦读,未满周岁却已得不到妈妈全心照顾,希望他能理解并健康成长!

这是一段苦与乐交织的历程,感谢自己,坚持过来,走下去!

马莉莉

2010 年 8 月 15 日于深圳蛇口